ORHAN DRAGAŠ

SAVREMENA OBAVEŠTAJNO-BEZBEDNOSNA ZAJEDNICA

UTOPIJA ILI REALNOST

Beograd, 2009.

SAVREMENA OBAVEŠTAJNO-BEZBEDNOSNA ZAJEDNICA
UTOPIJA ILI REALNOST
ORHAN DRAGAŠ
1. izdanje

Biblioteka
POSEBNA IZDANJA

Urednik
SLAVICA ĐERIĆ-MAGAZINOVIĆ, profesor

Recenzenti
Prof. dr RADOMIR MILAŠINOVIĆ
Prof. dr MILAN MIJALKOVSKI

LEKTOR
Olga Bracović-Božarić, profesor

ISBN 978-86-09-01001-9

Tehnička obrada
Dragan Medojević

Dizajn korica
Dušan Panić

Izdavač
IP „RAD", Beograd, 2009.
Tiraž:
1 000

Sadržaj

IZVOD IZ RECENZIJE..7
PREDGOVOR 13
UVOD 17
1. OBAVEŠTAJNO-BEZBEDNOSNA ZAJEDNICA SRBIJE DO DRUGOG SVETSKOG RATA..29
2. SAVREMENI PRISTUP OBAVEŠTAJNO-BEZBEDNOSNOJ DELATNOSTI..45
   2.1. Pojam, nastanak i razvoj obaveštajno-bezbednosnih službi................45
   2.2. Sadržaj rada obaveštajno-bezbednosnih službi 53
      2.2.1. Obaveštajna delatnost 53
      2.2.2. Kontraobaveštajna delatnost 55
      2.2.3. Prevratnička delatnost..56
   2.3. Neka od načela rada obaveštajno-bezbednosnih službi 56
   2.4. Snage i sredstva obaveštajne službe..60
   2.5. Organizacija obaveštajne službe 67
      2.5.1. Centrala obaveštajne službe 68
3. PROBLEMI ORGANIZOVANJA NACIONALNIH OBAVEŠTAJNO-BEZBEDNOSNIH ZAJEDNICA 77
   3.1. Osnovni pravci razvoja obaveštajno-bezbednosnih sistema zemlje......77
   3.2. Oblici organizovanja obaveštajno-bezbednosnih sistema....................82
   3.3. Zahtevi kojima treba da udovolji integrisani obaveštajno-bezbednosni sistem zemlje i način rešenja 86
   3.4. Bitni problemi organizacije integrisanog obaveštajnog sistema 92
4. OBAVEŠTAJNO-BEZBEDNOSNI SISTEMI VODEĆIH ZEMALJA U SVETU..105
   4.1. Obaveštajno-bezbednosni sistem Sjedinjenih Američkih Država (SAD) 105
      4.1.1. Centralna obaveštajna agencija – CIA....................................131
      4.1.2. Odbrambena obaveštajna agencija – DIA 134
      4.1.3. Ministarstvo unutrašnje bezbednosti (Kancelarija za obaveštajni rad i analize)..138
      4.1.4. Stejt department (Biro za obaveštajni rad i istraživanje)...........140

4.1.5. Ministarstvo finansija (Kancelarija za obaveštajni rad i analize) 141
4.1.6. Uprava za borbu protiv narkotika – DEA (Nacionalna kancelarija za bezbednost i obaveštajni rad) 142
4.1.7. Federalni istražni biro – FBI (Nacionalna služba bezbednosti) 143
4.1.8. Nacionalna geospacijalna obaveštajna agencija – NGA 145
4.1.9. Nacionalna kancelarija za izviđanje – NRO 145
4.1.10. Nacionalna služba bezbednosti – NSA 146
4.1.11. Ratno vazduhoplovstvo SAD 147
4.1.12. Kopnena vojska SAD 149
4.1.13. Obalska straža SAD 150
4.1.14. Marinski korpus SAD 151
4.1.15. Mornarica SAD 152

4.2. Obaveštajno-bezbednosni sistem Ruske Federacije (RF) 153
4.2.1. Dužnosti organa Federalne službe bezbednosti 168
4.2.2. Prava organa Federalne službe bezbednosti 171
4.2.3. Metode i sredstva organa Federalne službe bezbednosti 175
4.2.4. Kontrola i nadzor nad delatnošću organa Federalne službe bezbednosti 180

4.3. Obaveštajno-bezbednosni sistem Nemačke 184

4.4. Obaveštajno-bezbednosni sistem Velike Britanije 192
4.4.1. Način rada i vrbovanja tajne službe MI6 195

4.5. Obaveštajno-bezbednosni sistem Francuske 210

4.6. Obaveštajno-bezbednosni sistem Izraela 217

4.7. Obaveštajno-bezbednosni sistem Italije 226

5. EVROPSKA OBAVEŠTAJNO-BEZBEDNOSNA ZAJEDNICA UTOPIJA ILI JEDINA MOGUĆA OPCIJA 233

5.1. Teško breme nasleđa 233

5.2. Raspad Jugoslavije i integracioni procesi u Evropi 238

5.3. Prednosti jače od nedostataka 242

5.4. Šta može da bude urađeno? 243

6. MOGUĆA VARIJANTA IZGRADNJE OBAVEŠTAJNO-BEZBEDONOSNE ZAJEDNICE REPUBLIKE SRBIJE 247

6.1. Uopšte o Programu izgradnje obaveštajno-bezbednosne zajednice (OBZ) 248

6.2. Mogući model obaveštajno-bezbednosne zajednice (OBZ) 253

6.3. Moguće metode u programu izgradnje obaveštajno-bezbednosne zajednice (OBZ) 256
    6.3.1. Očekivani problemi u izradi i realizaciji programa 257

6.4. Neke od premisa uspešne izgradnje programa OBZ 259

6.5. Mogući model sistema nacionalne bezbednosti i obaveštajno-bezbednosne zajednice 264

7. OBAVEŠTAJNO-BEZBEDNOSNA ZAJEDNICA I TERORIZAM 269

7.1. Iskustva stranih država u suprotstavljanju savremenom terorizmu 271
    7.1.1. Karakteristični primeri sistema razvijenih država za borbu protiv terorizma 271

7.2. Obaveštajno-bezbednosna zajednica (OBZ) pojedinih zemalja u borbi protiv terorizma 276

7.3. Koalicioni sistemi za borbu protiv terorizma 283

7.4. Karakteristični primeri koalicionih koncepata za odbranu od terorizma 287

7.5. Specifičnosti i iskustva delovanja OBZ u suprostavljanju terorizmu. 291

7.6. Normativno-pravna regulativa za borbu protiv terorizma 300

8. OBUKA I USAVRŠAVANJE KADROVA ZA POTREBE SAVREMENIH OBAVEŠTAJNO-BEZBEDONOSNIH ZAJEDNICA 315

8.1. Faktori koji utiču na školovanje pripadnika obaveštajno-bezbednosne zajednice (OBZ) 316

8.2. Iskustva NATO, SAD i nekih zemalja Evropske unije 324

8.3. Perspektiva obuke za potrebe obaveštajno-bezbednosne zajednice (OBZ) 334

8.4. Mogući model organizacije obuke u združenom KOLEDŽU obaveštajno-bezbednosne zajednice (OBZ) Republike Srbije 346

9. OBAVEŠTAJNO-BEZBEDONOSNA ZAJEDNICA I DIPLOMATIJA 351

9.1. Uopšte o obaveštajnoj delatnosti i diplomatiji 351

9.2. Istorijski razvoj vojne diplomatije i obaveštajne delatnosti na prostorima Republike Srbije 361

9.3. Diplomatska misija i njene aktivnosti 397

9.4. O organizacionim strukturama vojne diplomatije i vojno-obaveštajne delatnosti 406

9.5. Osnovne funkcije i zadaci vojne diplomatije i obaveštajno-bezbednosne delatnosti 414

9.6. Novi svetski poredak, savremeni bezbednosni integracioni procesi i Republika Srbija 420

9.7. Uticaj vojne diplomatije i obaveštajno-bezbednosnog sistema na integraciju Republike Srbije u kolektivne sisteme bezbednosti. 429

9.8. Doprinos vojne diplomatije i obaveštajno-bezbednosnog sistema u stvaranju uslova za priključenje Republike Srbije savremenim sistemima kolektivne bezbednosti. 448

ZAKLJUČAK 459

LITERATURA 463

BELEŠKA O AUTORU 471

IZVOD IZ RECENZIJE

Koristeći se brojnim odgovarajućim izvorima domaćeg i stranog porekla koji razmatraju obaveštajno-bezbednosnu sferu ljudskih zajednica, autor Orhan Dragaš je sačinio izuzetno vredno naučno-stručno delo. Ova knjiga predstavlja svojevrsni siže nastao analizom i sintezom bitnih obeležja obaveštajno-bezbednosne problematike pre svega države, odnosno njen uticaj na bezbednost vitalnih državnih vrednosti kao i na ukupno stanje unutar države i njenom bezbednosnom okruženju. Reč je o kvalitenoj studiji, struktuisanoj u metodološkom i sadržajnom smislu tako da garantuje podjednaku zaokupljenost čitaoca od uvoda do zaključka, nezavisno od toga da li će prihvatiti ili osporiti pojedine stavove.

Osnovna zapažanja o tekstu

Čudesni i tajanstveni svet špijunaže i kontrašpijunaže oduvek je privlačio posebnu pažnju ljudi. Obaveštajci, kontraobaveštajci, špijuni, agenti, saradnici, informatori, dezinformatori, komandosi i slični, zahvaljujući „privilegovanom" položaju da raspolažu važnim informacijama i izvršavaju specifične zadatke, kao i da raspolažu određenom „količinom" nevidljive moći, uticali su kroz istoriju na razne događaje – na nastanak i prestanak kriza, konflikta, sukoba i ratova, nastanak, uspon i raspad država, pa čak i na pojedine tokove istorije ljudskog društva. U opticaju su i shvatanja da je ovaj „drugi najstariji zanat ljudi" koliko častan, neophodan i važan isto toliko nečastan, prljav i suvišan, kao i „prvi zanat" – prostitucija.

Međutim, svaki političar, državnik, general ili drugi čovek na visokoj funkciji koji donosi odluke, ukoliko ne poznaje dovoljno protivnika – posebno neprijatelja, i smelo, čak „suludo" odluči da stupi s njim u konfrontaciju s ciljem da ga prinudi na delovanje u skladu sa svojim zahtevima, možemo ga uporediti sa bokserom koji ulazi u ring povezanih očiju. Nasuprot tome, ukoliko donosilac odluke raspolaže informacijama o protivniku, uspešno će otkloniti mogućnost neuspeha koji bi pre svega bio posledica neznanja ili neinformisanosti. Budući da se protivnik može nalaziti i među podanicima donosioca odluke ili u njegovom bezbednosnom okruženju, potrebnu informisanost može obezbediti ukoliko ima sposobnu obaveštajnu i bezbednosnu službu koje će usklađeno i zajedno tragati za potrebnim podacima koji su nepoznati javnosti. Dakle, reč je o zajednici obaveštajaca i kontraobaveštajaca odnosno obaveštajno-bezbednosnoj zajednici. Iako je reč o specifičnoj zajednici, treba imati u vidu da ona ne predstavlja zatvoreno polje rada jedne grupe tajanstvenih „nadmudrivača" već ubojito oružje svakog državnika. Ukoliko donosilac odluke sopstvenu obaveštajno-bezbednosnu zajednicu pravilno i realno shvata i sa poverenjem je koristi, povećava svoje mogućnosti za postizanje uspeha i obratno. Istorija je prepuna primera kobnih „blizanaca" kao što su: efikasna obaveštajno-bezbednosna zajednica i stabilna nacionalna bezbednost i slaba obaveštajno-bezbednosna zajednica i nestabilna i neizvesna nacionalna bezbednost ili jaka obaveštajno-bezbednosna zajednica i diplomatska, politička i vojna pobeda i slaba obaveštajno-bezbednosna zajednica i diplomatski, politički i/ili vojni poraz itd.

Za obaveštajno-bezbednosnu zajednicu se može reći da, kao moćna poluga države, nema „suludih" neprijatelja, ali ima nepromenljiv princip. Taj princip se zasniva na zakonu, ljudskom dostojanstvu i slobodi ne samo za pojedince, nego za sve ljude. Nažalost, bilo je, sada jeste i verovatno će biti slučajeva da su neki segmenti obaveštajno-bezbednosne zajednice ili čitave zajednice određenih država ispunjavale monstruozne zahteve političke elite i države čineći zločine kako nad drugim narodima tako i nad sopstvenim.

Sledeći navedeno, pisati o obaveštajno-bezbednosnoj zajednici bilo koje države ili saveza država, nesumnjivo je veoma izazovno, odnosno predstavlja upuštanje u izvesan rizik, nezavisno od dostupnih izvora i iskustva autora. Jer, radi se o višekanalnoj, višesmernoj i konstantno nedovoljno poznatoj ljudskoj delatnosti koja često može presudno uticati ili je uticala na jedan ili niz događaja, može da „zapečati" sudbinu jednog naroda ili nacije, da otvori svetlu budućnost drugom narodu ili državi, da spreči kataklizmu ili doprinese njenoj eskalaciji. Zato, mnoge publikovane „istine" vremenom budu redefinisane i kompromitovane. Naprosto, radi se o činjenici da uloga obaveštajno-bezbednosne zajednice i njeno prisustvo u državnim institucijama, pa i u političkom životu i međunarodnim odnosima i u istoriji ljudske civilizacije predstavlja poseban fenomen. Tom fenomenu se u srpskoj javnosti nikada nije poklanjala posebna naučna pažnja, tako da ni danas u Srbiji nema mnogo ozbiljnih istraživanja koja bi ovaj fenomen detaljno i pravilno osvetlila. Paradoksalno je da postoji više tekstova (radova) u kojima se „osvetljava" negativna strana ove važne sfere ljudske delatnosti, nego njenog pozitivnog doprinosa u srpskoj istoriji.

U današnjim uslovima, kada klasično poimanje vojne sile u međunarodnim odnosima gubi smisao, kompezuje se prvenstveno količinom moći obaveštajno-bezbednosne zajednice države, svakako države koja prepoznaje njen značaj. To naravno, ne u smislu brojnog stanja ove specifične zajednice (iako je i to važno), već u smislu kvaliteta kadrova, njihove razmeštenosti i efektivne funkcionalnosti „paukove mreže" koju uspostavljaju, održavaju i osnažuju. Reč je o ofanzivno-defanzivnoj, nevidljivoj ali ubitačnoj mreži koja pravovremeno detektuje sve vrste opasnosti po matičnu državu, valjano informiše političku elitu o bezbednosnim izazovima, rizicima i pretnjama i pomaže joj da se adekvatno suoči sa njihovim nosiocima i naravno, neposredno se angažuje na otklanjanju mnogih vrsta opasnosti.

Prezentovane činjenice omogućavaju da se postave brojna pitanja: šta je obaveštajno-bezbednosna zajednica? Koji se zadaci postavljaju pred nju? Kakva je njena osposobljenost za izvršavanje zadataka? Kome odgovara za svoj rad? Ima li uopšte delatnosti u kojoj obaveštajno-bezbednosna zajednica ne nalazi interes i objekte za svoje aktivnosti? Kakvi su ljudi koji obavljaju taj uzbudljiv i rizičan posao? Može li bilo koja država uspešno funkcionisati u savremenom svetu bez efikasne obaveštajno-bezbednosne zajednice? Postoje li nadnacionalne obaveštajne-bezbednosne zajednice i kakva su njihova obeležja?

Autor Orhan Dragaš je na potpuno prikladan i razumljiv način odgovorio na navedena i niz drugih pitanja, naravno na način koji zadovoljava znatiželju svake kategorije korisnika, počevši od one koja se prvi put susreće sa ovakvom tematikom, preko neprofesionalne ali dobro informisane, do one koja se profesionalno bavi tim poslovima. Evidentna je njegova pronicljivost u ovoj sferi ljudske delatnosti u samom naslovu knjige „utopija ili realnost" koju je operacionalizovao kroz sadržaj. Naime, u tekstu konstantno provejava dilema u vezi sa mogućnostima obaveštajno-bezbednosne zajednice države da odgovori „beskonačnom" nizu obaveza, koje neko može protumačiti kao utopiju. On argumentovano opovrgava utopijsko shvatanje a obrazlaže i potvrđuje realne mogućnosti obaveštajno-bezbednosne zajednice.

Iz razumljivih razloga, težišno obuhvata obaveštajno-bezbednosnu zajednicu Srbije, čiji su građani, u poslednjih 200 godina, radi uspostavljanja i odbrane svoje države od spoljnih i unutrašnjih neprijatelja podneli ogromne ljudske žrtve, veće nego bilo koji narod u svetu. U tom kontekstu, prezentuje ulogu srpske obaveštajno-bezbednosne zajednice, naravno samo za pojedine periode. Razmatranje zaključuje pitanjem: da li su srpske tajne službe (obaveštajno-bezbednosna zajednica) i posle demokratskih promena (5. oktobra 2000.) u suštini političko-partijski umesto državni instrument? Svakako, ne zaustavlja se na ovom pitanju, već nudi pravce razvoja ovog važnog državnog i društvenog segmenta. Sve je znalački istražio, kvalitetno uporedio, opisao, objasnio i prikazao, ostajući pri tome nepristrasan.

Ocena

Ova knjiga odnosno studija ima vrhunske teorijske, stručne, obrazovne i obaveštajno-bezbednosne kvalitete, jer studiozno i kritički sagledava veoma važnu komponentu države, posebno Republike Srbije. Zbog ovako dobrog kvaliteta, nesporno će zaokupiti pažnju raznih kategorija građana, od onih koji se profesionalno bave poslovima bezbednosti (obaveštajno-bezbednosnog sektora), preko studenata i naučnika, organa i institucija do najšire populacije. Pored nesumnjivog stručnog kvaliteta, knjiga je tako interesantna da je čitalac neće ostaviti sve dok je ne pročita do poslednje stranice. Knjiga će, sa sigurnošću možemo reći, zauzeti vidno mesto u bibliotekama širom naše zemlje, a mnoge korisnike će podstaći da produbе i prošire svoja saznanja iz obaveštajno-bezbednosne sfere.

RECENZENTI:

Profesor dr Radomir Milašinović, redovni profesor i šef Katedre bezbednosti na Fakultetu bezbednosti Univerziteta u Beogradu

Profesor dr Milan Mijalkovski, vanredni profesor na Fakultetu bezbednosti Univerziteta u Beogradu

PREDGOVOR

U savremenom naučnom svetu, kao i u skoro svim društvenim delatnostima čoveka, „obaveštenost" i „bezbednost", dobija sve više na značaju. Danas se ne može zamisliti efikasno funkcionisanje bilo koje organizovane grupe, ili institucije, bilo privredne ili neprivredne, državne ili privatne, bez posedovanja dovoljne količine informacija kao i optimalnog nivoa bezbednosti.

Bilo da je reč o potrebama države ili potrebe celokupnog društva, postojanje obaveštajno-bezbednsonog sistema u savremenim uslovima je imperativ opstanka. U izmenjenim uslovima funkcionisanja međunarodne zajednice, pored „tradicionalnih korisnika" usluga obaveštajno bezbednosnih službi, države, vojske, policije, spektar korisnika njihovih usluga se širi kako na ekonomske tako i na druge privredne i neprivredne subjekte.

Kad je reč o načinu organizovanja i funkcionisanja obaveštajnih i bezbednosnih službi u svetu, skoro da je postalo pravilo da su one organizovane u jedinstven obaveštajno-bezbednosni sistem, koji najčešće čini obaveštajno-bezbednosnu zajednicu države u celini. Stereotipni pristup, subjektivnost i međusobno nepoverenje u zemljama u razvoju, sa nižim stepenom razvoja demokratije, kao i zemljama bivšeg totalitarnog sistema vlasti, proces stvaranja ovakvih zajednica je, kao po pravilu mukotrpan i dugotrajan proces. Ono što je za taj proces veoma bitno, ili što ga „trasira", jeste, pravilno shvatanje uloge obaveštajno-bezbednosne zajednice, načina njenog organizovanja i funkcionisanja, regrutovanja i selekcije kadrova za njenu popunu, i najbitnije demokratsku kontrolu njenog rada.

Govoriti o tome, isto je što i igrati fudbal po „klizavom terenu". Zato je razumljivo što se ova tema, vrlo često proglašava „tabu temom", o kojoj se govori u zatvorenim institucijama ili krugovima, a manje otvoreno i pred očima javnosti. Transparentnost je karakteristika, koja, dugi niz godina nije bila prisutna u radu obaveštajno-bezbednosnih službi. S toga je i razumljivo, da je mali broj onih koji pokušavaju da pišu, a još manje onih koji se na naučnoj osnovi bave problemima organizovanja i funkcionisanja obaveštajno-bezbednosnih zajednica.

Knjiga koja je pred vama, nije prvenac u ovoj „anatemisanoj" problematici, ali je svakako retkost među onima koje su pokušale da se na naučnoj osnovi bave organizacijom, razvojem i funkcionisanjem obaveštajno-bezbednosne zajednice u svetu. Sa sigurnošću se može tvrditi da je prva koja pokušava da na bazi iskustava razvijenih država sveta, kao i onih koje su već prošle put tranzicije, najširem krugu čitalaca, službenika u državnim institucijama i političarima, predoči potrebna saznanja o tome, kao i trasira mogući put razvoja obaveštajno-bezbednosne zajednice u Republici Srbiji.

Autor ove knjige, suvereno vlada problematikom organizovanja, funkcionisanja i demokratske kontrole obaveštajno-bezbednosnih zajednica u razvijenim zemljama u svetu, tako da mu, uz dobro poznavanje objektivne stvarnosti u Republici Srbiji, nije bilo teško da naučnom analizom i komparativnom metodom stvori autentično delo vrlo visokog stepena upotrebne vrednosti.

Od uvoda do zaključka, preko razrade, autor, najpre uvodi čiotaoca u materijal koji mu se nudi, zatim elaborira čitav spektar primera organizovanja i funkcionisanja obaveštajno-bezbednosnih zajednica u svetu, da bi kroz obazriv komparativni pristup, ponudio jednu od mogućih varijanti organizovanja sličnog sistema u Republici Srbiji. Sagledavajući savremeni pristup fenomenu bezbednosti, autor ne zaobilazi „vruće" teme terorizma i diplomatskih odnosa, kao dva ključna momenta, s jedne strane u ugrožavanju bezbednosti i sa druge u kreiranju efikasnog „štita" u prevenciji istog, kako države pojedinačno, regiona ili svet u celini.

Posebno kritičnu fazu u organizovanju i uspostavljanju obaveštajno-bezbednosne zajednice, predstavlja period „fuziranja" službi, koje su predhodno delovale potpuno samostalno uz uživanje svih privilegija „investitora" za koga su radile. I ovom problemu, autor prilazi vrlo hrabro, precizno definišući organizacionu strukturu buduće zajednice, regrutovanje, selekciju i obuku budućih pripadnika Obaveštajno-bezbednosne zajednice. Ovo je samo jedan u nizu razloga, zbog čega će ova knjiga sigurno biti vrlo interesantna velikom broju čitalaca, ali i kritike koja će u njoj nalaziti izvor za različite ciljeve. No u svakom slučaju vrednost koju ona u sebi nosi ničim neće biti umanjena.

Za izradu ovakve knjige, autor je morao da konsultuje veliki broj knjiga, publikacija, članaka i svakako rezultate neposrednih intervjua sa poznavaocima ove problematike, što je još jedan doprinos kvalitetu ovog dela.

Knjiga je, pored svih čitaoca koji su zainteresovani za ovu problematiku, prvenstveno namenjena studentima fakulteta bezbednosti i drugim fakultetima i visokim strukovnim školama koje izučavaju fenomen „bezbednosti" kao i pripadnicima svih službi od Bezbednosno-informativne agencije (BIA), preko Vojno-obaveštajne agencije (VOA), Vojno-bezbednosne agencije (VBA) i službi bezbednosti Ministarstva spoljnih poslova, i državnim funkcionerima Republike Srbije.

Zato ja, kao jedan od onih koji se dugi niz godina bavio ovom problematikom, izučavao iskustva stranih obaveštajno-bezbednosnih sistema i učestvovao u kreiranju sopstvenog, toplo preporučujem ovu knjigu, kao delo edukacije, inspiracije za nova stremljenja i kreiranje budućeg organizovanog i efikasnog sistema obaveštajno-bezbednosne zajednice Republike Srbije.

Profesor dr Dragan Živković, pukovnik u penziji i bivši načelnik Centra za usavršavanje kadrova u vojno-obaveštajnoj službi (CUKOS)

UVOD

Pitanju *bezbednosti* u ljudskom društvu se od pamtiveka posvećivala znatna pažnja, iako bi bilo teško utvrditi da li su sve društvene zajednice umele da pronađu pravu meru kada je reč o toj problematici. U nekim državama je funkcija bezbednosti[1] uzdizana na počasni pijedestal i tako da je postajala sama sebi svrha. U drugima je, pak, uloga i suština ove funkcije bila pogrešno shvaćena što je dovodilo do kompleksnih posledica za čitavo društvo. Takva iskustva dovela su do potrebe da se bezbednost počela postepeno diferencirati od pravnih nauka, kriminologije, sociologije i drugih društvenih nauka, ostajući naravno sa njima u tesnoj međuzavisnosti. Jednostavnije rečeno, bezbednost je polako počela da se prepoznaje kao zasebna naučna disciplina. Zamah razvoju bezbednosti kao naučne discipline dao je i ubrzani razvoj savremenog sveta i korenite promene koje su se u njemu desile nakon Drugog svetskog rata. Do sredine 20. veka, bezbednost je tretirana kao unutrašnje pitanje svake pojedine države i smatrana je za oblast koja mora da bude obavijena „velom" potpune tajne. Počeci globalizacije i njena kasnija ekspanzija, promena odnosa snaga u svetu i jačanje ideoloških konflikata nasuprot nacionalnim, doveli su do shvatanja potrebe da se i bezbednost kao funkcija društva i države transformiše i da postane fleksibilnija i otvorenija, kako bi se efikasno suprotstavila novim izazo-

---

[1] Autor pod pojmom bezbednost u ovoj knjizi podrazumeva globalni pristup bezbednosti, odnosno bezbednost u opštem smislu. Pogrešno je pod ovim pojmom podrazumevati ili, što je još gore, poistovećivati službe bezbednosti jer iz toga proizilaze i totalitarni pristupi bezbednosti i degenerativni pristup. Odnosno, zloupotreba bezbednosti u funkciji izgradnje sopstvenog monopola što vodi ka diktaturi jednog subjekta, a često i jednog čoveka, nad drugim ljudima, pa čak i državom kao celinom. Suprotno tome, bezbednost znači bezbednost za svakog pojedinca, člana društvene zajednice pod istim uslovima i sa jednakim pravom na istu, bez obzira na socijalne, kulturne, verske ili rasne i bilo koje druge razlike.

vima i pretnjama ispunjavajući svoju misiju. Naravno, ovako revolucionarnu izmenu svoje „fizionomije" doživela je i druga, srodna delatnost – obaveštajni rad, jer bez međusobne usklađenosti te dve delatnosti ne možemo ni da govorimo o stabilnom i sigurnom funkcionisanju društva, države ili zajednice država. Uostalom, bezbednost podrazumeva i obaveštenost, pa se sa tog aspekta može govoriti o bezbednosti kao multifunkcionalnoj kategoriji u kojoj su obaveštajna i bezbednosna delatnost primarne.

Ova studija nema pretenziju da objašnjava uzroke koji su uticali na promene na polju obaveštajnog i bezbednosnog rada, niti da otkriva „tajne" i „zavere". Umesto toga, namera autora je da našoj čitalačkoj publici ponudi nešto što je, usled višedecenijske zatvorenosti našeg društva, nedostajalo na „tržištu". A, to je jedan koncizan i upotrebljiv pregled najznačajnijih teorijskih i praktičnih viđenja problema organizovanja i funkcionisanja obaveštajno-bezbednosnih sistema u svetu. Autor se nada da će ova knjiga, zamišljena i pripremljena kao priručnik, podstaći interesovanje široke čitalačke publike za ovu oblast koja ima sve veći značaj za svakodnevni život. Ali, isto tako i da će delovati podsticajno na domaće eksperte iz oblasti obaveštajno-bezbednosnog rada kako bi se aktivno bavili naučnim radom i publicistikom o tom pitanju jer verujemo da je vreme, kada su bezbednost i obaveštajna delatnost bile rezervisane za uske partijske i državne elite, ostalo iza nas.

Ne treba se čuditi što se knjiga najviše bavi pregledom obaveštajnih i bezbednosnih službi Sjedinjenih Američkih Država, ne samo zbog činjenice da su u SAD ove službe dostigle visok stepen razvoja, već i zbog toga što su one danas i najaktivnije u svetu, jer imaju obavezu da opslužuju i više nego aktivnu američku spoljnu politiku a ujedno i da štite američko društvo koje je, usled rastuće otvorenosti u poslednjim decenijama, postalo veoma osetljivo na raznovrsne pretnje u rasponu od terorizma do trgovine drogom. S obzirom na uticaj SAD u svetu, kao i na činjenicu da su njihove obaveštajne i bezbednosne službe postale neka vrsta paradigme u ovoj oblasti, može se očekivati da će sve veći broj zemalja pribegavati korišćenju istih ili sličnih rešenja za svoj obaveštajno-bezbednosni sistem, pa je i to jedan od razloga što im se posvećuje posebna pažnja. Naravno, bilo bi naivno pomisliti da će doći do odumiranja drugih modela organizacije nacionalnih obaveštajno-bezbednosnih zajednica, pogotovo u zemljama koje imaju dugu tradiciju sopstvenog obaveštajnog i bezbednosnog delovanja (npr. Francuska i Rusija), u zemljama koje se više ili manje otvoreno suprotstavljaju Sjedinjenim Američkim Državama (npr. Severna Koreja) i u zemljama u kojima je, usled njihovih specifičnosti poželjnije da tragaju za sopstvenim rešenjima (npr. Švedska i Švajcarska). Zbog toga ova knjiga nudi prikaz tipičnih i reprezentativnih nacionalnih organizacija obaveštajnog i bezbednosnog sektora, kao što su Velika Britanija, Ruska Federacija, Izrael i neke druge, pri čemu verujemo da će iznete informacije biti dovoljne čitaocu da razume osnovne principe i modalitete rada obaveštajnih i bezbednosnih službi i da će mu olakšati eventualno dalje bavljenje ovom problematikom.

Takođe je bitno istaći da nam nije namera u ovoj knjizi predočiti neke konačne i sveobuhvatne stavove o pitanjima koja razmatramo, jer bi takav pokušaj već u samom startu diskvalifikovao ovu knjigu kao ozbiljniju studiju. Naime, razvoj obaveštajnog i bezbednosnog rada u savremenom svetu doživljava svoju revoluciju i on se neprekidno menja, razvija i prilagođava kako bi uspeo da parira pretnjama koje su, ne samo sve brojnije već i sve kompleksnije i intenzivnije. Zbog toga će, verovatno ova knjiga u budućnosti i biti menjana i dopunjavana novim opisima i objašnjenjima transformacije obaveštajnih i bezbednosnih organizacija u svetu, naravno kada one budu postale dostupne naučnim krugovima.

Premda se može pretpostaviti da većina čitalaca ove knjige poseduje osnovna znanja o obaveštajnom i bezbednosnom radu i nosiocima tih poslova, ipak neće biti na odmet ako damo kratki pregled o tim pitanjima, odnosno o ulozi, funkcijama i modelima organizovanja i delovanja obaveštajno-bezbednosnih sistema, tim pre što se na našim prostorima obaveštajne i bezbednosne službe često mitologizuju i javno mnjenje ih obično doživljava kao neke „supertajne" organizacije koje deluju daleko od očiju javnosti i na način koji prevazilazi i najsmeliju fantastiku. Naravno, i obaveštajni i bezbednosni poslovi imaju dimenziju atraktivnosti i uzbudljivosti ali većina priča koje se u javnosti čuju, ostaju na svu sreću samo obične glasine i izmišljotine, bez obzira na to da li su „plasirane" ili ne. Svakodnevni rad i na jednom i na drugom polju, podrazumeva strpljivo i naporno delovanje koje se često pretvara u čekanje; zatim stalno napredovanje u naučnom i tehnološkom pogledu; bavljenje naizgled nevažnim i „bezopasnim" informacijama, koje to često zaista i ostaju; prikupljanje ogromne količine podataka od kojih većina nema neki veći značaj kao i obavljanje rutinskih poslova koji u sebi nemaju nimalo one romantike, niti dinamičnosti koje se sreću u holivudskim filmovima.

Važno je da ukažemo i na to da, uprkos tome što su njihova osnovna polja delovanja prilično jasno definisana, u praksi ne postoji precizna i lako uočljiva granica između obaveštajnog i bezbednosnog rada, pre svega zato što i jedna i druga funkcija ima više-manje isti predmet, odnosno objekat delovanja. Najkraće rečeno, funkcija obaveštajnog rada jeste da prikupi, obradi i analizira informacije dok je funkcija bezbednosti da očuva funkcionalno stanje zajednice (društvene, državne, nacionalne, u poslednje vreme i internacionalne) od širokog dijapazona pretnji. Međutim, osnovna funkcija bezbenosti ne može biti ostvarena ukoliko nosioci poslova bezbednosti ne raspolažu potrebnim i valjanim informacijama. Ako u pojednostavljenoj slici apstrahujemo neke elemente i zadržimo se samo na obaveštajnom i bezbednosnom aspektu, možemo uslovno da kažemo da „globalno" posmatrano bezbednost ispostavlja zahteve za informacijama, dok ih obaveštajni sektor „pronalazi" i dostavlja kako bi bezbednost mogla na osnovu njih obaviti svoje zadatke, vodeći računa pri tome i o sprečavanju prodora tuđih obaveštajnih službi i zaštiti delovanja sopstvene. Zbog takve međusobne i neraskidive povezanosti često se koristi izraz „obaveštajno-bezbednosni sektor", odnosno „obaveštajno-bezbednosna zajednica", iako se rad ova dva segmenta državnog aparata u većini zemalja reguliše zasebnim pravnim aktima i normama koji formalno-pravno deluju odvojeno.

Bitan uticaj na fizionomiju i funkcionisanje savremenih obaveštajnih i bezbednosnih službi jeste ekspanzija korisnika njihovih „usluga". Naime, dok su nekada ove službe radile isključivo za potrebe vladajućih vrhova, struktura savremenih država nameće potrebu da one danas rade za veliki broj različitih državnih, ponekad i međudržavnih pa čak i privatnih tela, organizacija i agencija. Kao ilustracija može da posluži podatak da samo u SAD postoje 24 glavna korisnika usluga *Obaveštajne zajednice* (razna predsednička i kongresna tela), dok je broj organizacija koje u manjem obimu koriste pomenute usluge znatno veći. Da bi se udovoljilo zahtevima tako velikog broja korisnika, pri čemu su zahtevi često veoma različiti, nametnula se neophodnost kompleksnog ustrojstva obaveštajnog aparata i njegove podele na relativno veliki broj autonomnih elemenata od kojih se svaki specijalizovao za određenu oblast. U sferi bezbednosti, diversifikaciju su uslovili novi bezbednosni izazovi, jačanje pretnji koje ugrožavaju stanje bezbednosti i nemogućnost bezbednosnih agencija konvencionalnog tipa da efikasno odgovore na različite vrste pretnji. Jednostavnije rečeno, usled rapidnog razvoja pokreta i fenomena koji ugrožavaju bezbednost savremenog sveta, postalo je nemoguće imati univerzalnu bezbednosnu organizaciju koja bi podjednako efikasno pronalazila i sprečavala teroriste, „hvatala" špijune, borila se protiv trgovine narkoticima, a pri svemu tome obavljala i one rutinske, dnevne poslove očuvanja reda. Takođe, ne smemo zanemariti ni još jedan veoma značajan faktor koji je direktno uticao na izmenu metoda delovanja bezbednosnih i obaveštajnih službi, a samim tim i na njihovu organizaciju. To je ubrzana demokratizacija koja se od Drugog svetskog rata odvija kao kontinuiran i nezaustavljiv proces. Demokratizacija naglašava vrednosti kao što su sloboda i jednakost, i čini neprihvatljivim ne samo dehumanizirajuće oblike vladavine kao što su nacizam, fašizam i komunizam, već i njihova „oruđa", odnosno modele tajnih službi koje su opsluživale takve režime. Premda se jednom Gestapou ili KGB ne može osporiti efikasnost u pojedinim segmentima njihovog rada, ipak će se svaki razuman čovek složiti da takve službe ne mogu biti tretirane kao pozitivne tekovine društva i globalnih društvenih kretanja koji su ih stvorili. Pored toga, pogrešno shvaćena i u praksi sprovođena funkcija bezbednosti, dakle ona koja se ispoljava kao aparat za očuvanje vladajuće klase a ne društva i države u celini, na kraju se uvek pokazuje kao pogrešan koncept. Primere toga imamo upravo u gore navedenim službama, a možda još bolji primer možemo naći u državnim i vojnim bezbednosnim službama socijalističke Jugoslavije, koje su se pokazale nesposobne za adekvatnu reakciju u trenucima kada je režim kojeg su opsluživale zapao u ozbiljne probleme.

Namena ove knjige nam ne dozvoljava da se upustimo u šire opisivanje i analizu obaveštajnih i bezbednosnih službi u totalitarnim režimima, ali ćemo svakako istaći da su takvi režimi namerno stvarali i protežirali mitove i „fame" o svojim tajnim službama. To je dalje vodilo ka stvaranju svojevrsne „kolektivne paranoje", obezbeđujući na taj način između ostalog i pasivizaciju političkih neistomišljenika i sprečavajući njihovo okupljanje, ujedinjavanje i aktivnije delovanje.

Naravno, predstavljalo bi još veću grešku poverovati u „objašnjenja" da su moguća društva, odnosno države bez obaveštajnog i bezbednosnog aparata, premda su se takve utopističke ideje povremeno javljale u teoriji. Ukoliko su postavljeni na „zdrave osnove", ovi aparati garantuju ne samo bezbednosti već i napredak zajednice jer svojim delovanjem omogućavaju individualnu i kolektivnu slobodu kao preduslov za društveni i tehnološki razvitak. Međutim, još uvek ne postoji globalni konsenzus po pitanju načina kontrole rada obaveštajnih i bezbednosnih službi kojima priroda njihovog delovanja pruža relativno veliku socijalnu moć. Ipak u smislu zajedničkog minimuma, u demokratskom svetu postoji saglasnost oko toga da ove službe obavezno budu pod kontrolom najviših državnih organa. Uočeni su pokušaji tajnih službi da se kontrola nad njima sprovodi sa što manje mesta po mogućnosti samo iz predsedničkog ili premijerskog kabineta. Međutim, politička javnost u zapadnim zemaljama nastoji da tu kontrolu poveri skupštinama čime se sprečava dominacija jedne političke ideje nad obaveštajno-bezbednosnom zajednicom. Oba modela imaju svoje prednosti i nedostatke, ali obzirom da to nije osnovna tema ove knjige, nešto kasnije ćemo se ukratko osvrnuti na nju.

Kada su u pitanju izmene u fizionomiji i metodologiji obaveštajnog i bezbednosnog rada one su, pre svega uslovljene rađanjem novih globalnih i geopolitičkih odnosa, dakle nestankom bipolarnog sveta i stvaranjem novog, unipolarno-multipolarnog okruženja čijim se tumačenjem bave sociolozi, politikolozi, filozofi, pravnici, diplomatski eksperti i drugi naučnici. Od Drugog svetskog rata, fokus u obaveštajnom delovanju dat je na takozvani tehnički obaveštajni rad, jer je prvenstveno pažnja bila usmerena na prikupljanje podataka o potencijalima neprijatelja (količini i dispoziciji njegovih resursa). Pojednostavljeno rečeno, bilo je najvažnije prikupiti podatke o broju i rasporedu, recimo neprijateljskih tenkova i artiljerije, a na osnovu izučavanja neprijateljeve doktrine, koncepcije i taktike je bilo relativno jednostavno predvideti moguće pravce njegove akcije. Predviđanja u stručnoj literaturi u periodu hladnog rata o odumiranju velikih „industrijskih" armija i nestanak opasnosti od trećeg svetskog rata ustupila su mesto novim koncepcijama, kao što je na primer asimetrični sukob. S obzirom da u asimetričnom sukobu odlučujuću ulogu ne igra tehnika već volja odlučnost i ukupan kvalitet ljudskog materijala, težište obaveštajnog rada je sada preusmereno na takozvani „obaveštajni rad sa ljudskim faktorom" (HUMINT – Human Intelligence), pošto je samo takvo delovanje u mogućnosti da obezbedi vitalne i krucijalne informacije. Promene u fizionomiji obaveštajnog rada najbolje se ogledaju u novoj metodologiji obaveštajne analize koja je usvojena od strane obaveštajnih službi SAD, (tabela 1).

Na osnovu navedenih razlika, čitalac će lako zaključiti koliko je obimne izmene, ne samo metodološke već i organizacione, trebalo izvesti u okviru obaveštajnog aparata SAD. Naročita pažnja posvećena je obuci i edukaciji osoblja, jer je zauvek prošlo vreme usko specijalizovanih obaveštajaca, takozvanih

„fah-idiota", koji su eksperti isključivo za jednu oblast. Takav pristup često je dovodio do toga da važna informacija, koja sticajem okolnosti postane dostupna nekom od takvih eksperata, jednostavno ostane nezapažena jer nije bila značaja za oblast kojom se on bavio. Današnji obaveštajci moraju imati takozvanu „unakrsnu obuku", kako bi razumeli „veliku sliku" i kako bi bili efikasan sastavni deo čitavog tima, odnosno kako bi po potrebi mogli da obavljaju i tuđe poslove, odnosno da se lakše uklapaju u multinacionalne timove koji se bave ovom problematikom.

Stari metod	Metod XXI veka
Oprezan / pažljiv	Agresivan / odvažan
Zasnovan na činjenicama	Intuitivan
Konkretan / zasnovan na stvarnosti	Bogat metaforama
Linearan / zasnovan na trendovima	Kompleksan
Ekspertski pristup	Inkluzivan / raznovrstan / sveobuhvatan
Hijerarhija	Kolaboracija / timski rad
Zasnovan na rutini	Razbijanje rutine
Najgori slučaj / fokusiran na upozorenje	Oportunistički / optimistički
Tekstualan	Bogat slikama
Neutralan	U uskoj vezi sa politikom korisnika

Tabela 1 Pregled starog i novog metoda rada obaveštajno-bezbednosnih službi[2]

Kao što je uočljivo iz prezentovanog pregleda obaveštajna analiza kao kruna obaveštajnog rada, postala je neuporedivo bogatija i složenija po svom sadržaju sa detaljima koji su nekada smatrani nepotrebnima. Zašto? Zato što su obaveštajne, kao i bezbednosne službe, nekada na suprotnoj strani imale uglavnom iste takve profesionalce koji su delovali planski na osnovu doktrinarnih

---

[2] LTG William E. Odom, USA „Modernizing Intelligence: Structure and Change for 21.st Century", 2006.

koncepcija. Stoga je na osnovu određenih, relativno malobrojnih parametara, bilo moguće predvideti njihovo verovatno ponašanje i delovanje. Danas, ugrožavanje bezbednosti nije više privilegija profesionalaca, već se tim „poslom" bavi širok dijapazon raznih individualnih profila, što značajno smanjuje mogućnost predviđanja njihovih akcija. Istovremeno se nameće potreba prikupljanja što više detalja i informacija o njima. Dalje, nekada su se obaveštajnim analizama koristile samo malobrojne, specijalizovane agencije (oružane snage, policija, diplomatija). Danas je spektar korisnika izuzetno proširen, čak i na ekonomske organizacije i velike kompanije, pa zastarela ekspertska metodologija obaveštajne analize nije mogla da bude uvek prihvatljiva za korisnika čije primarno polje delovanja ne leži u obaveštajno-bezbednosnom sektoru.

Zbog svega što smo naveli, u SAD se među profesionalcima i teoretičarima u obaveštajnom i bezbednosnom domenu sve češće čuju teze kako je konvencionalna, do sada primenjivana metodologija potpuno zastarela i kako čitava ta oblast zahteva korenito „redizajniranje".

Kao što je nemački „blic-krig" predstavljao prekretnicu u koncepciji ratovanja i zauvek izmenio filozofiju i fizionomiju ratovanja, tako je i 11. septembar 2001. godine postao prekretnica u obaveštajno-bezbednosnim poslovima. Premda je takvo gledanje na određeni način isuviše pojednostavljeno i podložno snažnoj kritici, ipak se moramo složiti da svet, posle napada AlKaide na Njujork i Vašington, više nije isti. Postavljaju se novi zahtevi pred organizacije koje treba da saznaju namere skoro nevidljivog protivnika, kao onima koji treba da ga spreče u realizaciji namera. U tom kontekstu, došlo je do korenite promene odnosa prema kategoriji inicijative, koja je postala vrhunski kriterijum svih oblika delovanja. Ali, pokazalo se da inicijativom u potpunosti gospodare teroristi. Pod tim se podrazumeva inicijativa u izboru cilja, vremena i modaliteta napada uključujući i sredstva napada. U novonastalim okolnostima, kao što smo već rekli, postalo je beskorisno iz nekog tehničkog centra prebrojavati pripadnike protivničke strane i njihovu opremu. Bilo je neophodno da se od protivnika preuzme inicijativa što su mogli da ostvare samo vrhunski profesionalci obaveštajno-bezbednosnih službi, odnosno ljudi. U tom smislu, kao i u svim drugim sferama, čovek je bio i ostao neprikosnoveni, strateški potencijal na koga se jedino može računati u funkciji povećanja produktivnosti rada, u konkretnom slučaju, obaveštajno-bezbednosnog sistema.

Nova filozofija obaveštajnog i bezbednosnog rada podrazumeva agresivno delovanje „ka meti" što je direktno povezano sa svim organizacionim aspektima, počevši od strukture preko obuke i edukacije i izbora kadra, odnosno personala za rad u obaveštajnim i bezbednosnim službama, što je možda i najosetljivije pitanje koje budućnost nameće u ovoj oblasti ljudske delatnosti. Budući profesionalci u obaveštajnom i bezbednosnom domenu, pored zahtevanih vrednosti i kvaliteta, moraće da poseduju i sposobnost razumevanja pojava i procesa koji određuju savremeni svet, počevši od globalizacije, demografskih promena, tehnološke ekspanzije, liberalne ekonomije, pa sve do novih ili reformisanih ideoloških i političkih ideja i pokreta koji imaju sve veći istorijski trag na civilizaciju. Posao koji se pred njih bude postavljao neće biti lagan, kao što nije bio ni do sada, ali će biti znatno časniji i „čistiji", jer je napredak demokratije u svetu smanjio mogućnost zloupotrebe obaveštajnih i bezbednosnih službi i u najvećoj meri ih je stavio u funkciju koja im je nominalno dodeljena – dakle, zaštita temeljnih vrednosti i slobode čoveka kao pojedinca, društva, države i nacije.

Čak i sasvim kratak pogled na listu prioritetnih pretnji nacionalnoj bezbednosti SAD, koja ujedno predstavlja i listu osnovnih ciljeva, odnosno objekata rada njenih obaveštajnih i bezbednosnih službi, dovodi do zaključka da je danas nemoguće govoriti isključivo o nacionalnoj bezbednosti hermetiči zatvorenoj u okvire granica relevantne države, jednostavno zato što ne priznaju granice, i to je u svakom pogledu nov fenomen. Terorizam, trgovina naoružanjem, biološko i hemijsko ratovanje, trgovina narkoticima i živim bićima, odavno su postali planetarni fenomeni: borba protiv njih je moguća isključivo kroz stvaranje obaveštajnih i bezbednosnih koalicija na regionalnom, a onda i na globalnom nivou. Premda je većina zemalja sveta načelno saglasna sa ovim pristupom, ipak se u praksi znatno teže ostvaruje zato što (zastareli) koncepti o nacionalnoj državi i dalje ostaju „na snazi", pogotovo u zemljama koje su se nedavno oslobodile „zagrljaja" poslednjeg globalnog totalitarizma. Izvesno je da će takve zemlje nastojati da u što većoj meri zadrže autonomiju svog obaveštajnog i bezbednosnog sektora, kako zbog razumljivog straha od potpadanja pod dominaciju velikih globalnih sila, tako i zbog nepoverenja u međunarodne institucije i organizacije koje nemaju dovoljnu snagu niti potrebne instrumente kojima garantuju da u određenom momentu neće doći do zloupotrebe i potpune integracije određenog nacionalnog obaveštajno-bezbednosnog sistema u veći sistem.

U narednim decenijama biće naročito zanimljivo pratiti razvoj obaveštajno-bezbednosnih zajednica „malih zemalja", pogotovo onih nerazvijenih jer iz tih zemalja najviše dolaze bezbednosne pretnje. Nekritičko preuzimanje modela velikih zemalja teško će dati odgovarajuće rezultate, ali te zajednice pored uvažavanja sopstvenih potreba, moraju obezbediti potpunu kompatibilnost sa drugim zajednicama, jer će tako postati efikasna brana rastućim bezbednosnim problemima. Sa velikom verovatnoćom se može pretpostaviti da će se usled tradicionalnih i političkih razloga, reforma takvih zajednica suočavati sa velikim otporima upravo u okviru samih zajednica. Okoštale strukture sa privilegovanom pozicijom neće lako pristati na gubitak privilegija i stavljanje pod potpunu kontrolu legalnih organa vlasti.

Ono što će takođe otežavati delovanje obaveštajnih i bezbednosnih zajednica na lokalnom, regionalnom i globalnom nivou jeste činjenica da savremene pretnje bezbednosti nije uvek lako prepoznati u samom začetku, kao i da neke od njih budu prepoznate tek onda kada se aktiviraju i nanesu udarac. Ne smemo zanemariti ni činjenicu da se te savremene pretnje bezbednosti civilizacije oslanjaju na izuzetno velike finansijske resurse, što im olakšava delovanje, regrutaciju i prikrivanje.

Glava 1.

1. OBAVEŠTAJNO-BEZBEDNOSNA ZAJEDNICA SRBIJE DO DRUGOG SVETSKOG RATA

Obaveštajno-bezbednosna delatnost je tokom razvoja ljudske civilizacije uvek imala značajno mesto u određivanju i vođenju politike prema stranim zemljama. Istorijski gledano, obaveštajno-bezbednosne aktivnosti se javljaju uporedo sa pojavom svojine, sa stvaranjem zasebnih interesa i sukoba, sa javljanjem tajne u odnosima među ljudima. Tada je čovek, da bi zaštitio svoje a saznao tuđe tajne, počeo da "špijunira" druge ljude i da "štiti" svoje tajne, što ovu aktivnost određuje kao društveni proces.

S obzirom na to da se obaveštajnim aktivnostima daje prvo mesto, dovoljno govori o značaju ove delatnosti u suprotstavljanju organizovanom prekograničnom kriminalu i u protivterorističkim dejstvima. U svakom slučaju, pre nego što se pristupi definisanju oblika borbe, delatnosti i načinu dejstva, kao i snaga i sredstava, neophodno je što jasnije upoznati protivnika. U tome obaveštajna delatnost ima nezamenjivu ulogu. Poznati ruski teoretičar E. B. Černjak smatra da se prvi podaci o obaveštajnim delatnostima nalaze u samoj Bibliji[3].

---

[3] „I gospod reče Mojsiju, govoreći: pošalji ljude da uhode zemlju Hanaansku, koju ću ja dati sinovima Izraeljevim, po jednog čoveka od svakoga plemena otaca njihovijih, pošljite sve glavare između njih. I posla ih Mojsije iz pustinje faraonske po zapovedi Gospodnjoj, i svi ljudi bjehu glavari sinova Izraeljevih... I šaljući ih, da uhode zemlju Hanaansku, Mojsije im reče: idite ovuda na jug pa izidite na goru, i vidite zemlju kakva je i kakav narod živi u njoj, da li je jak ili slab, da li je mali ili velik. I kakva je zemlja u kojoj živi, da li je dobra ili rđava, i kakva su mesta u kojima živi, sede li pod šatorima ili u tvrdim gradovima... i kakva je sama zemlja, da li je rodna ili nerodna, ima li u njoj drveta ili nema..." (E. B. Černjak, Pet vekova špijunaže, knjiga 2, Narodna knjiga, Beograd, 1969. godine, strana 12).

Razvojem ljudskog društva i obaveštajno-bezbednosna delatnost je evoluirala i prerasla u jednu vrstu specijalizovane organizacije, koja upotrebljava različita sredstva i metode da bi uticala na društvena kretanja u skladu sa svojim potrebama, interesima i shvatanjima.

Ustavna uloga svakog nacionalnog subjekta bezbednosti, a posebno vojske, jeste da brani teritoriju svoje države odvraćanjem potencijalnog neprijatelja i sprečavanjem svih oblika agresije, što se ostvaruje i kroz pripreme za odbrambena dejstva. U sklopu tih priprema je i sprečavanje iznenađenja na svim nivoima u čemu posebnu ulogu ima obaveštajno-bezbednosni sistem. Kada je reč o vojsci kao ključnom nosiocu funkcije odbrane, organizuje svoju obaveštajnu službu u zemlji i inostranstvu. U inostranstvu – zemlji prijema, tu funkciju zvanično obavljaju vojna izaslanstva, odnosno obaveštajni centri koji predstavljaju operativne organe za svestranu obaveštajnu delatnost u miru i ratu.

Ovo je bitno istaći u konteksu analize istorijske uloge obaveštajno-bezbednosne delatnosti na prostorima bivše Jugoslavije i današnje Srbije. Svakako da su počeci razvoja istih bili upravo u okviru vojske i subjekata odbrane države. U ovom delu ćemo dati kratki istorijski pregled razvoja i delovanja obaveštajno-bezbednosnog sistema bivše Jugoslavije (kao federacije sadašnjih zemalja zapadnog Balkana), sa posebnim osvrtom na Srbiju.

Značaj obaveštajno-bezbednosnog sistema u Srbiji, posebno u oružanim snagama, u dužem vremenskom periodu nije bio posebno i značajnije razvijan. Ako se zanemari dobra organizacija „uhoda" i „izvidnica" u srednjevekovnom periodu, slobodno se može konstatovati da se sve do Balkanskih ratova ova delatnost oslanjala prvenstveno na intuiciju komandanta. Značajan primer za potvrdu ove teze su događaji pre, u toku i posle Kumanovske bitke,[4] u oktobru

---

[4] Kumanovska bitka vođena je u toku Prvog balkanskog rata, 23. i 24. oktobra 1912. godine u blizini Kumanova, između srpske i turske vojske. Uviđajući stratigijsku važnost Ovčeg polja, visoravni istočno od Skoplja, načelnik štaba Vrhovne komande Srpske vojske general Radomir Putnik i njegov pomoćnik pukovnik Živojin Mišić, smatrali su da bi se tu

1912. godine, u kojoj su i jedna i druga strana svoj strateški i operativni raspored snaga vršili na osnovu odluka i viđenja, glavnokomandujućih oficira. Praksa je pokazala da se upravo u ovoj bici odigralo ono što će u mnogim stvarima uticati na potonji razvoj obaveštajno-bezbednosnog sistema u srpskoj vojsci.

Iznenađenje koje je ostvareno na taktičkom nivou i prenelo se na operativni i strateški nivo, iznenadilo je komandante na obe strane fronta upravo zato što nijedna od zaraćenih strana nije raspolagala celovitim obaveštajnim podacima. Slična situacija delimično se ponavlja i u Prvom svetskom ratu, odnosno u bici na Ceru, kada legendarni „major Kursula" na ispitu za čin majora tvrdi da će Austrijanci udariti iz Bosne, ali veliki vojskovođa Stepa Stepanović, tvrdi suprotno i obara ga na ispitu. Slučaj će hteti da je general Poćorek odlučio, i to u dva navrata, da sa svojom vojskom krene na Srbiju iz Bosne. Ipak, ni jedan ni drugi vojskovođa svoje tvrdnje nisu zasnivali na obaveštajnim podacima već na procenama donetim na osnovu vojničkog i ratnog iskustva i intuicije. Dakle, trebalo je dosta vremena da se shvati značaj obaveštajno-bezbednosne delatnosti u funkciji vladanja situacijom i donošenja pravih odluka.

U srpskoj vojsci, prva zvanična institucija koja je imala u svojoj nadležnosti i vojno-obaveštajnu funkciju, bio je *Glavni đeneralštab*, ustanovljen uredbom *„Ustrojstvo đeneralaštaba"* iz 1876. godine. Nosilac te funkcije bilo je

---

mogla odigrati glavna bitka između srpske i turske vojske. Zbog toga su naredili Prvoj srpskoj armiji da u što kraćem roku, u prodiranju ka jugu, spreči koncentraciju turskih glavnih snaga na Ovčem polju. U pokretu ka Ovčem polju Prva armija se zadržala na položajima severno od Kumanova, očekujući dolazak Treće srpske armije sa Kosova. Turska vardarska armija kretala se ka Kumanovskoj visiji, s namerom da Srpsku vojsku što više zadrži ispred Ovčeg polja, gde je nameravala da vodi odsudnu bitku. Usled pretpostavke da će glavne turske snage biti na Ovčem polju i usled odsustva izviđanja, Prva srpska armije neočekivano je ušla u bitku posle iznenadnog napada turske vardarske armije na položajima kod Kumanova 23. oktobra. Bitka kod Kumanova bila je bitka u susretu, jer su obe vojske jurile jedna prema drugoj. Zbog jače koncentracije srpskih trupa, inicijative i hrabrosti vojnika i oficira Prve srpske armije, napad je odbijen a bitka dobijena iznenada. Turska vardarska armija bila je prisiljena da se bekstvom spašava od potpunog poraza.

Velika pobeda kod Kumanova bila je prva srpska pobeda u Prvom balkanskom ratu i označila je skori kraj turske vladavine na Balkanu. Srpska vojska je posle više od 500 godina ponovo ovladala Kosovom, a posle Kumanovske bitke ušla je i u Skoplje, prestonicu Carevine Srbije iz 1346.

njegovo Prvo odeljenje, u stvari Operativno odeljenje.[5] *„Uredbom o đeneralštabnoj struci"* iz 1884. godine regulisano je da rukovodeći i izvršni organ vojno-obaveštajne službe bude Spoljni odsek Operativnog odeljenja. Od 1900. godine, Glavni đeneralštab je Spoljnjem odseku proširio nadležnosti, pa je *„Uredbom o đeneralštabnoj struci"* iz 1902. godine nazivan *Izveštajni odsek Operacijskog odeljenja.* Posle aneksije Bosne i Hercegovine, Glavni đeneralštab je 1908. godine formirao granične rejone sa Turskom i Austro-Ugarskom prema Bosni, koji su imali nadzorne oficire sa isključivo obaveštajnim zadacima.

U tom periodu, prostor granice sa Turskom pokrivala su tri granična rejona, sa nadzornim oficirima, i to: a) *Vranjski* – nadzorni oficir Božin Simić; B) *Raški* – kapetan Radoje Pantić; i c) *Javorski* – kapetan Milan Vidojević. U obaveštajnom smislu, svaki granični rejon je predstavljao jedan obaveštajni centar.

U toku Prvog svetskog rata, kada je od Glavnog đeneralštaba formiran *Štab Srpske vrhovne komande, Izveštajni odsek Operacijskog odeljenja* postao je *Obaveštajni odsek Operativnog odeljenja Vrhovne komande.*

Na Solunskom frontu 1916–1918. godine, sve aktivnosti vojno-obaveštajne službe izvodilo je Operativno odeljenje Vrhovne komande, pretežno preko svog Obaveštajnog odseka, koji je u svom sastavu imao Ratni pres-biro, Cenzuru VK, Policijsku sekciju, delegate i oficire za vezu kod savezničkih vojski i, povremeno, četničke (specijalne) sastave. Vojno-obaveštajna funkcija bila je integrisana sa svim funkcijama Vrhovne komande (operativnom, pozadinskom i dr.) i obuhvatala je više tada sektorskih funkcija: bezbednost, informativno-propagandna delatnost, organizovanje i koordinacija specijalnih dejstava, kao i neke vidove odnosa sa savezničkim vojskama.

Rad Obaveštajnog odseka bio je toliko intenzivan i uspešan zbog čega je i donet zaključak da ovaj odsek treba da preraste u *Obaveštajno odeljenje*

---

[5] Monografija, povodom izložbe „Obaveštajna delatnost u novijoj srpskoj istoriji, 1804-1941 godina" (Životić A,.Terzić M. et al), MO,VOA,CUKOS; Beograd 2007.

Vrhovne komande, na čemu su posebno insistirali načelnik štaba Vrhovne komande i njegov pomoćnik. Ovaj period svakako predstavlja presedan u odnosu prema obaveštajno-bezbednosnom sistemu i najavu „sjaja" njegove buduće uloge.

Neposredno pred prelazak na mirnodopsko stanje, kada je ostatak Štaba Vrhovne komande trebao da postane Glavni đeneralštab Vojske Kraljevstva Srba, Hrvata i Slovenaca, izdata je 10. aprila 1920. godine Uredba o Glavnom đeneralštabu i đeneralštabnoj struci („Službeni vojni list" br. 24/1920). Ovom uredbom je definisano da Glavni đeneralštab ima četiri odeljenja, i to: a) Operativno; b) Obaveštajno; c) Saobraćajno; i d) Istorijsko odeljenje; kao i Geografski institut.

Osnovni poslovi koji su stavljeni pred obaveštajno odeljenje, bili su sledeći: izrada studija o stranim državama i vojskama i prikupljanje podataka o tome; održavanje veze sa stranim vojnim izaslanicima i misijama; organizacija rada na suzbijanju neprijateljskih radnji u nameri prikupljanja podataka o našoj vojsci i zemlji (član 7 Uredbe).

Obaveštajno odeljenje Glavnog generalštaba Vojske Kraljevine Jugoslavije razvijalo se funkcionalno i strukturalno, ali je uvek obavljalo, što je vrlo bitno da naglasimo[6], dve osnovne funkcije: vojno-obaveštajnu i kontraobaveštajnu. Pored toga, uvek je isticana neophodnost intenziviranja psihološko-propagandnog delovanja. Broj sekcija i odseka se povećavao i tako da je 1940. godine ovo odeljenje preraslo u Drugu direkciju Glavnog đeneralštaba sa dva obaveštajna odeljenja i više obaveštajnih centara. Rad mu je bio pretežno uspešan i uglavnom je objektivno izveštavao vojni i državni vrh zemlje o brojnim aktivnostima unutrašnjih i spoljnih neprijatelja.

---

[6] Ovaj primer je dobar putokaz u kom pravcu treba dalje razvijati obaveštajno-bezbednosni sistem Republike Srbije, usklađen sa sličnim sistemima u okruženju i u svetu, u kome su ispoštovani osnovni demokratski zahtevi savremenog društva. Pomenuti razvoje će biti prekinut posle uspostavljanja totalitarnog-komunističkog sistema u kome je služba bezbednosti „aparat" diktatora, makar to bila i „diktatura proleterijata", zbog čega ona i dobija takav značaj, koji ona grčevito brani do današnjih dana (*prim. autora*).

Pred Prvi svetski rat, Obaveštajno odelenje je bilo podeljeno na dva odseka – Prvi odsek se bavio obaveštajnim, a Drugi odsek kontraobaveštajnim radom. Načelnik *Obaveštajnog odseka Operativnog odeljenja Glavnog đeneralštaba,* a kasnije Vrhovne komande, bio je 1913. godine pukovnik Dragutin Dimitrijević Apis. Njega je na tom mestu u vreme solunskog procesa 1917. godine, zamenio pukovnik Danilo Kalafatović koji će kasnije postati armijski general. Ovakvo vođenje kadrova ukazuje i na značaj koji je imala obaveštajna funkcija i odnos prema njoj u ovom periodu društveno-istorijskog razvoja Srbije. Skoro da se sa sigurnošću može reći da je obaveštajni sistem Srbije bio tada skoro „rame uz rame" sa sistemima zapadne Evrope. Kako i ne bi kada su svi veliki komandanti srpske vojske u to vreme upravo završavali škole u Nemačkoj, Engleskoj ili Francuskoj, što je svakako uticalo i na njihov odnos prema doktrinarnim stavovima i razvoju srpske vojne misli.

Po završetku Prvog svetskog rata, Vojska Kraljevine Srba, Hrvata i Slovenaca (SHS) je imala svoje delegate Vrhovne komande kod savezničkih vrhovnih komandi, za koje se može reći da su prethodnici vojnih izaslanika (viši oficiri za generalštabne poslove obično čina pukovnika). Pri ambasadama Kraljevine SHS, prelaskom iz ratnog u mirnodopsko stanje (10. aprila 1920.), u inostranstvu su postavljeni vojni izaslanici koji su bili organi Ministarstva vojske i mornarice. Od 1922. godine, vojni izaslanici su bili pretpotčinjeni Obaveštajnom odeljenju, odnosno načelniku Glavnog đeneralštaba, dok su po disciplinskoj odgovornosti i dalje odgovarali Ministru vojske i mornarice. Od 1929. godine, vojni izaslanici se u potpunosti potčinjavaju Obaveštajnom odeljenju Glavnog Đeneralštaba.

Osnovna načela tadašnje jugoslovenske obaveštajne službe su bila:

– koncentracija obaveštajne službe ofanzivne i defanzivne,

– (od 1937. godine one su na terenu bile razdvojene, ali su u vrhu i dalje bile koncentrisane u Obaveštajnom odeljenju Generalštaba);

– istrajnost i strpljivost u radu;

- tajnost, kao jedan od najbitnijih uslova rada;
- trajna veza i neprekidnost obaveštavanja; povezanost svih organa sa kojima se sarađuje, naročito sa policijom u defanzivnoj obaveštajnoj službi;
- neposrednost u obaveštavanju;
- stalnost osoblja i
- štednja i pravilna raspodela finansijskih sredstava.

Ofanzivna obaveštajna služba imala je zadatak da prikuplja vojno-političke podatke o susednim zemaljama, da vodi evidenciju o vojnoj sili i ratnom potencijalu uopšte, da prati stranu štampu, publikacije i drugo, kao i da vodi propagandu za Jugoslaviju u inostrastvu putem štampe, brošura itd. Ofanzivna obaveštajna služba delila se na: a) *daljnje obaveštavanje* – operativni podaci o susednim zemljama; i b) *blisko obaveštavanje* – u graničnoj zoni.

Defanzivna obaveštajna služba[7] imala je zadatak da prati i obaveštava o svim prilikama i događajima u zemlji, naročito onim od značaja za vojsku, da sprečava rad stranih agenata i onemogućava delovanje „destruktivnih" i „anti-državnih" elemenata u vojsci. Defanzivna obaveštajna služba se oslanjala na vojne i policijske organe. Glavni Generalštab jugoslovenske vojske je prošao kroz više faza razvoja i organizacionih formi, a to se odnosilo i na obaveštajni organ i organizaciju same obaveštajne službe u vojsci.

Obaveštajno odeljenje je bilo u sastavu glavnog generalštaba kao vrhovni obaveštajni forum. U raznim fazama svoga razvoja, ono je nazivano: *odeljenje, biro, sekcija ili direkcija*. Njegova reorganizacija je izvršena 1939. godine i stvorene su tri direkcije, od kojih je prva obuhvatala Operativno i Obaveštajno odeljenje. Obaveštajno odeljenje je imalo svoja četiri odseka (za strane vojske, za događaje u zemlji, za praćenje strane štampe i odsek za šifru, fotografiju i hemiju), kao i sekciju za vezu sa stranim vojnim izaslanicima. Prema poslednjoj

---

[7] Monografija, povodom izložbe „Obaveštajna delatnost u novijoj srpskoj istoriji, 1804-1941", (Životić A.,Terzić M. et al) MO RS, VOA, CUKOS, 2007.

uredbi od 1. marta 1940. godine, izdvojena je Druga direkcija kao obaveštajna, sa dva odeljenja po sledećoj organizacionoj šemi:

Obaveštajna direkcija:

– Prvo odeljenje (za ofanzivnu obaveštajnu službu je bilo podeljeno na odseke – prema državama u kojima je obavljana obaveštajna služba.

– Drugo odeljenje (za defanzivnu obaveštajnu službu)

– Odsek za unutrašnju službu

– Odsek za šifru, kartoteku i kriptografiju

– Odsek za fotografiju i hemiju i

– „M" – odsek (ili TS) – odsek za tajnu službu.

Iz obimne prepiske Drugog odeljenja, vidi se da je ovo odeljenje dostavljalo svoje izveštaje i podatke za Predsedništvo vlade, ministarstvima spoljnih i unutrašnjih poslova i vojske i mornarice, Generalštabu, Prvom obaveštajnom odeljenju, Komandi utvrđivanja i svim armijskim komandama. Obaveštajno odeljenje imalo je svoje poverenike po zemlji i inostranstvu s kojima je neposredno rukovodilo, ali su pored njih slani u izvesne obaveštajne misije i pojedini obaveštajni oficiri. Oni su se u takvim slučajevima presvlačili u civilna odela i putovali u poverenoj misiji po zemljama u inostranstvu.

Od četiri odseka Drugog odeljenja, najvažniji je bio odsek za tajnu službu koji je nazivan „M" odsek ili odsek „TS". Ovaj odsek je oformljen 1937. godine kao izvršni organ obaveštajnog odeljenja za vršenje tajne terenske službe – špijunaže i kontrašpijunaže. (Treba imati u vidu da svi oficiri Obaveštajnog odeljenja nisu imali uvid u rad ovog odseka, niti pristup u isti. On nije kao ostali odseci, tj. nije bio zvaničnog karaktera i nije bio predviđen Uputstvom za obaveštajnu službu). Šef odseka za tajnu službu je rukovodio terenskim organima, obaveštajnim centrima i svojim ličnim agentima. Uvek se tražilo da on poseduje visoke moralne kvalitete i izvanredne osobine, ali je bilo obavezno da mu se uvek i svuda izlazi u susret i pomaže u radu.

„M" odsek se razlikovao po zadacima od Drugog odeljenja kao celine, premda je on bio četvrti odsek tog odeljenja. On je rukovodio aktivnostima i koordinirao je rad obaveštajnih centara. Njegovi su zadaci, dakle, bili obavljanje terenske vojno-ofanzivne službe u stranim državama i kontrašpijunaža u zemlji. Kontrašpijunaža se obavljala pre svega praćenjem istaknutih ličnosti iz javnog i političkog života i nekih vojnih ličnosti. Ove zadatke su obavljali agenti „M" odseka. Ovaj odsek je pratio i rad i kretanje stranih vojnih izaslanika, naročito neprijateljskih zemalja.

Kartoteka obaveštajnog odeljenja delila se na opštu i posebnu. U opštoj kartoteci bili su poređani kartoni koji su omogućavali da se lako pronađe lice u posebnoj kartoteci i bilo je onemogućeno da jedno lice bude dva puta upisano. Posebna kartoteka se delila po državama, a svaka država je imala grupe: politička lica, sumnjiva lica, oficiri, vojni begunci, vize, krijumčari, prestupnici itd. Kartoni jugoslovenskih državljana su bili, takođe, podeljeni po grupama: sumnjivi radi špijunaže, vojni begunci, emigranti, radićevci, komunisti, pavelićevci i makedonski nacionalisti i dr. U kartoteci je bilo oko 100.000 kartona.

Drugo odeljenje je vodilo i dosijee „datih mišljenja". Iz njih su se mogli videti predlozi koje je ovo odeljenje upućivalo ministru za postupke protiv pojedinih lica, većinom za razrešavanje dužnosti rezervnog oficira i slično. Ministar je uglavnom uvek prihvatao i saglašavao se sa ovim „datim mišljenjem" i postupao je po predlozima.

U cilju usavršavanja oficira obaveštajne službe Obaveštajno odeljenje je održalo od 1932. do 1940. godine 8 – 10 kurseva. Kursevi su trajali od 13 do 25 dana i svaki od njih je pohađalo oko 30 slušalaca. Kursevi su se sastojali iz predavanja i iz praktičnih radova. Tako su na devetom kursu, održanom od 5. do 30. marta 1939. godine, bili predviđeni sledeći predmeti:

– ofanzivna obaveštajna služba u miru i ratu
– defanzivna obaveštajna služba u miru i ratu
– propaganda, cenzura i štampa u ratu i miru

- kriptografija
- primena hemije u obaveštajnoj službi
- primena fotografije u obaveštajnoj službi, i
- rešavanje zadataka iz obaveštajne službe.

Metod rada bio je pre svega praktičan. Tri četvrtine vremena posvećivano je praktičnom radu, a samo jedna četvrtina teorijskim predavanjima. Praktična obuka u predmetu rešavanje obaveštajnih zadataka vršena je u konkretnim situacijama. Na primer, u ofanzivnoj obaveštajnoj službi: u ulozi šefa Centra u Subotici organizovati prikupljanje podataka u graničnom pojasu sa Mađarskom. Odnosno, u defanzivnoj obaveštajnoj službi: organizovati sprečavanje prelaza preko granice bugarskim diverzantima i slično. Kada je reč o cenzuri, polaznici su takođe prolazili kroz praktičnu obuku, posećujući Tehničko odeljenje Uprave grada Beograda, gde su obučavani u tehnikama otvaranja tajnih pisama i slično. Vežbali su se i u kriptografiji.

Obaveštajno odeljenje Generalštaba imalo je svoje organe na terenu – agente i poverenike koji su radili neposredno za odeljenje, bilo u zemlji, bilo u inostranstvu. Agenti u inostranstvu su činili agenturne grupe od 2 do 3 lica, nazvane „ćelije". Svaki od agenata, pripadnika ćelije, vrbovao je za sebe još 2 do 3 podagenta – „antene". Ni pripadnici ćelije, ni „antene", nisu se međusobno poznavali. Danas nam je poznato je da su stvarno postojali agenti koji su prikupljali podatke preko svojih podagenta – dakle, postojale su agenturne grupe.

Sem ovih neposrednih agenata i poverenika odeljenje je na terenu imalo sledeće svoje stalne organe (tabela 2).

Navedena podela je važila od 1937. godine kada je ofanzivna obaveštajna služba razdvojena od defanzivne. U praksi su se i dalje ofanzivna i defanzivna obaveštajna služba preplitale i, odnosno, svaki organ je u manjoj ili većoj meri obavljao i jednu i drugu funkciju. Od centara u inostranstvu, postojao je, zapravo, jedino centar u Bernu. To je bila jedna jača agentura obaveštajnog centra Sušak koju je osnovao jedan njen agent 1939. godine. Posle toga, on je bio zvanično postavljen od vlade za trgovačkog predstavnika. Kada je izbio rat, „TS" odsek je imao 14 obaveštajnih centara u zemlji i organizovanu radio-goniometarsku i radio službu.

a) za ofanzivnu obaveštajnu službu rukovodi Prvo odeljenje	1. Istaknutu obaveštajni centar	U zemlji i inostranstvu
	2. Vojni izaslanici	
	3. Granična trupa	
b) za defanzivnu obaveštajnu službu rukovodi „M" odsek Drugog odeljenja	1. Svi vojno-teritorijalni organi	- 6 armijskih oblasti - 6 divizijskih oblasti - sve komande mesta
	2. Žandarmerija	
	3. Štab utvrđivanja (od 1937. god)	
	4. Prikriveni obaveštajni centri	

Tabela 2 Organi na terenu[8]

Izveštaj koji agent dostavlja morao je uvek da bude numerisan. U izveštaju je trebalo da bude tačno naglašeno vreme zapažanja, kao i da li je to lično zapažanje ili je, pak, reč o zapažanju nekog drugog lica – odnosno, kakve su uopšte informativne mogućnosti izvora. Opšte pravilo je bilo da se svaki izveštaj agenta proverava. Izveštaji se nisu smeli potpisivati, niti se u izveštajima pominjalo ime poverenika. Izveštaji poverenika su obično komisijski spaljivani. Veza sa agentima koji su radili u inostranstvu bila je obično pismena, ali po ustaljenoj šifri. Korišćeni su i posrednici, telegrami, pošta (pisana pisaćom mašinom, šifrovana i sa pseudonimom), a u važnijim slučajevima korespondencija je vođena i korišćenjem tajnog mastila. Adresa je uvek glasila na neko

---

[8] Ibidem

treće lice, nikako direktno obaveštajnom organu. Celokupna prepiska između obaveštajnih centara i obaveštajnog odeljenja dostavljana je u duplim kovertima. Na spoljnoj koverti bio je štambilj štaba divizije sa običnom adresom, a na unutrašnjoj bila je prava adresa, odnosno kome pismo treba da bude uručeno. Važnija pošta slata je specijalnim kuririma. Veze između emigrantske vlade u Londonu, odnosno u Kairu, i četničkog štaba u zemlji održavane su posredstvom radija, tj. preko londonske radio stanice, u skladu sa unapred ugovorenim znacima ili šifrovanim depešama – u oba slučaja preko IS.

Za ofanzivnu obaveštajnu službu služili su obaveštajni centri Generalštaba, koji su bili raspoređivani u većim pograničnim mestima kao Subotici, Osijeku, Splitu, Sušaku, Dubrovniku, Mariboru, Pirotu, Štipu, Debru itd. Težište njihovog rada bila je ofanzivna obaveštajna delatnost u odnosu na susedne zemlje, dok su defanzivnu delatnost obavljali u ograničenom obimu. Formalnopravno, ovi oficiri su bili raspoređeni na službi u štabu divizije, ali su samostalno vršili svoj posao, organizovali špijunažu i dostavljali prikupljene podatke neposredno Obaveštajnom odeljenju. Obaveštajni centri su u punoj meri koristile agente informatore iz domaće sredine i strane države, a održavali su vezu i dobijali podatke i od graničnih trupa, pogranične policije, carinskih i finansijskih organa, kao i od relevantnih štabova divizija i armija. Ponekad su bili u vezi i sa vojnim izaslanikom koji je radio u susednoj zemlji. Rad ovih centara ponajviše je zavisio od snalažljivosti i aktivnosti samog obaveštajnog oficira. Oni su sami pronalazili agente za ofanzivnu i defanzivnu službu.

U defanzivnoj obaveštajnoj službi, centar je sprečavao ilegalne prelaze preko granice i „hvatao" strane špijune na prigraničnoj teritoriji koji bi uspeli da se ubace preko granice ili bi došli da špijuniraju. Neki centri su imali svoje pomoćne centre ili manje agenture.

U zavisnosti od aktuelnih događaja i konkretne situacije, pored redovnih zadataka centri su dobijali i konkretne zadatke po određenim pitanjima.

Pojedini centri vodili su i propagandu i ubacivali propagandni materijal u susednu zemlju.

Prva dužnost vojnih izaslanika bila je obaveštajne prirode. Oni su imali zadatak da prikupljaju podatke ofanzivnog karaktera, i to:

– razne statističke podatke o relevantnoj zemlji

– sve podatke o vojnom uređenju i organizaciji relevantnih zemalja u mirno doba

– sve podatke o ratnim formacijama jedinica i ustanova i o ratnom potencijalu dotične zemlje

– sve podatke o spoljnoj i unutrašnjoj politici te zemlje

Od izmene „Upustva za obaveštajnu službu" 1932. godine, vojni izaslanici su bili glavni nosioci obaveštajnih aktivnosti. S obzirom na svoj položaj, materijalne privilegije i visoke kvalifikacije, oni su to i mogli da budu. Očekivalo se, stoga, da njihovi tromesečni izveštaji budu vrlo solidni i da daju sve podatke koji su uvek bili povezani sa prethodnim izveštajima i podacima, kao i da budu obrađeni u finalnoj formi, sa gotovim zaključcima. Pored redovnih izveštaja, u hitnim slučajevima izaslanik je odmah izveštavao šifrovanim telegramom.

Posebno mesto u sistemu odbrane imao je sistem obezbeđenja državne granice. Zadatak granične trupe bio je čuvanje granice, sprečavanje šverca i pribavljanje podataka – što joj je i bio najvažniji zadatak. Njeno težište je bilo na ofanzivnoj obaveštajnoj službi. Granična trupa je kao celina faktički bila organ obaveštajnog odeljenja[9].

Obaveštajni rad graničara uopšte nije bio velikog obima ili intenziteta, niti je zahtevao neke veće podvige. On je odvijao u zoni od svega desetak kilometara oko granice. Korišćeni su poverenici, a i graničari su izveštavali o svakoj promeni i svemu uopšte što god bi primetili dok su na straži. Međutim,

---

[9] Interesantno je zapaziti da ovakav sistem organizacije danas postoji u Ruskoj Federaciji, gde je služba obezbeđenja državne granice potčinjena Federalnoj službi bezbednosti (FSB), što nimalo nije slučajno, niti beznačajno.

samim graničarima nije govoreno, niti im je bilo poznato da oni obavljaju obaveštajne poslove. Obaveštajci su bili oficiri i poneki podoficir. Komandiri četa i komandanti pododseka po ovoj liniji su održavali vezu i sa obaveštajnim centrima koji su se nalazili na njihovoj teritoriji. Defanzivnu obaveštajnu službu granična trupa obavljala je u manjem obimu, kako u štabu granične trupe, tako i u štabovima odseka i pododseka. Radilo se obično o raspisima koji su se odnosili na strane špijune i metode njihovog rada.

Teritorijalni organi (štabovi armijskih i divizijskih oblasti i komandi mesta) uglavnom su obavljali defanzivnu obaveštajnu službu. Oni koji su bili na granici vodili su i obaveštajnu službu u pravcu susedne zemlje. Načelnik dotičnog štaba, koji se naročito isticao kao organizator i rukovodilac obaveštajne službe, morao je da se angažuje i u pravcu ofanzivne službe. On je u takvim slučajevima pratio i štampu susedne zemlje.

Štab armije bio je centar celokupne obaveštajne službe armijske oblasti. Rukovodilac je bio komandant, organizator načelnik štaba. Isto to je bio komandant divizije, odnosno njegov načelnik štaba, u okviru divizijske oblasti. U štabovima armijskih i divizijskih oblasti postojao je poseban obaveštajni oficir koji je pod rukovodstvom načelnika štaba obavljao obaveštajne poslove. Tako se pri svakom štabu obrazovao obaveštajni centar koji je radio za račun tog štaba – za razliku od obaveštajnih centara Generalšataba, čiji oficir je bio samo formalno na dužnosti u dotičnom štabu, ali sa njime nije imao nikakve veze.

Neki od tih obaveštajnih centara su bili istaknuti i značajni, s tim što su radili po pitanjima defanzivene obaveštajne službe. Oni su organizovani po većim mestima unutrašnjosti zemlje – u Zagrebu, Kragujevcu, Novom Sadu, Mariboru, Ljubljani itd. Zadatak ovih centara bio je:

a) praćenje rada i kretanja političkih ljudi, partija i njihovih pristalica; i

b) po potrebi praćenje rada, kretanja i postupaka oficira i podoficira na službi i u privatnom životu.

Žandarmerija Kraljevine Jugoslavije je bila pod Ministarstvom vojske i pod Ministarstvom unutrašnjih poslova. Pored održavanja lične i imovine bezbednosti, njen glavni zadatak je bio zaštita od svake „antidržavne propagande" i suzbijanja svake vojne i političke špijunaže. Ona je vodila borbu protiv svih akcija koje su bile bilo čim uperene protiv postojećeg režima. Tako je ona u stvari bila organ Obaveštajnog odeljenja za defanzivnu špijunažu. Žandarmerija se delila na pukove (10), čete, vodove i stanice. Svaka jedinica je organizovala obaveštajnu službu i održavala veze sa relevantnim štabom armijske ili divizijske oblasti, kao i sa kraljevskom banskom upravom.

Štab utvrđivanja, oformljen je 1938. godine radi rukovođenja i organizovanja radova na utvrđivanju zemlje, imao je svoj Treći odsek – obaveštajni odsek koji se bavio isključivo defanzivnom obaveštajnom službom i opštom kontrolom bezbednosti na prostoriji na kojoj se vrši utvrđivanje. U tom cilju, Treći odsek je održavao vezu sa svim organima vlasti na dotičnoj teritoriji, pratio našu i stranu štampu i rukovodio poštom štaba utvrđivanja. Kontrolisao i proveravao preduzeća koja treba da stupe u posao sa vojskom. Za izvršenje ovih zadataka Treći odsek je imao svoje stalno plaćene agente. Ustrojena je bila i kartoteka jugoslovenskih državljana nemačke narodnosti za koje se sumnjalo da se bave špijunažom – oko 6.000 lica. Vođena je i evidencija o licima koja su imala imanja sa obe strane granice sa Austrijom – svega oko 500 do 600 ljudi.

Ono što je bitno da istaknemo, kao zaključak o delovanju obaveštajno-bezbednosnog sistema na prostorima bivše Jugoslavije i Srbije, jeste da je on sve do Drugog svetskog rata bio objedinjen. Značaj obaveštajne i kontraobaveštajne informacije, nalazio je svoje opredmećivanje u centralizovanom obaveštajnom sistemu, koji je rukovodio i sistemom obezbeđenja državne granice. Nije teško, zaključiti da su ova tri, uslovno rečeno, podsistema u obaveštajnom sistemu, krucijalna za bezbednost države, društva i pojedinca i danas, a posebno ako se imaju u vidu savremeni izazovi, rizici i pretnje njihove bezbednosti. Zbog toga se ova iskustva moraju imati u vidu prilikom kreiranja i organizovanja budućeg sistema obaveštajno-bezbednosnih zajednica koje će delovati u savremenim uslovima. Specifičnosti se ogledaju u izmenjenim tehnološko–tehničkim okolnostima, delimično izmenjenom okruženju i unutrašnjim karakteristikama društva, koje se postepeno gradi u demokratsko društvo. Stoga je obaveza povezivanja razvoja sistema obaveštajno-bezbednosne zajednice sa demokratskim kretanjima u društvu još veća.

Glava 2.

2. SAVREMENI PRISTUP OBAVEŠTAJNO-BEZBEDNOSNOJ DELATNOSTI

2.1. Pojam, nastanak i razvoj obaveštajno-bezbednosnih službi

Mnogi teoretičari i dobri poznavaoci obaveštajne i bezbednosne delatnosti dali su niz definicija koje pojmovno određuju obaveštajnu službu. Ono što je za njih zajedničko jeste da većina definicija ukazuje na to da je obaveštajna služba specijalizovana ustanova, deo državnog aparata koja prikuplja, obrađuje i dostavlja prevashodno podatke i informacije koji po svom značaju predstavljaju tajnu drugih država. Podatke poverljive prirode obaveštajna služba prikuplja tajnim, prikrivenim i legalnim sredstvima i metodama, pri čemu je konspirativnost njena najbitnija karakteristika. Tako prikupljene podatke prezentuje u obrađenoj formi političkom i vojnom rukovodstvu zemlje, odnosno rukovodstvima političkih partija, radi vođenja politike u miru i ratu, kako bi pomenuta rukovodstva zauzela određeni stav i preduzela mere u cilju zaštite bezbednosti zemlje.

Rusi su obaveštajnu službu,[10] kao takvu podelili na vojnu i agenturnu. Vojna obaveštajna služba (voskovaja razvetka) bavi se isključivo izviđanjem vojnih snaga potencijalnog neprijatelja radi borbenog obezbeđenja dejstava sopstvenih snaga (u terminologiji Vojske Srbije poznatija kao obaveštajno-štabna delatnost).

---

[10] Obaveštajna služba; SSSR; Mala enciklopedija Prosvete, 4.izd, 1986, tom II.

Agenturna obaveštajna služba (obaveštajno-operativna delatnost) podrazumeva rad specijalnih organa državnog i vojnog aparata na proučavanju određene zemlje, a naročito oružanih snaga potencijalnog neprijatelja. Karakteristika agenturne obaveštajne službe ogleda se u nastojanjima da se pribave tajna dokumenta ili podaci koji nju interesuju, a čije se otkrivanje surovo kažnjava.

U američkoj literaturi nema jasno izložene definicije obaveštajne službe iako je obaveštajna zajednica ove zemlje najveća na svetu, sa preko trinaest agencija. Njen rad se zasniva na „tajnom prikupljanju informacija čiji su izvori zaštićeni. Prikupljene i procenjene informacije potrebne su za donošenje odluka u svim sferama poslovnog, vojnog, ekonomskog i političkog odlučivanja. Međutim, njena obaveštajna služba (ObSl) je najviše povezana sa vladinom inostranom i vojnom politikom. Obaveštajna služba generalno ima konotaciju nacionalne bezbednosti i kao takva postoji i deluje obavijena aurom tajnosti."[11]

Prema engleskim shvatanjima, predmet državne obaveštajne službe je neprekidno prikupljanje i procena obaveštenja o stavu, mogućnostima i verovatnim političkim odlukama drugih zemalja koje bi mogle uticati na njene spoljne i unutrašnje interese. Obaveštajna služba ima zadatak da posmatra, izveštava, procenjuje i rezimira u jednom neprekidnom procesu.

Kao zajednička karakteristika svih obaveštajnih službi, koja se pominje u stranoj literaturi, jeste činjenica što se ona određuje kao deo državnog aparata (čime se određuje i ograničava predmet i sadržaj rada) koji prikuplja informacije o stranim državama radi zauzimanja određenih stavova i radi kreiranja globalne politike prema relevantnoj zemlji.

Kao jedna od sveobuhvatnijih, može da bude prihvaćena definicija dr Obrena Ž. Đorđevića koja glasi: *„Obaveštajna služba je organizovana aktivnost ili organizacija – ustanova, koja po zahtevu i namerama vodećih političkih struktura pokreta ili države, prikuplja, ocenjuje, tumači, ili pruža*

---

[11] Multimedijalna enciklopedija „Encarta 97", izdanja Microsoft-a, videti pod *Espionage*.

tajne (zaštićene) i druge podatke o protivniku ili neprijatelju, štiti sopstvene strukture i angažuje se na sprovođenju drugih aktivnosti kojima se ostvaruju određeni politički ciljevi."[12]

Pri određivanju pojma obaveštajne službe, neminovno se moraju uzeti u obzir:

– potrebe države za informacijama o značajnijim zbivanjima u svetu;

– sve brže promene u međunarodnim okvirima koje nameću potrebu stalne budnosti i informisanosti;

– tajnost u radu; i

– legalnost institucija koje ilegalno deluju prema drugim državama.

Na osnovu navedenog, pojam obaveštajne službe bi mogao da bude određen na sledeći način:

Obaveštajna služba je specijalizovana institucija državnog aparata, ovlašćena da svim sredstvima i metodama prikupi, obradi i dostavi željene podatke potrebne za uspešnije određivanje ciljeva državne politike.

Nastanak i razvoj obaveštajne službe nužno se povezuje sa čovekovim prirodnim svojstvom. Sa pojavom država kao osnovnog oblika organizovanja klasnog društva, počinje i stvaranje prvobitnih obaveštajnih službi kojima su lično rukovodili vladari i vojskovođe. Prve obaveštajne službe nastaju i jačanjem položaja i proširivanjem interesa država. Prirodno, svaka država poseduje određene tajne do kojih je teško doći. Radi toga se formira posebna služba koja će to da čini. Brojni su primeri iz istorije koji nam govore da su se obaveštajnim aktivnostima bavili drevni narodi Sredozemlja, Bliskog i Srednjeg istoka i zasnivali ih prvenstveno na ratnim lukavstvima, dovitljivosti pojedinca, a da obaveštajna služba u organizacionom smislu nije ni postojala.

Veliki broj ratova, u proseku dva i po godišnje, kao i potreba što boljeg poznavanja neprijatelja, o čemu je još u šestom veku pre nove ere govorio

---

[12] Đorđević O, Leksikon bezbednosti, Partizanska knjiga, Beograd, 1986, str 240.

čuveni vojskovođa Sun Cu Vu,[13] u znatnoj meri su uticali na utemeljenje i oblikovanje obaveštajne službe. „Prva obaveštajna služba nastala je u Engleskoj 1647. godine i bila je u nadležnosti parlamenta.[14] Ta godina se uzima kao datum kada je nastala obaveštajna služba u pravom smislu, jer je tada prvi put njen delokrug rada u oblasti obaveštajnih i bezbednosnih poslova zakonski regulisalo najviše predstavničko telo države." Bitno mesto u razvoju obaveštajne i bezbednosne službe, a time i obaveštajno-bezbednosne zajednice, ima i razvoj opšteg pojma „bezbednosne zajednice", kada je reč o međunarodnim odnosima.

Verovatno najveći izazov realističkom pristupu bezbednosti, posebno razmišljanju i delovanju po obrascu tzv. bezbednosne dileme, postavio je krajem pedesetih godina 20. veka Karl Dojč (Karl Deutsch) sa saradnicima. Na osnovu saznanja dobijenih iz obimnog empirijskog istraživanja odnosa naroda i država Severno-atlanskog regiona, on je kao rešenje za uspostavljanje trajne i stabilne miroljubive saradnje predložio vlastitu zamisao / model „bezbednosne zajednice". Dojč, a nešto kasnije i Rozenau, u osnovi su zamisao *„bezbednosne zajednice"* utemeljili na ideji i praksi međunarodne saradnje koja u određenim, povoljnim, okolnostima prerasta u međunarodno udruživanje.

Studija slučaja 1.

Glavni cilj udruživanja naroda i država u *„bezbednosne zajednice"* je, po Dojču, prevazilaženje razmišljanja i ponašanja u obrascu bezbednosne dileme: ovo, samo naoko izlišno tumačenje na prvi pogled jasnih stvari, zapravo tačno pokazuje šta suštinski novo u ukupnoj zamisli bezbednosti donosi model bezbednosne zajednice. Razmišljanje i ponašanje onih koji su udruženi u jednu bezbednosnu zajednicu ne pretpostavlja bezbednost u odnosima između njenih članica na tradicionalan način, tj. ne vidi je u preseku pretnji i sposobnosti, odnosno izazova i odgovora. Po zagovornicima modela **„bezbednosne zajednice"**, sopstvena bezbednost se ne dostiže putem uvećanja moći, pomoću

---

[13] „Ako poznaješ sebe i svog neprijatelja, onda u stotinu bitaka ne moraš da se bojiš za ishod"; Sun Cu Vu; Umeće ratovanja; VIZ; Beograd 1995. god.

[14] Milošević M, Sistem državne bezbednosti; Policijska akademija; Beograd, 2001, str.19.

vršenja priprema za rat ili nasilje velikog obima, uz podizanje ukupne vojne sposobnosti u odnosu na pretpostavljene protivnike.

Karl Deutsch

Bezbednosna zajednica, kao zajednica bez rata (*no-war community*), ne podrazumeva samo isključivanje rata u stvarnosti međusobnih odnosa njenih članica, nego, što je možda još značajnije, i konceptualno odbacuje oslanjanje i računanje na vojnu moć u odnosima unutar zajednice.

Studija slučaja 2.

„Bezbednosna zajednica je skup ljudi koji su se **udružili**. Pod udruživanjem ovde mislimo na dostizanje unutar jedne teritorije, duha zajedništva i uspostavljanje snažnih i široko rasprostranjenih institucija i delatnosti dovoljnih da osiguraju pouzdanu miroljubivu saradnju između njenog stanovništva. Pod duhom zajedništva **mislimo** na verovanje da zajednički društveni **problemi** moraju i mogu biti razrešeni kroz procese miroljubive **saradnje** koja daje sigurnost da se članice neće međusobno fizički boriti, nego sukobe rešavati na neki drugi način."

Karl Deutsch

Pored ovog određenja, koje se često navodi u raspravama o međunarodnim odnosima i bezbednosti, kao i studijama mira, pažnju zaslužuju i definicije nekih drugih ključnih pojmova koji obeležavaju preoblikovanu zamisao bezbednosti.

Studija slučaja 3.

„Bezbednosni režimi (Security regimes) nastaju kada grupa država sarađuje u upravljanju spornim pitanjima s ciljem izbegavanja rata, nastojeći da smanje bezbednosnu dilemu tako što uz istovremeno samostalno delovanje uzimaju u obzir i ponašanje drugih".

R. Jervis

„Bezbednosni kompleks (Security complex) uključuje grupu država čiji su bezbednosni problemi toliko blisko povezani, da se njihove nacionalne bezbednosti ne mogu stvarno razmatrati odvojeno jedne od drugih".

B. Buzan

Usvajanje zajedničke bezbednosti (*Common security*) kao organizujućeg načela u naporima da se umanji rizik od rata, ograniči naoružavanje i krene ka razoružavanju, znači, u principu, da će saradnja zameniti konfrontaciju u rešavanju sukoba interesa. „Ovo ne znači očekivanje da razlike izmedu naroda treba da nestanu... Zadatak je samo da se osigura da ovakvi sukobi ne dovedu do rata, ili priprema za rat. To znači da narodi moraju da shvate da održavanje svetskog mira ima prvenstvo u odnosu na njihove vlastite ideološke ili političke stavove" (Palme Report, 1992). Karl Dojč razlikuje tzv. *amalgamiranu bezbednosnu zajednicu,* gde se više država udružuje putem stvaranja zajedničkih ustanova i, kao labaviji oblik odnosa, tzv. *pluralističku bezbednosnu zajednicu.* Zanimljivo je da je on „svaku, razumnu dobro integrisanu nacionalnu državu", uzimao kao primer *amalgamirane bezbednosne zajednice.*

Pri svemu tome, nacionalna suverenost svake pojedine države nad pitanjima bezbednosti i odbrane unutar pluralističke bezbednosne zajednice nije prepreka za udruživanje i za izgradnju odnosa zajedništva. Za takav kvalitet odnosa, za razliku od „amalgamirane bezbednosne zajednice", nije neophodno ustanovljavanje bilo kakve međuvladine mašinerije sačinjene od institucionalnih struktura i unapred predviđenih postupaka. Jednom rečju, pluralistička bezbednosna zajednica ne pretpostavlja postojanje i izgradnju formalnih saveza i pratećih institucionalnih okvira kako bi se omogućilo uspostavljanje odnosa saradnje. Ovde se, da ne bude zabune, ne misli na bliskost u odnosima naroda koju zagovara, na primer, Fjodor Mihajlovič Dostojevski kada u zanosu kaže da: „Vi verujete, a i ja s vama, u ono što je opšteljudsko, tj. da će jednom pred svetlošću razuma i svesti pasti prirodne pregrade i predrasude koje do danas sprečavaju prirodno opštenje nacija, zbog egoizma nacionalnih zahteva, i da će samo tada narodi početi da žive istim duhom i načelom, kao braća, težeći razumno i s ljubavlju opštoj harmoniji."

Ciljevi zagovornika saradnje u bezbednosti kroz stvaranje „*pluralističkih bezbednosnih zajednica*" očigledno su skromniji, ali su, i to treba naglasiti, bliži odlikama ljudske prirode i saglasniji su sa stvarnim stanjem u međunarodnom sistemu i međunarodnim odnosima. To je ono zrnce koje daje nekakvu nadu da bi razvijanjem veza između više regionalnih „pluralističkih bezbednosnih zajednica", proces u kome danas u pogledu zamisli, ali i u pogledu praktičnih rešenja, prednjači transatlantska bezbednosna zajednica, mogao da dostigne vrhunac u stvaranju „globalne pluralističke bezbednosne zajednice". Na taj način bi se u najvećoj meri izbegle zamke bezbednosne dileme u međudržavnim odnosima, o čemu je, inače, već bilo reči. Bezbednost bi se, naime, dostizala, čuvala i unapređivala razvijanjem poverenja i kroz saradnju, zajedničkim delovanjem svih na smanjivanju pretnji (*threats abatement*), a ne na tradicionalan način, gde se bezbednost, navodno, dostizala uvećavanjem vojne moći pojedine države ili udruživanjem u vojno-političke saveze, što je samo beskonačno produžavalo trku za uvećavanjem moći, dok se provera stvarnog stanja stvari vršila, zapravo u ratnim sukobima. U svetlu ovakvih kretanja na planu razvijanja bezbednosnih zajednica treba posmatrati i razvoj obaveštajne službe i obaveštajno-bezbednosnih sistema.

Ozbiljnije korake na utemeljenju obaveštajne službe istorija beleži u vreme Napoleona I[15] kada, pored diplomatije i vojska dobija na značaju kao

---

[15] Napoleon I Bonaparta (fr. Napoleon Bonaparte, 15. avgust 1769 — 5. maj 1821) je bio general u Francuskoj revoluciji i kao vođa bio je prvi konzul Francuske Republike od 11. novembra 1799. do 18. maja 1804, i car Francuske i kralj Italije od 18. maja 1804. do 6. aprila 1814. i onda ponovo na kratko od 20. marta do 22. juna 1815. godine. Napoleon je rođen na Korzici, a učio je u Francuskoj za artiljerijskog oficira. Postao je poznat tokom Francuske revolucije, kada je kao general vodio uspešne pohode protiv Prve i Druge koalicije koje su bile usmerene protiv Francuske. Godine 1799. Napoleon je izvršio državni udar i postavio sebe za prvog konzula; pet godina kasnije je sam sebe krunisao za cara Francuske. Tokom prve decenije 19. veka, zaratio je sa skoro svakom važnijom evropskom silom, dominirajući kontinentalnom Evropom nizom pobeda – od koje su naslavnije one kod Austerlica i Fridlanda – i uspostavaljanjem saveza, imenujući bliske saradnike i članove porodice za vladare ili ministre u državama kojima su dominirali Francuzi. Katastrofalna francuska invazija Rusije 1812. je bila prekretnica. Ovaj pohod je desetkovao njegovu Veliku armiju, koja nikada više nije obnovila svoju nekadašnju snagu. Godine 1813. Šesta koalicija ga je porazila kod Lajpciga, zauzela Francusku i primorala ga na abdikaciju u aprilu 1814. i izgnanstvo na ostrvo Elbu. Nakon manje od godinu dana, Napoleon se vratio u Francusku, ponovo preuzeo kontrolu, ali je vladao 100

nosilac obaveštajne aktivnosti. U jedinicama i komandama javljaju se organi vojne obaveštajne službe, a u samom generalštabu osniva se telo za rukovođenje. Od tog vremena do Prvog svetskog rata, obaveštajna služba, posebno vojna, shodno zahtevima i potrebama svojih pretpostavljenih postaje sveobuhvatnija i organizaciono jača.

U Srbiji se začeci obaveštajne službe javljaju organizovanjem Prvog i Drugog srpskog ustanka, mada pravno i formalno ta delatnost nije imala posebnu organizacionu formu. Ipak, shodno aktivnostima koje je sprovodila bila je bliža vojno-obaveštajnoj službi. Tako je u vreme ratova za oslobođenje Srbije od Turske (1876–1878) stvorena Vojno-obaveštajna služba pod nazivom „Izveštajni odsek" u čijem radu su bili prisutni obaveštajni i bezbednosni sadržaji. U radu su uglavnom koristili legalne mogućnosti za obaveštajni rad (prikupljanje informacija preko vojno-diplomatskih predstavnika, iz strane štampe i sl.).

Kasnije, obaveštajna služba će u organizacionom, formalnom i materijalnom smislu imati tendenciju jačanja. U periodu između dva svetska rata doživljava snažno širenje koje rezultira „totalnom špijunažom" nacističke Nemačke, dok će moćnije države pokloniti posebnu pažnju organizaciji i funkcionisanju obaveštajne delatnosti.

Period posle Drugog svetskog rata sa pravom se može nazvati „renesansnim periodom" obaveštajno-bezbednosnih službi. Pored informacija vojne prirode, rastu zahtevi za informacije iz diplomatije, politike i ekonomije, a u savremenim uslovima težište obaveštajne aktivnosti sve više se prenosi na polje visoke tehnologije i informatike. U nameri da prikupe tajne određenih država, pojedine zemlje izdvajaju ogromna finansijska sredstva, koriste najnovija naučna i tehnička dostignuća, ne prezajući da ugroze i tradicionalne prijateljske odnose svoje zemlje sa ciljnom zemljom, čime indirektno vrše uticaj

---

dana do poraza kod Vaterloa u junu 1815. Svojih zadnjih šest godina života proveo je pod britanskim nadzorom na ostrvu Sveta Jelena.

na spoljnu politiku. U svakom slučaju, kao državna institucija visokog ranga, obaveštajna služba u savremenim uslovima postaje nezamenljivi činilac u državnoj upravi.

2.2. Sadržaj rada obaveštajno-bezbednosnih službi

Sve veći zahtevi koji se postavljaju pred obaveštajnu službu, kao i složenost zadataka koje izvršava, čine sadržaj njenog rada sveobuhvatnim. Celokupna delatnost, bez obzira na način organizacije i rukovođenja i (ili) karakter ciljeva, oblasti istraživanja ili na to kome subjektu služba pripada, može da bude podeljen na tri modaliteta: (1) obaveštajnu delatnost (2) kontraobaveštajnu delatnost i (3) subverzivnu ili prevratničku delatnost.[16]

2.2.1. Obaveštajna delatnost

Obaveštajna delatnost predstavlja neprekidnu, sveobuhvatnu i plansku aktivnost obaveštajnih i vojno-obaveštajnih službi u zemlji i inostranstvu kako bi se ostvario uvid u namere država, cenjene kroz stanje, mogućnosti i perspektive prvenstveno njenih oružanih snaga (OS) i spoljne politike, radi preduzimanja adekvatnih akcija na vojno-političkom i ekonomskom planu shodno prikupljenim informacijama.

Prikupljanje podataka (informacija) o drugim državama je složen i sveobuhvatan posao. S obzirom da se svaka tajna čuva i štiti, do njih je veoma teško doći radom u inostranstvu a naročito primenom raznih tajnih metoda i sredstava. Potrebe za određenim podacima o protivniku nalažu obaveštajnoj službi da pristupi planskom angažovanju čije su osnovne etape: planiranje, prikupljanje podataka, obrada podataka i dostavljanje informacije. Ovaj proces je cikličan (slika 1) jer vrh države odnosno savet za nacionalnu bezbednost

---

[16] Vojna politika, doktrina I strategija stranih zemalja; Prevodi; „Konflikt niskog intenziteta", Borbeni priručnik KoV SAD; COS SI; ISI; 1988.

(vrhovni savet odbrane) i dr. shodno dobijenim informacijama i procenama kreira spoljnu politiku države, postavlja nove zahteve i daje smernice i ciljeve obaveštajnoj službi.

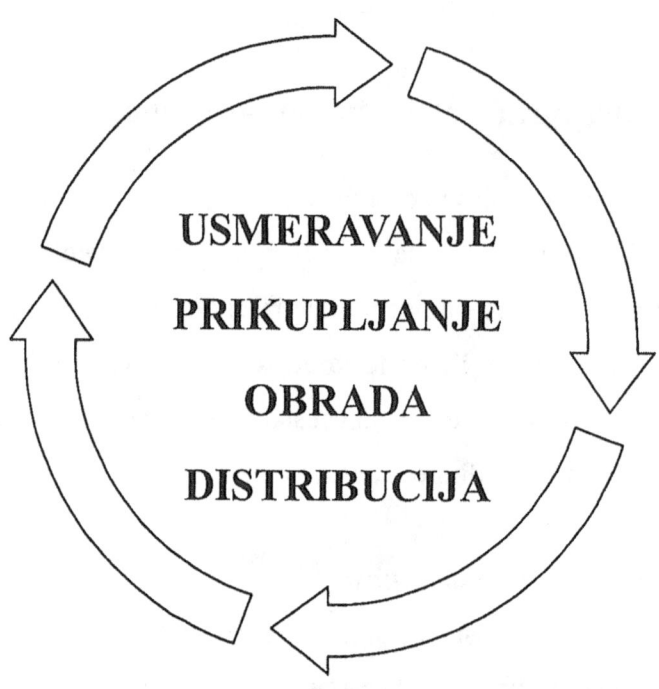

Slika 1 Obaveštajni ciklus

Planiranje se zasniva na zahtevima i potrebama institucije na vrhu i treba da izražava realne i prioritetne zadatke i da bude u skladu sa raspoloživim snagama i vremenom. Prikupljanje, kao neprekidan proces,[17] podrazumeva korišćenje svih izvora informacija. To je najsloženija i najsuptilnija radnja u funkciji obaveštajne delatnosti i realizuju je obaveštajno-operativni organi u zemlji i inostranstvu, koji predstavljaju „proizvodnu snagu" svake obaveštajne službe. Obrada podataka je stvaranje informacije iz sirovog materijala podataka. Prvo se vrši klasifikacija, zatim procena verodostojnosti – da li je podatak istinit i u kojoj meri – zatim se razvrstava – radi upoređivanja sa ostalim podacima i

---

[17] Britanci pojam obaveštajne službe upravo i zasnivaju na neprekidnom prikupljanju podataka i procenjivanju informacija o stavovima, mogućnostima i verovatnim političkim odlukama drugih zemalja.

na kraju tumači odnosno vrši se analizira u cilju izvlačenja zaključka. Obradom podataka i izradom završnih obaveštajnih dokumenata bavi se analitika koja je „najvažniji istraživački potencijal obaveštajne službe, mozak i kreativna inteligencija koja se stalno modernizuje i usavršava."[18] Dostavljanje informacija predstavlja završnu fazu ciklusa u procesu obezbeđenja i distribucije podataka krajnjim korisnicima (obično su to i nalogodavci). Uz podatak može biti naveden izvor informacije sa ocenom pouzdanosti kao i organ koji ga je prikupio, što na korisnika može uticati u smislu gubljenja objektivnosti pri korišćenju.

2.2.2. Kontraobaveštajna delatnost

Kontraobaveštajna delatnost je planska aktivnost specijalne organizacije države usmerena na praćenje i sprečavanje (onemogućavanje) delatnosti stranih obaveštajnih službi, vojno-obaveštajnih službi, terorističkih, ekstremističkih i drugih destruktivnih snaga u vlastitoj zemlji. U kontraobaveštajnoj delatnosti se angažuju sve službe bezbednosti čija je osnovna delatnost usmerena na borbu protiv rada domaćih i stranih neprijatelja, bilo da oni deluju unutar ili izvan dotične države. Osnovni ciljevi su sprečavanje angažovanja strane obaveštajne službe u preduzimanju sledećih aktivnosti:

– tajno i javno prikupljanje podataka,

– javno i ilegalno propagandno delovanje,

– sabotažno delovanje u pojedinim oblastima života i društvenoj administraciji, i

– terorističko delovanje putem regrutovanja članova, nabavke naoružanja, stvaranje baza obuke, planiranja izvođenja terorističkih akata i sl.

Prednost kontraobaveštajne službe u realizaciji svojih zadataka nad obaveštajnom službom je u tome što svoju delatnost sprovodi uglavnom na svojoj teritoriji i sa svojim građanima. Lakše je utvrditi da li pojedini njeni građani rade

---

[18] Bošković M., Analitika u savremenim obaveštajno-bezbednosnim sistemima „Vojno delo", br. 3/96, str.119.

za stranu obaveštajnu službu, nego što je stranoj obaveštajnoj službi da utvrdi, u procesu „vrbovanja", da li oni rade za domaću kontraobaveštajnu službu.

2.2.3. Prevratnička delatnost

Prevratnička delatnost je jedan od oblika rada obaveštajnih službi mnogih zemalja, prvenstveno onih čija je spoljna politika hegemonistička. Cilj ove delatnosti se odnosi, posebno prikrivenim i tajnim sredstvima i metodama, na vršenje uticaja, na menjanje stanja u drugim, posebno u novoformiranim državama. Realizacija ovih zadataka ispoljava se pružanjem raznovrsne podrške režimima čija im politika odgovara i tajnim organizovanjem prevrata radi dovođenja na vlast svojih političkih istomišljenika. Prevratničko delovanje je sastavni deo specijalnog rata, a njegovi najpoznatiji oblici su državni udar, puč i oružana pobuna.

Države koje posredstvom svojih obaveštajnih službi sprovode prevratničku delatnost, razradile su (usvojile) posebne doktrine i strategije i u tu svrhu osim obaveštajnih službi angažuju i druge snage. Na primer, Sjedinjene Američke Države su osamdesetih godina 20. veka usvojile „Doktrinu sukoba niskog intenziteta" (Low Intensity Conflict), čija je suština u „odbrani" američkih nacionalnih interesa primenom ofanzivnih prevratničkih dejstava u drugim državama.

2.3. Neka od načela rada obaveštajno-bezbednosnih službi

Načela u radu obaveštajno-bezbednosnih službi nisu identična i proizvod su pre svega politike koju relevantna država vodi (hegemonistička, ekspanzionistička, neutralna, podanička i sl.), njene doktrine, uloge same obaveštajno-bezbednosne službe u realizaciji državnih ciljeva i karakteristika sadržaja rada. Neka od načela su primenljiva i relevantna i za druge aktivnosti i delatnosti (npr. planiranje i timski rad u vojsci i medicini). Međutim, kada se govori o obaveštajnim službama uopšte pojedini principi su njeno obeležje, bez čega ni njena delatnost ne bi postojala (slika 2). To su pre svega:

a) Tajnost u radu

Obaveštajno-bezbednosna služba svoje postupke prilikom prikupljanja podataka legalnim i ilegalnim metodama rada drži u tajnosti. „Velom" tajne prikrivene su i informacije koje su dobijene primenom pomenutih metoda. Slanje ili „ugrađivanje" operativaca ili obaveštajno-operativne veze u redove protivnika zahteva posebnu pripremu kako bi se protivnik obmanuo u pogledu identiteta i zanimanja „ugrađenog", a sve to u cilju uspešnog prikupljanja podataka a da se pri tome ostane neotkriven, što i jeste cilj svake obaveštajne službe. Aktivnosti usmerene na angažovanje lica moraju ostati u najvećoj tajnosti i pristupačne su samo odabranom krugu lica iz službe.

„Izraelski Mossad metod prevara i obmana neguje do savršenstva u cilju postizanja visokog umetničkog nivoa u svim tajnim operacijama. U Akademiji Mossad, u kojoj se obučavaju agenti za operativce, o ovom principu se govori sa naglašenom sistematičnošću. U holu Akademije krupnim slovima je napisana parola ove agencije – prevarama i obmanama vodite svoje bitke."[19]

b) Neprekidnost i aktivnost u radu

Ovo načelo podrazumeva obezbeđenje uslova za kontinuirano delovanje kako u mirnodopsko vreme, tako i u uslovima neposredne ratne opasnosti i rata, kada dolazi do intenziviranja obaveštajnog delovanja. Ako ne postoje posebna naređenja od pretpostavljene komande – ustanove, samoinicijativno se preduzimaju adekvatne radnje i postupci na osnovu indikatora, dosadašnjih potreba, iskustava i procena mogućeg toka događaja, kako bi se sprečilo iznenađenje i preuzela inicijativa. Neprekidnost i aktivnost u radu ne počinje prijemom naređenja ili instrukcije za izvršenje zadatka niti prestaje njegovim izvršenjem.

---

[19] Levkov M., Izraelska tajna služba, „Filip Višnjić", Beograd, 2001, str. 84.

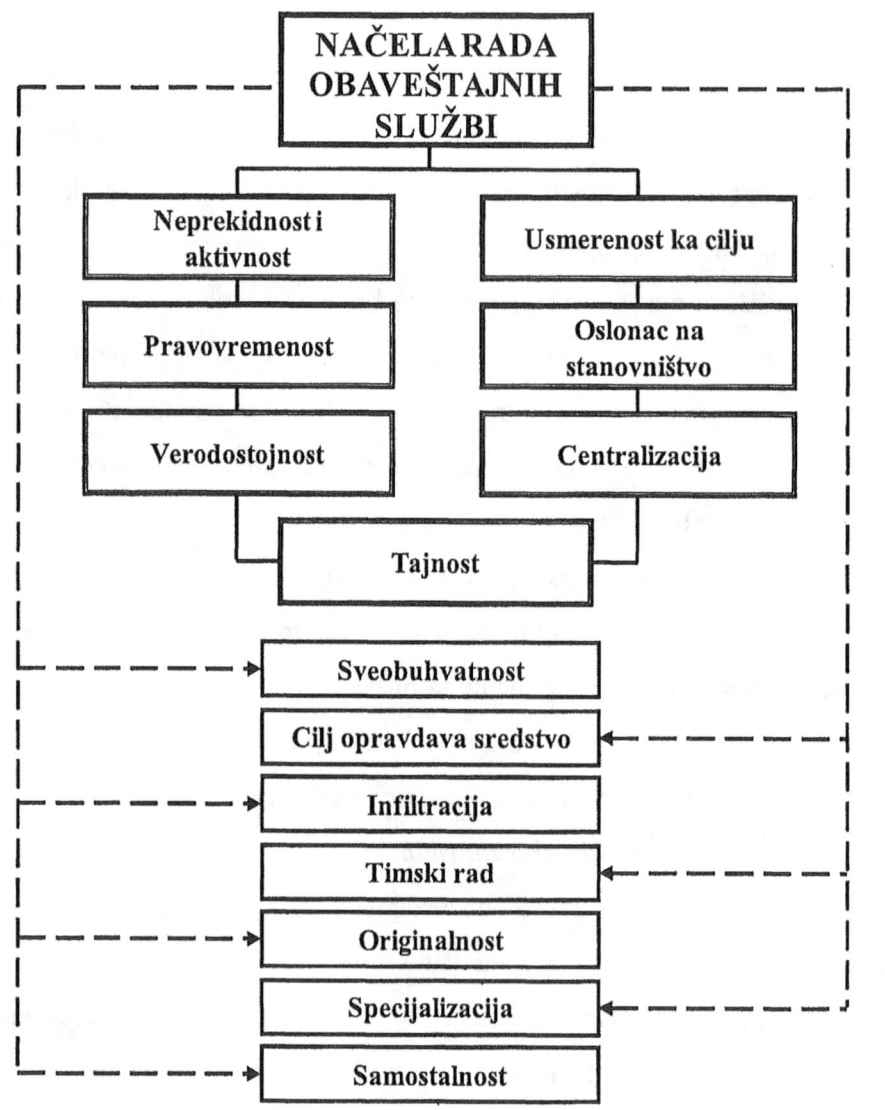

Slika 2 Osnovna načela rada obaveštajnih službi

c) Usmerenost na cilj

Ovo načelo podrazumeva da se obaveštajno-operativni organi zadejstvovani na terenu usmeravaju ka onim objektima, rejonima i licima čijim se „pokrivanjem" omogućava najcelishodnija upotreba snaga i sredstava uz najbolje rezultate u radu. Koncentracijom napora na izvršenje težišnih zadataka i sposobnošću operativnih organa da se pravovremeno i pravilno prilagode konkretnoj situaciji i da preusmere sve aktivnosti na prikupljanju traženih obaveštajnih podataka obezbeđuje pravovremeno donošenje celishodnih odluka.

d) Oslonac na stanovništvo

U obaveštajno-operativnom radu oslonac na stanovništvo jedno je od osnovnih načela kojeg se obaveštajna služba pridržava. Podrazumeva angažovanje lica raznih kategorija građana svoje zemlje i zemlje prijema, po raznim osnovima saradnje u svojim zonama obaveštajne odgovornosti. Drugim rečima, najefikasnije je prikupljanje poverljivih podataka agenturnim metodom i drugim načinima koji podrazumevaju neposredno angažovanje ljudi.[20]

e) Pravovremenost u radu

Prikupljanje, dostavljanje i eksploatacija obaveštajnih podataka ne znači gotovo ništa ako nisu pravovremeni. Primena ovog načela podrazumeva stalno usavršavanje organizacije u radu, čija efikasnost dobija na vrednosti u ratnim uslovima. Svaki podatak prispeo sa zakašnjenjem gubi na vrednosti.[21] Primena načela pravovremenosti iziskuje ne samo promene na polju blagovremenog prikupljanja tajnih informacija, već i njihovu bezbednu distribuciju do krajnjih korisnika. Stalno usavršavanje računarske tehnike u eri kompjutera dobija primarnu vrednost na uspešnoj primeni ovog principa.

f) Verodostojnost

Veoma je veliki značaj da dobijene informacije budu verodostojne i tačne. U suprotnom, pristrasnost, jednostranost i informacije „koje prijaju oku i

---

[20] Obaveštajne službe SAD prikupljanje podataka čiji su izvori ljudi nazivaju *Human Intelligence* (HUMINT).

[21] Konstantin Volkov, vicekonzul u sovjetskom generalnom konzulatu u Turskoj, zatražio je azil od Britanaca uz obećanje da će otkriti detalje sovjetske mreže agenata koji deluju u inostranstvu. Informaciju o ponuđenim uslugama Volkova, na njegovo insistiranje, poslata je u London diplomatskim kurirom, a ne telegrafski. Iz Londona je trebalo da stigne poznati obaveštajac Kim Filbi da dovrši posao sa Volkovim. Međutim, celokupni posao je potrajao, zbog nepredviđenih okolnosti, gotovo tri sedmice. Za to vreme, ruska kontraobaveštajna služba je prozrela namere Volkova koji je iznenada nestao. Britanci su zbog neblagovremenog izveštavanja propustili dobru priliku za otkrivanje ruskih agenata na svojoj teritoriji. (Kim Filbi, Moj tihi rat, „Otokar Keršovani", Rijeka, 1978, str. 135).

uhu pretpostavljenih" mogu dovesti do pogrešnih procena i neadekvatnih odluka. Na verodostojnost dostavljenih informacija utiču i osobine pojedinaca, mogućnost objektivnog sagledavanja određenog pitanja i dr. Da bi se ovaj princip sproveo u delo i došlo do što verodostojnijih informacija, prikupljeni podaci podležu proveri iz više izvora.

g) Centralizacija

Veliki broj prispelih obaveštajnih podataka stižu u resorne obaveštajne službe, što je slučaj i sa našom zemljom (SID, BIA, Vojno-obaveštajna uprava) koje se nakon obrade odvojeno dostavljaju rukovodstvu zemlje. Velike svetske sile obaveštajne podatke resornih obaveštajnih službi prikupljaju i centralizovano dostavljaju rukovodećim državnim organima: Savetu za nacionalnu bezbednost u SAD, Ministarskom komitetu za nadzor i upravljanje obaveštajnim službama u Velikoj Britaniji, Generalnoj direkciji za spoljnu bezbednost u Francuskoj, Međuministarskom komitetu za obaveštajni rad i bezbednost u Italiji, Saveznoj obaveštajnoj službi u Nemačkoj i Savetu bezbednosti u Ruskoj Federaciji.

Pored navedenih načela kojih se pridržava i Vojno-obaveštajna služba Srbije, postoje i druga kao što su sveobuhvatnost, cilj opravdava sredstvo, infiltracija, originalnost, specijalizacija u radu, samostalnost koja važe i na kojima obaveštajne službe drugih zemalja zasnivaju svoj rad. Može se zaključiti da obaveštajne službe permanentno izgrađuju načela svoga rada u skladu sa opštim razvojem društva u celini, što znači da jednom utvrđena načela ne važe za sva vremena već su podložna promenama, kao i samo društvo.

2.4. Snage i sredstva obaveštajne službe

Rad obaveštajnih službi nezamisliv je bez ljudskog faktora koji predstavlja osnovu njene celokupne delatnosti. Ljudi su i nalogodavci i izvršioci obaveštajne delatnosti. Izvršioci se angažuju na različitim osnovama i u različitim svojstvima, tako da mogu biti i vrhunski političari i oficiri, intelektualci, ali i profesionalne ubice, šverceri i izdajnici i dr.

a) Snage

Shodno ulozi koju obavljaju u okviru obaveštajne službe, bilo da su njeni profesionalni pripadnici ili ljudi angažovani za izvršenje određenih zadataka, najčešće se izdvajaju sledeće kategorije:

– Profesionalni sastav obaveštajno-bezbednosnih službi čini prvenstveno provereni, pouzdani, visoko motivisani i stručni kadar sastavljen od školovanih obaveštajnih službenika i oficira vojske i policije.

Dva veka pre nove ere u Kini je uspostavljen sistem provere sposobnosti i izbora lica za državne dužnosti. Svake treće godine svi vladini činovnici polagali su pred imperatorom ispit iz nekoliko disciplina, a cenjeno je i njihovo svakodnevno ponašanje.

Engleska svoje kadrove regrutuje uglavnom iz elitnih univerziteta kao što su Oksford, Kembridž, Edinburg i dr. Shvatanje da se obaveštajnim aktivnostima može uticati na kreiranje svetske istorije opredelilo je Englesku, kao kolevku bavljenja modernom obaveštajnom delatnošću, da održava dugogodišnju tradiciju dobrih odnosa između službe i navedenih akademskih institucija.

Američka CIA takođe „vrbuje" regrute za svoje redove na univerzitetima širom zemlje. Međutim, proverenost i pouzdanost svojih kadrova zasniva i na detektoru laži (poligrafu) kojim ispituju i polaznike i dugogodišnje članove Agencije, kao i agente koje je „vrbovala."[22]

Svaka armija vrši izbor oficira sa posebnim osobinama, sklonostima i inteligencijom. Ova praksa postala je redovan postupak pri regrutovanju kadra

---

[22] Jedno od značajnijih pitanja koja se postavljaju budućim članovima CIA prilikom testova uz pomoć poligrafa su: Da li se kandidat po nečijem nalogu obratio CIA radi zaposlenja; zatim, da li je kandidat imao homoseksualna iskustva; i da li je koristio droge itd. Videti šire: Filip Ejdži, Dnevnik agenta CIA, Globus, Zagreb, 1977, str. 21.

za vojno-obaveštajnu službu. Za vreme školovanja (kurseva) uče se osnovni sadržaji obaveštajno-operativnog rada u zemlji i inostranstvu i na taj način se kandidati već na samom početku upoznaju sa osnovnim problemima ove vrste delatnosti sa kojima će se suočavati tokom rada u službi.

Neke vodeće države i oružane snage razvile su posebne škole za obaveštajni kadar. Izbor za obaveštajnu službu vrši se tek posle završetka opšteg školovanja. Retke su pojave da se obaveštajna služba bilo civilna ili vojna popunjava putem konkursa. Obaveštajna organizacija i Vojno-obaveštajna služba (VOS) popunu svog osoblja treba da rešava u okviru sistema subordinacije i generalne kadrovske politike.

– Tajni saradnici – agenti predstavljaju izvršne organe preko kojih obaveštajna služba, odnosno deo njenog profesionalnog sastava, realizuje svoje zadatke. Tajni saradnici, odnosno operativne veze mogu biti stranci, domaći građani, izbeglice, prognanici i druga lica sa prebivalištem u zemlji i inostranstvu. Oni se, u zavisnosti od dostignutog stepena saradnje, angažuju na izvršenju velikog broja zadataka na prikupljanju obaveštajnih podataka i obavljanju drugih zadataka od interesa za obaveštajnu službu jer imaju neka lična i druga svojstva koja ih kvalifikuju za tu vrstu posla. Tajni saradnici – agenti mogu svesno ili nesvesno da sarađuju sa obaveštajnom službom, a motivi njihove saradnje su različiti i kreću se od avanturizma, ljubavi, mržnje, osvete i ucene do patriotizma, karijerizma, političkog i verskog ubeđenja. Novac i materijalna korist je kao motiv najčešće primenjivan metod za „vrbovanje" agenata od strane obaveštajnih službi hegemonističkih zemalja.[23] Takve agente lako je ucenjivati i postavljati im određene zadatke. Kada shvate šta se od njih traži i kakvim opasnostima mogu biti izloženi, već je kasno da se povuku ili odbiju saradnju.

---

[23] U izraelskoj tajnoj službi, novac je glavni motiv. Kada nekome date novac, kažu instruktori u Akademiji Mosada, onda taj zna da je preuzeo neku obavezu, a vi koji ga dajete jasno vam je da ga ne dajete za badava. Niko ne očekuje da primi novac a da za uzvrat ništa ne učini. (Levkov M, Izraelska tajna služba, „Filip Višnjić", Beograd 2001, str. 101).

Nabrojani motivi saradnje agenata sa obaveštajnom službom ipak se mogu svrstati u dve osnovne kategorije, a to su agenti – izdajnici i agenti – patriote. Agent izdajnik radi protiv svoje zemlje u korist strane obaveštajne službe, dok agent – patriota može da radi za obaveštajnu službu svoje zemlje a samim tim i za dobrobit svoje države.

Ove dve kategorije „potencijala" obaveštajnih službi su osnov za postojanje i obavljanje obaveštajne delatnosti. Svaka obaveštajna služba poseduje profesionalni sastav i agente, odnosno tajne saradnike. Ostale snage, politički emigranti, politički prijatelji, studijske grupe i specijalne snage predstavljaju proširenu lepezu snaga koje se angažuju u ostvarivanju ciljeva obaveštajnih službi, pre svega bogatih i moćnih zemalja. Njihov prvenstveni cilj je bio borba protiv komunističkih zemalja u smislu promene vladajuće garniture i dovođenja političkih istomišljenika na čelo države – žrtve.

– *Politički emigranti,* spadaju u jednu vrstu snaga obaveštajne službe preko kojih se ostvaruju raznovrsni napadi usmereni na rušenje postojećeg društveno-političkog sistema i negiranju svih vrednosti u njemu. Od političkih emigranata obično se obrazuju „vlade u izgnanstvu" ili „nove vlade" koje će u pogodnom momentu preuzeti vlast u svojoj zemlji. Taj momenat, naravno, nastupa uz pomoć stranih obaveštajnih službi.

– *Politički prijatelji* su uticajni ljudi u politici relevantne zemlje koji, ne slažući se sa politikom svog rukovodstva, podršku traže u inostranstvu. Oni brzo postaju meta obaveštajnih službi koja ih najviše koristi u propagandne svrhe. Omogućava im brojne tribine, predavanja, štampanje i distribuciju propagandnog materijala kojim kritikuju rukovodstvo svoje zemlje zbog politike koju vodi u državi i van nje.[24]

---

[24] „Rukopisi komunističkih otpadnika ipak su bili najzanimljiviji – Lois Bundez, Hovat Fast, Kravčenko, Guzenko, Petrov. Uprkos svemu, najopasniji za Sovjete, zbog svoje kritike doktrine lenjinističke partije, bio je Milovan Đilas". (Filip Ejdži, Dnevnik agenta CIA, Globus, Zagreb, 1977. str. 29.)

– **Studijske grupe** u sistemu rada obaveštajnih službi zauzimaju značajno mesto. Sve je masovnije prisustvo obaveštajnih službi, naročito industrijski razvijenih zemalja, u brojnim naučno-istraživačkim projektima na teritoriji drugih zemalja. Zemlja prijema nije ni svesna da se njihovi rezultati istraživanja koriste i za izradu „obaveštajne studije" koja predstavlja osnovni kompleksni dokumenat najvišeg stepena, na osnovu koga se vrši izbor i planiranje velikih političko-doktrinarnih zahvata, specijalnih operacija i njihovo izvođenje.

– **Specijalne snage** su poseban deo oružanih snaga (OS) svake zemlje koje izvršavaju zadatke strategijskog i operativnog značaja. Njima komanduje generalštab (GŠ), direktno ili preko posebne komande, a povezane su sa sektorima za specijalne zadatke u okviru obaveštajne službe. Ciljevi koji se postižu upotrebom specijalnih snaga mogu biti nacionalni, politički, vojni, ekonomski i psihološki. Specijalne snage se formiraju i prilikom izvođenja operacija sa oružanim snagama jedne ili više stranih država, pri čemu se, pored zajedničkog lanca komandovanja, zadržava i nacionalni.

b) Sredstva

Za izvršenje složenih zadataka obaveštajna služba koristi najsavremenija tehnička sredstva koja znatno ubrzavaju izvršenje zadatka. Poželjno je da ova sredstva odražavaju trend savremene tehnologije, čime se povećava i efikasnost rada ovih službi. Uslovno ih možemo podeliti na sredstva opšte namene i sredstva za obaveštajno delovanje. Ovo nije jedina podela sredstava koja koriste obaveštajne službe.

Podela sredstava koja koriste obaveštajno-bezbednosne službe u sledeće grupe:[25]

– sredstva za prikupljanje podataka;
– sredstva za obradu podataka;
– sredstva za prevratničko delovanje;

---

[25] Stajić Lj, Osnovi bezbednosti; Policijska akademija; Beograd, 2003. strana 198 – 199.

- sredstva za održavanje veza i;
- sredstva za transport.

Sredstva opšte namene predstavljaju uobičajene proizvode ljudske civilizacije i svih grana industrije koje obaveštajna služba koristi u svom radu. U ovu grupu mogu biti svrstana transportna sredstva, hemijska sredstva koja su zastupljena u agenturnom radu, elektronska sredstva kao što su radio-uređaji, kompjuteri i mobilna telefonija. Uz manju ili veću adaptaciju, sva ova sredstva se koriste u obaveštajnoj službi.

Sredstva za obaveštajno delovanje mogu se svrstati u dve grupe koje proizilaze iz organskih faza obaveštajnog ciklusa, a to su:
- sredstva za prikupljanje podataka (izviđačka i agenturna);
- sredstva za dostavljanje podataka i održavanje veza.

Izviđačkim sredstvima za prikupljanje podataka prvenstveno se služi vojska na kopnu, vazdušnom prostoru, na moru i u kosmosu.

Agenturna sredstva za prikupljanje podataka, odnosno operativna tehnika, predstavljaju savremena tehnička rešenja već viđenih proizvoda foto industrije, optike, elektronike, audio-video tehnike koja se ugrađuju u predmete svakodnevne upotrebe (kutija cigara, upaljač, ručna torbica i sl.) ili prostorije u kojima se vode razgovori. U njihovom radu ih primenjuju i tajni saradnici – agenti i obaveštajci – operativci. Kada ih primenjuju agenti, obaveštajna služba nastoji da izbegne kompromitovanje. Međutim, s obzirom na to da ponekad postoji sumnja prema podacima koje obaveštajna uprava ili obaveštajac – operativac dobija, od njih se traži da dokumentuju svoj operativni rad. Druga bitna stvar je materijal do koga je došao agent upotrebom operativne tehnike. Taj materijal može da bude ujedno i dokaz koji će eventualno obaveštajna služba upotrebiti protiv njega u cilju moguće kompromitacije agenta, za intenziviranje odnosa na relaciji agent – nalogodavac, odnosno radi onemogućavanja napuštanja saradničkog odnosa, kao i za kontrolu agenta (kako izvršava zadatke) i sl. Primenom operativne tehnike do vrhunskih podataka mogu da dođu i agenti na manje važnim funkcijama (sekretarice, čuvari, daktilografi, radnice u fotokopirnici, čistačice, majstori, domari, vozači), koji imaju neku vrstu pristupa poverljivim dokumentima političara, komandanata, direktora i sl.

Za korišćenje operativne tehnike, obaveštajac-operativac načelno traži odobrenje iz centra ili podcentra kome pripada. Korišćenje operativne tehnike od strane obaveštajaca – operativaca omogućava: kontrolu rada agenta ili lica od interesa za obaveštajnu službu, samokontrolu obaveštajca – operativca gledano sa aspekta pripreme agenta, zatim kako isti reaguje na određena pitanja, utrošak vremena i sve do suptilnih indikatora kao što su karakteristike govora agenta (visina i intenzitet zvuka, boja glasa, tempo i ritam govora, omaške, zamuckivanje, konstrukcija fraza, pauze i drugo).

Klasična sredstva za dostavljanje podataka i održavanje veze su bačena u zasenak primenom računara. Personalni računari malih dimenzija sa vlastitim izvorom napajanja, kodiranja teksta poruke i komprimovana predaja poruke omogućuju lako i relativno bezbedno rukovanje i transport. Međutim, visoka sofisticiranost nije lišena rizika blokade ili „čitanja".[26] Poznato je da svaki kompjuter pete generacije ima tajno ugrađen šifrovani identifikacioni kod preko koga kompjuter može biti „posećen" bez našeg znanja kada se priključi na internet.[27] Radio veza, koja se još uvek koristi, gubi na značaju zbog primene savremenijih sistema. Njena slabost je u tome što se lako prisluškuje ili ometa, pored toga što može da bude određena pozicija njenih korisnika. Šifrovanje poruka je koristan način zaštite, ali nije i nesavladiv ili potpuno pouzdan. Samo jedna dešifrovana depeša, na relaciji obaveštajna služba – obaveštajni centar ili obratno, može imati katastrofalne posledice za zemlju koja je uspostavila svoj

---

[26] Predsednik RF Vladimir Putin zabranio je upotrebu operativnog sistema „Microsoft" u državnoj administraciji, a odobrio operativni sistem „Linnox".
[27] Začeci Interneta vezuju se za šezdesete godine, kada je američko ministarstvo odbrane postavilo zadatak da se projektuje mreža koja može da preživi eventualni nuklearni rat. (List Vojska od 9. oktobra 1997, str. 22).

obaveštajni centar u zemlji prijema, njene obaveštajce – operativce i agenturnu mrežu u dotičnoj državi.

2.5. Organizacija obaveštajne službe

Organizacija obaveštajne službe u današnjim uslovima je dosta složena i uglavnom zavisi od više okolnosti kao što su: položaj obaveštajne službe u obaveštajnom sistemu države, obim njenih ovlašćenja i nadležnosti, međunarodni položaj i veličina države, tradicija, kultura i sl. Dakle, na organizacionu celinu obaveštajne službe utiče niz objektivnih uslova, kao i potrebe određene države.

Organizacionu strukturu svake obaveštajne službe čini njena unutrašnja organizacija sa sistemom uspostavljenih organizacionih jedinica, raspored poslova u zavisnosti od delokruga rada i veze koje funkcionišu među njima. Obaveštajne službe, u skladu sa svojim osnovnim načelima, imaju slične organizacione strukture kako na horizontalnom nivou, tako i po vertikalnom principu organizovanja.

Horizontalna struktura organizovanja obaveštajne službe pokazuje nam da su one podeljene na određene celine (uprave, sektori, odeljenja, direkcije), a samim tim i kakva su načela u tehnologiji njihovog rada. One mogu biti numerički označene (1. uprava, 4. sektor itd.) i takvim označavanjem se najčešće služi vojna organizacija.[28] Ali, ona takođe mogu da budu i opisno određena, kao na primer: operativno odeljenje, direkcija za bezbednost i kontraobaveštajni rad, sektor za međunarodnu saradnju i sl. Organizacionom strukturom po horizontalnom nivou ispunjavaju se osnovni sadržaji rada obaveštajne službe, a to su obaveštajna, kontraobaveštajna, prevratnička i još neke pomoćne delatnosti.

Obaveštajne službe pokazuju takođe velike sličnosti i kada je reč o vertikalnom principu organizovanja. Da bi se zadovoljile objektivne potrebe

---

[28] Druga uprava Generalnog inspektorata u nemačkim OS, Obaveštajna uprava Informatuvne agencije ministarstva odbrane SAD (DIA) nosi skraćeni naziv J2 itd.

rada obaveštajne službe, kao i da bi ona ispoljila svoju efikasnost i racionalnost, pridržavajući se istovremeno osnovnih načela u radu, organizacija mora biti raširena ne samo na teritoriji države kojoj obaveštajna služba pripada, već van njenih granica – u inostranstvu.

Dosadašnja iskustva pokazuju da organizacionu šemu svake obaveštajne i vojno-obaveštajne službe, sa manje ili više razlike, čine:

- centrala obaveštajne službe
- obaveštajni centar
- obaveštajni podcentar
- obaveštajni punkt
- obaveštajac

Kada je reč o radu obaveštajnih centara Vojno-obaveštajne službe Vojske Srbije i Crne Gore[29] u zemlji prijema, odnosno inostranstvu, ova opšta podela obaveštajne službe po vertikalnom principu organizovanja se odnosila na aspekte rada organizacionih jedinica VOS na teritoriji strane države, uz komparaciju sa nekim organizacionim celinama stranih obaveštajnih i vojno-obaveštajnih službi.

2.5.1. Centrala obaveštajne službe

Centrala predstavlja vrh piramide svake obaveštajne službe. Od njenog funkcionisanja zavisi rad svih ostalih nivoa, tj. obaveštajne službe u celini. Centrale obaveštajnih službi su, po pravilu, locirane u nekim od državnih organa, najčešće ministarstvima (Ministarstvo unutrašnjih poslova, Ministarstvo inostranih poslova, Ministarstvo odbrane) jer bi izvan njih bile vrlo brzo otkrivene i lako prepoznatljive. Pojedine obaveštajne službe su krile nazive i mesta gde su locirane. Međutim, u savremenim uslovima razvoja komunikacija u svim oblastima, došlo je do informisanja čak i šire javnosti o postojanju obaveštajnih službi, gde se nalazi mesto na kojem su locirane i njihov puni naziv, koje

---

[29] Radi se o državi pod nazivom „Državna zajednica Srbije i Crne Gore" koja je nastala preimenovanjem Savezne Republike Jugoslavije (SRJ) u SCG i postojala je od 2003. do 2006.

ličnosti su na čelu pojedinih organizacionih celina i dr. Pojedine obaveštajne službe su počele i da se samoreklamiraju izdavanjem knjiga ili članaka, gde se služba veliča, pojedini obaveštajci – operativci čine svemogućim, a sve u cilju isticanja „pozitivne" funkcije koju prvenstveno ofanzivne obaveštajne službe vrše na određenu društvenu zajednicu.

Centrala obaveštajne službe je tako uređena da u svom sastavu ima:

a) rukovodeći organ ili telo; i

b) organizacione jedinice (slika3).

Rukovodeći organ ili telo (direkcija, komitet, inspektorat, kolegijum) je rukovodeći štab obaveštajne službe. U skladu sa smernicama najviših organa vlasti i vojske, rukovodeći organ određuje plan i program realizacije svih aktivnosti, određuje snage, sredstva i metode koji će se koristiti u realizaciji postavljenih zadataka, nadgleda i kontroliše rad celokupne obaveštajne službe, objedinjava rezultate obaveštajnog rada, procenjuje, priprema i prezentuje ih nalogodavcu.

Na čelu centrale obaveštajne službe nalazi se šef ObSl (direktor, načelnik) koji je u svakodnevnom kontaktu sa najvišim organima političke vlasti. Načelnik vojne obaveštajne službe, oficir najvišeg čina, linijom komandovanja potčinjen je direktno ministru odbrane, načelniku generalštaba ili načelniku uprave u čijem organskom sastavu se nalazi obaveštajna služba.[30] Načelniku u radu pomažu zamenici i pomoćnici za pojedine oblasti rada, koji su takođe članovi rukovodećeg tela centrale.

Organizacione jedinice sastavni su deo centrale obaveštajne službe organizovane po horizontalnom principu. U različitim državama nose i različite nazive kao što su uredi, odeljenja, sektori, direkcije, divizije i slično. Najznačajnije organizacione jedinice su:

---

[30] Druga (obaveštajna) uprava Generalštaba rumunske armije je posle promena 1989. godine nastavila da obavlja funkciju informisanja državnog rukovodstva i organa komandovanja u oružanim snagama i ostala je potčinjena ministru odbrane i načelniku Generalštaba. Dr Milan Milošević, Vojno delo, Br. 4-5/2000, str. 193.

- jedinica za operativne poslove,
- jedinica za analitičke poslove, i
- jedinice za tehničke, personalne, veze, dokumentaciju i druge.

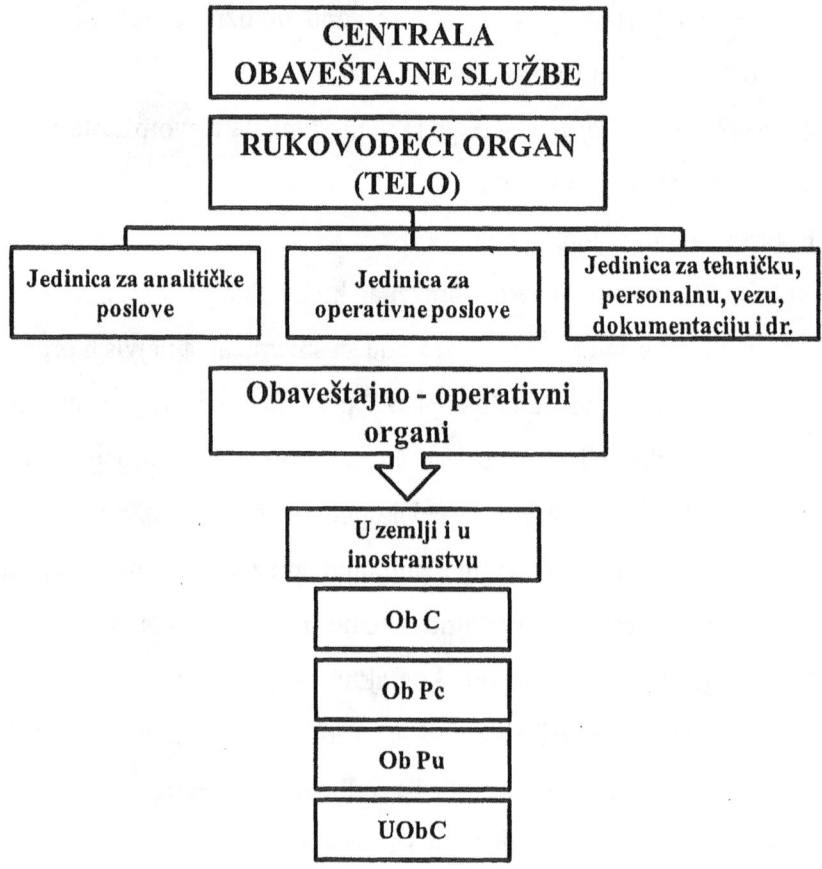

Slika 3 Organizacija obaveštajne službe po vertikalnom nivou

Jedinicu za operativne poslove čine visoko stručni i iskusni operativni organi[31] koji na centralizovani način planiraju, organizuju i sprovode obaveštajnu delatnost u zemlji i inostranstvu, radi prikupljanja podataka iz svih izvora i praćenja razvoja vojno-političke situacije od značaja za bezbednost zemlje.

---

[31] Operativni organi u obaveštajnoj i vojno-obaveštajnoj službi, jedinice za operativne poslove, čine lica sa iskustvom u operativnom radu u zemlji ili (i) inostranstvu. Oni prate, organizuju i rukovode operativnim radom centara u zemlji i inostranstvu, lično se angažuju na obaveštajno-operativnom planu i izvršavaju druge zadatke iz nadležnosti obaveštajne službe. Ovaj pojam se ne odnosi na operativne organe u sastavu komandi i štabova.

Oni organizuju obaveštajne poduhvate, predlažu uspostavljanje obaveštajnih centara, podcentara i punktova u inostranstvu ili na sopstvenoj teritoriji. Nije isključeno lično angažovanje pojedinih organa iz sastava jedinice za operativne poslove na preduzimanju operativnih akcija u posebno značajnim slučajevima. Pored navedenih poslova operativni organi pružaju stručnu i savetodavnu pomoć obaveštajnim centrima i nižim organizacionim jedinicama, a evidentno je i njihovo povremeno angažovanje na akademijama i kursevima kojom prilikom predavanja potkrepljuju detaljima iz lične prakse. Tako obaveštajna Akademija Mosada nema stalne nastavnike i predavače, piše naš bivši vojni izaslanik dr Milivoje Levkov u svojoj izvanrednoj knjizi *Izraelska tajna služba*. Oni dovode ljude iz prakse koji slušaocima prenose svoja znanja. Uče ih kao svoje buduće kolege i partnere. Svaka stvar mora biti proverena u praksi, a njihovo znanje je zasnovano na iskustvu.

Jedinica za operativne poslove je takođe odgovorna za izradu kriterijuma za izbor i popunu organa, jedinica i organizacionih celina operativnog dela obaveštajne službe, kao i pripremu kandidata za dužnosti u zemlji i inostranstvu.

Identitet osoblja jedinice za operativne poslove čuva se u strogoj tajnosti, njeni članovi se oslovljavaju po nadimcima ili pseudonimima[32] i rade u civilnoj odeći (što je veoma važno kada su u pitanju operativci vojno-obaveštajne službe). Pripadnik poseduje službenu legitimaciju[33] koju koristi namenski u situacijama kada mora da zaštiti svoj identitet i identitet lica sa kojim operativno radi.

Jedinica za operativne poslove ima unutrašnju raspodelu poslova na osnovu više kriterijuma od kojih su najčešći:

— regionalni osnov (geografsko-teritorijalni);

---

[32] Pseudonim je reč grčkog porekla i nastala je od dve reči: pseudis (ψευδής) – lažan i nomos (ονομα) – ime.
[33] Predlog zakona o Bezbednosno-informativnoj agenciji (BIA) Vlade Republike Srbije, član 21, kaže: Pripadnik Agencije svoje svojstvo dokazuje službenom legitimacijom. Vrste, oblik i sadržaj službenih legitimacija propisuje Vlada.

– problemski osnov (linijski) po vrsti delatnosti; i

– kombinovani ili najoptimalniji osnov.

Po svom etimološkom značenju, regionalni osnov označava skup određenih država određenog regiona u bližem i daljem okruženju ili kontinentu prema kojima služba pokazuje svoja interesovanja. Obaveštajne službe većih zemalja uglavnom su izvršile podelu po regionalnom osnovu i to: engleska MI-6 na Evropu, bivši Sovjetski blok, Afriku, Bliski (Srednji) istok, Daleki istok i Zapadnu hemisferu; američka obaveštajna služba odbrane DIA na Evropu, Evroaziju, Pacifik, Latinsku Ameriku, Bliski istok i Afriku; dok spoljna obaveštajna služba Ruske Federacije (RF) pokriva sve zemlje sveta, a operativno jezgro koje se angažuje na tim zadacima sačinjava 11 geografskih odeljenja.[34]

Problemski osnov odnosi se na podelu poslova po kriterijumu specijalizacije pojedinaca za određeni problem. Tu se pre svega misli na segmente obaveštajne delatnosti (diplomatsko-konzularna predstavništva, vrbovanje, špijunaža, kontraobaveštajna delatnost i specijalne operacije).

Kombinovani osnov je najoptimalniji i po njemu je ustrojena većina jedinica za operativne poslove. On podrazumeva kombinaciju specijalista za poslove koji su zaduženi za određeni geografski prostor ili grupu država u određenoj vrsti delatnosti.

Jedinica za analitičke poslove predstavlja najvažniji deo centrale obaveštajne službe u koji se slivaju prikupljeni podaci i informacije dobijeni od operativne jedinice ili obradom mase podataka iz dostupnih izvora (satelitska i kablovska televizija, Internet, dnevna štampa, radio program i dr.) S obzirom na veliki broj različitih izvora i dostavljenih informacija, dalji rad u jedinici za analitičke poslove odnosi se na klasifikaciju i analiziranje materijala, gde se procenjuje verodostojnost svake informacije. One često mogu biti i protivrečne,

---

[34] Savić A, Delić M. i Bajagić M, Bezbednost sveta – od tajnsti do javnosti, Institut bezbednosti, Beograd, 2002, str. 234.

lažne (podmetnute), nepouzdane, gde se traži potvrda i iz drugih izvora: Ali, i naizgled beznačajne informacije u određenom vremenskom trenutku mogu da se pokažu kao veoma bitne i korisne za obaveštajnu službu. Iz mnoštva podataka brižljivo se izvlače i sažimaju podaci koji se ugrađuju u analize određenog problema. Analize korisniku trebaju da obezbede dovoljno saznanja koja će ga opredeliti prilikom zaključivanja i donošenja važnih odluka.

Veliku, možda i najvažniju stvar u celokupnom analitičkom procesu predstavlja rad na obaveštajnoj proceni. Ona u zaključku o pojedinom problemu ili događaju mora da sadrži budući razvoj događaja i da bude dostavljena na vreme državnom rukovodstvu. Za izradu takvih procena obaveštajne službe angažuju naučno-istraživačke institucije, aktivne i penzionisane pojedince – eksperte iz pojedinih oblasti i sl. Ova oblast je toliko osetljiva zato što nije naučno zasnovana i ne postoje empirijske metode pomoću kojih bi se unapred predvidelo ponašanje „druge strane". Zbog načinjenih grešaka pri izradi obaveštajne procene ili neblagovremenog raspolaganja potrebnim podacima, dolazilo je i do pogrešnih odluka političkog i vojnog vrha koje su najčešće za posledicu imale kompromitaciju države na međunarodnom planu. Da bi se izbegle ovakve greške, danas se obaveštajni podaci svakodnevno dostavljaju pretpostavljenima.

Svaka jedinica za analitičke poslove stranih obaveštajnih službi za svoje potrebe ustrojila je vrste informativnih i obaveštajnih materijala od kojih su najčešće primenjivani dnevni izveštaji o tekućoj situaciji koji sadrži pregled najvažnijih događaja sa stanovišta obaveštajne službe. Informativno analitički aparat američke obaveštajne službe Stejt departmenta izrađuje sledeće izveštaje: dnevni izveštaj, obaveštajnu zabelešku, seriju istraživačkih memoranduma i političke studije. Osnovna izdanja Ruskog instituta za strategijska vojna istraživanja jesu informaciono-analitički materijali u vidu naučnih informacija, pregleda, izveštaja. Analitičko odeljenje obaveštajne službe Francuske „najznačajnije informacije dnevnog izveštaja koje idu predsedniku Republike prekucava na beli papir i to su informacije u koje ne treba sumnjati. Drugi deo izveštaja (informacije iz drugih izvora)[35] kuca se na zelenom papiru, a treći na roze papiru i taj deo izveštaja se odnosi na rad stranih obaveštajnih službi na teritoriji Francuske".[36]

Na kvalitet informacija i izveštaja obaveštajnih službi utiče stručnost analitičara ali i pouzdanost izvora. Najzastupljenije grupe izvora obaveštajnih podataka su podaci dobijeni iz javnih publikacija i drugih dostupnih materijala, podaci dobijeni agenturnim radom i podaci prikupljeni prisluškivanjem žičnih i radio veza.

Organizaciona struktura centrale obaveštajne službe je nezamisliva i ne može da funkcioniše bez jedinice za analitičke poslove. Ona predstavlja vrh intelektualnog potencijala svake obaveštajne službe, mesto na kojem se osmišljavaju dalje aktivnosti i predlažu nove ideje za dalje delovanje.

Postoje, takođe, i *jedinice za dokumentaciju, personalne poslove i vezu.*

Jedinica za dokumentaciju (banka podataka, kartoteka, arhiv i sl.) namenjena je za pohranjivanje svih podataka koje obaveštajna služba prikupi tokom rada. Podaci i razna dokumenta, posle primarnog sređivanja, sistematizuju se na geografskom principu, prema objektima ili ličnostima. Poverljivi materijali i dokumenti izuzimaju se iz jedinice za dokumentaciju po posebno utvrđenoj proceduri preciznog bibliotekarskog modela korišćenja, gde se zna ko može da izuzima, koje materijale može da izuzima, kao i na kom mestu može da ih koristi. U novije vreme, arhiviranje materijala se vrši uz primenu računarske tehnike koja omogućava veću brzinu u radu, uštedu u prostoru (odbacivanjem fascikli, dosije i sl.), ali je zato osetljivija na ometanje, dezinformisanje i oticanje podataka.

---

[35] Verovatno se odnosi na neproverene informacije, a čija hitnost zahteva brzo slanje izveštaja (*prim. autora*).

[36] Milošević M, Sistem državne bezbednosti, Policijska akademija, Beograd, 2001, str. 302.

Jedinica za personalne ili kadrovske poslove bavi se poslovima vezanim za ljudstvo zaposleno u obaveštajnoj službi. U domen tog posla spadaju: planiranje kadrova za obaveštajnu službu, odabir, provera, vođenje u službi, školovanje, ocenjivanje, raspoređivanje na određene dužnosti, unapređenje u službi (što je veoma izraženo u vojnoj organizaciji), stimulativne i disciplinske mere i dr. Svi poslovi iz personalnog domena realizuju se uz saglasnost ili odluku rukovodećeg organa (obično kolegijuma čiji je član i načelnik jedinice za personalne poslove), ali konačnu odluku donosi načelnik (direktor) obaveštajne službe.

Jedinica za poslove veze zadužena je za funkcionisanje internih i eksternih sistema veza. Sve veze moraju biti zaštićene, a posebno one na relaciji centrala obaveštajne službe – obaveštajni centar. U te svrhe koriste se najsavremeniji sistemi za automatsko kodiranje ili šifrovanje poruka. Nasuprot njima, velike svetske sile vrše intersepciju i dešifrovanje stranih komunikacija, naročito diplomatske sisteme komuniciranja sa visokim stepenom zaštićenosti. Priznati predvodnik na ovom polju je „Ešelon", tj. mreža prislušnih stanica širom sveta koju vodi američka Agencija za nacionalnu bezbednost. U okviru ove agencije postoji i biro za elektronske obaveštajne operacije koji je podeljen u tri niže analitičko-radne grupe formirane na teritorijalnom principu. „Treći odsek te grupe (A3), odnosno njegovo drugo odeljenje (A32) nadležno je bilo, između ostalog, za elektronska obaveštajna istraživanja i operacije prema teritoriji Državne zajednice Srbije i Crne Gore."[37]

Istorija je nedvosmisleno potvrdila koliki je značaj šifre i obezbeđenje njene sigurnosti, naročito u ratu. Da Englezi nisu došli u posed nemačke mašine za šifrovanje „Enigma M-4" i da nisu čitavo vreme rata čitali depeše na relaciji nemački admiralitet – brodovi i podmornice, bitke na moru između britanske i nemačke mornarice bi verovatno imale drugačiji ishod.

---

[37] *Ibidem*, str. 258.

Vojno-obaveštajna služba nacističke Italije, pred rat je došla u posed šifre jugoslovenskog Đeneralštaba. Iste je iskoristila, upućivanjem depeša komandama divizija u Cetinju i Kosovskoj Mitrovici, a u cilju sprečavanja svog poraza naredila povlačenje na polazne položaje srpskim jedinicama. Komande su izvršile naređenje, Italijani su uspeli da ubace svoje jedinice u prazan prostor i da se na taj način spasu od sigurne katastrofe.[38]

Pored navedenih organizacionih jedinica, moderne obaveštajne službe imaju i druge jedinice koje uglavnom obavljaju pomoćne poslove – (jedinica za tehničke poslove, materijalno-finansijska jedinica, izdavački odsek, biblioteka i dr.).

---

[38] Lukić D, Savremena špijunaža, Privredna štampa, Beograd, 1982, str. 314.

Glava 3.

3. PROBLEMI ORGANIZOVANJA NACIONALNIH OBAVEŠTAJNO-BEZBEDNOSNIH ZAJEDNICA

3.1. Osnovni pravci razvoja obaveštajno-bezbednosnih sistema zemlje

Proces naglog razvoja informacionih sistema u svetu, u svim oblastima društvene delatnosti i na svim nivoima, kao posledica i imperativ društveno-političkog i ekonomskog razvoja i naučno-tehnološke revolucije u poslednjih nekoliko decenija, došao je do izražaja i kod obaveštajnih službi – kao specijalizovanih „informacionih sistema" države koji „proizvode" informacije za njene i potrebe ostalih državnih organa nadležnih za donošenje odluka koje se odnose na bezbednost zemlje, spoljnju i unutrašnju politiku.

Povećanje broja subjekata, učesnika međunarodnih vojno-političkih kretanja, intenzitet, raznolikost i brzina tih kretanja i neophodnost njihovog praćenja, uslovili su jačanje tradicionalnih obaveštajnih službi – vojne i političke. Pod pojmom vojna obaveštajna služba (VOS) podrazumeva se „organizovana aktivnost ili organizacija (ustanova) u oružanim snagama (OS) države ili pokreta, koja svojim metodama i sredstvima prikuplja, ocenjuje, tumači i obrađuje podatke o oružanim snagama i namerama države ili pokreta mogućeg protivnika i prezentuje ih organima rukovođenja i komandovanja sopstvenih OS i obavlja druge poslove koji joj se stave u zadatak. Vrši funkciju obaveštavanja u miru i ratu svakog stepena komandovanja u OS. Dužna je da svim raspoloživim metodama i sredstvima pribavlja određene podatke o OS, industrijskim i drugim potencijalima, i da otkriva namere date države ili pokreta. Prikupljene podatke ocenjuje, interpretira i pravovremeno prezentuje nadležnim organima rukovođenja i komandovanja radi procene vojno-političke ili vojne situacije i donošenja pravilne odluke da bi se izbeglo iznenađenje i postavljanje sopstvenih snaga u što povoljnije uslove za izvođenje borbenih dejstava. Pored obaveštajnih, može joj se staviti u dužnost da izvodi psihološka i subverzivna dejstva, kao i specijalne operacije".[39]

Politička obaveštajna služba predstavlja „organizovanu aktivnost ili organizaciju (ustanovu) koja, po zahtevu vodećih političkih struktura pokreta ili države, svojim specifičnim metodama i sredstvima prikuplja, ocenjuje, tumači i prezentira tajne i druge političke podatke o protivniku, i angažuje se na sprovođenju drugih aktivnosti kojima se ostvaruju određeni politički ciljevi. Prikuplja relevantne i važne političke, biografske i druge podatke. Kao služba ofanzivnog karaktera, prodire u političke strukture datog društva i u njima stvara izvore i druga uporišta preko kojih realizuje primljene zadatke. Njena aktivnost odvija se u više pravaca: pribavlja tajne i druge podatke iz političkih ustanova i organizacija date države radi otkrivanja namera i pravaca političke aktivnosti na unutrašnjem i međunarodnom planu, a posebno u odnosu na sopstvenu državu; prati razvoj i intenzitet političkih, ekonomskih i drugih odnosa date države s trećim zemljama; obaveštajno istražuje aktivnost drugih političkih struktura društva u datoj zemlji – opozicione i druge grupe, partije, udruženja i organizacije; infiltrira se preko svojih izvora u opozicione strukture, zavisno od karaktera odnosa sa zemljom prema kojoj deluje, usmerava svoju delatnost i nastoji u toj sredini da ostvari uticaj, pruži pomoć i podršku. Te strukture uključuje u funkciju svojih političkih potreba i postepeno ih transformiše u svoju političku agenturu".[40]

---

[39] Đorđević O, Leksikon bezbednosti, Partizanska knjiga, Beograd, 1986, str. 414.
[40] *Ibidem*, str. 284.

Politički faktori koji donose odluke na najvišem nivou pokazuju pojačan interes i za praćenje ekonomskog faktora u međunarodnim odnosima, jer se ovaj faktor (energija, prirodni izvori, hrana, finansije) sve više koristi za postizanje određenih političkih ciljeva. Zbog toga su neke zemlje i organizacijski konstituisale ovaj sektor obaveštajne službe a neke ispituju kako da sa obaveštajnog stanovišta što bolje „pokriju" ovu značajnu oblast. Tako, na primer, smatra se da je: „Najuspešnije obaveštajne operacije Kanaris realizovao uz podršku poslovnih krugova nemačkih privrednika. Koristeći svoje međunarodne veze, nemački privrednici su „rado i uspešno" ispunjavali obaveštajne zadatke Abvera, posebno one koji su se poklapali sa ekonomskim interesima nemačkog koncerna. Tim pre što su koncerni imali i sopstvena, specijalna obaveštajna odeljenja, finansirana iz budžeta firme. Najkvalitetnije informacije za firera Kanaris je dobijao od lica koja su činila stub nemačke privrede i jednovremeno bili poslovni partneri isto tako moćnih magnata iz SAD, Engleske i Francuske. Međusobnu razmenu „poslovnih ljudi poslovnim informacijama" samo je krajnje čovek bez stida i bez takta mogao da nazove špijunažom, koja nanosi štetu bezbednosti zemlje, čiji su i oni bili građani".

Ili, na primer, Komitet za vladine operacije Predstavničkog doma američkog Kongresa ocenio je 1965. godine da je dve trećine svih američkih naučnika i inženjera angažovano na poslovima istraživanja i razvoja i zaposleno na projektima koji su finansirani iz federalnog budžeta. Ova armija naučnih institucija angažovanih na pitanjima „odbrane" neretko se naziva i „Četvrtim vidom" oružanih snaga SAD (pored kopnene vojske, mornarice i avijacije).[41] U svakom slučaju, radi se o definisanju interesa kako velikih sila, tako i svake zemlje pojedinačno i traženje, u tom svetlu, najznačajnijih meta obaveštajno-bezbednosnih sistema.

---

[41] Vadim Koževnikov, Štit i mač, Sovjetskij pisatelj, Moskva, 1966, str. 454.

Jedan od prvih redosleda svetskih interesa predložio je Sijom Braun (Seyom Brown). Na samom vrhu je, po njemu, svetski interes opstanka ljudske vrste. Očigledno da je bez mnogo razmatranja ovo i vrhunski interes i uslov ostvarenja svih drugih interesa i vrednosti. Teško je, naime, ne složiti se sa stavom da ovaj interes ima prvenstvo nad najrazličitijim nacionalnim, verskim, a zatim posebnim ekonomskim i kulturno-civilizacijskim interesima. Opstanak ljudske vrste u dobrom stanju duha i tela stanovnika planete ugrožen je na mnogo načina: počevši od apokaliptičkog nuklearnog oružja koje je razmešteno tako da „pokriva" svaku tačku na Zemlji, pa do poremećaja prirodnih ravnoteža između načete biosfere i tokova obnavljanja živog sveta (slika 4).

OPSTANAK LJUDSKE VRSTE

- Smanivanje ubijanja i elimisanja drugih krajnje brutalnih načina postupanja sa ljudima
- Postojanje uslova za zdrav život svih ljudi
- Zaštita gradjanskih prava
- Poštovanje prava etničkih zajednica na različitost
- Zaštita životne sredine
- Uračunljivo ponašanje (širenje uračunljivosti)

Slika 4 Redosled svetskih interesa (po S. Brownu)

„Siromaštvo, nepravda, uništavanje prirodne sredine i sukobi deluju međusobno na složene i moćne načine" – zapisano je, inače, i u jednom od izdanja izveštaja Komisije za prirodnu sredinu i razvoj Organizacije ujedinjenih nacija (OUN).

„Kritičkim pristupima" redefinisanoj zamisli bezbednosti otvara se još jedno izuzetno važno pitanje savremenih studija bezbednosti. Reč je o nastojanju da se pouzdano odredi kada jedno društveno pitanje, i jedno pitanje uopšte, postaje bezbednosno pitanje. Odnosno, koja sve pitanja, koji izazovi i u kom trenutku postaju bezbednosni izazovi i pretnje u stvarnosti, pa sledstveno tome i odgovarajući predmet za proučavanje u studijama bezbednosti. Svakako da su i ove studije bezbednosti uticale na razvoj obaveštajno-bezbednosnih sistema.

Naučno-tehnološka revolucija uticala je na razvoj obaveštajno-bezbednosnog sistema u dva pravca. Prvo, skoro sve razvijene zemlje formirale su posebnu naučno-tehnološku obaveštajnu službu (ili sektor) čiji je zadatak prikupljanje i obrada informacija i materijala iz te oblasti. S druge strane, naučno-tehnološka revolucija uticala je na to da se obaveštajne službe opreme i da u svom radu koriste nova sredstva i metode (satelitsko – izviđanje, daljinska detekcija, dešifrovanje i dr.), što je uslovilo stvaranje specijalizovanih grana pojedinih obaveštajnih službi ili pak, samostalnih obaveštajnih organizacija po osnovu načina prikupljanja podataka.

I kod obaveštajnih službi primetno je kvalitativno jačanje koje je, pre svega, uzrokovano sve većim i različitim ugrožavanjem bezbednosti zemalja iznutra, kao i razvojem savremenih sredstava operativne tehnike i prenošenja informacija u bezbednosnom informacionom sistemu. Dakle, radi se o procesu jačanja i osposobljavanja postojećih i stvaranja novih obaveštajnih službi (grana), kao i sve većoj specijalizaciji unutar službi, bilo po osnovu oblasti obaveštajnog interesovanja, bilo po osnovu sredstava i načina prikupljanja informacija.

Istovremeno, međunarodni odnosi i aktuelna vojno-politička kretanja sve više utiču na integrisanje napora svih obaveštajnih službi i stvaranje objedinjenog obaveštajnog sistema u okviru države. Naime, u savremenim uslovima svi društveni faktori – politički, vojni, ekonomski, naučno-tehnološki, socijalni, bezbednosni i drugi – međusobno su povezani i prožimaju se. Evidentna je međuzavisnost vojnih i nevojnih oblika ugrožavanja bezbednosti, a posebno je došlo do izražaja kombinovanje i međusobno povezivanje ugrožavanja bezbednosti spolja i iznutra. Često se doživljavaju iznenađenja vojnog, spoljno-političkog, unutrašnje-političkog, ekonomskog, naučno-tehnološkog karaktera, ili kombinovano, čiji je uticaj takođe međuzavisan.

Zbog međusobne uslovljenosti i prožimanja svih navedenih faktora, donosiocima odluka su sve više potrebna kompleksna sagledavanja sveukupne stvarnosti (spoljne i unutrašnje). Sve više se traže interdisciplinarne procene. Zato se smatra da planiranje prikupljanja informacija od strane odvojenih resornih obaveštajnih službi (ministarstava spoljnjih poslova, odbrane, unutrašnjih poslova) bez jedinstvenog usmeravanja, kao i obaveštajne procene na strategijskom nivou, koje čine skup izolovanih procena resornih obaveštajnih službi, a ne zajedničku i usklađenu procenu, ne odgovara duhu vremena i da predstavlja svojevrsni anahronizam.

Integrisani procesi javljaju se i u međunarodnim okvirima, bilo po osnovu zajedničkih činilaca ugrožavanja važećih za sve zemlje sveta (kriminal, droga, terorizam) ili na političkoj osnovi, pa su kao posledica stvaranja vojno-političkih grupacija nastajali i nadnacionalni obaveštajni (ili obaveštajno-bezbednosni) koalicioni sistemi.

3.2. Oblici organizovanja obaveštajno-bezbednosnih sistema

Aktuelni uslovi međunarodnih i unutrašnjih kretanja u relativno malim zemljama zahtevaju takvu organizaciju obaveštajnog sistema, koja može udovoljiti zahtevima donosilaca odluka na najvišem (strategijskom) nivou, ali i na nižim nivoima.[42] Najvišem državnom rukovodstvu, kao faktoru koji donosi odluke strategijskog značaja, najviše odgovara centralizovani obaveštajno-bezbednosni sistem.

Decentralizovani obaveštajni sistem, koji podrazumeva postojanje odvojenih resornih obaveštajnih službi sa ili bez delimičnog usmeravanja iz jednog centra, u krajnjoj liniji ipak odgovara samo tim resorima. On podrazumeva takvu organizaciju u okviru koje pojedini resori (ministarstva) vlastitim obaveštajnim snagama i sredstvima planiraju zadatke, prikupljaju i obrađuju podatke i vrše procene za potrebe donosilaca odluka – na nivou svog resora.

Međutim, i ovde se mora imati u vidu da, zbog međuzavisnosti svih društvenih faktora u aktuelnim vojno-političkim kretanjima o kojoj smo prethodno govorili, svi resori imaju potrebu i za informacijama i procenama ostalih resora. Isto tako, svaka resorna obaveštajna služba, angažujući se na zadacima svog resora, može, u većoj ili manjoj meri, doprineti izvršavanju obaveštajnih zadataka drugih resora ili u pripremanju podataka i analiza za potrebe faktora koji donose odluke na najvišem nivou .

Obaveštajni sistem zemlje koji počiva na odvojenim resornim obaveštajnim službama, bez dovoljnog usmeravanja i koordinacije iz jednog centra, prouzrokuje dupliranja i preklapanja, naročito kada je reč o prikupljanju podataka, dok se, s druge strane, ponekad pojavljuju šupljine u „pokrivanju" objekata i zadovoljavanju potreba najvišeg državnog rukovodstva.

Informacije koje prikupi jedna resorna obaveštajna služba, a odnose se većim ili manjim delom na polje interesovanja isključivo druge resorne službe,

---

[42] Obaveštajna organizacija i njeno funkcionisanje u okviru države predstavlja sastavni deo celokupnog obaveštajno-bezbednosnog sistema zemlje, ali zbog obimnosti materije razmatraćemo samo obaveštajni deo, nazivajući ga uslovno „obaveštajni sistem", kako se često naziva i u raznoj stranoj stručnoj literaturi, iako bismo mogli da ga u okviru celokupnog obaveštajno-bezbednosnog sistema tretiramo, zapravo, i kao njegov podsistem.

mogu ali ne moraju da budu dostavljene toj drugoj resornoj službi i, zatim, od nje i korišćene. Ako su te informacije važne, često se dešava da se direktno dostavljaju najvišem državnom rukovodstvu iako se isključivo ili pretežno odnose na drugi resor, mada bi bilo normalno da prethodno prođu kroz „filter" (obradu i procenu) tog resora.

Zbog svega toga događa se da pojedine informacije ostanu nezapažene ili loše procenjene i da se, zbog uzajamne nepovezanosti i sporosti, doživi određeni stepen iznenađenja ili da budu preduzeta nepotrebna dodatna proveravanja i trošenja obaveštajnih snaga i sredstava, pa čak da se izvrše uzbunjivanja na osnovu jednostranih informacija i ocena, čime se postiže suprotan efekat.

Odvojene i neusaglašene procene resornih obaveštajnih službi, koje se dostavljaju najvišem državnom rukovodstvu, mogu do određenog stepena da budu i oprečne, što je ponekada posledica „subjektivnosti" resora. Međutim, to dovodi u dilemu najviše državno rukovodstvo prilikom odlučivanja (nekada se čak dešava da se i namerno preuveličava određena vrsta ugroženosti, da bi se odobrio budžet ili da bi se izdejstvovali drugi zahtevi određenog resora). Sa druge strane, politička pozicija određenog resornog rukovodioca u državnoj hijerarhiji često dovodi do toga da se daje prednost obaveštajnim procenama tog resora, pa se na osnovu takvih procena mogu doneti i neadekvatne odluke.

Dakle, brojne su loše strane obaveštajnog sistema koji počiva na odvojenim resornim obaveštajnim službama, ako nema dobrog usmeravanja tih relevantnih resornih službi iz jednog centra.

Nasuprot prethodno iznetom decentralizovanom obaveštajnom sistemu nalazi se centralizovani obaveštajni sistem sa centralnom obaveštajnom službom, koji pre svega udovoljava zahtevima najvišeg državnog rukovodstva.

U centralizovanom obaveštajnom sistemu manje dolaze do izražaja slabosti koje postoje u decentralizovanom sistemu. Nema dupliranja i preklapanja aktivnosti ili su ona svedena na najmanju meru. Najviše državno rukovodstvo ima svoju obaveštajnu organizaciju (obaveštajno-bezbednosnu zajednicu), čije informacije i procene nisu opterećene uskim interesima resora. Ono se ne opterećuje sa velikim brojem zasebnih procena, nego dobija jedinstvenu procenu. Međutim, u ovom slučaju, za najviše državno rukovodstvo postoji druga opasnost, a to je, da ono ostane lišeno mogućnosti da razvoj situacije sagleda iz bilo kakvog drugog ugla gledanja, izuzev onog koje mu prezentuje njegova sopstvena obaveštajno-bezbednosna služba.

Prema tome, dok centralizovani sistem na prvi pogled ojačava poziciju najvišeg državnog rukovodstva u obaveštajnom pogledu, u krajnjoj liniji, takav sistem može da umanji kritičko preispitivanje obaveštajnih procena, kao i da ograniči moguće opcije i pronalaženje adekvatnog i najpogodnijeg rešenja prilikom odlučivanja.

Osim toga, lakše i efikasnije se može vršiti određeni uticaj na „svoju" službu kako bi se obezbedilo da ona deluje u pravcu podrške postojećem političkom konceptu državnog rukovodstva. Jer, državno rukovodstvo najčešće želi da dobije informacije i procene koje potvrđuju ispravnost postojećeg političkog kursa. Stoga, zbog takve „politizacije" obaveštajne službe često popušta objektivnost u informisanju. Stvara se široki prostor za subjektivizam, koji se izražava u raznim oblicima (potcenjivanje ili precenjivanje određenih podataka, zanemarivanje praćenja određenih događaja i pojava, prilagođavanje i „friziranje" informacija i procena da bi one bile na liniji postojećeg političkog koncepta i sl.).

Pored toga, ukoliko obaveštajni sistem nije pod permanentnom kontrolom legitimnih organa vlasti, kao centralizovan i homogen on može da preraste u snagu iznad vlasti, daleko pre nego što se to može da dogodi u slučaju ako postoji decentralizovani obaveštajni sistem.

U potpuno centralizovanom obaveštajnom sistemu, resorna ministarstva (sekretarijati) bez „svoje" obaveštajne službe teško da mogu uspešno da obavljaju svoju funkciju, naročito u rešavanju tekućih pitanja svog resora. Postavljanje zahteva centralnoj obaveštajnoj službi od strane resora i dobijanje traženih informacija „odozgo" ne može za taj relevantni resor da bude tako delotvorno i korisno kao što je to u slučaju ako postoji resorna obaveštajna služba. Zato resori odbrane, inostranih poslova i državne bezbednosti smatraju svoje obaveštajne službe kao nužni, sastavni deo svog resora. Štaviše, u resoru odbrane nijedan stepen komandovanja u oružanim snagama ne može da bude efikasan bez delovanja sopstvenih obaveštajnih organa.

Prema tome, kako god ne odgovara potpuno decentralizovani, tako ne odgovara ni potpuno centralizovani obaveštajni sistem. Zato se i čine pokušaji pronalaženja rešenja u kome se kombinuju dobre strane i decentralizovanog i centralizovanog sistema, odnosno izbegavaju se loše strane oba ova sistema. U svakom slučaju, radi se o integrisanom obaveštajnom sistemu – sistemu koji objedinjava aktivnost obaveštajnih snaga i sredstava zemlje, u cilju što boljeg i efikasnijeg zadovoljavanja potreba faktora koji donose odluke na svim nivoima.

3.3. Zahtevi kojima treba da udovolji integrisani obaveštajno-bezbednosni sistem zemlje i način rešenja

Integrisani obaveštajni sistem zemlje treba, pre svega, da obezbedi:

(1) *određivanje i sprovođenje jedinstvene obaveštajne*[43] *politike* koja obuhvata: načela, okvire, forme i metode obaveštajnog delovanja u skladu sa društveno-političkim uređenjem zemlje, njenom spoljnom politikom i uslovima za tu delatnost u zemljama obaveštajnog interesovanja u celini i prema pojedinim političkim grupacijama, odnosno državama. Ovo je naročito značajno u pogledu primene inkriminisanih oblika obaveštajnih aktivnosti (špijunaža, nedozvoljeno korišćenje tehničkih sredstava izviđanja i dr.) i obezbeđenja većeg

---

[43] U knjizi se vrlo često pojam obaveštajno-bezbednosni poistovećuje sa pojmom obaveštajni, što je čitaocima, nadamo se, razumljivo. Ta „fonetika" u dnevnopolitičkim događajima često dovodi do zabune u javnosti, posebno kada se pominje pitanje odgovornosti pojedinih službi ili delova službi. To je u Srbiji u poslednjih nekoliko godina posebno izraženo u odnosu na angažovanosti službe prema zahtevima Haškog tribunala i obavezu hapšenja i izručenja haških optuženika (*prim. autora*).

reda i discipline u korišćenju tih aktivnosti od svih službi u tom sistemu, čime se umanjuje rizik od mogućih „padova" i kompromitacije koja se veoma negativno odražava na međudržavne odnose;

(2) *blagovremeno postavljanje zahteva svih zainteresovanih državnih organa* nadležnih za donošenje odluka, određivanje prioriteta (težišta), pretvaranje tih zahteva u obaveštajne zadatke, njihovo raspoređivanje na obaveštajne službe u okviru sistema, čime se obezbeđuje planski i racionalan pristup u realizaciji tih zadataka i izbegava nepotrebno dupliranje i preklapanje, naročito u fazi prikupljanja obaveštajnih podataka;

(3) *ispunjavanje zahteva najvišeg državnog rukovodstva* na informativnom planu, uključujući i izradu interdisciplinarnih procena, a kod obaveštajnih sistema nekih država i zahteva koji se odnose na realizaciju određenih političkih ciljeva (primenu oblika i metoda specijalnog rata);

(4) *ispunjavanje zahteva i potreba resornih ministarstava* (sekretarijata) i drugih državnih organa nadležnih za donošenje odluka na nižim nivoima;

(5) *međusobne odnose u obaveštajnom sistemu* koji će omogućiti svestranu saradnju, koordinaciju i međusobno ispomaganje, dostavljanje informacija na obradu i korišćenje onim obaveštajnim službama na koje se te informacije odnose, veću elastičnost i mogućnost efikasnijeg angažovanja svih potencijala u izvršavanju onih zadataka koji su u datoj situaciji za zemlju najaktuelniji, što je naročito značajno za one zemlje koje raspolažu skromnim obaveštajnim snagama i sredstvima (male i zemlje u razvoju);

(6) *racionalno korišćenje savremenih tehničkih sredstava* izviđanja u prikupljanju obaveštajnih podataka (elektronsko izviđanje, daljinska detekcija, dešifrovanje i dr.) za potrebe svih korisnika obaveštajnih podataka, kao i zajedničku nabavku, korišćenje, a posebno razvoj operativne tehnike za potrebe svih obaveštajnih službi;

(7) *uvođenje i korišćenje savremenih obaveštajnih informacionih sistema,* kojim se jedinstveno stiču, razvrstavaju i obrađuju obaveštajni podaci,

čuvaju („skladište") i prenose u oba smera (organ koji prikuplja podatke – korisnik i obratno), čime se ubrzava proces obrade i korišćenja podataka i obezbeđuje njihov ravnopravan tretman;

(8) *jedinstven sistem osnovnog obrazovanja kadrova* za potrebe obaveštajno-bezbednosnog sistema, školovanja, usavršavanja, uz zadržavanje specijalističkog školovanja za pojedine delove.

Ne postoji šablon za organizaciju obaveštajnog sistema koji bi odgovarao svakoj zemlji, niti može takav šablon da postoji. Svaka zemlja organizuje svoj obaveštajni sistem shodno svojim uslovima, od kojih su najznačajniji: međunarodni, politički i geostrategijski položaj zemlje i stanje u kojem se ona nalazi (mirnodopsko ili ratno). Zatim, društveno-političko uređenje u zemlji, njena spoljna politika, obim i karakter zadataka (posebno da li su zadaci samo informativnog karaktera ili se obaveštajni sistem angažuje u realizaciji političkih ciljeva izvođenjem specijalnih političkih, diplomatskih, ekonomskih, psihološko-propagandnih, obaveštajno-subverzivnih, terorističkih, a često i vojnih akcija, mera i postupaka, poznatih iz arsenala specijalnog rata), tradicija, naučno-tehnološke, materijalne i kadrovske mogućnosti, kao i drugi konkretni uslovi.

Primera radi, ističemo da je, presudan uticaj na konstituisanje izraelskog obaveštajno-bezbednosnog sistema (koji čine: Mosad – jevrejska autonomna strategijska i ofanzivna služba; Aman – obaveštajna služba Generalštaba OS Izraela; Odeljenje za ugrožene Jevreje u Ministarstvu inostranih poslova; i Šin Bet – izraelaska služba bezbednosti u Ministarstvu unutrašnjih poslova), imalo dugogodišnje stanje na Bliskom Istoku, koje karakteriše situacija „ni mir – ni rat", pa se kao imperativ postavio zahtev za takvom obaveštajnom organizacijom koja može što efikasnije da udovolji zahtevima odbrane i koja može u najkraćem mogućem vremenu da pređe iz mirnodopskog na ratni kolosek i na delovanje u ratnim uslovima.

Veliki broj razvijenih zemalja su problem integracije rešile stvaranjem centralne obaveštajne službe, zadržavajući i resorne obaveštajne službe, s tim što centralna obaveštajna služba deluje, pre svega, za potrebe užeg državnog rukovodstva i ima usmeravajuću i koordinirajuću ulogu u okviru celokupnog obaveštajnog sistema, pa se kao takva javlja kao glavna snaga integrisanosti tog sistema.

Primera radi, kada je na predlog predsednika SAD američki Kongres doneo (12. marta 1947. godine) Zakon o nacionalnoj bezbednosti, kojim se obrazuje Centralna obaveštajna agencija (*Central Intelligence Agency – CIA*), toj agenciji su stavljeni u nadležnost sledeći zadaci: „(1) da pruža savete Savetu nacionalne bezbednosti u svim stvarima obaveštajne prirode vezanim za državnu bezbednost; (2) da daje preporuke Savetu u pogledu koordinacije obaveštajne aktivnosti ministarstava i vladinih agencija; (3) da upoređuje i proučava obaveštajni materijal i deli odgovarajuće informacije unutar vlade i njenih ustanova; (4) da ostvaruje, u interesu postojećih obaveštajnih agencija, dodatne obaveštajne poslove, za koje bi Savet nacionalne bezbednosti mogao da zahteva da se vode centralizovano; i (5) da obavlja i ostale dužnosti i funkcije koje se tiču državne bezbednosti, a koje bi mogao da zahteva Savet nacionalne bezbednosti. U ovoj fazi delovanja, CIA je, pored koordinirajućih zadataka obavljala i poslove najvišeg analitičkog organa u okviru obaveštajnog sistema SAD (*prim. autora*).

Centralne obaveštajne službe prikupljaju i obrađuju podatke strategijskog značaja za relevantne zemlje, kao i one koji nisu u delokrugu resornih obaveštajnih službi, a od interesa su za nacionalnu bezbednost; izrađuju interdisciplinarne procene i ispunjavaju ostale zadatke koje pred njih postavlja Savet (komitet, komisija) za nacionalnu bezbednost, uključujući tu i specijalna dejstva usmerena na realizaciju određenih političkih ciljeva.

U najvećem broju slučajeva, centralna obaveštajna služba je jedino ovlašćena za primenu inkriminisanih obaveštajnih aktivnosti (špijunaža i dr.) ili ona daje odobrenje za njih, odnosno ima uvid i kontroliše takve aktivnosti resornih obaveštajnih službi. Na primer, dopunom Zakona o nacionalnoj bezbednosti, koju je početkom tzv. hladnog rata 1949. godine doneo Kongres SAD, bilo je određeno da se CIA bavi i neposrednom ofanzivnom obaveštajnom i kontraobaveštajnom delatnošću: „(1) bavi se obaveštajnim radom u inostranstvu i prema inostranstvu; (2) prikuplja podatke vojnog, političkog, privrednog i psihološkog karaktera; (3) radi na kontraobaveštajnim zadacima u inostranstvu i na teritoriji SAD, ukoliko je u vezi sa inostranstvom; (4) bavi se političkim akcijama, ideološkim problemima i uticajem, problemima psihološkog pritiska, propagande i manevara prema inostranstvu; kao i (5) borbom protiv sličnih akcija koje su uperene protiv SAD. Nema ovlašćenja policije, niti može da se bavi poslovima organizovanja bezbednosti na teritoriji SAD, a za njene potrebe takve izvršne poslove obavljaju Federalni istražni biro FBI i vojna kontra-obaveštajna služba."

Resorne obaveštajne službe (politička, vojna, državne bezbednosti) imaju uglavnom manje kompetencije, jer je niz ovlašćenja i obaveza koje su imale ranije prešlo u nadležnost centralne obaveštajne službe.

Savezna obaveštajna služba Nemačke (***Bundes Nachrichtendienst – BND***), „državna obaveštajna ustanova sa ovlašćenjima centralne obaveštajne organizacije i ofanzivne i kontraobaveštajne službe" je isključivo nadležna, za razliku od CIA, za primenu obaveštajnih aktivnosti, tako da se resorne obaveštajne službe (ministarstva za spoljne i unutrašnje poslove, odbranu, privredu, za izbeglice i iseljena lica i sveopšta nemačka pitanja) ne bave takvim aktivnostima, već se javljaju kao korisnici obaveštajnih podataka centralne obaveštajne organizacije. BND je u obaveštajnom sistemu Nemačke ne samo nosilac, već i glavni realizator obaveštajne aktivnosti, kako za potrebe najvišeg rukovodstva, tako i za potrebe onih resora koji imaju pravo da iskazuju svoje potrebe za obaveštajnim podacima, koje je ona – „dužna da ukomponuje u svoj program istraživanja". BND, po osnovu zahteva, dostavlja resornim obaveštajnim službama podatke od njihovog interesa, tako da resorne obaveštajne službe, pomoću svojih, relativno skromnih podataka prikupljenih legalnim putem i podataka dobijenih od BND, vrše analize i procene za potrebe svojih resora.

Kod nekih razvijenih zemalja ovakav sistem se pokazao kao vrlo dobar, dok je kod nekih, i pored postojanja centralne obaveštajne službe i niza vrhunskih tela za usmeravanje i koordinaciju, pokazao i mnoge slabosti, što je pretežno posledica „subjektivnog" faktora. No, i pored tih slabosti ne ide se na promenu takvog sistema, nego na njegovo poboljšanje i otklanjanje uočenih slabosti. Tako, na primer, i pored neposredne odgovornosti za koordinaciju obaveštajne aktivnosti ministarstava i vladinih agencija, odnosno njihovih obaveštajnih službi u ograničenim špijunskim aktivnostima u inostranstvu, kao i prava na sticanje uvida i kontrolu njihove špijunske aktivnosti, CIA nije uspevala da taj uvid i kontrolu ostvari.

Navešćemo samo dve od brojnih ocena odnosa u obaveštajnom sistemu SAD, koje je utvrdila Komisija senatora Franka Čerča.

Studija slučaja 4

(1) „Centralna obaveštajna agencija (CIA) je imala konflikte sa resornim obaveštajnim službama. Tako Vojno-obaveštajna agencija, DIA, nije htela da se podvrgne kontroli CIA. Ova agencija je insistirala da direktnu kontrolu nad njima ima državni sekretarijat za odbranu,"

(2) „Koordinacija između Centralne obaveštajne agencije (CIA) i Federalnog istražnog biroa (FBI) u kontraobaveštajnoj aktivnosti je veoma kritična. Istorija saradnje CIA i FBI je veoma burna. Razlozi trvenja ove dve agencije su u tome što FBI nije hteo da obavlja pozitivnu obaveštajnu aktivnost za potrebe CIA na teritoriji SAD, niti da pomogne u regrutovanju stranih državljana u SAD." Čak je 1970. godine direktor FBI, Huver, prekinuo svaku saradnju sa CIA.

Komisija Franka Čerča

Na osnovu stečenog uvida, čini nam se da male, manje razvijene i nerazvijene zemlje zaostaju u pogledu integracije obaveštajnog sistema, te da je čak u nekim od njih izraženo „zatvaranje" resornih obaveštajnih službi u svoje okvire. Međutim, primena raznih oblika ugrožavanja bezbednosti ovih zemalja od strane velikih i razvijenih zemalja, kao i relativno skromne obaveštajne snage i sredstva, ukazuju na neophodnost stvaranja objedinjenog obaveštajnog (obaveštajno-bezbednosnog) sistema.

Iako organizacija obaveštajnog sistema zavisi od niza prethodno navedenih uslova u svakoj zemlji, ipak se na osnovu uvida u postojeća rešenja i probleme organizacije obaveštajnih sistema stiče utisak da za mnoge male zemlje, sa skromnim materijalno-tehničkim i kadrovskim mogućnostima ne bi bilo oportuno da, pored postojećih resornih obaveštajnih službi, stvaraju i centralnu obaveštajnu službu, niti da stvaraju takvu centralnu obaveštajnu službu na račun ukidanja resornih obaveštajnih službi, bez kojih resori ne mogu da obavljaju svoju funkciju.

Međutim, oseća se potreba da, umesto centralne obaveštajne službe, postoji odgovarajući stalni operativni aparat, kao izvršni organ saveta (komisije, komiteta) za nacionalnu bezbednost, koji bi imao vodeću, usmeravajuću i koordinirajuću ulogu koju, pored ostalog, u razvijenim obaveštajnim sistemima ima centralna obaveštajna služba, o čemu će više reči biti kasnije.

Stepen integracije obaveštajnog sistema ne treba ceniti po tome da li postoji centralna obaveštajna služba ili ne, jer i bez te službe objedinjavanje obaveštajnog sistema može da bude jače ili manje izraženo, u zavisnosti od regulisanja rukovođenja, nadležnosti i odgovornosti upravnih i izvršnih obaveštajnih organa tog sistema.

3.4. Bitni problemi organizacije integrisanog obaveštajnog sistema

(1) Za efikasno delovanje integrisanog obaveštajnog sistema veoma je značajno kako je organizovan i kako funkcioniše vrhunski državni organ za obaveštajno-bezbednosne poslove.

Poznato je da politiku i usmeravanje rada obaveštajnog sistema u najopštijim, globalnim proporcijama po pravilu vrši rukovodstvo države (parlament, šef države, vlada ili najviše rukovodstvo partije na vlasti), i da ono za tu aktivnost obrazuje posebno telo nadležno za obaveštajno bezbednosne poslove (savet, komisiju ili komitet nacionalne bezbednosti i sl.), kojim obično rukovodi šef države. Članovi tela su najviši državni funkcioneri, čije dužnosti su vezane za poslove nacionalne bezbednosti zemlje (ministri odbrane, spoljnih i unutrašnjih poslova i drugi).

Ovo „telo" je obično odgovorno za definisanje obaveštajne politike celokupnog obaveštajnog sistema, za usmeravanje i koordinaciju delovanja svih obaveštajnih službi u sistemu i za vršenje opšteg nadzora. Međutim, treba istaći da ovo telo nije operativni organ koji u tekućoj obaveštajnoj aktivnosti može da ostvaruje rukovodeću ulogu nad celokupnim obaveštajnim sistemom i da vrši na njega svakodnevni uticaj. Zabluda je ako se smatra da se samim tim što postoji ovo telo, čiji sastav čine najodgovorniji državni rukovodioci, rešava pitanje usmeravanja, koordinacije i jedinstvenog funkcionisanja celokupnog obaveštajnog sistema u tekućoj obaveštajnoj aktivnosti.

U najvećem broju slučajeva, rad ovog tela se svodi na periodično razmatranje obaveštajne aktivnosti u sklopu razmatranja nacionalne bezbednosti, pri čemu značajnu ulogu imaju najviši predstavnici državnih resora (ministri) koji često sa svog (resornog) gledišta iznose stavove i zastupaju aktivnost i potrebe obaveštajnih službi svojih resora.

U ovakvim uslovima rada, najčešće do izražaja dolazi samo sticanje opšteg uvida nad radom resornih obaveštajnih službi, opšte političko usmeravanje i politička kontrola nad obaveštajnim sistemom, ali ne i operativno rukovođenje.

Praksa je pokazala da je takvom telu potreban stalni operativni, izvršni organ, bez koga, i pored najbolje volje tog vrhovnog tela, obaveštajni sistem ne može efikasno da funkcioniše kao celina.

To mora da bude autoritativni operativni organ sastavljen od najtalentovanijih stalnih obaveštajnih kadrova i specijalista tog aparata ili od detaširanih kadrova pojedinih resornih obaveštajnih službi ili, pak, kombinovano. Organizacija tog organa treba da bude u skladu sa nadležnostima i zadacima, na primer: odeljenje za planiranje; za raspodelu i postavljanje zadataka; za interdisciplinarne procene; za obaveštajno-operativnu delatnost; za kontraobaveštajnu delatnost i dr.

(2) Iako se obično pretpostavlja da ne bi trebalo da bude nesporazuma između resornih obaveštajnih službi koje su potčinjene ministrima tih resora i centralne obaveštajne službe (ako ona postoji) jer se u vrhovnom državnom telu za obaveštajno-bezbednosne poslove nalaze upravo ministri tih resora, ipak u praksi dolazi do tih nesporazuma, pa i sukobljavanja, pretežno zbog neusaglašenih nadležnosti sa zadacima i uticaja subjektivnog faktora resornih ministara i rukovodilaca obaveštajnih službi.

U obaveštajnom sistemu SAD bilo je niz nesporazuma, sukobljavanja, netrpeljivosti i rivalstva između pojedinih resornih obaveštajnih službi, a posebno resornih obaveštajnih službi sa centralnom obaveštajnom službom. Iako je od najvišeg državnog rukovodstva Centralnoj obaveštajnoj agenciji (CIA) određena uloga vodećeg, usmeravajućeg i koordinirajućeg tela, ona se kao takva nije mogla nametnuti resornim obaveštajnim službama, zbog neusuglašenih njenih nadležnosti sa njenom takvom ulogom, a i zbog otpora resornih ministarstava (sekretarijata) i njihovih obaveštajnih službi pokušajima ograničavanja njihove tradicionalne samostalnosti.

Tako, vojnoj obaveštajnoj službi (DIA) postavlja zahteve i zadatke daje državni sekretar za odbranu, a ne direktor CIA; dok sredstva za delovanje te obaveštajne službe, koja su sedamdesetih godina 20. veka činila oko 80% budžeta celokupnog obaveštajnog sistema, obezbeđuje sekretarijat za odbranu iz svog budžeta; kadrovska i druga značajna pitanja su u nadležnosti sekretarijata za odbranu. Sve to dovodi u nepovoljan položaj direktora centralne obaveštajne službe i otežava mu da se nametne kao nadređeni organ vojnoj obaveštajnoj službi. Zato je komisija senatora Franka Čerča, koja je ispitivala rad obaveštajnih službi SAD, zahtevala da direktor CIA bude „odgovoran za ustanovljavanje nacionalnih obaveštajnih zahteva za ceo obaveštajni sistem SAD, da on priprema celokupni nacionalni obaveštajni budžet i prezentuje ga predsedniku SAD i Kongresu, da ima pravo kontrole i svih vojno-obaveštajnih aktivnosti u inostranstvu" i dr.

Na primer, nadležnosti u pogledu materijalnog obezbeđenja i finansiranja obaveštajne službe (da li iz centralnog ili budžeta resornog ministarstva), kao i u pogledu rešavanja kadrovskih pitanja (da li kadrove postavlja, premešta, unapređuje, školuje i dr. najviši obaveštajni organ ili resorno ministarstvo), neposredno odražavaju stepen centralizacije, odnosno bitno se reflektuju na integraciju obaveštajnog sistema. Zbog toga te nadležnosti moraju biti u skladu sa željenim konceptom integrisanja obaveštajnog sistema, a za usklađeno i efikasno delovanje tog sistema naročito je važno da te nadležnosti budu usklađene sa zadacima koje imaju obaveštajne službe u tom sistemu.

(3) Sve veća otvorenost zemalja i razvijena međunarodna saradnja po raznim osnovama uslovila je uspostavljanje mnoštva veza između raznih vladinih i nevladinih institucija i organizacija iz svih oblasti društvenog života, ne samo u međudržavnim, već i regionalnim i međunarodnim okvirima.

Enormno je povećana komunikacija ljudi po raznim osnovama. Sve su veće migracije stanovništva, privremeni duži ili kraći boravci u inostranstvu (zaposlenje, naučno-tehnička saradnja, studije, specijalizacije, turizam i sl.). Državne granice su sve više otvorene za nesmetan protok ljudi i dobara. Ovakav razvoj situacije pružio je obaveštajnim i kontraobaveštajnim službama – „ofanzivnim" i „defanzivnim"[44] – ogromne mogućnosti obaveštajnog delovanja iz svoje zemlje prema inostranstvu i obratno.

---

[44] U tekstu se koriste izrazi „ofanzivna obaveštajna služba", tj. ona koja prikuplja i obrađuje podatke o drugim državama (vojna, politička i druge, uključujući i kontraobaveštajnu službu koja deluje prema i u inostranstvu); i „defanzivna obaveštajna služba", tj. ona koja

Ceo splet uslova i mogućnosti za delovanje više obaveštajnih službi u zemlji i inostranstvu, koje su često upućene na iste sredine (tzv. baze za operativno delovanje), nameće potrebu preciznog regulisanja nadležnosti, međusobnih odnosa i saradnje i sinhronizovanje njihove delatnosti, što nije lako obezbediti. U protivnom, neminovno dolazi do sukoba, nesporazuma, antagonizma i zaoštravanja odnosa između pojedinih službi.

Nezavisno od regulisanja ovlašćenja i međusobnih odnosa, na terenu često dolazi do sukobljavanja i zbog subjektivnosti i uskih, nekada naizgled suprotstavljenih interesa pojedinih obaveštajnih službi, iako sve te službe zajedno, u krajnjem imaju isti cilj. Uprkos tome što se, na primer, sporazumom između Centralne obaveštajne agencije (CIA) i Federalnog istražnog biroa (FBI) u SAD „traži pristanak i koordinaciju FBI pre nego što CIA započne agenturnu kombinaciju (akciju) na teritoriji SAD", kao i to da FBI zajednički i koordinirano deluje ako predviđena kombinacija (akcija) ne protivreči sa bilo kojom planiranom ili tekućom aktivnosti FBI, u praksi se dešava da se CIA toga ne pridržava i da samostalno izvodi akcije, zbog čega dolazi do međusobnog sukobljavanja.

Tako, na primer, dok su ofanzivne obaveštajne službe (vojna, politička, kontraobaveštajna) zainteresovane za održavanje i negovanje interesantnih veza iz inostranstva (oficir, obaveštajac, policajac i sl.), jer to pruža potencijalne

---

otkriva, identifikuje i prati sve vrste neprijateljskog delovanja na sopstvenoj teritoriji i uključuje kontraobaveštajnu delatnost i obaveštajnu delatnost prema unutrašnjim protivnicima (obaveštajnu delatnost tzv. političke policije). Ovu napomenu činimo zbog toga što se ti izrazi više upotrebljavaju u svetu, a i kod nas. Međutim, pojedini autori smatraju, ne bez razloga, da je pravilnije vršiti podelu i koristiti izraze: „spoljna obaveštajna služba", tj. ona koja prikuplja podatke o drugim državama, čime istovremeno ima i zaštitnu informativnu funkciju; i „unutrašnja obaveštajna služba", tj. ona koja, pored zaštitne funkcije, prikuplja podatke i o delovanju stranih obaveštajnih službi. Po ovim mišljenjima, svaka obaveštajna služba je i ofanzivnog i defanzivnog karaktera, tako da nisu opravdane podele prema zadatku zaštite i obaveštenja, kao i elementima ofanzivnosti i defanzivnosti. Pored navedenih podela i izraza, upotrebljavaju se i izrazi „pozitivna" i „negativna" obaveštajna služba i drugi, tako da se u stručnoj literaturi sreće mnoštvo pojmova koji nisu do kraja usaglašeni i postoje izvesne razlike u njihovim tumačenjima.

mogućnosti za obaveštajne i kontraobaveštajne prodore, lokalna služba bezbednosti (politička policija) je sklona da te veze prekida jer smatra da se tom preventivnom merom bolje štiti od prodora stranih obaveštajnih službi i drugih strana koje bi mogle neprijateljski da deluju i da se povezuju sa unutrašnjim neprijateljem na njihovom terenu što vodi ka pogoršanju bezbednosne situacije. „Često dolazi do razmimoilaženja između lokalnih organa bezbednosti i ofanzivnih obaveštajnih službi u slučajevima kada se otkriveni strani agent namerava prevrbovati, tj. stvoriti svog agenta dvojnika, jer su lokalni organi bezbednosti zainteresovani da se pokaže njihov uspeh, da se uhvaćeni agent izvede na sud, čime oni navodno dobijaju poene za savesno vršenje svoje dužnosti, pa i posebne novčane nagrade kada se završi istraga i agent osudi."

(4) Poznato je da su, kao posledica isprepletenosti, međuzavisnosti i povezanosti obaveštajne i druge subverzivne delatnosti spoljnjeg i unutrašnjeg neprijatelja, kontraobaveštajni poslovi i poslovi tzv. političke policije integrisani u jedinstvenu službu bezbednosti, jer se takvom integracijom celishodnije i racionalnije organizuje borba protiv spoljnjeg i unutrašnjeg neprijatelja svih vrsta.

Međutim, pada u oči da se u pojedinim zemljama, organizacijski i funkcionalno, vrši stroga podela nadležnosti na teritorijalnoj osnovi. Prema toj podeli, služba državne bezbednosti nadležna je za obaveštajnu delatnost unutar zemlje, bilo da se radi o delatnosti prema unutrašnjim političkim protivnicima ili prema stranim obaveštajnim službama i drugim subverzivnim i neprijateljskim snagama.

Istovremeno, obaveštajna delatnost van granica svoje zemlje u nadležnosti je neke druge „ofanzivne" obaveštajne službe (centralne obaveštajne službe, ako postoji, ili političke obaveštajne službe koja deluje u inostranstvu). Službi državne bezbednosti, koja je odgovorna za otkrivanje, praćenje, suzbijanje i onemogućavanje obaveštajne i svake druge ugrožavajuće delatnosti organizovane spolja, iznutra ili kombinovano, manje odgovara ovakva podela nadležnosti.

Strane obaveštajne službe i druge subverzivne snage imaju svoje izvršne organe (obaveštajne centre) i agenturnu mrežu u zemljama koje su objekt njihovog obaveštajnog interesovanja, tako da oni zajedno u inostranstvu (odnosno konkretnoj zemlji koja se ugrožava) organizacijski i funkcionalno čine jednu celinu.

Shodno tome, i kontraobaveštajna delatnost (ofanzivna i defanzivna) treba da bude jedinstvena u okviru službe državne bezbednosti i ne bi trebalo da se ograničava samo na svoju zemlju. Na to, takođe, upućuju sadašnji uslovi međunarodnog komuniciranja i povezivanja, kada se sve više „brišu" granice među državama, kao i kada dolazi do sve većeg povezivanje spoljnjeg i unutrašnjeg neprijatelja svih vrsta.

Naime, čini se da je organizacijski slabije rešenje da se drugoj „ofanzivnoj" obaveštajnoj službi daju u zadatak takve aktivnosti i da se od nje dobijaju podaci o organizaciji, kadrovima, funkcionisanju, metodama delovanja, konkretnim akcijama i kombinacijama, koje obaveštajne službe i druge subverzivne snage organizuju iz inostranstva. Daleko je logičnije da to radi jedna služba (u konkretnom slučaju obaveštajna služba državne bezbednosti) koja treba da otkriva i prati tu delatnost u celini – od izvorišta do planiranog mesta u zemlji. Takvo rešenje se primenjuje u praksi određenog broja zemalja, zbog čega obaveštajne službe državne bezbednosti tih zemalja imaju svoje izvršne organe u inostranstvu (obično „ugrađene" u diplomatsko-konzularna predstavništva).

(5) Stepen centralizacije, odnosno integracije obaveštajnog sistema zavisi od toga kako je regulisan sistem upravljanja (menadžment). Upravljanje obaveštajnim službama u pojedinim zemljama više je izraženo „po vertikali" (centralizacija), dok je u nekim drugim to učinjeno „po horizontali" (decentralizacija). U najvećem broju slučajeva je kombinovano, s tim da i u takvom načinu upravljanja postoje razlike.

U nekim zemljama, pojedinim obaveštajnim službama postavljaju zadatke upravljačka tela po horizontali (niži organi vlasti, odnosno, resori države), bez obzira na to što su one u stručnom pogledu vezane po vertikali. U drugim, najviši obaveštajni organ, pored stručnog, ostvaruje i operativno upravljanje i postavlja zadatke za koje je zainteresovano najviše državno rukovodstvo (strateški menadžment obaveštajnog sistema), dok niži organi vlasti, odnosno državni resori tim službama postavljaju zahteve isključivo za svoje potrebe i imaju druge, manje ingerencije, tako da su te službe u suštini više organi vrhunskog rukovodstva nego nižih organa vlasti ili resora u čijem se sastavu nalaze.

I kod izvršnih obaveštajnih organa (obaveštajnih centara), organizacija i sistem upravljanja može biti po vertikali i horizontali, ili kombinovano, s tim što kod njih čvršće povezivanje po horizontali predstavlja veći stepen objedinjavanja službi. Naime, umesto organizovanja posebnih resornih obaveštajnih izvršnih organa (obaveštajnih centara) na određenoj teritoriji (u zemlji ili inostranstvu), obično se kod ofanzivnih obaveštajnih službi (vojne, političke, kontraobaveštajne), može organizovati objedinjeni izvršni organ („zajednički obaveštajni centar"), s tim da se taj takozvani međuresorski objedinjeni organ deli na grupe po resorima, pri čemu je rukovodilac tog objedinjenog organa vezan za najviše obaveštajno telo ili je iz one službe čiji je položaj na određenoj teritoriji ili u datim okolnostima značajniji. Na primer, unutar zemlje – iz obaveštajne službe državne bezbednosti; u inostranstvu – iz političke obaveštajne službe; u uslovima mogućeg izbijanja rata i u ratnim uslovima – iz vojno-obaveštajne službe i sl.).

Pri takvom obliku organizovanja, resorne obaveštajne službe preko šefa centra saobraćaju sa njegovim pomoćnicima po resorima i na taj način se ostvaruje upravljanje po vertikali. Ovakvo organizovanje izvršnih obaveštajnih organa obezbeđuje koordinirani obaveštajni nastup svih službi u određenim sredinama na teritoriji na kojoj deluju i one su u stanju da se uzajamno pomažu i dopunjuju, pa se smatra da ovakvo organizovanje predstavlja najveći i najbolji oblik objedinjavanja službi na nižim nivoima.

Organizovanje izvršnih obaveštajnih organa (centara, podcentara, punktova i pojedinaca) u inostranstvu nailazi na dva dodatna problema. Prvi se odnosi na „ugrađivanje" tih organa (operativnih radnika) u diplomatsko-konzularna i tzv. pseudodiplomatska predstavništva (informativne centre, predstavništva novinskih agencija, kulturne centre, trgovinska, turistička i druga predstavništva), kao i na međusobne odnose tih organa u svakodnevnoj aktivnosti predstavništva. Drugi se odnosi na ulogu i nadležnosti šefa diplomatsko-konzularnog predstavništva, kao legitimnog predstavnika države, prema tim organima.

Politička i Vojno-obaveštajna služba problem „ugrađivanja" relativno lako rešavaju, jer su diplomatsko-konzularna i vojno-diplomatska predstavništva (vojna izaslanstva) u nadležnosti resora inostranih poslova, odnosno odbrane i kadrovi iz njihovog sastava su u tim predstavništvima. U stvari, ovde se i ne radi o „ugrađivanju" nego normalnom postavljanju na legalnu funkciju diplomatskog predstavnika, koji je pored ostalog dužan i da „obaveštajno deluje" tj. da se informiše o stanju i razvoju događaja u zemlji službovanja svim dozvoljenim sredstvima, kao i da o tome izveštava svoju vladu, što se temelji na odredbama međunarodnog prava i definisano je Bečkom konvencijom o diplomatskim odnosima,

Čak i onda kada se radi o posebnom obaveštajnom interesu prema pojedinim zemljama i primeni nedozvoljenih obaveštajnih aktivnosti, kao i neophodnosti da profesionalni obaveštajci odlaze na dužnosti u rezidencijalna diplomatsko-konzularna predstavništva u tim zemljama, nikakvih problema nema – jer su to obaveštajci obaveštajnih službi tih resora.

Međutim, kada se radi o „ugrađivanju" organa (operativnih radnika) obaveštajne službe državne bezbednosti i centralne obaveštajne službe (gde postoji), koji nemaju svoja legalna predstavništva u inostranstvu, resori inostranih poslova i odbrane (a i ostali koji imaju svoja predstavništva u inostranstvu) obično nerado prihvataju ta „ugrađivanja" jer smatraju da time gube „svoja" mesta u tim predstavništvima, nezavisno od toga što su „ugrađeni" obaveštajci iz ovih obaveštajnih službi dužni da u okviru predstavništva obavljaju poslove predviđene za mesta na koja se postavljaju.

Različita su rešenja i praksa u vezi međusobnih odnosa obaveštajnih izvršnih organa (obaveštajnih centara i drugih) u inostranstvu. Ako postoji obaveštajni centar centralne obaveštajne službe, onda najčešće šef tog centra, koji obično legalno zauzima visoku funkciju u diplomatsko-konzularnom predstavništvu, objedinjava rad svih obaveštajnih resornih organa. Ali, ako ne postoji obaveštajni organ centralne obaveštajne službe, onda to do određenog stepena obično objedinjava šef organa (obaveštajnog centra ili slično) političke obaveštajne službe ili je pak nosilac međusobne saradnje, pod uslovom da je svaki resorni izvršni obaveštajni organ vezan za svoju resornu obaveštajnu službu po vertikali.

Što se tiče nadležnosti šefa diplomatsko-konzularnog predstavništva, kao legitimnog predstavnika države, kao i njegovog odnosa prema navedenim izvršnim obaveštajnim organima – rešenja i praksa su raznolike. Po pravilu, šef diplomatsko-konzularnog predstavništva ima pravo političkog rukovođenja. „Ugrađeni" obaveštajci njemu odgovaraju za poslove koji su predviđeni za odgovarajuće radno mesto kojim se njihov boravak u inostranstvu „pokriva". „Ugrađeni" obaveštajci moraju, kao i drugo osoblje, da se pridržavaju reda koji je ustanovljen u predstavništvu i da se ponašaju u zemlji prijema u duhu utvrđenog protokola. Međutim, što se tiče delovanja kao obaveštajca određene obaveštajne službe, „ugrađeni" obaveštajac odgovara šefu te službe, odnosno njegovog organa (šefu obaveštajnog centra).

Kada je reč o kompetencijama i angažovanju šefa diplomatsko-konzularnog predstavništva u odnosu na „ugrađene" obaveštajce, u praksi postoje velike razlike. Dok u jednom slučaju on nema nikakvih kompetencija u odnosu na njihov rad, u drugom slučaju čak ima pravo da se upoznaje ne samo sa prikupljenim informacijama obaveštajnih službi, već i sa stvorenom agenturom u dotičnoj zemlji – koja je korišćena kao izvor tih informacija. U ovom (drugom) slučaju, šef diplomatsko-konzularnog predstavništva je veoma zainteresovan za rad obaveštajnih službi i njihovih obaveštajaca ne samo u okviru svog predstavništva, nego i u ostalim predstavništvima svoje zemlje koje se nalazi u državi u kojoj je on akreditovan, dok u ostalim slučajevima on za takav rad najčešće ostaje potpuno nezainteresovan.

U poslednje vreme, opšta tendencija u svetu je da se šefu diplomatsko-konzularnog predstavništva daju sve veća prava u odnosu na delovanje obaveštajnih službi i njenih organa u zemlji u kojoj je on akreditovan, kao i da se na njega prenese odgovornost za to delovanje. U zavisnosti od stila rada šefa predstavništva, predstavnici obaveštajnih službi, kao članovi „tima" u zemlji domaćina, neposredno su po horizontali odgovorni šefu predstavništva, odnosno kolegijumu predstavništva, koji sa njima rukovodi do određenog stepena, traži i postavlja zadatke. Sistem izbora kandidata za rad u diplomatsko-konzularnim predstavništvima – konkursom, bez odgovarajućeg iskustva iz obaveštajne prakse – kao i činjenica da među članovima postoji dugogodišnji profesionalni obaveštajni kadar, uslovljavaju heterogenost u praktičnom radu, odgovornostima i načinima usklađivanja ličnih osobina i međusobnih odnosa unutar predstavništva. Zbog nerešenih međusobnih odnosa unutar predstavništva i bavljenja samim sobom, nisu retki slučajevi da dođe do povlačenja konkursom izabranih lica zbog otpora metodama obaveštajnog rada od strane obaveštajnog kadra i obratno.

Očigledna je, dakle, potreba za objedinjavanjem svih obaveštajnih službi i njihovog delovanja u okviru jedinstvenog obaveštajnog sistema u sadašnjim uslovima međunarodnih kretanja.

Svaka zemlja, shodno svojim mogućnostima i konkretnim uslovima, pronalazi najpogodniji način organizovanja i funkcionisanja tog sistema. Pored postojećih iskustava u svetu, naša zemlja ima pozitivna iskustva u pogledu objedinjavanja svih obaveštajnih službi i spajanju njenih organa kako u posleratnom periodu, tako i u periodima većeg stepena opasnosti za njen suverenitet i integritet.

Međutim, u poslednje vreme postoje i izvesne tendencije dezintegracije pojedinih obaveštajnih službi obaveštajno-bezbednosnog sistema. Svestrana analiza postojećih iskustava i sadašnje prakse pokazuje i to da postoji potreba određenih korekcija i poboljšanja organizacije i funkcionisanja obaveštajno-bezbednosnog sistema zemlje u celini, u cilju njegovog većeg integrisanja jer tako on postaje *racionalniji i efikasniji. Dobar primer za to svakako se može naći u funkcionisanju bezbednosnih zajednica vodećih zemalja u svetu, kao što su SAD, Ruska Federacija, Francuska, Nemačka, i druge, čiji su obaveštajno-bezbednosni sistemi u poslednjih nekoliko decenija doživeli pravu „revoluciju" u svom razvoju.*

Glava 4.

4. OBAVEŠTAJNO-BEZBEDNOSNI SISTEMI VODEĆIH ZEMALJA U SVETU

4.1. Obaveštajno-bezbednosni sistem Sjedinjenih Američkih Država (SAD)

Pregled karakterističnih obaveštajnih i bezbednosnih zajednica u svetu, i za čitaoca i za autora, najlogičnije i najlakše je započeti sistemom nastalim u Sjedinjenim Američkim Državama, ne samo zbog njegove paradigmatičnosti i činjenice da je postao planetarni „etalon" i mera za druge srodne zajednice, već i zbog toga što je, u poređenju sa sistemima drugih država, relativno otvoren za javnost. Naravno, tu otvorenost treba shvatiti uslovno, jer ona je ponekad rezultat namere američkih obaveštajnih i bezbednosnih struktura da pošalju određenu poruku domaćoj javnosti i javnosti ostatka sveta, pa većinu dostupnih informacija, pogotovo onih koje dolaze iz izvora posredstvom Interneta, treba uzeti sa dozom rezerve.

Za obaveštajno-bezbednosni sistem Sjedinjenih Američkih Država sa priličnom preciznošću možemo da utvrdimo kada je tačno „rođen". Pismo Džorža Vašingtona pukovniku Elijasu Dejtonu od 26. jula 1777. godine, u kojem „otac" američke nezavisnosti naglašava značaj obaveštenosti u izvođenju ratnih operacija, predstavlja začetak procesa formiranja najkompleksnijeg obaveštajno-bezbednosnog sistema današnjice. Ovaj podatak možda može da iznenadi one čitaoce koja su ovlaš upućeni u ovu problematiku i koji veruju da početak ozbiljnijeg razvijanja američke obaveštajno–bezbednosne zajednice koincidira sa početkom tzv. *hladnog rata*. Tačno je da je period tzv. hladnog rata obeležen „procvatom" obaveštajnih i bezbednosnih službi i, možda, čak i prekomernim naglašavanjem njihovog značaja u odbrani onoga što se zove „američki interesi", ali njihovi koreni sežu u nešto dalju prošlost i vremenski se podudaraju sa osnivanjem američke državne zajednice.

U pismu pukovniku Dejtonu, Džordž Vašington je istakao da je tajnost u radu ključ uspeha obaveštajnih delatnosti:

„Potreba za obezbeđivanjem dobrih obaveštajnih podataka je očigledna i ne treba je više naglašavati. Meni jedino preostaje da dodam da je potrebno da čitavo ovo pitanje držite u najvećoj mogućoj tajnosti. Jer, u većini poduhvata ove vrste uspeh zavisi od tajnosti i bez nje će ti poduhvati doživeti poraz koliko god oni bili dobro planirani..."[45]

Pored tajnosti, u SAD je već u samom početku shvaćeno da uspeha u obaveštajnom, kao ni u bezbednosnom delovanju, nema i ne može da bude bez snažne finansijske podrške, što se sasvim zgodno oslikava kroz već legendarnu uzrečicu „ako nešto ne možeš da postigneš novcem, onda taj cilj ostvari sa puno novca". Tako je prvi budžet kojeg je Kongres 1790. godine odobrio za obaveštajne operacije iznosio 40.000 US dolara, da bi već nakon tri godine skočio na tada ogromnih 1 milion US dolara, što je predstavljalo 12% ukupnog vladinog budžeta u to vreme.

Taj deo budžeta, poznat i kao Fond za inostrano delovanje, odnosno Fond tajne službe, nije bio podložan podnošenju računa, bolje rečeno njegovi korisnici nisu imali obavezu da izveštavaju Kongres o tome koje su bile namene utrošenih sredstava, kao ni o njihovim primaocima, čime se obezbeđivala pojačana tajnost, a samim tim i bezbednost u radu.

---

[45] Tim Weiner; „Legacy of Ashes"; 2007.

U početku organizaciono veoma jednostavan i bez većeg ugleda u visokim političkim i vojnim krugovima, obaveštajno-bezbednosni korpus u SAD morao je naporno da se bori da opravda svoje postojanje i svoju ulogu. Treba imati u vidu da su i političari i vojnici s kraja 18. veka delili mišljenje o obaveštajnom poslu kao o svojevrsnoj „nečasnoj raboti", nedostojnoj da se njome bave ugledni ljudi. Tada general, kasnije predsednik Vašington, uspeo je na vreme da prepozna značaj prikupljanja informacija i njihove zaštite i time je prokrčio put za ono što danas poznajemo kao obaveštajno-bezbednosnu zajednicu SAD. Istina, početne aktivnosti iz ove oblasti bile su ograničene na zadovoljavanje potreba kopnene vojske, obuhvatajući od 1882. godine i mornaricu, a tek zatim i druge elemente oružanih snaga i onda, na kraju, države u celini.

Premda relativno kratkog dosadašnjeg života, obaveštajno-bezbednosni sistem SAD do sada se razvio u najdinamičniji i najsloženiji sistem na svetu, pri čemu se mora istaći da njegova efikasnost nije uvek bila primerena njegovoj snazi i veličini. Sjedinjene Američke Države direktno su po svom nastanku „uskočile" u industrijsku eru, što je bitno odredilo karakter i prirodu ove državne zajednice i njenih najvažnijih segmenata, uključujući tu i onaj segment koji je predmet ove knjige. SAD nisu bolovale od potrebe da koketiraju s tradicijom i da guše korisne ideje, što je bila uobičajena boljka „starih" evropskih zemalja, već su se od samog početka legitimisale kao izrazito pragmatična tvorevina, usmerena isključivo na postizanje željenog cilja i efekta u svakoj svojoj delatnosti, ne vodeći uvek računa o izboru sredstava za postizanje tog i takvog cilja.

Ta filozofija pragmatizma, koja je u Sjedinjenim Američkim Državama naročito cvetala u prvoj polovini 20. veka, u potpunosti je preneta i u američki obaveštajno-bezbednosni aparat. Pored pragmatičnosti, još jedan momenat bitno je obeležio organizacionu strukturu i modalitete obaveštajno-bezbednosnog delovanja u SAD, a to je činjenica da su osnivači SAD, kao nekada neravnopravni podanici britanske krune bili izrazito osetljivi na pitanje ljudskih prava i sloboda. Potrudili su se, stoga, da zaštitu ovih vrednosti unesu i u temeljne pravne akte novonastale države, što je između ostalog, uslovilo veoma specifičan razvojni put obaveštajno-bezbednosnog aparata.

Konkretno, to znači da sve do 11. septembra 2001. godine, svakako jednog od ključnih datuma u istoriji civilizacije, obaveštajno-bezbednosni aparat u SAD nije funkcionisao kao jedinstven organizam, već se rad raznih organizacija i institucija koje su delovale u ovoj oblasti koordinirao na vladinom nivou. Pri tome, potrebno je da naglasimo da se i ta koordinacija odvija tek od Drugog svetskog rata, a da su agencije do tada bile potpuno autonomne u svom delovanju i odgovorne isključivo onom telu koje ih je formiralo. Na taj način se izbegavala mogućnost ostvarivanja potpune kontrole od strane jedne agencije i sprečavala se koncentracija preterane moći na jednom mestu. Naravno, ne sme se poverovati da je ovako heterogen razvoj obaveštajnih i bezbednosnih službi u SAD uslovljen isključivo pragmatizmom kao filozofijom koja prožima američko društvo i ljubavlju za ljudska prava. Tome su značajno doprinele i višestruke promene u glavnim tokovima američke spoljne politike, koje su se kretale u rasponu od izolacionizma do intervencionizma, što je direktno uticalo i na obim potreba za obaveštajnim radom i za kontraobaveštajnom i bezbednosnom zaštitom.

Zvanična, institucionalna istorija obaveštajnog rada u SAD počinje 1880. godine kada su uspostavljane prve stalne obaveštajne agencije: Mornarički obaveštajni biro i Vojno-obaveštajno odeljenje Kopnene vojske.[46] Ove organizacije su u veće evropske gradove slale svoje atašee koji su se u početku bavili prikupljanjem informacija iz otvorenih izvora, a tek sa izbijanjem špansko-američkog rata, u kojem je SAD ostvaro svoje prve veće obaveštajne i kontraobaveštajne uspehe, atašei su se počeli da se bave i prikrivenim, tajnim operacijama.

Ti uspesi nisu bili iskorišćeni u dovoljnoj meri, niti su iz njih izvučene prave pouke, pa su Sjedinjene Države izbijanje Prvog svetskog rata dočekale sa

---

[46] Savić A., Delić M. i Bajagić M, Bezbednost sveta – od tajnosti do javnosti, Institut bezbednosti, Beograd, 2002, str. 38.

malom i neefikasnom obaveštajnom službom, koja je bila žrtva nedovoljnog budžeta i birokratskog upliva u organizaciju službe. Premda je Stejt Department već od 1916. godine počeo da izvodi operacije manjeg obima protiv Centralnih sila, obaveštajne agencije nisu popunjene ljudstvom u dovoljnoj meri, niti su dobijale potrebna sredstva sve do 1917. godine, što je bilo prekasno da bi se obaveštajni rad mogao podići na nivo koji bi odgovarao potrebama i zahtevima zemlje u ratu. Zato se američki ekspedicioni korpus u Evropi po pitanju obaveštajnog rada morao da oslanja na benevolentnost britanske i francuske obaveštajne službe.

Najznačajnija beneficija zadobijena u ovom periodu jeste uspostavljanje stalne komunikacijske obaveštajne agencije u vojsci – prethodnice Nacionalne agencije za bezbednost (*National Security Agency*). Paralelno sa tim, vojne kontraobaveštajne snage i Tajna služba (*Secret Service*) izvele su niz agresivnih i uspešnih akcija, sprečavajući nemačke pokušaje da razviju psihološki rat na teritoriji SAD i da organizuju sabotaže u fabrikama koje su snabdevale savezničke snage u Evropi oružjem i municijom.

Biro Ministarstva pravde (prethodnik Federalnog istražnog biroa – FBI) preuzeo je kontraobaveštajnu ulogu 1916. godine, a kongres je izglasao prvi federalni zakon o špijunaži 1917. godine.

U periodu između dva svetska rata, fokus je bio stavljen na „razbijanje kodova" (dešifrovanje) i kontraobaveštajne operacije usmerene protiv Nemačke i Japana. Tokom tridesetih i početkom četrdesetih godina 20. veka, FBI je preduzeo izuzetno efikasnu kontraobaveštajnu akciju protiv nemačkih i japanskih špijunskih i saboterskih operacija, infiltrirajući se u uspostavljene špijunske mreže i hapseći na desetine stranih agenata. Međutim, taj period obeležen je i relativnim neuspehom u sprečavanju sovjetskih prodora u vladine i ekonomske institucije Sjedinjenih Država.

Sa približavanjem Drugog svetskog rata, predsednik Frenklin Delano Ruzvelt odlučio se na osnivanje prve mirnodopske, civilne obaveštajne agencije

– Kancelarije koordinatora informacija (*Office of the Coordinator of Information*), čiji je zadatak bio usklađivanje rada više drugih agencija.[47]

Na samom početku rata SAD su pretrpele, sve do napada na Njujork 2001. godine, najskuplju obaveštajnu katastrofu u svojoj istoriji – reč je o neuspehu da se blagovremeno otkriju pripreme za japanski napad na Perl Harbur. Ovaj poraz, koji je posledica analitičkih grešaka, „rupa" u sistemu prikupljanja informacija i birokratske konfuzije, kao i pažljivih japanskih mera obmanjivanja, doveo je do uspostavljanja 1942. godine veće i po domenu rada raznovrsnije obaveštajne agencije – Kancelarije za strategijske službe (*Office of Strategic Services – OSS*).

Ova agencija je imala mandat za prikupljanje i analize strategijskih informacija po zahtevu Združenih načelnika štabova američkih oružanih snaga i za vođenje specijalnih operacija koje nisu dodeljene drugim agencijama. Tokom rata OSS je snabdevao američko ratno rukovodstvo obaveštajnim procenama i često je igrao važnu ulogu u direktnoj podršci vojnim operacijama i kampanjama. Ipak, OSS nikada nije dobio potpunu jurisdikciju nad svim inostranim obaveštajnim delatnostima, pošto je FBI formalno bio odgovoran za rad u Latinskoj Americi od uspostavljanja svoje Tajne obaveštajne službe 1940. godine, a vojne obaveštajne službe izvodile su operacije u svojim zonama odgovornosti.

Sa okončanjem Drugog svetskog rata, u SAD se javila bojazan da bi očuvanjem aparata kakav je OSS moglo da dođe do koncentracije suviše velike moći u jednoj organizaciji, pa je ova služba rasformirana, ali su neki njeni delovi (analitički, za prikupljanje podataka i kontraobaveštajni) u smanjenom obimu bili premešteni u Stejt Department i Ministarstvo rata. I oružane snage su se na svojevrstan način „odužile" OSS, istina sa zakašnjenjem od četiri decenije, formiranjem Komande za specijalne operacije 1987. godine. Ova Komanda je utemeljena na

---

[47] LTG William E. Odom, USA, (ret), bivši direktor NSA, tekst pod naslovom: „Modernizing Intelligence: Structure and Change for 21.st Century".

principima koordinacije među službama i na nastojanju da objedinjene specijalne operacije treba da postanu integralni deo američke doktrine ratovanja i ključni „dodatak" konvencionalnog ratovanja.

Ubrzo posle pobede u ratu došlo je do nove podele snaga i uticaja u svetu, koja je kasnije dovela i do hladnog rata, pa je u takvim uslovima predsednik Truman prepoznao potrebu za uspostavljanje centralizovanog obaveštajnog sistema. Uzimajući u obzir gledišta vojnih službi, Stejt Departmenta i FBI, formirana je Centralna obaveštajna grupa (*Central Intelligence Group – CIG*), u januaru 1946. godine. CIG je imala dve misije: rano upozoravanje na strategijskom nivou i izvođenje tajnih operacija. Za razliku od OSS, CIG je imala pristup svim izvorima obaveštajnih podataka i funkcionisala je pod direktnim rukovodstvom Nacionalnog obaveštajnog saveta, koji su činili predsednikov izaslanik, državni sekretar i sekretar rata i mornarice. Dve godine kasnije, Nacionalni obaveštajni savet i CIG su rasformirani, a u skladu sa Zakonom o nacionalnoj bezbednosti iz 1947. godine formirani su Veće nacionalne bezbednosti (*National Security Council – NSC*) i Centralna obaveštajna agencija (*Central Intelligence Agency – CIA*). Zakon je brižljivo pripreman da bi se u začetku sprečile moguće zloupotrebe ovih tela, pa je CIA kao svoje zaduženje dobila koordinaciju obaveštajnih delatnosti na nacionalnom nivou, te procenu i distribuciju obaveštajnih informacija koje utiču na nacionalnu bezbednost i ostale aktivnosti u skladu sa zahtevima NSC. Direktor CIA ujedno je bio i vodeći čovek obaveštajne zajednice u SAD, kao i glavni predsednički savetnik za pitanja bezbednosti, odgovoran za zaštitu obaveštajnih izvora i metoda. Međutim, zakonom je bila zabranjena upotreba CIA za policijske poslove i ograničene su njene funkcije u oblasti interne bezbednosti, s obzirom na činjenicu da je za tu oblast bio nadležan FBI.

Tokom *hladnog rata* CIA je došla u centar pažnje kao nosilac glavnog tereta u odmeravanju snaga sa SSSR, premda takvo posmatranje pomalo nepravedno zapostavlja uspehe ostalih agencija, pre svega FBI i vojnih obaveštajnih službi. Rane godine postojanja CIA obeležilo je svojevrsno traganje za tačnom definicijom sopstvene uloge i odnosa sa vladinim telima i srodnim organizacijama. Pedesete i šezdesete godine 20. veka, period intenziviranja hladnog rata, obeležene su nastojanjima da se formira jedinstvena obaveštajna zajednica u SAD, što je dovelo do formiranja Nacionalne agencije za bezbednost (*National Security Agency – NSA*), koja je objedinjavala rad CIA i vojnih obaveštajnih službi, a delovala je pod direktnom upravom državnog sekretara. Uprkos nastojanjima da se CIA stavi pod snažniju kontrolu, ova agencija se, zahvaljujući svojim kapacitetima i potencijalima, izborila za značajnu autonomiju u radu i vodeću ulogu u obaveštajnom i kontraobaveštajnom domenu, postajući sinonim za američku obaveštajnu zajednicu.

CIA je više puta u svojoj istoriji bila predmet kongresnih istraga i debata, od kojih su neke veoma oštro kompromitovale agenciju i umanjivale njene potencijale. Umešanost pripadnika CIA u ilegalne operacije širom sveta, uključivanje u unutrašnje političke bitke i diplomatski razlozi, često su ovu agenciju stavljali, ako ne na „stub srama", a ono barem u poziciju „žrtvenog jagnjeta", premda je konzervativno krilo američke politike uvek nastojalo da toj agenciji obezbedi status „zlatnog teleta". Obim kongresnog nadzora nad CIA varirao je kroz različite vremenske periode, a danas CIA podnosi izveštaje Komitetu Senata za obaveštajni rad i Stalnom komitetu Kongresnog doma za obaveštajni rad. Agencija takođe izveštava odbrambene potkomitete u oba doma Kongresa, Komitet za inostrane poslove i Komitet za oružanu službu u oba tela, kao i druge komitete i individualne članove Kongresa.

Sedamdesete godine 20. veka obeležene su nastojanjima da Direktor obaveštajne agencije stavi pod punu kontrolu celokupnu obaveštajnu zajednicu, ali su ovi pokušaji potkopani nizom senzacionalnih otkrića u medijima i već pomenutim kongresnim istragama i akcijama. Nastala situacija bila je veoma ograničavajuća i neprijatna za obaveštajnu zajednicu i zahtevala je hitnu akciju na reorganizaciji službi i redefinisanju okvira i metoda delovanja. U vreme mandata predsednika Kartera, obaveštajna zajednica je 1978. godine bila potpuno reorganizovana i dobila je precizne smernice za sve oblasti obaveštajnog delovanja, čime je učinjen pokušaj da se umanji uticaj te zajednice na unutrašnja politička dešavanja, a ujedno i da se osigura efikasniji sistem obaveštajnog rada i kontraobaveštajne, odnosno bezbednosne zaštite SAD.

I u narednoj deceniji nastavili su da se javljaju skandali koji su bili direktno vezani za Centralnu obaveštajnu agenciju, čijem sprečavanju nije pomogla ni snažna budžetska podrška odobrena od strane predsednika Regana. Tokom osamdesetih godina CIA nije doživela značajne unutrašnje promene, već je uglavnom bila okupirana sopstvenom odbranom od napada političara i javnosti, kao vođenjem operacija usmerenih na zadavanje završnog udarca sovjetskoj imperiji koja se već raspadala. Istovremeno, Sjedinjene Države su tada ušle u novi sukob koji i danas traje, sa sve većim i većim intenzitetom, kada su odbile da priznaju Homeinijevu vladu u Iranu. Ovaj sukob, u velikoj meri indukovan delovanjem CIA, postao je paradigmatičan i označio je prekretnicu u odnosima Sjedinjene Američke Ddržave sa islamskim svetom, u kojem su do tada nalazile važnog saveznika u suzbijanju komunizma.

Završetak *hladnog rata* je u prvi plan stavio nove pretnje i izazove pred obaveštajno-bezbednosne strukture: pre svega ***terorizam***. Ovaj neprijatelj nije bio nov, ali je krajem osamdesetih godina 20. veka pokazao novu snagu i vitalnost, koja je kulminirala u seriji razornih napada širom sveta početkom 21. vcka, što je dovelo do nove podele sveta, a pred obaveštajne i bezbednosne agencije postavilo potpuno nove zahteve. CIA je, može se reći, anticipirala ovakav razvoj događaja, formirajući još 1986. godine Centar za protivterorističko delovanje.

Međutim, ni to nije bilo dovoljno da se spreči najveći obaveštajni promašaj u istoriji SAD, koji se može porediti još samo sa onim u Perl Harburu, 11. septembar 2001. godine i napadi na Svetski trgovački centar u Njujorku i na Pentagon. Tu je plaćena cena neprirodne pozicije obaveštajne zajednice SAD, rastrzane između ambivalentnih zahteva za zakonitošću i delimičnom transparentnošću u radu, sa jedne strane, i potrebom da se protiv novog i još nedovoljno poznatog neprijatelja, sa druge strane, otvori jedinstven front jer se jedino na taj način mogao da garantuje uspeh. Neposredno pred udare na teritoriju SAD, u junu 2001. godine, CIA je provela najdalekosežniju reorganizaciju u svojoj istoriji, uspostavljajući nove funkcije u svojoj upravi, kao što su načelnik finansija, načelnik informacija, Odeljenje globalne podrške, Odeljenje za ljudske resurse i Kancelarija za podršku bezbednosnim misijama, gaseći istovremeno Direktorat za administraciju. Na ovaj način, učinjen je pokušaj da se osigura veća fleksibilnost u radu i da se omogući bolje iskorišćavanje postojećih potencijala agencije.

Za sve ovo vreme u SAD su delovale i druge obaveštajne i bezbednosne agencije, čiji je rad bio ograničen na podršku vladinim i vojnim telima koja su formirala te agencije. Među njima je najznačajnija Odbrambena obaveštajna agencija (***Defense Intelligence Agency – DIA***), koja je glavni nosilac kontraobaveštajnih poslova u SAD. Pored nje, tu su i dve obaveštajne agencije Ratnog vazduhoplovstva SAD (Nacionalni vazdušni i kosmički obaveštajni centar i Vazdušno-obaveštajna agencija), Obaveštajna služba Kopnene vojske, Obalske straže, Marinskog korpusa i Mornarice, pa zatim sledi čitav niz drugih agencija kao što su FBI, Nacionalna geospacijalna obaveštajna agencija i Nacionalna kancelarija za izviđanje, Nacionalna agencija za bezbednost, a ne treba zaboraviti ni to da i pojedina ministarstva američke vlade imaju svoje interne obaveštajno-bezbednosne službe (Ministarstvo energetike, Ministarstvo finansija i dr.).

Višedecenijsko nastojanje da se obaveštajno-bezbednosni sektor u SAD objedini u jedinstven i funkcionalan organizam, koje je nailazilo na snažne otpore liberalno usmerenih političara i javnosti, ostvareno je u novembru 2002. godine formiranjem Ministarstva za unutrašnju bezbednost *(Department of Homeland Security – DHS)*, koje je službeno počelo sa radom u januaru 2003. godine. Osnovna funkcija ovog tela je sprečavanje terorističkih napada u SAD, dok je njegova misija smanjivanje „osetljivosti" nacije na terorizam i asistencija u oporavku posle eventualnog terorističkog napada. Ministarstvo je formirano kao direktan odgovor na udare od 11. septembra 2001. godine u cilju centralizacije koordinacije obaveštajnog, kontraobaveštajnog i bezbednosnog delovanja, koje su do tada sprovodile desetine različitih vladinih i vojnih agencija.

Dodatni podstrek centralizaciji obaveštajno-bezbednosnog sektora usledio je 17. decembra 2004. godine kada je predsednik Sjedinjenih Američkih Država, Džordž Buš mlađi, potpisao zakon o obaveštajnoj reformi i zakon o prevenciji terorizma. Ovim zakonima uvedena je pozicija obaveštajnog direktora, koji je ujedno i direktor CIA, umesto dotadašnje funkcije direktora i zamenika direktora za obaveštajni rad, čime je došlo do značajne koncentracije obaveštajne moći na jednom mestu.

DHS danas u oblasti protivterorizma i antiterorizma objedinjava rad CIA, DIA, FBI i NSA, kao i čitavog niza drugih agencija. Uspostavljanje ovog tela otvorilo je potpuno novo poglavlje u istoriji obaveštajno-bezbednosne zajednice u SAD i posledice tog čina još uvek se ne mogu sa sigurnošću predvideti. Međutim, već sada je očigledno da njegovo delovanje, pored evidentnog jačanja bezbednosti na američkom tlu, ima i mnoge negativne reperkusije u oblasti ljudskih sloboda, odnosa sa javnošću i da bitno narušava imidž SAD kao slobodoljubive zemlje u očima ostatka sveta. Takođe, ne može a da se ne primeti da svi ovi napori nisu umanjili mogućnost kardinalnih grešaka u radu, od kojih je najkarakterističnija i sa najdalekosežnijim posledicama bila ona o „sigurnom" saznanju o postojanju oružja za masovno uništenju u Iraku. Posledica te greške su se videle kada je započeo poslednji rat u Zalivu, koji je odvukao SAD u avanturu sa maglovitom budućnošću, pri čemu su mogućnosti Sjedinjenih Država da se iz tog konflikta bezbolno izvuku bitno smanjene.

Ovakav skraćeni istorijski pregled razvoja obaveštajno-bezbednosne zajednice u SAD bio je neophodan da bi se razumeo njen današnji trenutak, izazovi sa kojima se ona suočava i mogući trendovi budućeg razvoja. Za SAD je karakteristično da je u relativno kratkom periodu od nešto više od dva veka prošla kroz mnoge faze u ovoj oblasti, povremeno lutajući i dolazeći na stranputicu, ali se i uvek vraćajući na pravi put jače nego ranije. Ono što je možda i presudno uticalo na takav razvoj jeste svest državljana SAD da su oni aktivni učesnici u kreiranju života svoje države i da im takva pozicija daje i određena prava, dok se u nekim drugim, starijim i tradicijom „umrtvljenim" zemljama obaveštajno-bezbednosni domen doživljava kao isključivo pravo i privilegija vladajućeg sloja, čime „obični ljudi" ne treba i ne smeju da se bave.

Do sada prikazan razvojni put obaveštajno-bezbednosne zajednice Sjedinjenih Američkih Država,[48] izložen veoma heterogenim uticajima, pokazuje veliku neravnomernost u svojoj dinamici.

Razlog za takav, često lutalački, razvojni put, leži u samoj prirodi društvene zajednice kojoj je trebalo obezbediti odgovarajuću zaštitu. Naime, SAD je, više nego i jedna druga ljudska zajednica na svetu, otvoreno društvo, čiji napredak i razvoj direktno zavise od razmene (ekonomske, duhovne, intelektualne) sa ostatkom sveta. A taj atribut otvorenosti, opet, u direktnoj je suprotnosti sa zahtevima bezbednosti, koja je tim veća što je veća ekonomska, informaciona i geografska izolovanost određene zajednice. Ovakav raskorak u potrebama zajednice koju treba da bude štićena i zajednice koja tu zaštitu obezbeđuje dovodio je, istina, mnogo puta do promašaja, od kojih su neki bili čak i na granici katastrofalnih, ali ipak nije sprečio obaveštajno-bezbednosni aparat SAD[49] da izraste u najkompleksniji, najmoćniji i najefikasniji aparat te vrste na svetu, uprkos raznorodnim ograničenjima kojima je bio izložen.

Jedno od tih ograničenja bila je i dosadašnja decentralizovanost ovog aparata, čiji je rezultat bila otežana koordinacija i sinhronizacija rada pojedinačnih službi, a koja je prevaziđena tek početkom 21. veka uspostavljanjem

---

[48] Savić A, Delić M. i Bajagić M, Bezbednost sveta – od tajnosti do javnosti, Institut bezbednosti, Beograd, 2002, str. 25.

[49] William R. Gaham, Tekstovi o američkim obaveštajnim službama, 2001.

napred pomenutog Ministarstva za unutrašnju bezbednost i podvođenjem većeg broja do tada relativno samostalnih službi pod ovo koordinirajuće telo. Dodatna tendencija ka centralizaciji obaveštajno-bezbednosnog sistema pokazuje se i kroz odluku predsednika Džordža Buša mlađeg o jačanju pozicije direktora CIA, koji je postao direktor za obaveštajni rad.

Ova pozicija podrazumeva ovlašćenje upravljanja i koordiniranja rada čitave obaveštajne zajednice i stvorena je s ciljem da dođe do objedinjavanja rada svih agencija i organizacija u „jedinstven napor", kako bi SAD stvorile neprobojan front u sferi obaveštajnog rada i kontraobaveštajne / bezbednosne zaštite.

Navedeni reorganizacijski zahvati jasno pokazuju da je nakon višedecenijskih pokušaja SAD da formira autentičan i originalan obaveštajno-bezbednosni sistem, bez prevelikog oslanjanja na do tada postojeće sisteme, i u ovoj zemlji sazrelo shvatanje da je neophodno razvijanje dva paralelna, blisko „uvezana" i koordinirana aparata: obaveštajnog i kontraobaveštajnog / bezbednosnog, kao što je to slučaj u većini drugih zemalja. Na čelu obaveštajne zajednice, koja broji ukupno 16 glavnih vladinih tela, službi i agencija, ostala je CIA, kao agencija od najvećeg ugleda i kapaciteta, dok se na čelu bezbednosne zajednice koja broji ukupno 22 različite organizacije i agencije nalazi DHS. Čitaoca ne treba da zbunjuje činjenica da se pojedine agencije nalaze i u bezbednosnom i u obaveštajnom sistemu – takva „dvopolna" pozicija uslovljena je njihovim primarnim misijama i njihovim organizacionim i tehničkim kapacitetima. Bitno je da ukažemo i na to da obaveštajna zajednica i dalje zadržava deo svojih kontraobaveštajnih i bezbednosnih funkcija i nadležnosti, ali isključivo kada je reč o operacijama izvan teritorije SAD. Treći element ovog aparata je FBI, organ Ministarstva pravde, nadležan je za izvođenje protivterorističkih akcija na teritoriji SAD, ali u bliskoj koordinaciji sa DHS, dok svaku protivterorističku akciju izvan teritorije SAD mora biti koordinirana sa CIA.

Ova tri tela imaju dve direktne dodirne tačke. Jedna od njih je kancelarija unutrašnje bezbednosti, koordinirajuće telo čija je funkcija savetovanje predsednika SAD o pitanjima iz oblasti bezbednosti, a članovi ovog tela su, između ostalih, i direktori DHS i CIA. Druga tačka je telo koje su, po predsedničkom ukazu, zajednički formirali CIA, FBI, DHS i sekretar odbrane, poznato pod nazivom Centar za integraciju podataka o terorističkim pretnjama (*Terrorist Threat Integration Center – TTIC*), sabirno mesto za sve informacije koje se odnose na zaštitu teritorije SAD i američkih ciljeva u inostranstvu od terorističkih napada.

Uprkos tome što se i dalje čuju snažne kritike iz određenih političkih krugova i pojedinih medija u SAD, dosadašnja reorganizacija i stepen postignute integracije obaveštajnog i bezbednosnog sistema u SAD sa velikom verovatnoćom garantuje bitno povećanje efikasnosti svih elemenata obaveštajno-bezbednosnog sistema. Imajući u vidu revolucionarne izmene bezbednosnog okruženja na globalnom nivou, usložnjavanje geopolitičkih relacija i posledice čestih političkih i medijskih udara na obaveštajno-bezbednosni aparat SAD, bilo bi nepravedno očekivati da se maksimalna efikasnost postigne preko noći. Ono što daje bitnu prednost Sjedinjenim Američkim Državama jeste njihova enormna ekonomska i vojna moć, a u skladu s njom i ogromna obaveštajna moć. To, naravno, omogućava eksperimentisanje, pa čak i dupliranje pojedinih napora, a sve u cilju pronalaženja optimalnog sistemskog rešenja za određeni problem, bio on doktrinarne, konceptualne, organizacijske ili tehničke prirode. Negativna iskustva iz prošlosti, kada su Sjedinjene Američke Države znale da selektuju i obučavaju, najblaže rečeno, pogrešne saradnike, koji su se kasnije pretvarali u radikalne protivnike, sigurno će biti prevaziđena u budućnosti zahvaljujući bolje kontrolisanom sistemu regrutacije i zapošljavanja u obaveštajno-bezbednosnim organima, te zahvaljujući stavljanju naglaska na obuku koja, istina, ni do sada nije bila zanemarena, ali je relativno sporo pratila transformacije u svetu.

Naglašavanje značaja integrisanih operacija, ofanzivna doktrina i filozofija, enormno povećanje tehničkih resursa, preciznija i brižljivija selekcija ljudstva su stubovi koji obeležavaju budući razvojni put obaveštajno-bezbednosnog aparata SAD i, bude li se istrajalo na tome, sa velikom sigurnošću se može očekivati da će SAD i u budućnosti zadržati status vodeće svetske sile u ovoj oblasti. Naravno da taj put neće biti lak i bez prepreka, jer pored sopstvene reorganizacije, obaveštajno-bezbednosni sistem SAD mora i da redefiniše svoje odnose sa zakonodavnom i izvršnom vlašću, kao i odnose sa javnošću i medijima, a to uvek izaziva otpor u vrhu svih obaveštajnih i bezbednosnih struktura sveta, koje su uverene u svoju nedodirljivost i informacionu zaštićenost, u smislu da je to *conditio sine qua non* za efikasno delovanje.

Da bismo još bolje razumeli globalno okruženje, sa njegovim političkim, bezbednosnim i vojnim aspektima, koji danas određuju fizionomiju i delovanje obaveštajno-bezbednosne zajednice Sjedinjenih Američkih Država, daćemo nekoliko primera koji mogu da posluže kao ilustracija koliko se današnja slika sveta izmenila u odnosu na onu od pre nekoliko decenija i koliko je više intelektualnog napora potrebno da bi se te promene danas razumele.

Kao prvi primer navešćemo činjenicu da je komandiru streljačkog voda koji je danas angažovan na borbenoj misiji u Iraku ili Avganistanu u određenoj jedinici vremena dostupna veća količina obaveštajnih podataka, nego komandantu pešadijskog puka u Drugom svetskom ratu u istoj toj jedinici vremena. Ovaj kvanitativni skok ujedno je i kvalitativni, jer su informacije dostupne današnjem komandiru voda u velikom procentu obezbeđene, obrađene i prosleđene u onome što se zove „realno vreme", dok su u toku Drugog svetskog rata takve informacije dolazile za priličnim zakašnjenjem, koje je ih je ponekad dovodilo na granicu upotrebljivosti.

Drugi primer je možda još slikovitiji – kao što je navedeno u kongresnoj raspravi održanoj u avgustu i septembru 2004. godine – i odnosi se na angažovanje lakih pešadijskih snaga u Vijetnamu. Tada je to predstavljalo taktički problem čije je rešavanje bilo povereno nižem komandantu neposredno na terenu, dok je angažovanje lake pešadije u bespućima Tora-Bore u Avganistanu prvorazredno strategijsko pitanje od vitalnog značaja za nacionalnu bezbednost SAD, kao i za bezbednost na globalnom nivou.

Ovakvi skoro kopernikanski obrti uslovljeni su sa nekoliko faktora: „eksplozijom" tehnološkog razvoja, uspostavljanjem novog odnosa snaga u svetu, kao i izmenama u definisanju političkih i strategijskih ciljeva američke spoljne politike. Pomenuti tehnološki razvoj doprineo je ne samo povećanim kapacitetima obaveštajnog rada, jer omogućava ekstenzivno i trenutno prikupljanje obaveštajnih podataka, njihovu automatsku obradu i diseminaciju, već je, sa druge strane, učinio bitno ozbiljnijim i ojačao je moguće pretnje, omogućivši njihovim nosiocima da danas uz minimalne resurse, kako tehničke tako i ljudske, ostvare ciljeve za koje je nekad bilo potrebno angažovanje čitavih operativnih ili strategijskih vojnih sastava. Tako je bilo moguće da grupa od nekoliko terorista, uz relativno ograničenu podršku, ostvari cilj – rušenje Svetskog trgovačkog centra u Njujorku i napad na Pentagon u Vašingtonu – za koji se donedavno smatralo da je nemoguće ukoliko se ne izvodi interkontinentalnim balističkim projektilima.

Ovakvo proširivanje spektra i mogućnosti pretnji dovelo je, o čemu pišu Alvin i Hajdi Tofler u svojoj knjizi *Rat i antirat,* do ozbiljnog preispitivanja temeljnog postulata američke vojne doktrine i koncepcije u hladnoratovskom periodu – odmazde. Naime, ukoliko pretpostavimo, a događaji poslednjih godina pokazali su održivost takvih pretpostavki, da neki građanin SAD, stanovnik, recimo, Bostona, vrbovan od strane neke terorističke organizacije, izvrši napad biološkim oružjem na cilj u Njujorku, odmazda kao metod *post festum* delovanja potpuno je isključena.[50] Umesto nje, u prvi plan stavljena je prevencija, koju u ovom slučaju ne treba zamenjivati sa odvraćanjem kao koncepcijskim rešenjem, jer je dosadašnja praksa pokazala da asimetrično ratovanje još uvek nije

---

[50] Tim Weiner „Legacy of Ashes", Knjiga o istoriji CIA, 2006.

našlo pravi odgovor na pitanje odvraćanja, odnosno deterencije. Dakle, prevencija u ovom kontekstu treba da bude shvaćena kao prelazno rešenje u američkoj doktrini i koncepciji, jer ona, premda je u ovom trenutku jedino moguća kao efikasan koncept u borbi protiv terorizma kao glavne pretnje američkoj nacionalnoj bezbednosti, sa sobom nosi mnogo nedostataka, od kojih su najznačajniji upravo oni koji su povezani sa obaveštajnim segmentom.

Naime, strana koja se opredeli za preventivno delovanje mora da raspolaže izuzetno sofisticiranim, fleksibilnim i nadasve brzim obaveštajnim aparatom koji će biti u stanju u realnom vremenu prikupiti podatke, obraditi ih i proslediti korisnicima na taktičkom, operativnom, strategijskom i nacionalnom nivou. Kada se uzme u obzir veličina baze iz koje dolazi potencijalna pretnja, jasno je koliko je ovako postavljena misija teška, a ponekad čak i utopijska.

Pored navedenih teškoća sa kojima se suočava strana koja se odluči na prevenciju kao primarni zadatak obaveštajno-bezbednosnog delovanja, mora da bude naglašena i činjenica da su i unutar same obaveštajne i bezbednosne zajednice SAD sve snažniji glasovi koji kritikuju postojeće organizaciono stanje i ističu da je zemlja ušla nepripremljena u novo, post-hladnoratovsko razdoblje. Ranija usredsređenost na tehnički aspekt obaveštajnog rada i bezbednosti, koja se ponekad graničila sa fascinacijom i opsednutošću, dovela je do kolapsa nekoliko obaveštajnih operacija od vitalnog značaja za bezbednost i nacionalne interese SAD, pa se u novoj koncepciji obaveštajne i bezbednosne zajednice SAD ponovo vraća primarni značaj ljudskom faktoru kao najvažnijem segmentu svakog procesa. Međutim, takvu „renesansu" je, kolokvijalno govoreći, lakše zamisliti i govoriti o njoj nego što ona može da bude sprovedena u delo.

Restruktuiranje i reorganizacija obaveštajne i bezbednosne zajednice u Sjedinjenim Američkim Državama podrazumeva, pored doktrinarnog i koncepcijskog zaokreta, i objedinjavanje službi i agencija koje su do sada delovale nezavisno ili tek uz veću ili manju koordinaciju, u jedinstven, obaveštajno-bezbednosni aparat, koji smo opisali na prethodnim stranicama. Ono što i pri samo letimičnom pogledu na novu strukturu ove zajednice pada u oči jeste činjenica da je primat dat obaveštajnim službama i da se čak i „čistokrvne" bezbednosne agencije, kao što su FBI ili Nacionalna bezbednosna agencija, ovde tretiraju kao segmenti obaveštajne zajednice, čime se potvrđuje ranije izneta ocena da je primarna misija ove zajednice danas prevencija, koja je, kako je pokazano, moguća samo uz preciznu, detaljnu i pravovremenu obaveštenost.

Kao što smo već ukazali, u poslednjoj deceniji, a naročito nakon intenzivnijeg prenošenja ciljeva terorističkih napada na teritoriju Sjedinjenih Američkih Država, došlo je do promene u prioritetizaciji značaja primenjivanih oblika obaveštajnog rada. S obzirom na činjenicu da struktura obaveštajne zajednice svoju formu duguje zahtevima hladnog rata, ona je kao takva, a posebno njeni tehnički segmenti, bila u velikoj meri nepodesna za efikasno suočavanje sa pretnjama novog doba, uprkos činjenici da je na mnogo načina i sama aktivno učestvovala u „sazrevanju" i „stasavanju" nekih elemenata te nove pretnje.

Premda je i dalje moguće čuti pobornike teze po kojoj je tehnički segment (komunikacije, satelitski izvori) „udarna pesnica" obaveštajnog delovanja, ipak je verovatnije da su takvi glasovi više motivisani ekonomskim aspektima, nego stvarnom efikasnošću. Jer, u suočavanju sa nekovencionalnim pretnjama i protivnikom čije delovanje ne podleže nikakvim principima, jedino obaveštajni rad zasnovan na ljudskim izvorima, uz podršku ostalih oblika obaveštajnog delovanja, može da ostvari zadovoljavajuće rezultate. Bez obzira na to što je napravljen sa potpuno drugom, komercijalnom namenom, filmski hit Lika Besona „Godzila" može da bude poučan i slikovit primer današnjeg odnosa snaga i zahteva koji se postavljaju pred obaveštajno-bezbednosne aparate razvijenog sveta. Sa jedne strane, tu je tehnološki zasićena oružana sila, sa besprekornom tehničkom podrškom i do krajnjih granica razvijenih i standardizovanih procedura, dakle sila koja u potpunosti projektuje osobine društva iz kojeg je ponikla i koje treba da štiti. Sa druge strane se nalazi primitivni organizam koji deluje bez poznavanja principa i koncepcija, dakle nagonski, i jednostavno ne priznaje logiku protivnika. Ukoliko se prisetimo raspleta filma, zaključićemo da je on na mnogo načina anticipirao današnja dešavanja u Mesopotamiji. Neprekidno snimanje Bagdada satelitima i bespilotnim letelicama i prisluškivanje komunikacija u zemlji u kojoj je komunikacijska infrastruktura u velikoj meri razorena ne mogu i ne smeju da budu primarni način obaveštajnog delovanja. Isključivo delovanje ljudskih potencijala i prikupljanje informacija iz ljudskih izvora, uz aktivnu podršku pomenutih tehničkih kapaciteta, može da izloži neprijatelja „svetlu dana" i da omogući preduzimanje efikasne akcije protiv njega.

Naravno, ne treba ni u jednom trenutku pomisliti da je to lak zadatak, tim više što trenutni ljudski potencijali angažovani u obaveštajnoj i bezbednosnoj zajednici SAD, pogotovo oni na višim liderskim pozicijama, svet i dalje dobrim delom posmatraju kroz hladnoratovsku prizmu. Zbog toga se pred „arhitekte" obaveštajnih i bezbednosnih stuktura nameće, pored ostalog, i potreba pronalaženja „sveže krvi", dakle onih kadrova koji odgovaraju savremenim zahtevima i potrebama. Ako čitalac pogleda uporedni prikaz metodologije obaveštajne procene iz doba *hladnog rata* i današnje procene, prezentovan u uvodu knjige, moći će i sam da izvuče zaključke kakav je to personalni profil koji će u budućnosti dominirati obaveštajnim i bezbednosnim sektorom u SAD.

Premda svrha ove knjige nije bavljenje obaveštajnim i bezbednosnim radom po sebi, već davanje prikaza najvažnijih nacionalnih obaveštajnih i bezbednosnih zajednica u svetu, ipak ćemo iskoristiti prostora i na ovom mestu ćemo u najkraćim crtama prikazati unutrašnju fizionomiju obaveštajnog delovanja.

Pre svega, obaveštajna delatnost ne sme da bude shvaćena kao statični, linearni proces, već pre kao dinamično spiralno delovanje koje započinje sa utvrđivanjem zahteva za obaveštajnim informacijama kao prvim korakom tog ciklusa. Zahteve ispostavljaju državna, izvršna i zakonodavna tela, oružane snage, snage očuvanja reda, kao i same obaveštajne i bezbednosne agencije, na osnovu utvrđene politike zemlje i na osnovu određenih političkih, strateških, operativnih i, ređe, taktičkih ciljeva. Sledeći korak je prikupljanje obaveštajnih podataka i to je ***primarni zadatak obaveštajnih agencija i njihovih agenturnih mreža na terenu.*** Naravno, najveći deo prikupljenih podataka dolazi iz takozvanih „otvorenih izvora", dakle službenih kontakata, medija, akreditovanih predstavnika i sl. Prikupljanje podataka je možda i najosetljiviji deo čitavog obaveštajnog ciklusa, jer od pravilnog usmeravanja „kolekcije" podataka direktno zavisi i kvalitet kasnijih obaveštajnih „proizvoda".

Inače, prikupljanje podataka kao proces može se, uslovno, podeliti na dva uža postupka: usmerena kolekcija i opšta kolekcija. Usmerena kolekcija izvodi se po zahtevu gore navedenih korisnika obaveštajnih usluga i tretira usko određenu oblast, objekat ili cilj, dok je opšta kolekcija neprekidan proces prikupljanja svih potencijalno važnih informacija radi popunjavanja baza podataka i njihovog korišćenja u kritičnom momentu.

Treći korak obaveštajnog ciklusa je eksploatacija i procesuiranje, odnosno obrada prikupljenih obaveštajnih podataka, a najvažniji deo ovog postupka je provera verodostojnosti, odnosno validnosti i upotrebljivosti prikupljenih informacija. U današnjem svetu koji je usled razvoja komunikacijske i transportne tehnologije postao, kako se to obično kaže, „globalno selo", došlo je i do informatičke „eksplozije", tako da je pred obaveštajnim strukturama izuzetno delikatan posao razdvajanja nebitnih i lažnih od valjanih i potencijalno bitnih informacija. Ova tehnološka ekspanzija ne samo da je povećala količinu informacija u opticaju do astronomskih dimenzija, već je i pojednostavila mogućnost obmanjivanja i zavaravanja do granica koje su koliko juče bile nezamislive.

Pretposlednji, četvrti korak je analiza prikupljenih podataka i njihovo pretvaranje u upotrebljive obaveštajne „proizvode", gotove izveštaje, analize i slično, a poslednji korak obaveštajnog ciklusa je diseminacija, odnosno „raspodela" finalnih „proizvoda" na adrese krajnjih korisnika.

Pored obaveštajnog delovanja u užem smislu, obaveštajna i bezbednosna zajednica Sjedinjenih Američkih Država pred sobom ima zadatak i sprečavanja stranih obaveštajnih službi u njihovom delovanju prema SAD. Taj deo delokruga rada, poznat i kao kontraobaveštajni rad ili kontrašpijunaža u svakodnevnom govoru, obuhvata definisanje i identifikaciju, razumevanje, prioritetizaciju i protivdejstvo prema obaveštajnim aktivnostima stranih zemalja. Kontraobaveštajni rad obavlja se kroz komunikacijsku, informacijsku, računarsku, fizičku i personalnu bezbednost, te kroz tajne i prikrivene operacije, obmanjivanje i dezinformisanje.

Na narednim stranicama ćemo izložiti trenutnu strukturu i organizaciju obaveštajne zajednice Sjedinjenih Američkih Država, kao i njene najvažnije sastavne delove, odnosno agencije i službe, njihove misije, zadatke i uloge.

Obaveštajni direktor (*Director of National Intelligence*) je čovek koji je istovremeno direktor CIA i lider Obaveštajne zajednice, čiji je CIA sastavni deo. Obaveštajna zajednica kao institucionalizovan termin podrazumeva „federaciju egzekutivnih agencija i organizacija koje obavljaju raznovrsne obaveštajne delatnosti čineći tako ukupni obaveštajni napor Sjedinjenih Država". Funkcija Obaveštajnog direktora i njegova kancelarija (*Office of Director of National Intelligence – ODNI*) uspostavljeni su kako bi zamenili doskorašnjeg direktora za centralni obaveštajni rad (*Director of Central Intelligence*), na osnovu zakona o obaveštajnoj reformi i prevenciji terorizma iz 2004. godine i na osnovu kojeg je predsednik Buš u februaru 2005. godine na tu dužnost postavio dotadašnjeg ambasadora u Iraku, Džona D. Negropontea, odnosno generalpukovnika Majkla V. Hajdena na dužnost Negroponteovog zamenika. Kancelarija Obaveštajnog direktora počela je sa radom 22. aprila 2005. godine.

Članice Obaveštajne zajednice savetuju Obaveštajnog direktora preko svojih predstavnika u većem broju specijalizovanih komiteta koji se bave obaveštajnim pitanjima od zajedničkog interesa. Najvažniji od tih komitetskih tela su Nacionalni odbor za inostrani obaveštajni rad (*National Foreign Intelli-*

gence Board) i Izvršni komitet Obaveštajne zajednice (*Intelligence Community Executive Committee*), kojem predsedava obaveštajni direktor.

U sastavu obaveštajne zajednice Sjedinjenih Američkih Država našle su se objedinjene sledeće vladine agencije, odnosno službe:[51]

1. Vojni obaveštajni elementi (Kopnena vojska, Ratno vazduhoplovstvo, Mornarica, Marinski korpus)
2. Centralna obaveštajna agencija – CIA **(Central Intelligence Agency)**
3. Odbrambena obaveštajna agencija – DIA **(Defense Intelligence Agency)**
4. Ministarstvo unutrašnje bezbednosti – DHS **(Department of Homeland Security)**
5. Uprava za borbu protiv droge – DEA **(Drug Enforcement Administration)**
6. Ministarstvo energije – DE **(Energy Department)**
7. Federalni istražni biro – FBI **(Federal Bureau of Investigation)**
8. Nacionalna geospacijalna obaveštajna agencija – NGA **(National Geospatial Intelligence Agency)**
9. Nacionalna kancelarija za izviđanje – NRO **(National Reconnaissance Office)**
10. Nacionalna bezbednosna agencija – NSA **(National Security Agency)**
11. Stejt Department **(State Department)**
12. Ministarstvo finansija **(Treasury Department)**
13. Obalska straža Sjedinjenih Država – CG **(United States Coast Guard)**, sada u sastavu DHS.

U sastavu Obaveštajne zajednice, ali sa veoma posebnim statusom, nalazi se i Biro za obaveštajni rad i istraživanje Stejt departmenta *(State Depar-*

---

[51] Savić A., Delić M. i Bajagić M., Bezbednost sveta – od tajnosti do javnosti, Institut bezbednosti, Beograd, 2002, str. 33.

tment's Bureau of Intelligence and Research – INR), jedna od najmanjih komponenti zajednice, ali sa velikim značajem zbog svojih visokokvalitetnih analiza. INR je striktno analitička agencija i, uprkos tome što ona ima veliki značaj za obaveštajne analitičare, ne tretira se kao „čistokrvna" obaveštajna agencija, niti je korisnik budžeta predviđenog za Obaveštajnu zajednicu.

Misija ovako struktuirane obaveštajne zajednice je prikupljanje informacija za potrebe predsednika SAD i drugih državnih zvaničnika, obuhvatajući:

– prikupljanje informacija potrebnih predsedniku, Nacionalnom veću bezbednosti, državnom sekretaru i ministru odbrane i drugim zvaničnicima u vrhovima izvršne vlasti za obavljanje njihovih poslova;

– produkcija i distribucija obaveštajnih informacija;

– prikupljanje informacija o obaveštajnim, terorističkim i drugim neprijateljskim aktivnostima usmerenim protiv Sjedinjenih Američkih Država od strane stranih sila, organizacija, osoba i njihovih agenata, kao i zaštita od takvih aktivnosti;

– specijalne aktivnosti;

– administrativne i aktivnosti podrške na teritoriji SAD i u inostranstvu neophodne za izvođenje odobrenih aktivnosti i

– ostale obaveštajne aktivnosti po naređenju predsednika SAD.

Pre davanja detaljnijeg prikaza najznačajnijih komponenti Obaveštajne zajednice, potrebno je utvrditi odnose zajednice sa drugim vladinim organizacijama. Obaveštajna zajednica je objekat nadzora od strane izvršnih i zakonodavnih organa vlasti u Sjedinjenim Državama. U okviru izvršne vlasti, Obaveštajna zajednica tesno sarađuje sa Nacionalnim većem bezbednosti (NSC), kao najvažnijim nadzornim i savetodavnim telom. Druge organizacije izvršne vlasti uključene u nadzor nad Obaveštajnom zajednicom su:

– Predsednički savetodavni odbor za inostrani obaveštajni rad *(President's Foreign Intelligence Advisory Board – PFIAB)*. PFIAB je telo u okviru izvršne kancelarije predsednika, formirano radi „procenjivanja kvaliteta, kvantiteta i adekvatnosti" prikupljanja i analize obaveštajnih podataka, kontraobaveštajnog rada i drugih aktivnosti Obaveštajne zajednice. Ovaj odbor izveštava neposredno predsednika SAD i daje predloge za akcije u cilju unapređivanja i jačanja obaveštajnih napora. Odbor takođe istražuje pitanja koja nominuje direktor Obaveštajne zajednice i može davati predloge neposredno Obaveštajnom direktoru. Članstvo u PFIAB obuhvata ne više od 16 ljudi koje postavlja predsednik SAD.

– Predsednički obaveštajni nadzorni odbor *(President's Intelligence Oversight Board – IOB)*. Nekad zasebno telo pod neposrednom kontrolom predsednika SAD, IOB je od 1993. godine stalni član PFIAB. Ovaj odbor se sastoji od 4 člana PFIAB koje postavlja predsedavajući Predsedničkog savetodavnog odbora za inostrani obaveštajni rad. IOB sprovodi nezavisne istrage i pregleda nadzorne procedure generalnih inspektora i generalnih savetnika obaveštajnih agencija.

– Kancelarija za menadžment i budžet *(Office of Management and Budget – OMB)* je deo predsedničke izvršne kancelarije. OMB obavlja nadzor obaveštajnog budžeta u svetlu predsedničke politike i prioriteta i odobrava nacrte zakonskih akata koji tretiraju obaveštajnu problematiku pre njihovog podnošenja Kongresu Sjedinjenih Američkih Država.

U okviru Kongresa, glavnu odgovornost za nadzor nad radom Obaveštajne zajednice imaju dva obaveštajna komiteta. Po zakonu, predsednik SAD mora da obezbedi da ova dva komiteta budu „potpuno i ažurno" informisana o aktivnostima Obaveštajne zajednice, uključujući sve „značajne predviđene i očekivane obaveštajne delatnosti". Komiteti takođe moraju biti obavešteni o svim tajnim akcionim programima koje je odobrio predsednik, kao i o svim „značajnim obaveštajnim promašajima i greškama".

– Obaveštajni komitet Senata *(Senate Select Committee on Intelligence – SSCI)* ima 13 do 17 članova, s tim da većinska partija u Kongresu ima jednog člana više od manjinske partije, a mandat članova SSCI traje 8 godina.

– Kongresni stalni obaveštajni komitet *(House Permanent Select Committee on Intelligence – HPSCI)* trenutno broji 19 članova, a članstvo se određuje proporcionalno prema partijskoj zastupljenosti u predstavničkom domu. Članovi komiteta se i ovde biraju na period do 8 godina.

Oba komiteta vrše nadzor i sprovode istrage po zahtevu članova Senata i Predstavničkog doma, a pored toga bave se godišnjim odobravanjem potreba za obaveštajni rad, kao i odobravanjem nominacija za vodeće pozicije u okviru Obaveštajne zajednice.

Pored ova dva komiteta, i drugi kongresni komiteti povremeno mogu da budu uključeni u razmatranje pitanja obaveštajne prirode, zbog nedovoljno razgraničenih nadležnosti i odgovornosti. Komiteti oružanih snaga oba doma, na primer, imaju nadležnost za obaveštajne aktivnosti Ministarstva odbrane, dok pravni komiteti imaju nadležnost nad obaveštajnim aktivnostima FBI.

Kroz rad napred navedenih predsedničkih i kongresnih nadzornih tela obezbeđuje se, barem formalno i nominalno, ona transparentnost o kojoj je bilo reči na ranijim stranicama. Bez namere da suviše duboko ulazimo u teorijske (sociološke, filozofske i istorijske) aspekte ovog naglašavanja transparentnosti kao prioritetnog zahteva u američkoj politici, moramo ponovo da istaknemo da koreni tog zahteva leže u samom nastanku američkog društva, koje je rođeno iz otpora nejednakosti pred zakonom i želje za jednakošću. Međutim, čak ni ovako razvijen i razrađen sistem nadzora i prevencije zloupotreba nije uvek dovoljan da zaista ispuni svoju namenu. Period vladavine Džordža Buša obeležio je čitav niz skandala i problema vezanih za obaveštajnu zajednicu, a deo njih sasvim sigurno proizilazi iz ovlašćenja predsednika SAD da na ključne pozicije u Obaveštajnoj zajednici i nadzornim telima postavlja svoje intimuse koji često nemaju potrebne kompetencije i kvalifikacije za ovako osetljive i potencijalno moćne poslove. Međutim, taj problem u svakom slučaju prevazilazi okvire ove knjige, pa se njime nećemo detaljnije baviti.

Glavni korisnici delatnosti Obaveštajne zajednice su brojni i obuhvataju organizacije, agencije i tela iz oblasti od nacionalnog strateškog interesa – političkog, ekonomskog i vojnog. To su: Bela kuća; Ministarstvo trgovine; Ministarstvo energije; Ministarstvo unutrašnje bezbednosti: Uprava za borbu protiv droge; Informacijska agencija Sjedinjenih Država; Ministarstvo poljoprivrede; FBI; Ministarstvo rada; Ministarstvo transporta; Federalna komisija za komunikacije; Nuklearna regulatorna komisija; Stejt Department; Ministarstvo finansija; Kancelarija za menadžment i budžet; Ministarstvo pravde; Federalna uprava za avijaciju; Federalne rezerve; Federalna agencija za krizni menadžment (FEMA); NASA; Agencija za međunarodni razvoj; Ministarstvo odbrane; Kongres i druga tela i organizacije.

Pored navednih tela, rezultate obaveštajnog rada koriste i brojne druge organizacije na nacionalnom nivou i na nivou federalnih država, kao i ovlašćeni predstavnici Sjedinjenih Američkih Država u inostranstvu. Uvidom u ovaj spisak postaje jasnije zašto je Obaveštajna zajednica tako kompleksno strukturirana i zašto je u svoj sastav morala da uključi organizacije čiji pandani u manjim i drugačije organizovanim državama deluju relativno autonomno.

Jednostavno rečeno, nemoguće je oformiti jednu organizaciju koja bi svojim organizacionim, tehničkim i personalnim rešenjima zadovoljila potrebe ovolikog broja korisnika, čiji se obaveštajni zahtevi, uz to, mogu ne samo formalno već i suštinski razlikovati, bez opasnosti da se ta organizacija ili pretvori u svojevrsnog „dinosaurusa" koji će izgubljen i slep lutati kroz nepregledna polja mogućeg obaveštajnog delovanja, s jedne strane, ili da postane izuzetno snažan i nekontrolisan paralelni centar moći, s druge strane.

Da bi ovako složen obaveštajni aparat mogao da funkcioniše kao jedinstven organizam i da se razvija u skladu sa potrebama politike koja ga je kreirala, bez opasnosti da njegovi snažniji elementi preuzmu apsolutno dominantnu ulogu i usmere razvoj u pravcu koji ne odgovara potrebama svih korisnika, bilo je potrebno da se formira odgovarajuće savetodavno telo koje će se baviti srednjeročnim i dugoročnim strategijskim usmeravanjem Obaveštajne zajednice. Ta uloga poverena je Nacionalnom obaveštajnom veću *(National Intelligence Council – NIC)*, svojevrsnom pandanu nekadašnjeg Nacionalnog veća bezbednosti, čije su primarne funkcije:

– podrška Obaveštajnom direktoru kao čelniku Obaveštajne zajednice;

– obezbeđivanje „fokusa" političkim telima u postavljanju zahteva pred Obaveštajnu zajednicu;

– kontakti sa nevladinim ekspertima u akademskom svetu i privatnom sektoru radi širenja perspektive Obaveštajne zajednice:

– doprinos naporima Obaveštajne zajednice u raspoređivanju njenih resursa u odgovoru na zahteve političkih tela koji se stalno menjaju;

– obezbeđivanje primata naporima Obaveštajne zajednice u produkciji Nacionalnih obaveštajnih procena *(National Intelligence Estimate – NIE)* i drugih „proizvoda" ovog veća.

Nacionalno obaveštajno veće postoji duže od četvrt veka, tačnije od 1979, kada je preuzelo ulogu i nadležnosti Kancelarije za nacionalne procene *(Office of National Estimates – ONE)*.[52] U početku zamišljeno kao koordinacijsko telo koje treba da sačinjava procene na osnovu rezultata rada svih elemenata obaveštajnog aparata, Nacionalno obaveštajno veće se u toku svog postojanja razvilo u telo koje je, na neki način, reprezent i zastupnik zvaničnih stavova čitave Obaveštajne zajednice.

4.1.1. Centralna obaveštajna agencija – CIA

Centralna obaveštajna agencija, uspostavljena Zakonom o nacionalnoj bezbednosti iz 1947 godine, kao naslednica Kancelarije za strategijske službe, poznate pod skraćenicom OSS, odgovorna je predsedniku Sjedinjenih Američkih

---

[52] Savić A, Delić M. i Bajagić M., Bezbednost sveta – od tajnosti do javnosti, Institut bezbednosti, Beograd, 2002, str. 24.

Država preko Obaveštajnog direktora i podložna je kontroli od strane kongresnih nadzornih komiteta. Direktor CIA je ujedno i nacionalni „menadžer" za obaveštajni rad sa ljudskim izvorima *(Human Intelligence – HUMINT)*.[53]

Glavna misija CIA je podrška predsedniku, Nacionalnom veću bezbednosti i svim drugim zvaničnicima koji kreiraju i realizuju bezbednosnu politiku SAD putem:

– obezbeđivanja preciznog i pravovremenog obaveštajnog rada prema inostranstvu i sačinjavanja analiza o bezbednosnim pitanjima od nacionalnog značaja;

– realizaciju kontraobaveštajnih delatnosti, specijalnih dejstava i ostalih funkcija u vezi sa obaveštajnim radom u inostranstvu i nacionalnom bezbednošću prema direktivama predsednika SAD.

Da bi ispunila svoju misiju, CIA tesno sarađuje sa ostalim delovima Obaveštajne zajednice i drugim vladinim agencijama kako bi obezbedila da korisnici obaveštajnih produkata dobijaju najbolje moguće obaveštajne podatke, bez obzira na to da li su u pitanju političari u administraciji, diplomate ili vojni komandanti. CIA je organizovana kroz četiri komponente, odnosno direktorata čiji je zadatak da daju svoj doprinos u realizaciji ukupnog obaveštajnog ciklusa: prikupljanja, analiziranja i distribucije obaveštajnih podataka.

Nacionalna služba za tajne operacije *(National Clandestine Service – NCS)* je udarna pesnica CIA za tajne operacije, a njena misija je podrška nacionalnoj bezbednosti i spoljnoj politici SAD kroz sprovođenje tajnih operacija radi prikupljanja obaveštajnih podataka do kojih se ne može doći na drugi način. Sve informacije koje prikupi NCS podložne su temeljnoj proveri pre njihove distribucije konačnim korisnicima. Premda je primarni zadatak NCS prikupljanje i distribucija obaveštajnih podataka koji se odnose na inostranstvo,

---

[53] Savić A., Delić M. i Bajagić M., Bezbednost sveta – od tajnosti do javnosti, Institut bezbednosti, Beograd, 2002, str. 38.

ova služba takođe sprovodi kontraobaveštajne delatnosti izvan SAD i izvodi druge specijalne operacije po nalogu predsednika Sjedinjenih Država. Direktor ove službe ujedno je odgovoran i za integraciju, koordinaciju i procenjivanje obaveštajnih podataka iz ljudskih izvora i neposredno je potčinjen direktoru CIA kao nacionalnom „menadžeru" za obaveštajni rad sa ljudskim izvorima. Nacionalna služba za tajne operacije odgovorna je za standardizaciju procedura u oblasti tajnih operacija i njihovu primenu u okviru čitave Obaveštajne zajednice.

Direktorat za obaveštajni rad *(Directorate of Intelligence – DI)* podržava predsednika, administrativna tela u vladi, Kongres, Pentagon, policijske službe i agencije i pregovarače na nacionalnom nivou kroz obezbeđivanje pravovremenih obaveštajnih podataka iz svih izvora. Direktorat integriše, analizira i procenjuje informacije prikupljene u toku tajne operacije i na druge načine, uključujući i otvorene izvore, a zatim sačinjava analize i procene čiji primarni fokus leži na pokrivanju funkcionalnih i regionalnih pitanja u svetu. Direktorat za obaveštajni rad, čiji se „proizvodi" nalaze u spektru od neformalnih, verbalnih brifinga do složenih, dugoročnih istraživačkih studija, predstavlja svojevrstan „mozak" čitave agencije, obezbeđujući objedinjavanje svih aktivnosti CIA u jedinstven napor usmeren ka zajedničkom cilju.

Direktorat za nauku i tehnologiju *(Directorate of Science and Technology – DS&T)* deluje u saradnji sa prethodna dva direktorata, obezbeđujući vrhunsku naučnu i tehničku podršku ukupnom obaveštajnom procesu. Službenici ovog direktorata aktivno su uključeni u tajne operacije širom sveta, obezbeđujući tehničku i tehnološku podršku, a direktorat je ujedno angažovan i na pronalaženju novih tehničkih rešenja radi unapređenja obaveštajnog rada. Zanimljivo je istaći i to da ovaj direktorat, što je praksa uglavnom nezamisliva u većini drugih zemalja, istovremeno deluje i kao neprofitna kompanija jer joj je na taj način olakšano prisustvo na svetskom tržištu tehnologije i praćenje najnovijih izuma i tehnoloških rešenja.

Direktorat za podršku *(Directorate of Support – DS)* obezbeđuje integrisanu podršku za rad ostalih direktorata, kao i za ostale članice Obaveštajne zajednice u oblasti ljudskih resursa, finansijskih i logističkih operacija, medicinske podrške, bezbednosti i administrativnih poslova. Službenici ovog direktorata, uglavnom visokokvalifikovani eksperti i specijalisti iz raznih oblasti (pravo, medicina, finansije, mašinstvo, informatika, arhitektura...) obezbeđuju neprekidnu podršku misijama i operacijama koje agencija sprovodi u čitavom svetu, pri čemu je veliki broj njih pridodat Nacionalnoj službi za tajne operacije.

4.1.2. Odbrambena obaveštajna agencija – DIA

DIA je najvažniji element koji se bavi obaveštajnim radom u okviru sistema odbrane Sjedinjenih Američkih Država. Ova agencija je uspostavljena u oktobru 1961. godine, a od 1986. godine je dobila status agencije za borbenu podršku. Zadatak DIA je obezbeđivanje vojno–obaveštajnih informacija iz svih izvora i njihovo dostavljanje korisnicima u vladinim telima, prevashodno onim u okviru Ministarstva odbrane.

Na čelu DIA nalazi se aktivni oficir u činu general-pukovnika, a on je ujedno i glavni savetnik državnog sekretara za odbranu i načelnika Združenog štaba u pitanjima od vojno-obaveštajnog interesa. Takođe, direktor DIA je istovremeno i „programski menadžer" glavnog vojno-obaveštajnog programa, kroz koji se obezbeđuju fondovi za raznovrsne obaveštajne aktivnosti u vojnim sastavima od nivoa korpusa pa naviše. Još jedna od njegovih funkcija jeste predsedavanje Vojno-obaveštajnim odborom *(Military Intelligence Board)*, koji istražuje ključna obaveštajna pitanja kao što su ona koja se odnose na „arhitekturu" informacionih tehnologija, programska i budžetska pitanja i na doprinos vojno-obaveštajnih izvora za nacionalne obaveštajne procene.

Sa štabom u Pentagonu, DIA zapošljava oko 8.000 visokokvalifikovanih vojnih i civilnih službenika, a raspolaže i analitičkim centrom u vazduhoplovnoj bazi Boling u Vašingtonu D.C.; Raketnim i kosmičkim obaveštajnim centrom u Redston Arsenalu u Hantsvilu, Alabama; i Medicinskim obaveštajnim centrom oružanih snaga smeštenim u bazi Fort Detrik u Merilendu. U aprilu 2006. godine, DIA je uspostavila Odbrambeni združeni obaveštajno-operativni centar *(Defense Joint Intelligence Operations Center – DJIOC)* da bi što bezbolnije integrisala sve odbrambene i obaveštajne resurse na suprostavljanje novim i narastajućim pretnjama nacionalnoj bezbednosti SAD, kao i da bi ojačala obaveštajnu saradnju u poslovima odbrane. Ovaj centar služi kao spojna tačka za integraciju vojnih i civilnih obaveštajnih informacija u cilju pružanja podrške američkim oružanim snagama.

DIA je odgovorna za funkcionisanje Nacionalnog vojnog združenog obaveštajnog centra *(National Military Joint Intelligence Center – NMJIC)*, koji se nalazi u sastavu Nacionalnog vojnog komandnog centra i predstavlja izvršni organ koji obezbeđuje neprekidno dežurstvo i monitoring nad svim tekućim vojno-obaveštajnim delatnostima.

Odbrambena obaveštajna agencija nadležna je za centralizovano upravljanje procesom vojno-obaveštajnih analiza, izradu drugih produkata i njihovu distribuciju. Ovaj proces obavlja se kroz decentralizovani analitički proces poznat kao Odbrambeni obaveštajni analitički program *(Defense Intelligence Analysis Program – DIAP)*. Ovaj program omogućava DIA fokusiranje analitičkih napora na najvažnija pitanja, kao i smanjivanje dupliranja napora u okviru odbrambenog obaveštajnog sistema.

Po naređenju Ministarstva odbrane, DIA je 2005. godine uspostavila Kancelariju za menadžment obaveštajnog rada sa ljudskim izvorima *(Defense HUMINT Management Office – DHMO)*, što predstavlja potvrda „renesanse" ovog segmenta obaveštajnog rada koji je u vreme hladnog rata bio potisnut u drugi plan. Direktorat za ljudski obaveštajni rad *(Directorate for Human Intelligence – DH)* realizuje operacije u čitavom svetu radi prikupljanja kritičnih obaveštajnih podataka koji često nisu dostupni tehničkim obaveštajnim kanalima. Ovaj direktorat ujedno je odgovoran i za rukovođenje radom vojnih atašea Sjedinjenih Država koji se nalaze u više od 135 američkih ambasada u svetu. Vojni atašei su integralni deo američkih diplomatskihg misija u inostranstvu i pomažu razvoj odnosa sa stranim vojnim snagama, ujedno delujući i kao radnici Obaveštajne zajednice SAD.

U oblasti protivterorističke borbe koja je u poslednjoj dekadi postala najvažniji prioritet američke politike, DIA je uspostavila Združenu obaveštajnu borbenu grupu za borbu protiv terorizma *(Joint Intelligence Task Force for Combating Terrorism – JITF-CT)*. Zadatak ove borbene grupe je preuzimanje vodeće uloge i „menadžment" u oblasti obaveštajnog rada koji se bavi terorističkim delovanjem i iskorišćavanje svih izvora informacija kako bi se američkim oružanim snagama obezbedilo pravovremeno upozorenje na moguće terorističke akte.

Pored navedenih tela, DIA u svom sastavu ima još i: Analitičku ćeliju za ratne zarobljenike i nestala lica, koja je odgovorna za sve pripadnike Obaveštajne zajednice, dakle za njihovo lociranje i pomoć u spašavanju u slučajevima kao što je zarobljavanje.

Savremena borbena sredstva naterala su vlade mnogih zemalja da svoja ključna vojna postrojenja ukopaju duboko u zemlju i da ih na taj način zaštite ne samo od neposrednih borbenih dejstava, već i od interesovanja stranih obaveštajnih elemenata. U cilju prikupljanja podataka o takvim lokacijama, od kojih se neke sa velikom verovatnoćom koriste za namene koje su u direktnoj suprotnosti sa američkim nacionalnim interesima, DIA je formirala Analitički centar za podzemne objekte, koji će, za očekivati je, u predstojećim godinama imati sve izraženiju ulogu.

Snaga DIA, između ostalog, leži i u robusnom i pouzdanom komunikacijskom sistemu JWICS *(Joint Worldwide Intelligence Communications System)*. To je u osnovi veoma bezbedan Internet, odnosno sistem sa visokim protokom informacija i visokim stepenom zaštite, koji obezbeđuje, između ostalog, i prenos video zapisa radi telekonferencija u realnom vremenu i stoji na raspolaganju čitavoj Obaveštajnoj zajednici SAD.

U poslednje vreme DIA preuzima odgovornost za upravljanje obaveštajnim informacionim tehnologijama od borbenih komandi i od ove incijative se očekuje da unapredi efikasnost i osnaži raspodelu i razmenu informacija. Takođe, od DIA se očekuje da uspostavi standardizaciju evidencije podataka u okviru informacionih sistema u čitavom Ministarstvu odbrane što će zahtevati da postojeća informaciona „arhitektura" bude dobrim delom restruktuisana.

Kolika se pažnja posvećuje edukaciji u oblasti obaveštajnog rada, najbolje govori činjenica da DIA raspolaže sopstvenim Združenim vojno-obaveštajnim koledžom (Joint Military Intelligence College – JMIC) koji ima kongresno ovlašćenje za promovisanje studenata u zvanje magistara u oblasti obaveštajnog rada na strateškom nivou, što je najviše zvanje koje se može steći na toj ustanovi.

Ministarstvo energije (Kancelarija za obaveštajni i kontraobaveštajni rad)

Kancelarija za obaveštajni i kontraobaveštajni rad *(Office of Intelligence and Counterintelligence – IN)* Ministarstva energije ima veoma kompleksne zadatke koji proizilaze iz činjenice da je energetski sistem Sjedinjenih Američkih Država veoma interesantan ne samo kao potencijalni obaveštajni cilj, već i kao meta neposredne, pre svega terorističke akcije.

Misija ove kancelarije je:

– odbrana kompleksa i postrojenja Ministarstva energije od stranog prodora;

– praćenje pretnje od nuklearnog terorizma u čitavom svetu;

– pomoć u sprečavanju širenja nuklearnih tehnologija, materijala i znanja;

– procena novih stranih tehnoloških pretnji ekonomskim i vojnim interesima Sjedinjenih Država.

Obaveštajni program Ministarstva energije ima svoje korene u čuvenom „Projektu Menhetn", koji je za cilj imao specijalističku analizu razvoja atomskog oružja u Sovjetskom Savezu. Od tog perioda, ova služba imala je pred sobom više izazova, kao što su svetska energetska kriza sedamdesetih godina 20. veka, opasnost od trgovine nuklearnim oružjem posle raspada SSSR, pa sve do današnje pretnje nuklearnim terorizmom kao jednom od najvećih pretnji nacionalnoj bezbednosti u novom milenijumu.

Premda se brojčano ne može porediti sa agencijama poput CIA i DIA, Kancelarija za obaveštajni i kontraobaveštajni rad ima izuzetno značajnu ulogu koja se ne svodi samo na obezbeđivanje procena i analiza, već obuhvata i specijalistički trening za potrebe čitave Obaveštajne zajednice, kao i neposrednu podršku kroz raznovrsne tehnološke aplikacije za operativne potrebe agencija u okviru Obaveštajne zajednice.

4.1.3. Ministarstvo unutrašnje bezbednosti (Kancelarija za obaveštajni rad i analize).

Ministarstvo unutrašnje bezbednosti, koje je osnovano kao koordinaciono telo nakon udara Al Kaide na Njujork i Vašington u septembru 2001. godine, nije obaveštajna organizacija u konvencionalnom značenju tog izraza. Međutim, iz razloga navedenih u uvodu ove knjige, javila se sasvim opravdana potreba za organom koji će za potrebe ovog ministarstva delovati kao nosilac obaveštajnih poslova i kao svojevrsna „kancelarija za vezu" sa drugim obaveštajnim organizacijama bez čijeg rada Ministarstvo unutrašnje bezbednosti ne bi moglo da računa na značajniji uspeh u svom delovanju. Kancelarija za obaveštajni rad i analize (**Office of Intelligence and Analysis – I&A**) Ministarstva unutrašnje bezbednosti je formirana upravo sa tom namenom. Pored ove kancelarije, ministarstvo raspolaže i obaveštajnim kancelarijama kolociranim sa operativnim elementima ministarstva.

Obaveštajni segment Ministarstva unutrašnje bezbednosti fokusira se na pet glavnih područja: unapređenje kvaliteta i kvantiteta analiza i procena; integraciju obaveštajnih elemenata ministarstva; razmenu informacija o pretnji i procena sa državnim i lokalnim vladama i privatnim sektorom; obezbeđenje efikasnosti u radu ministarstva kao dela Obaveštajne zajednice; i jačanje odnosa sa Kongresom.

Obaveštajni analitičari Ministarstva nemaju zadatak samo da prate teroriste i njihoveh mreža, već i da vrše procene pretnji koje ugrožavaju vitalne objekte infrastrukture u SAD, zatim praćenje nuklearnog i biološkog terorizma, pandemija, ugrožavanja granica, kao i praćenje modaliteta socijalne radikalizacije u okviru američkog društva.

U cilju integracije obaveštajnih delatnosti u okviru ministarstva, glavni obaveštajni oficir *(Chief Intelligence Officer – CIO)* je uspostavio Obaveštajno veće unutrašnje bezbednosti *(Homeland Security Intelligence Council – HSIC)*, koje objedinjava funkcionere odgovorne za obaveštajni rad u okviru odeljenja ministarstva. Ovo veće uspostavlja standardizaciju u okviru ministarstva za raznovrsne procedure kao što su regrutacija i obuka obaveštajnog osoblja i produkcija i razmena obaveštajnih informacija. HSIC, takođe, predstavlja mehanizam kroz koji obaveštajni program ministarstva uspostavlja svoje ciljeve i obezbeđuje adekvatnost u eksploataciji resursa. U cilju obezbeđenja graničnog pojasa Sjedinjenih Američkih Država, Kancelarija za obaveštajni i kontraobaveštajni rad tesno sarađuje sa Službom za carine i zaštitu granica *(Customs and Border Protection – CBP)* i Imigracijskom carinskom službom *(Imigration and Customs Enforcement – ICE)*, obezbeđujući distribuciju obaveštajnih produkata čitave Obaveštajne zajednice na zadacima zaštite američkih granica.

S obzirom na narastajuću pretnju od terorizma u svetu i SAD, kao i na sve veći pritisak kojeg trpe posebno južne granice SAD, razvojnim planom je predviđeno da do 2008. godine Kancelarija za obaveštajni i kontraobaveštajni rad uspostavi preko 38 centara. Trenutno su aktivni centri u Los Anđelesu, Nju Jorku, Atlanti, Baltimoru i Baton Ružu, a ubrzo će biti aktivirani i oni u Arizoni, Teksasu, Virdžiniji, Ilinoji, Floridi i Kaliforniji. Ova kancelarija takođe blisko sarađuje sa 17 velikih poslovnih koncerna, pomažući im da redukuju svoju „osetljivost" na potencijalne terorističke napade.

4.1.4. Stejt department (Biro za obaveštajni rad i istraživanje)

Biro za obaveštajni rad i istraživanje *(Bureau of Intelligence and Research – INR)* Stejt departmenta obezbeđuje državnom sekretaru pravovremenu i objektivnu analizu razvoja globalne situacije, kao i obaveštajni presek situacije u realnom vremenu i iz svih raspoloživih izvora. Ovaj biro deluje kao fokusna tačka u okviru Stejt departmenta za sva pitanja koja tretiraju obaveštajnu problematiku i sve aktivnosti Obaveštajne zajednice. Pomoćnik sekretara za INR izveštava neposredno državnog sekretara i služi kao njegov primarni savetnik za sva pitanja od obaveštajnog značaja.

Eksperti biroa, nezavisni analitičari spoljnih poslova, koriste sve izvore za prikupljanje obaveštajnih podataka, a pre svega diplomatske izveštaje, istraživanja javnog mnenja i saradnju sa američkim studentima u inostranstvu. S obzirom na posedovanje velikog znanja o regionalnim problemima u svetu, to im omogućava da brzo reaguju na promene političkih prioriteta i da obezbede rano upozorenje i dubinsku analizu događaja koji utiču na američku spoljnu politiku i nacionalnu bezbednost.

Biro priprema dnevne brifinge, izveštaje i memorandume i dostavlja ih državnom sekretaru i drugim rukovodiocima Stejt deparmenta, a po zahtevu Kongresa obezbeđuje brifinge za njegovo osoblje. Obaveštajni „proizvodi" biroa tretiraju čitavu planetu, a težište se stavlja na politički i vojni razvoj, terorizam, promet narkoticima i trgovinu robljem. INR daje svoj doprinos izradi nacionalnih obaveštajnih procena, predsedničkom dnevnom brifingu i drugim analitičkim poslovima, a mnoge od ovih analiza se distribuiraju kroz interni internet sistem Obaveštajne zajednice, do kojeg pristup imaju članovi kongresnih obaveštajnih komiteta. Jedan od značajnih zadataka biroa je razvoj obaveštajne politike i usklađivanje obaveštajnog rada svih agencija sa zvaničnom politikom Sjedinjenih Država.

INR je uključen i u druge oblike pružanja podrške američkim diplomatskim aktivnostima. Na primer, biro organizuje oko 300 konferencija godišnje s ciljem razmene ideja između samostalnih eksperata i vladinih zvaničnika. Kongresno osoblje se po pravilu poziva da prisustvuje tim konferencijama.

4.1.5. Ministarstvo finansija (Kancelarija za obaveštajni rad i analize)

Kancelarija za obaveštajni rad i analize *(Office of Intelligence and Analysis – OIA)* Ministarstva finansija uspostavljena je 2004. godine u skladu sa zakonom o obaveštajnim ovlašćenjima. Taj zakon konkretno utvrđuje odgovornosti kancelarije za prijem, analizu, prikupljanje i distribuciju informacija o stranom obaveštajnom i kontraobaveštajnom radu u vezi sa delovanjem i odgovornostima ministarstva. Pomoćnik sekretara za obaveštajni rad i analize nalazi se na čelu ove kancelarije i kolociran je sa Kancelarijom za obaveštajni rad u oblasti terorizma i finansija *(Office of Terrorism and Financial Intelligence – TFI)*. OIA je od svog osnivanja ujedno i članica Obaveštajne zajednice.

Strategijski ciljevi kancelarije su:

– podrška uobličavanju politike ministarstva kroz obezbeđivanje ekspertske analize i obaveštajne produkcije u vezi sa finansijskom i drugom podrškom terorističkim grupama, trgovcima oružjem i drugim nosiocima pretnje nacionalnoj bezbednosti SAD;

– obezbeđenje pravovremene, precizne i fokusirane obaveštajne podrške ministarstvu u oblasti ekonomskih, političkih i bezbednosnih pitanja;

– potpuna integracija ministarstva u ukupni sistem Obaveštajne zajednice;

– koordinacija i nadzor nad obaveštajnim aktivnostima u okviru ministarstva;

– edukacija osoblja i razvoj informacionih tehnologija.

Strategijski prioriteti postavljeni pred OIA za period od 2006. do 2008. godine su:

– sprečavanje finansiranja terorističkih mreža, grupa i pojedinaca;

– sticanje saznanja o tokovima finansiranja pobunjeničkih pokreta u svetu, recimo onog koji je trenutno aktivan u Iraku;

– utvrđivanje finansijskih tokova u trgovini naoružanjem, a naročito oružjima za masovno uništenje i sprečavanje takve trgovine.

4.1.6. Uprava za borbu protiv narkotika – DEA (Nacionalna kancelarija za bezbednost i obaveštajni rad)

Nacionalna kancelarija za bezbednost i obaveštajni rad *(Office of National Security Intelligence – NN)* kao deo Obaveštajnog odeljenja DEA ujedno je i članica Obaveštajne zajednice. Premda je DEA, kao i DHS i FBI, puno bliža definiciji bezbednosne, a ne obaveštajne agencije, ona danas, s obzirom na prirodu trgovine narkoticima kao bezbednosnog problema koji ne poznaje granice, a u poslednje vreme sve više se integriše sa drugim oblicima pretnje, posebno terorizmom, postaje sve značajniji element ukupnog obaveštajnog sistema SAD. Kancelarija je odgovorna za obezbeđivanje informacija u vezi sa narkoticima radi davanja odgovora na zahteve Obaveštajne zajednice, a takođe je aktivno uključena i u obezbeđivanje informacija policijskim službama koje se bave borbom protiv trgovine narkoticima. Za svoje preko 33 godine postojanja DEA je uspostavila 86 ispostava u 63 države sveta i stekla izuzetnu reputaciju u borbi za očuvanje američkih nacionalnih interesa.

Zanimljivo je da je ova agencija često predmet dodatne mistifikacije, čak i više nego „čistokrvne" obaveštajne agencije poput CIA i DIA prevashodno zahvaljujući uspesima postignutim u Latinskoj Americi, gde druge agencije prethodno nisu uspele da ostvare odlučujuće rezultate. Usled dokazanih sposobnosti da vodi borbu protiv organizovanog kriminala, DEA u poslednje vreme dobija i dodatne misije, kao što je na primer borba protiv trgovine ljudima.

4.1.7. Federalni istražni biro – FBI (Nacionalna služba bezbednosti)

Iako je širokoj javnosti pre svega poznat kao savezna policijska agencija, od napada 11. septembra 2001. godine Federalni istražni biro je postao nosilac preventivnih aktivnosti u oblasti antiterorizma na teritoriji Sjedinjenih Američkih Država. Nastavljajući istovremeno da vrši svoju tradicionalnu ulogu obavljanja kriminalističkih poslova i pružanja podrške lokalnim zajednicama u složenim kriminalističkim slučajevima, FBI je morao da izmeni svoje prioritete i da načini bitne izmene u svojoj organizacionoj strukturi kako bi se suočio za zahtevima i izazovima novododeljene misije.

Glavni prioriteti u radu FBI su:
– zaštita Sjedinjenih Američkih Država od terorističkih napada;
– zaštita SAD od stranih obaveštajnih operacija i špijunaže;
– zaštita SAD od računarskih napada i internet-kriminala.

Pored ovih misija, FBI nastavlja svoju borbu sa korupcijom na svim nivoima, štiti građanska prava i bori se protiv organizovanog kriminala, pored toga što se angažuje u slučajevima kada kriminal poprima izuzetno nasilne oblike.

U junu 2005. godine FBI je uspostavio Nacionalnu službu bezbednosti *(National Security Branch – NSB)* u okviru organizacijske strukture biroa, a po direktnom naređenju predsednika SAD. Formiranjem ovog tela omogućena je integracija programa nacionalne bezbednosti pod rukovodstvom jednog funkcionera, a povećana je i sposobnost biroa za realizaciju onog dela svoje misije koji se odnosi na zaštitu nacionalne bezbednosti. NSB se sastoji od Protivterorističkog odeljenja *(Counterterrorism Divison)*, Kontraobaveštajnog odeljenja *(Counterintelligence Division)* i Obaveštajne uprave *(Directorate of Intelligence)*.

Protivterorističko odeljenje kroz integrisanu obaveštajnu strategiju otkriva, ometa i neutrališe grupe i pojedince koji imaju mogućnost da planiraju, organizuju i izvode terorističke napade protiv SAD na teritoriji Sjedinjenih Država i u inostranstvu. Združena protivteroristička grupa *(Joint Terrorism Task Force – JTTF)*, čiji su pripadnici smešteni u svakoj kancelariji FBI i čiji se predstavnici nalaze u brojnim drugim organizacijama, igra najvažniju ulogu u istrazi svakog terorističkog akta, bilo da je realizovan ili da je ostao u pokušaju. Analitičari u Protivterorističkom odeljenju i u terenskim obaveštajnim grupama *(Field Intelligence Group – FIG)* imaju za zadatak da sačinjavaju procene o sastavu, aktivnostima, ideologiji i vezama terorističkih grupa radi usmeravanja daljih istraga FBI, kao i da pružaju podršku organima izvršne vlasti u ratu protiv terorizma.

Kontraobaveštajno odeljenje, kao element FBI koji je vodeća kontraobaveštajna snaga u Sjedinjenim Američkim Državama, odgovorno je za identifikovanje i neutralisanje tekućih pretnji nacionalnoj bezbednosti. Ovo odeljenje je glavni nosilac svih kontraobaveštajnih istraga u inostranstvu, a ujedno je odgovorno i za koordinaciju svih ofanzivnih operacija i istraga sa ostatkom Obaveštajne zajednice.

Obaveštajna uprava je telo koje se nalazi na čelu obaveštajnog programa FBI i odgovorno je za:

– aktivno usmeravanje glavnih tokova istraga prema najvećim pretnjama za bezbednost i nacionalne interese SAD;

– izgradnju i sprovođenje u delo obaveštajne politike i jačanje obaveštajnih kapaciteta i mogućnosti:

– obezbeđivanje pravovremenih i preciznih obaveštajnih informacija za potrebe nacionalne i unutrašnje bezbednosti i policijske agencije.

Pored glavnog štaba u Vašingtonu DC, FBI ima ukupno 56 terenskih kancelarija u gradovima na teritoriji SAD i preko 400 ispostava u manjim gradovima. Pored toga, FBI raspolaže sa preko 50 međunarodnih kancelarija koje su, pod imenom pravnih atašea pridodate američkim ambasadama u svetu.

4.1.8. Nacionalna geospacijalna obaveštajna agencija – NGA

Naslednica nekadašnje NIMA *(National Imagery and Mapping Agency)*, Nacionalna geospacijalna obaveštajna agencija *(National Geospatial – Intelligence Agency – NGA)* odgovorna je za pribavljanje preciznih, bitnih i pravovremenih obaveštajnih podataka u geografskom okruženju. Ova agencija može da se tretira kao pretežno tehnička služba jer se u svom radu skoro isključivo oslanja na tehnička sredstva izviđanja i istraživanja, a svoju produkciju stavlja na raspolaganje ne samo onim agencijama koje se direktno suprostavljaju najznačajnijim pretnjama po američku nacionalnu bezbednost, već aktivno učestvuje i u praćenju prirodnih i humanitarnih katastrofa u svetu, kao i u podršci mirovnih misija Ujedinjenih nacija.

4.1.9. Nacionalna kancelarija za izviđanje – NRO

Uspostavljena u septembru 1961. godine, Nacionalna kancelarija za izviđanje *(National Reconnaissance Office – NRO)* je tajna agencija Ministarstva odbrane. Javnost je za postojanje ove službe i njenu misiju u sferi strategijskog izviđanja saznala 1992. godine, tek posle skoro tri decenije od njenog formiranja. Danas poznata kao „oči i uši nacije", NRO sa svojim štabom u Čantiliju u Virdžiniji, razvija i primenjuje vrhunske sisteme i metode za izviđanje iz vazduha i sprovodi obaveštajne aktivnosti od vitalnog značaja za bezbednost Sjedinjenih Država.

Direktora ove službe postavlja Ministar odbrane uz saglasnost Obaveštajnog direktora, a ova pozicija je ujedno i pozicija pomoćnika sekretara ratnog vazduhoplovstva za obaveštajnu vazduhoplovnu i kosmičku tehnologiju.

Regrutacija za ovu organizaciju, čije se delovanje i danas u velikoj meri drži u tajnosti, vrši se iz redova proverenih i izuzetno talentovanih pripadnika

Ratnog vazduhoplovstva, CIA i Ratne mornarice, uz povremeno angažovanje pripadnika drugih vidova oružanih snaga i ostalih agencija iz sastava Obaveštajne zajednice.

Najvažniji ciljevi NRO su:

– obezbeđivanje osnovu za kontinuirano praćenje globalne situacije; i

– obezbeđivanje obaveštajnih podataka koji odgovaraju zahtevima krajnjeg korisnika.

Da bi ispunila ove ciljeve, NRO blisko sarađuje sa svojim partnerima, Nacionalnom službom bezbednosti, Nacionalnom geospacijalnom obaveštajnom agencijom, sa CIA, Komandom strategijskih snaga, Ratnim vazduhoplovstvom i Ministarstvom mornarice, te sa drugim obaveštajnim i odbrambenim organizacijama. Zanimljivo je da NRO svoj budžet dobija preko dve linije, preko Nacionalnog obaveštajnog programa i preko Vojno-obaveštajnog programa.

4.1.10. Nacionalna služba bezbednosti – NSA

U današnje vreme ogromne zasićenosti informatičkog prostora bezbrojnim informacijama, od kojih jedne treba štititi, druge dešifrovati, a treće ignorisati, teško da se može preceniti značaj Nacionalne službe bezbednosti *(National Security Agency – NSA)* – kriptološke organizacije na nacionalnom nivou, koja koordinira, usmerava i sprovodi specijalizovane aktivnosti radi otkrivanja stranih obaveštajnih informacija i zaštite američkih informacionih sistema. Pored ove uloge, NSA je ujedno i najvažniji centar za analizu i istraživanje stranih jezika u Vladi SAD, što u doba globalizacije ima izuzetnu specifičnu težinu.

Osnovana 1952. godine, Nacionalna služba bezbednosti, koja je imala svoje preteče u oba svetska rata, deo je Ministarstva odbrane i član obaveštajne zajednice. Štab službe smešten je u Merilendu, u bazi „Fort Džordž G. Mid".

NSA ima dvostruku misiju: signalni obaveštajni rad i zaštitu informacija. Signalni obaveštajni rad podrazumeva presretanje i iskorišćavanje stranih komunikacijskih kanala u obaveštajne i kontraobaveštajne svrhe.

Premda se rad i ove agencije drži u što je moguće većoj tajnosti, za nju je vezano nekoliko poznatih kurioziteta. Zahvaljujući izraženom interesovanju za naučni rad još od samog svog osnivanja, NSA je direktno dovela do razvoja personalnih računara, a poznata je i kao organizacija koja zapošljava najviše matematičara u SAD, a verovatno i u čitavom svetu.

Važnost NSA dodatno je naglašena činjenicom da se oružane snage Sjedinjenih Američkih Država sve češće angažuju u okviru koalicionih snaga i u nekonvencionalnim operacijama, dakle u izrazito multilingvalnom okruženju koje podrazumeva i izuzetno bogat informacioni saobraćaj, od kojeg je tek jedan mali deo zanimljiv za obaveštajno tretiranje, zbog čega NSA mora stalno da drži tehnološki i edukacijski korak, jer u protivnom ne bi bila sposobna da identifikuje i obradi bitne informacije skrivene među bezbrojnim nevažnim podacima.

4.1.11. Ratno vazduhoplovstvo SAD

S obzirom na činjenicu da se politička dominacija Sjedinjenih Američkih Država oslanja pre svega na vojnu dominaciju, čiji je udarna pesnica upravo Ratno vazduhoplovstvo *(United States Air Force – USAF)*, ovaj vid oružanih snaga je imao izraženu potrebu za formiranje sopstvene obaveštajne službe, jačajući time svoju poziciju odlučujućeg vida oružanih snaga u savremenom ratovanju.

Premda su do Drugog svetskog rata znatno kasnili za drugim velikim silama u razvijanju vazduhoplovnih snaga, Sjedinjene Američke Države su među prvima shvatile strategijski značaj vazduha kao dimenzije prostora i sposobnost avijacije da izvršava strategijske zadatke i daje odlučujući doprinos rešavanju konflikta bez obzira na njegov intenzitet i obim. Iako je USAF još u toku Drugog svetskog rata izvodio značajne izviđačke operacije, pri čemu su one na evropskom vojištu imale pretežno taktički i operativni, a na pacifičkom vojištu uglavnom strateški karakter, tek 1947. godine Ratno vazduhoplovstvo uspostavlja samostalnu obaveštajnu službu u okviru svoje strukture.

Pored svojih konvencionalnih vojno-obaveštajnih zadataka, odnosno prikupljanja i obrade informacija za potrebe vođenja vojnih operacija, kao i kontraobaveštajne zaštite vazduhoplovnih resursa, instalacija i personala, obaveštajna služba američkog Ratnog vazduhoplovstva je, zbog svojih izuzetnih kapaciteta delovanja na velikim udaljenostima, dobila izraženu ulogu na nacionalnom obaveštajnom nivou još u vreme hladnog rata, a danas je ta uloga u mnogim aspekatima još izraženija. Obaveštajna služba za osmatranje i izviđanje *(Intelligence Surveillance and Reconnaissance – ISR)* igrala je tokom hladnog rata ključnu ulogu u otkrivanju rasporeda bombarderskih i raketnih snaga tzv. Istočnog bloka, a naročitu slavu je stekla otkrivanjem instaliranja, a kasnije i praćenjem povlačenja sovjetskih nuklearnih projektila sa Kube 1962. godine.

Danas ova služba predstavlja izuzetan izvor obaveštajnih informacija koje se prikupljaju iz vazduha i kroz analize i grafičke materijale stavljaju na raspolaganje ne samo Ratnom vazduhoplovstvu već i svim ostalim članicama Obaveštajne zajednice. Misija Obaveštajne službe za osmatranje i izviđanje je obezbeđivanje neprekidne situacijske budnosti kroz integraciju delovanja letelica sa i bez ljudske posade i kosmičkih letelica. Obaveštajni produkti dobijeni na ovaj način koriste se u procesu planiranja i kreiranja politike koriste se kako u okviru Ratnog vazduhoplovstva, tako i u okviru ostalih vidova oružanih snaga SAD, te na nacionalnom nivou.

Za razliku od obaveštajnih službi iz takozvanog „civilnog sektora", koje deluju relativno samostalno, odnosno koje uglavnom autonomno izvršavaju svoje zadatke, vojne obaveštajne službe, zbog prirode organizacije koju podržavaju, u praksi su obično veoma decentralizovane. To znači da su elementi obaveštajne službe USAF pridodati ne samo strategijskim, već i operativnim, pa čak i taktičkim vazduhoplovnim sastavima, dakle pukovima i eskadrilama. Pored aktivne uloge u globalnom ratu protiv terorizma, obaveštajni element USAF je i dalje angažovan na otkrivanju razvoja i razmeštaja raketnih snaga stranih zemalja, u kojem se procesu koriste ne samo vazduhoplovni sistemi za izviđanje i osmatranje, već i oni koji su stacionirani na plovnim jedinicama i na zemlji.

U okviru Obaveštajne službe za osmatranje i izviđanje deluje i Nacionalni vazduhoplovni i kosmički obaveštajni centar *(National Air and Space Intelligence Center – NASIC)* koji predstavlja izvršnu agenciju za tehničku analizu protivničkih vazduhoplova, balističkih projektila velikog dometa i kosmičke tehnologije. Razvojna strategija obaveštajnog elementa Ratnog vazduhoplovstva usmerena je na povećanje tehničkih mogućnosti, koje bi trebale omogućiti praćenje odabranih ciljeva u svim klimatskim uslovima i na svakoj tački zemljine kugle.

4.1.12. Kopnena vojska SAD

Najbrojnija obaveštajna organizacija u Sjedinjenim Američkim Državama svakako je ona koja deluje u sastavu Kopnene vojske SAD *(US Army Intelligence and Security Command – INSCOM)*. Međutim, najveći deo te službe predstavlja relativno konvencionalni vojni element čija je osnovna uloga pružanje obaveštajne podrške snagama u čijem se sastavu nalazi. Sa rapidnim povećavanjem zahteva za obaveštajnom podrškom posle Drugog svetskog rata, sazreli su i uslovi za formiranje autonomne obaveštajne organizacije u okviru Kopnene vojske SAD, pa je 1962. godine uspostavljena Obaveštajno-bezbednosna služba *(Intelligence and Security Branch)*, koja je 1967. godine preimenovana u Vojno-obaveštajnu službu, odnosno korpus *(Military Intelligence Corps – MI)*. Koncepcija intervencionizma kao temelja američke vojne doktrine i odbrana pozicije najmoćnije sile sveta zahtevaju pre svega izuzetnu obaveštenost i vladanje situacijom, pa je u poslednjih nekoliko godina, kao direktna posledica toga, došlo do uvećavanja i „obogaćivanja" vojno-obaveštajnih elemenata koji su u američkoj vojsci prisutni već od nivoa bataljona (u vidu zasebne štabne sekcije, tzv. S2).

Razvojni plan ove službe u narednom periodu predviđa:

– povećanje vojno-obaveštajnih kapaciteta i ujednačavanje veština;

– stvaranje i unapređenje integrisane obaveštajne tehničko-informatičke mreže;

– revitalizaciju obaveštajnog rada sa ljudskim izvorima (Human Intelligence – HUMINT);

– povećanje obaveštajne gotovosti.

Suočavanje sa novim izazovima i pretnjama na globalnom planu, a pre svega terorizmom, dovelo je do potrebe da se, o čemu je već bilo reči, ponovo stavi fokus na obaveštajni rad sa ljudskim izvorima, pa je zbog toga došlo do skoro radikalnog povećanja vojno-obaveštajnih elemenata u okviru taktičkih sastava američke vojske. Tako danas modularna obaveštajna grupacija, odnosno „S2 sekcija" u sastavu brigadnog borbenog tima broji skoro dva puta više oficira i narednika nego nekadašnje brigadne obaveštajne sekcije, a svaki tim u svom sastavu ima organsku vojno-obaveštajnu četu sa raznovrsnim kapacitetima koji uključuju i prislušne sisteme, bespilotne letelice, kao i analitičke platforme.

Vojno-obaveštajna služba se ne uključuje neposredno u rad Obaveštajne zajednice, već preko svojih predstavnika u armijskim komandnim telima i odborima, ali ostaje njen izuzetno značajan član, pre svega zbog količine i važnosti podataka koje obezbeđuje i obrađuje, te zbog drugih svojih kapaciteta, kao što su edukativni (Vojno-obaveštajni centar u Fort Huačuki u Arizoni).

4.1.13. Obalska straža SAD

Obalska straža Sjedinjenih Država *(United States Coast Guard – USCG)* je vojna pomorska služba u sastavu Ministarstva unutrašnje bezbednosti i jedna je od pet komponenti oružanih snaga SAD. Već letimičan pogled na geografiju Sjedinjenih Američkih Država, koje imaju izlaz na dva okeana, dovoljno govori o važnosti ove službe u zaštiti američkih ekonomskih i bezbednosnih interesa u obalnom pojasu.

Obalska straža ima veoma raznovrsne misije, koje se kreću u rasponu od vojnih do policijskih, što uslovljava veliku potrebu za vrhunskom obaveštajnom podrškom. Pored informacija dobijenih od ostalih članica Obaveštajne zajednice, vođstvo i operativni komandanti Obalske straže oslanjaju se i na rad Obaveštajnog i kriminalističko-istražnog programa Obalske straže *(Coast Guard Intelligence and Criminal Investigations Program – CGICIP)* koji se sastoji od Nacionalnog obaveštajnog elementa *(National Intelligence Element)*, Kriminalističko-istražne službe *(Criminal Investigations Service)*, Kontraobaveštajne službe *(Counterintelligence Service)* i Službe za kriptografiju *(Cryptologic Service)*.

Obalska straža je uključena u Obaveštajnu zajednicu u decembru 2001. godine i od tada njen obaveštajni element doživljava kontinuirani razvoj. U dosadašnjem periodu razvijeni su sledeći elementi:

1. Pomorski obaveštajni centri,
2. Terenski timovi za obaveštajnu podršku,
3. Obaveštajni koordinacijski centar,
4. Kontraobaveštajna služba,
5. Pozicija atašea Obalske straže koji svoj rad koordinira sa obaveštajnim elementima Ministarstva odbrane,
6. Sistem globalne pomorske obaveštajne integracije kroz koji se ostvaruje saradnja sa Ratnom mornaricom i ostalim članicama Obavcštajnc zajednice,
7. Predstavnici Obalske straže u FBI protivterorističkim timovima,
8. Element kriptološke službe, kao deo Nacionalne službe bezbednosti.

4.1.14. Marinski korpus SAD

Malo je vojnih organizacija na svetu koje pridaju toliki značaj obaveštajnom radu kao što je to Marinski korpus Sjedinjenih Američkih Država *(United States Marine Corps)*. Prema doktrini Marinskog korpusa, obaveštajni rad se smatra za osnovu operativnog delovanja i premisa na kojoj se razvijaju obuka, doktrina i oprema Korpusa. S obzirom na ulogu Marinskog korpusa koji se pretežno angažuje na taktičkom nivou ratovanja, obaveštajni sistem ovog elementa oružanih snaga SAD je fokusiran na podršku taktičkim operacijama, što uslovljava i njegovu fizionomiju i organizaciju. Na čelu ove službe nalazi se obaveštajni direktor koji je ujedno i primarni štabni oficir i savetnik komandanta Marinskog korpusa za sva pitanja iz oblasti obaveštajnog i kontraobaveštajnog rada i kriptologije.

Slično obaveštajnom sistemu u okviru Kopnene vojske, tako i onaj koji je razvijen za potrebe Marinskog korpusa uglavnom posredno učestvuje u radu Obaveštajne zajednice, preko svojih delegiranih predstavnika u združenim telima. Međutim, Marinski korpus je aktivno uključen u tri komponente Nacionalnog obaveštajnog programa, i to u:

– Konsolidovani kriptološki program (Consolidated Cryptologic Program – CCP)

– Inostrani kontraobaveštajni program (Foreign Counterintelligence Program – FCIP)

– Glavni odbrambeni obaveštajni program (General Defense Intelligence Program – GDIP).

4.1.15. Mornarica SAD

Najstarija obaveštajna služba u Sjedinjenim Američkim Državama koja je još uvek aktivna jeste ona u sastavu Ratne mornarice SAD. Uspostavljena kao Obaveštajna kancelarija još 1882. godine u okviru Mornaričkog biroa za navigaciju, ova je služba danas izrasla u organizaciju koja angažuje više od 20.000 uniformisanih lica i civila. Oficir koji se nalazi na čelu ove službe, Direktor za pomorski obaveštajni rad *(Director of Naval Intelligence – DNI)*, ujedno je i savetnik sekretara mornarice i načelnika za pomorske operacije za sva pitanja u vezi sa obaveštajnim radom i najviši je predstavnik Ratne mornarice u Obaveštajnoj zajednici.

Primarni obaveštajni element Ratne mornarice je Kancelarija za pomorski obaveštajni rad *(Office of Naval Intelligence – ONI)*, smeštena u okviru Nacionalnog pomorskog obaveštajnog centra *(National Maritime Intelligence Center – NMIC)* u Suitlandu, država Merilend, dok je ostatak obaveštajnog osoblja razmešten u združenim obaveštajnim centrima, kriptološkim centrima i u flotnim sastavima.

Zbog svoje sposobnosti da u relativno kratkom vremenu ostvari svoje prisustvo na bilo kojoj tački zemljine kugle, američka Ratna mornarica je, pored konvencionalne uloge, dobila i čitav niz dodatnih misija, u rasponu od borbe protiv trgovine narkoticima do protivterorizma, čime su znatno povećane potrebe za obaveštajnim informacijama. Pored toga, značaj obaveštajnog elementa u okviru Ratne mornarice dodatno je naglašen činjenicom da mornarica uglavnom operiše na velikim udaljenostima od teritorije SAD, što zahteva stalnu razmenu informacija koje neko mora efikasno štititi od protivničkog interesovanja. Zbog toga se kriptološka služba u okviru Ratne mornarice SAD razvila u jednu od najkvalitetnijih organizacija ove vrste u svetu.

4.2. Obaveštajno-bezbednosni sistem Ruske Federacije (RF)

Obaveštajno-bezbednosni sistem Ruske Federacije (RF) i pored reformskih promena s kraja 20. veka (raspad bivšeg SSSR) i dalje u svetu važi za jedan od najrespektabilnijih sistema, kome do današnjeg dana posebnu i najveću pažnju poklanja i dalje glavni konkurent u globalnim svetskim međunarodnim odnosima – SAD. Naime, prema podacima iz Bele kuće, u studiji *Strategija nacionalne odbrane iz 1995.* godine, obaveštajne službe Rusije (posebno one koje su okrenute ka inostranstvu) su ostale američkim službama glavni konkurenti u međunarodnim odnosima, zbog čega im se poklanja posebna pažnja i prema njima se pokazuje poseban respekt. Tu činjenicu ni za pedalj nisu pomerile reformske (dobrim delom demokratske) promene na teritoriji najveće zemlje na svetu, niti raniji raspad SSSR i stvaranje Ruske Federacije, u kojoj postoji jaka centralna uprava sa vrlo istaknutom ulogom predsednika države u čijim je rukama koncentrisana kompletna izvršna vlast, pa i nadležnosti u obaveštajno-bezbednosnim poslovima.

Ako se to razume, onda ćemo mnogo lakše i razumeti izjavu doskorašnjeg predsednika Rusije, Vladimira Putina, o tome kako njegova velika zemlja ima i dalje veoma jake adute za svaku zemlju sveta, oličene u najnovijim raketnim sistemima kojima nije dorastao ni jedan odbrambeni sistem i koje svoje ciljeve i interkontinentalne putanje mogu da menjaju i u toku direktnog leta ka cilju. Ovo javno upozorenje „Velikog Vladimira", saopšteno na konferenciji za štampu pred više od 100 novinara iz celoga sveta, sasvim je sigurno, ima „debelo" uporište u delovanju moćnih obaveštajnih službi Rusije, pa je sada razumljivo i ono saopštenje Bele kuće od pre desetak godina. Jer, prema podacima iz osamdesetih godina 20. veka, broj zaposlenih u čuvenom KGB varira iz godine u godinu, ali se smatra da dostiže fantastičnu cifru od oko 700.000 pripadnika![54]

Kompletna svetska javnost zna šta za rusku državu znače njihove tajne obaveštajne službe, počevši od čuvenog NKVD pa do KGB (Komitet državne bezbednosti), koji je i pored reorganizacije i transformacije kompletnog političkog sistema na tlu nekadašnjeg SSSR 1991. godine sačuvao vitalno operativno jezgro, koje je nastavilo nesmetani rad pod direktnim nadzorom i kontrolom predsednika Ruske Federacije.[55] Brojne provale, upadi u ruski obaveštajni sistem, koji su se desili posle raspada SSSR, prebezi ruskih tajnih agenata na Zapad nisu u tolikoj meri oštetili taj moćni aparat da on ne bi mogao da nastavi rad u novim državnim formama i oblicima do današnjih dana.

---

[54] Charles Gurin, "FSB restrukturing more odest thanexpected"; 2007.
[55] Savić A., Delić M. i Bajagić M., Bezbednost sveta – od tajnosti do javnosti, Institut bezbednosti, Beograd, 2002, str. 277.

Ako bi se posmatrao istorijski kontinuitet razvoja ruskih obaveštajnih službi, onda se uočava sasvim jasan cilj njenog razvoja isključivo sa tačke gledišta njene funkcije. U prvim fazama nastanka i razvoja imao je prevashodnu ulogu da zaštiti cara i monarhiju u borbi kako protiv spoljnih, tako i unutrašnjih neprijatelja. U toku potonjih burnih političkih promena na tlu najveće svetske države, ovaj aparat je imao odlučujuću represivnu ulogu u zaštiti prve u svetu Republike Sovjeta i kasnije u odbrani mlade komunističke države od unutrašnje reakcije i spoljašnjih političkih protivnika. U svojoj postmodernoj reformsko-demokratskoj fazi, on je ostao jedan od temeljnih stubova mlade demokratije protkane njihovim putem privredno-ekonomskog oporavka.

Taj proces oporavka predvodi danas više nego uspešno doskorašnji predsednik i sadašnji premijer Vladimir Putin, jasno stavljajući do znanja svima u svetu da se „veliki ruski medved" probudio iz dugog sna i da se sa njim mora najozbiljnije računati u narednom periodu svetskih međunarodnih odnosa. A, posebno kada su u pitanju sve izraženije secesionističke težnje pojedinih naroda, nacionalnih manjina u međunarodno priznatim državama koje kao takve već dugo postoje.

Rad današnjih ruskih obaveštajnih službi i kompletnog obaveštajno-bezbednosnog sektora nije ništa drugo nego prekopiran način funkcionisanja čuvenog KGB. Promenom državno-političkog uređenja, odnosno formiranjem Zajednice Nezavisnih Država, Ruske Federacije i transformacijom ukupnog spoljnopolitičkog „kursa", osnovani su novi organi za rukovođenje, kontrolu i usmeravanje kompletnog obaveštajno-bezbednosnog sektora.

Najviši državno-politički organ za nacionalnu bezbednost, osnovan 1992. godine, jeste Savet bezbednosti Ruske Federacije.[56] Njegov osnovni zadatak je razrada strategije nacionalne bezbednosti države, unutrašnje i vojne,

---

[56] Savić A., Delić M. i Bajagić M., Bezbednost sveta – od tajnosti do javnosti, Institut bezbednosti, Beograd, 2002, str. 278.

spoljne politike, ostvarivanje uvida u funkcionisanje kompletnog sistema bezbednosti, operativna razrada strateškog postavljanja i stalni uvid u načine njenog ostvarivanja, bez obzira da li je u pitanju unutrašnja nacionalna bezbednost ili aktivnosti koje su preventivno usmerene ka inostranstvu.

Po funkciji, predsednik Ruske Federacije je predsednik Saveta bezbednosti, a u sastavu ovog tela po službenoj dužnosti se nalaze, takođe, njegov zamenik, predsednik vlade, kao i sekretar Saveta, dok njegovi članovi mogu da budu i rukovodioci federalnih ministarstava, ali i druga lica koje predloži predsednik Saveta. Sastanke Saveta za bezbednost zakazuje i vodi lično predsednik Rusije i održavaju sa najmanje jedan put mesečno, a po potrebi i češće. On kontroliše kompletan obaveštajni rad, policijski rad i sve druge aktivnosti vlade koje se odnose na odbranu nacionalnih interesa zemlje.

Osim Saveta za bezbednost, u državnom ustrojstvu Ruske Federacije deluje i Savet odbrane, koji radi u okviru predsedničkog kabineta, a zadatak mu je da formuliše i koordinira odbrambenu politiku zemlje. Njegovi članovi su, osim predsednika zemlje i predsednika vlade, ministri vojske i unutrašnjih poslova, načelnik Generalštaba, direktori najznačajnijih obaveštajnih i bezbednosnih ustanova u Rusiji.

U okviru delokruga rada predsednika Rusije, treba pomenuti i delovanje Državne tehničke komisije i njene Glavnu naučno-tehničku upravu, čiji je isključivi zadatak zaštita tajnih informacija. Shodno predsedničkom ukazu, njen glavni zadatak jeste zaštita svih informacija koje su od vitalnog značaja za nacionalnu bezbednost zemlje i posebno istraživački rad u oblasti novih naučnih i tehnoloških otkrića na planu informacione bezbednosti.

Zakonom o borbi protiv terorizma iz 1998. godine osnovana je i posebna Federalna antiteroristička komisija. To je specijalizovano telo izvršne vlasti koje koordinira rad svih službi koji se odnosi na sva pitanja borbe protiv terorizma, što je u direktnoj vezi osa čuvanjem bezbednosti zemlje.

Jasno se uočava da su obaveštajno-bezbednosni poslovi koncentrisani u rukama predsednika, odnosno izvršne vlasti. Parlamentarni nadzor u funkcionisanju i delovanju obaveštajno-bezbednosnog sistema ostvaruje se kroz rad dva komiteta: Komiteta za bezbednost državne dume federalne skupštine i komisije vrhovnog saveta Ruske Federacije za odbranu i bezbednost. Njihovi članovi se biraju pismenim putem, odnosno izjavama, dok se predsednici ovih tela i njihovi zamenici biraju na osnovu predloga takozvanih deputatskih odbora širom zemlje.

Da bi se shvatio današnji način funkcionisanja obaveštajno-bezbednosnog sistema Ruske Federacije, potrebno je da razumemo način funkcinisanja ranijeg čuvenog KGB, jer današnji sistem nije ništa drugo nego modifikovani stari način funkcionisanja.

Javnosti je poznato da je još tokom Drugog svetskog rata Staljin reformisao tadašnje obaveštajne službe, možda delimično i zbog činjenice što su Sovjeti (i njihove službe) bili zatečeni napadom fašista i strahovitim ratnim razaranjima i milionskim žrtvama svoga naroda. Poznato je, takođe, da je Staljin pre Drugog svetskog rata baš pomoću NKVD vodio političke procese protv bivših rukovodilaca partije, države i vojske, osnivanjem čuvenih logora smrti, a sve pod parolom da su oni bili strani agenti i kapitalistički plaćenici.

Iz nekada čuvenog NKVD *(Narodni komesarijat unutrašnjih poslova)*, koji je pre i tokom Drugog svetskog rata bio sinonim političke policije, prvo se izdvojila, još pre Drugog svetskog rata, Glavna obaveštajna uprava (GRU)[57]. Ona je kao prva vojna obaveštajna uprava preživela sve promene i transformacije – od SSSR pa do Ruske Federacije. Poznato je i to da je posle završetka Drugog svetskog rata čuveni NKVD 1946. godine transformisan u dva ministarstva – ministarstvo unutrašnjih poslova i ministarstvo državne bezbednosti. Tek je posle Staljinove smrti 1953. godine i tadašnjih burnih političkih dešavanja u samom vrhu sovjetske države došlo do novih transformacija obaveštajno-bezbednosnih službi i objedinjavanja rada ova dva ministarstva u Komitet državne bezbednosti (KGB). Kao što se može videti, okosnicu ovog sistema u

---

[57] Kolpadiki A, „The GRU Empire"- 2007.

SSSR, sve do 1991. godine i stvaranja Zajednice nezavisnih država, činile su tri institucije: KGB, GRU i oružane formacije.

Bio je to period komplikovane i teške hladnoratovske politike prvenstveno između dve supersile (SAD i SSSR) koji je bio praćen brojnim incidentima, prebezima agenata na obe strane i povremenim međunarodnim krizama. Primera radi, čuvena je kubanska kriza, kada je u nastojanju da ostvari svoj plan sovjetski lider Nikita Hruščov u Savetu bezbednosti UN cipelom lupao po govornici govoreći čuveno „njet!" Bio je to period kada se KGB relativno uspešno suprostavljao svim oblicima subverzivnog delovanja koje je Zapad intenzivno sprovodio i kada je imao status državnog komiteta pri Savetu ministara. Od 1978. godine, predsedavajući KGB je postao član Saveta ministara, čime je ova služba dobila još veći značaj. KGB je bio u stvari ruski državni komitet, a iz centrale u Moskvi je kontrolisan i koordiniran rad komiteta i potkomiteta u ostalih 14 republika. Pomenuti komiteti su se dalje organizaciono račvali u rejone i okruge, odnosno sekcije i odeljenja, čime je bila apsolutno pokrivena kompletna teritorija ondašnjeg SSSR. Za svoj rad su imali i specijalna odeljenja potkazivača, koji su im pomagali u radu i ona je postojala u svim institucijama sistema, bez obzira što su one bile pod strogim nadzorom državno-političkog vrha zemlje. Na čelu službe je bio predsedavajući, koga je samo formalno postavljao Vrhovni sovjet, a u stvari ga je birao najviši politički organ, Politbiro CK KPSS, zajedno sa njegovim zamenicima i pomoćnicima.

Nikada niko nije zvanično govorio o stvarnoj strukturi organizacije i modalitetima rada KGB i o tome se tek nešto više saznalo posle prebega uticajnih ljudi iz službe. Zna se, na primer, da je imao više od 5 direktorata i da je funkcionisao po sistemu uprava.

Prva uprava bila je zadužena za operacije prema inostranstvu i imala je dve službe: za obuku agenata i za praktičan rad. Imala je i posebne jedinice za namenske operacije, poput jedinice „Specnjaz", osnovanu 1981. godine sa zadatkom izviđanja, sabotaža i drugih misija u inostranstvu. Pored toga, Prva uprava je u svom sastavu imala direkciju za plan i analizu, tehnički odsek i, posebno, direkciju za ilegalce, zaduženu za regrutovanje, obuku i upućivanje oficira KGB u inostranstvo, koji su tamo radili pod lažnim identitetima i zanimanjima, a najčešće pod okriljem diplomatske službe.

Posebno je zanimljiva regionalna podela Prve uprave KGB, shodno zemljama na koje je stavljen akcenat operativnog rada: tako je Prvi odsek pokrivao SAD i Kanadu; Drugi Latinsku Ameriku; Treći Veliku Britaniju; Australiju, Novi Zeland i Skandinaviju; Četvrti SR Nemačku i Austriju; Peti Francusku, Španiju, Holandiju, Belgiju, Luksemburg i Irsku; Šesti Kinu, Vijentam Severnu i Južnu Koreju; Sedmi Japan, Indoneziju, Indiju i ostali deo Azije; Osmi arapske zemlje, Jugoslaviju, Tursku, Grčku, Albaniju, Iran, Avganistan; Deveti odsek afričke zemlje sa engleskog govornog područja; i Deseti koji je pokrivao afričke zemlje francuskog govornog područja.

Zanimljivo je da su ostali odseci u Prvoj upravi imali neke druge zadatke, kao što je održavanje veza sa partnerskim službama na Kubi i zemljama Istočne Evrope. Posebno je poznat Odsek savetnika, čiji je to bio isključivi zadatak. Postojali su, zatim, odseci pripreme ljudstva za akcije pod lažnim identitetom širom sveta, za sigurne komunikacije sa centralom, za falsifikovanje pasoša i druge dokumentacije, za pisanje nevidljivim materijalima i hemikalijama. Petnaesti odsek je čuvao arhivu i druga poverljiva dokumenta, dok je šesnaesti odsek regrutovao mlade oficire za buduće složene operacije, posebno sa Instituta za međunarodne poslove i drugih visokoškolskih ustanova u Moskvi.

Služba nije imala velikih problema pri regurtovanju ljudi za rad u inostranstvu. Visoka plata, vojni činovi i život u inostranstvu sa mogućnošću učenja stranih jezika bili su dovoljno dobri mamci za mlade ljude. Međutim, postojala je i stalna bojazan da će oni podleći izazovima čari života iza „gvozdene zavese". To je u jedno bio i glavni problem mogućeg preobraćanja poslatih agenata i stvaranja uslova za kontrašpijunažu, što je bio i jedan od glavnih ciljeva najvećeg konkuretna – američka CIA. Naravno, ako uspe da otkrije agente KGB u svetu.

Druga uprava KGB bila je zadužena za kontraobaveštajni rad, protivterorizam i za unutrašnju kontrolu građana i stranaca u zemlji. Zadatak Treće uprave bio je vojni kontraobaveštajni rad i politički nadzor oružanih snaga. Posebno je zanimljiva bila delatnost Sedme uprave za praćenje i nadzor sumnjivih građana i stranaca u zemlji. Ona je uglavnom fokusirana na Moskvu i Lenjingrad, današnji Sankt Petersburg, gde je bila najveća koncentracija inteligencije, ali i stranaca, posebno turista.

Izložili smo, u najkraćim crtama, osnovne elementa organizacione šeme KGB koja je do sada poznata javnosti i konkurentskim službama u svetu, što ne znači da ona, pored ovih oblika organizovanja, nije imala i one za koje još niko u svetu ne zna. Jer, dobro je poznato da je svaki pripadnik KGB bio i član partije, a na taj način se ova služba dodatno obavezivala i skoro hermetički zatvarala sve moguće kanale za odliv informacija. Naročito onih informacija koje su bili od vitalnog značaja po sudbinu zemlje.[58]

Već smo rekli da je sadašnja *Spoljna obaveštajna služba (SVR)* u stvari naslednik prve Uprave KGB i da se bavi prikupljanjem i obradom obaveštajnih podataka iz inostranstva o ugrožavanju vitalnih interesa Ruske Federacije od potencijalnih protivnika. Svoje aktivnosti obavlja kroz široku mrežu agentura, čiju podlogu čine najsavremenije naučno-tehnološke metode rada. Ona je zadužena i za bezbednost institucija i porodica koje se nalaze na radu u inostranstvu u različitim i brojnim diplomatsko-konzularnim misijama.

Finansira se iz budžeta i uglavnom su sve sednice parlamentarnih komiteta i potkomiteta zatvorene za javnost kada se govori o radu službe, njenim troškovima i raspravlja o prikupljenim podacima. Dok parlamentarnu kontrolu rada službe obavljaju Komitet za bezbednost Državne dume federalne skupštine i komisija Vrhovnog saveta za odbranu i bezbednost, uvedena je institucija Generalnog

---

[58] Viktor Suvorov, „Aquarium", slika strukture GRU.

kontrolora kada je reč o pitanjima koja se odnose na svrhu i modaliteta trošenja budžetskih sredstava.

Na čelu spoljne obaveštajne službe nalazi se njen predsednik, koji ima prvog i tri druga zamenika. Primera radi, tu funkciju je dugo obavljao Evgenij Primakov, ali je posle njegovog postavljenja na položaj ministra inostranih poslova umesto Andreja Kozirjeva na tu funkciju u SVR imenovan general-pukovnik Vječeslav Trubnikov. On je diplomirao na Moskovskom institutu za spoljne poslove, a specijalizovao se za azijske zemlje. Dosadašnji radni vek proveo je u KGB, a od toga 15 godina u Aziji, gde je radio pod maskom novinara (isto kao nekada Primakov na Bliskom istoku). Još od 1992. godine on je obavljao funkciju zamenika direktora SVR.

Treba da ukažemo i na to da je kompletna služba SVR podeljena na: političko-obaveštajni sektor, ekonomski, naučno-tehnički i spoljni kontraobaveštajni sektor. Iz samih naziva sektora SVR jasno se vidi i koji su strateški zadaci i prioriteti u radu službe kada je u pitanju inostranstvo, odnosno spoljni svet ma koliko on bio blizu ili udaljen od granica Ruske Federacije. Pada u oči i to da i kod Rusa, baš kao i kod Amerikanaca, strateški interesi ne zavise od geografskih razdaljina, što znači da njihovi vitalni interesi mogu da budu ugroženi i hiljadama kilometara daleko od njihovih granica.

Interesantno je da SVR u svom sastavu ima i specijalnu antiterorističku jedinicu „Barjak" zadržanu još iz vremena KGB, koja ima oko 500 veoma dobro obučenih specijalaca i zadužena je za akcije na teritorijama drugih država. Posle raspada SSSR, ova jedinica je, zajedno sa specijalnom grupom „Alfa", zadužena za zaštitu Federacije da bi 1993. godine prebačena u sastav ministarstva unutrašnjih poslova nastavljajući rad pod imenom „Vimpcl".

Od postojećih službi koje danas deluju u okviru Ruske Federacije (RF), posebno mesto zauzima *Federalna služba bezbednosti (FSB)*,[59] koja je takođe naslednik KGB u poslovima unutrašnje bezbednosti i to ranijeg Drugog, Trećeg i Petog direktorata KGB.[60] Ukazom predsednika RF, 1993.godine, osnovana je Federalna kontraobaveštajna služba (FSK) iz koje je nastala FSB. Ova operativno-bezbednosna ustanova direktno je potčinjena predsedniku Rusije i Vladi RF, a bavi se obaveštajnim i bezbednosnim poslovima Ruske Federacije. Njena ovlašćenja su posebno pojačana usvajanjem zakona 1995. godine, u kojem je određeno da pripadnici službe bez sudskog ovlašćenja mogu da štite i plaćaju svoje doušnike i druge kontraobaveštajne i policijske organizacije. Takođe, mogu da upadaju u kancelarije i prostorije i da izvode akcije i bez sudskog naloga, ali moraju o tome da obaveste tužioca u roku od 24 sata posle izvođenja akcije.

Ono što je isto tako bitno da istaknemo jeste činjenica da su organi Federalne službe bezbednosti (FSB) sastavni deo sile osiguranja bezbednosti Ruske Federacije. Oni su zaduženi za obezbeđenje i bezbednost ličnosti, društva i države i u svim drugim oblastima koje su im date u nadležnost.

Rukovođenje obaveštajno-bezbednosnom zajednicom u Ruskoj Federaciji je centralističkog tipa. Neposrednu nadležnost u rukovođenju aktivnostima organa Federalne službe bezbednosti imaju predsednik Ruske Federacije i Vlada Ruske Federacije.

Organi Federalne službe bezbednosti su ustrojeni tako da predstavljaju jedinstveni centralizovani sistem u čijem sastavu su:

– Federalna služba bezbednosti Ruske Federacije

– uprave (odeljenja) Federalne službe bezbednosti podeljeni po regionima i subjektima Ruske Federacije (teritorijalni organi bezbednosti)

---

[59] Savić A., Delić M. i Bajagić M., Bezbednost sveta – od tajnosti do javnosti, Institut bezbednosti, Beograd,2002, str. 294.
[60] *Ibidem*, str. 296.

– uprave (odeljenja) Federalne službe bezbednosti Ruske Federacije i oružana sila ruske vojske i drugih vojnih formacija, kao i organa uprave (organi bezbednosti u vojnim i državnim strukturama)

Kada je reč o teritorijalnim organima bezbednosti i organima bezbednosti u vojsci i državnim strukturama, oni su direktno potčinjeni Federalnoj službi bezbednosti Ruske Federacije

Pored toga, organi Federalne službe bezbednosti pod svojom komandom imaju i nastavne objekte, naučno-istraživačke, specijalističke i vojno-medicinske ustanove i odeljenja, vojno-industrijske ustanove, centre specijalne proizvodnje, kao i ustanove od posebnog značaja. Karakteristično je istaći da je i Pogranična služba Ruske Federacije, kao jedna od najvećih službi ove vrste u svetu, takođe potčinjena Federalnoj službi bezbednosti.

Zakon o FSB ne dozvoljava formiranje novih organa Federalne službe bezbednosti koji nisu predviđeni federalnim zakonom. Takođe, u organima Federalne službe bezbednosti zabranjuje se i stvaranje organizacionih struktura i delovanje političkih partija, masovnih društvenih pokreta vođenih političkim ciljevima, kao i vođenje propagande i predizbornih kampanja. Izvršena je, dakle, potpuna departizacija sistema. Federalna služba bezbednosti Ruske Federacije deluje kao organ federalne izvršne vlasti.

Ona stvara teritorijalne organe bezbednosti i organe bezbednosti u vojnim strukturama; postavlja njihovo rukovodstvo i organizuje njihovu delatnost; u okviru svojih ovlašćenja propisuje i usvaja pomoćne normativne akte; i neposredno je uključena u osnovne pravce delovanja organa Federalne službe bezbednosti.

Organizaciona struktura i organizacija delovanja Federalne službe bezbednosti Ruske Federacije uređena je odredbama i direktivama koje donosi predsednik Ruske Federacije.

Na čelu Federalne službe bezbednosti Ruske Federacije je njen direktor, koji je po svojim ovlašćenjima u rangu federalnog ministra. Dužnosti direktora Federalne službe bezbednosti odgovara vojno zvanje general-armije.

Pravna osnova delovanja organa Federalne službe bezbednosti nalazi u Ustavu Ruske Federacije, kao i u sadašnjem Federalnom zakonu o FSB, drugim federalnim zakonima i ostalim normativnim pravnim aktima federalnih organa državne vlasti. Delatnost organa Federalne službe bezbednosti ostvaruje se i u saglasnosti sa međunarodnim ugovorima koje je sklopila Ruska Federacija.

Osnovni principi delovanja organa Federalne službe bezbednosti zasnovani su na:

– zakonitosti;

– uvažavanje i poštovanje prava i sloboda čoveka i građanina;

– humanosti;

– jedinstvu sistema organa Federalne službe bezbednosti i centralizaciji upravljanja istim;

– tajnosti, kombinovanju javnih i tajnih metoda i sredstava delovanja.

Ruska Federacija, kao država, garantuje poštovanje prava i sloboda čoveka i građanina koje ostvaruju – realizuju organi Federalne službe bezbednosti u svojoj delatnosti. Ograničavanje prava i sloboda čoveka i građanina se ne dopušta, a izuzetni slučajevi su predviđeni federalnim ustavom i federalnim zakonima.

Zakon o delovanju FSB predviđa mogućnost da lice koje smatra da su organi Federalne službe bezbednosti vršeći svoju dužnost narušili njegova prava i slobode ima pravo da se žali na postupke navedenih organa i odgovornih lica višim organima Federalne službe bezbednosti, tužiocu ili sudu. Državni organi, predstavništva, ustanove i organizacije, nezavisno od njihovih oblika i namene, a takođe i društvene zajednice i građani, imaju pravo da u slučaju ograničenja njihovih prava i slobode dobiju objašnjenje i informaciju od organa Federalne službe bezbednosti, u saglasnosti sa zakonodavstvom Ruske Federacije. Državni organi, kao što su predstavništva, ustanove i organizacije, nezavisno od njihovog oblika i namene, a takođe i društvene zajedinice i građani, imaju pravo da traže obeštećenje za moralnu i materijalnu štetu pričinjenu delovanjem i postupcima lica i organa FSB prilikom izvršenja njihovih službenih obaveza.

Svi podaci dobijeni u procesu delovanja organa FSB, a posebno podaci o ličnom životu koji zadiru u dostojanstvo građanina ili mogu da povrede njegove zakonite interese, ne mogu da budu saopšteni od strane organa FSB, osim ako bi to bilo uz saglasnost građanina, isključivo u posebnim slučajevima predviđenim federalnim zakonima. U slučajevima narušavanja prava i sloboda čoveka i građana, saradnika organa Federalne službe bezbednosti, odgovorni rukovodilac organa FSB, tužilac ili sudija su obavezni da primene mere radi ponovnog uspostavljanja prava i sloboda povređenih kojima je naneta šteta, kao i da utvrde odgovornost počinilaca na osnovu pravnih akata Ruske Federacije.

Zakon predviđa da službena lica u organima FSB, koja su dopustila zloupotrebu ili prekoračenje ovlašćenja, odgovaraju shodno zakonima Ruske Federacije.[61] Građani Ruske Federacije u vojnoj službi (ili na radu) u organima Federalne službe bezbednosti, kojima je pri tome dozvoljen pristup podacima o organima i delovanju FSB, prolaze proceduru legalizacije pristupa podacima koji predstavljaju državnu tajnu, ukoliko relevantnim zakonima Ruske Federacije nije predviđen neki drugi postupak. Ovakva procedura podrazumeva prihvatanje obaveze tih lica da neće odavati tu vrstu podataka. Građani Ruske Federacije koji imaju pristup podacima o organima i delovanju FSB koji predstavljaju državnu tajnu snose odgovornost za njihovo eventualno odavanje, u skladu sa relevantnim zakonskim aktima Ruske Federacije.

Dokumenti i materijali koji sadrže podatke o mirnodopskom sastavu organa FSB, licima koja pružaju ili se njima pruža pomoć na poverljivoj osnovi, kao i o organizaciji, taktici, metodama i sredstvima izvršenja kontraobaveštajne, obaveštajne i operativno-istražne aktivnosti od strana organa FSB, podležu čuvanju u arhivama organa Federalne službe bezbednosti. Materijali iz arhive organa FSB sa istorijskom i naučnom vrednošću, koji su inače dostupni u skladu sa

---

[61] Charles Gurin, tekst pod naslovom „FSB restrukturing more modest than expected", govori o reformi FSB.

zakonodavstvom Ruske Federacije, predaju se na čuvanje i arhiviranje Državnoj arhivskoj službi Rusije u postupku utvrđenom zakonodavstvom Ruske Federacije.

Osnovni pravci delovanja organa Federalne službe bezbednosti su:

– kontraobaveštajno delovanje, i
– borba protiv kriminala.

Obaveštajna delatnost i drugi pravci delovanja organa FSB definišu se Federalnim zakonom o delovanju FSB i drugim saveznim zakonima. U cilju dokumentovanja aktivnosti organa FSB i njenih rezultata mogu se koristiti informacioni sistemi, video i audio snimci, filmovi i fotografije, ostala tehnička sredstva, kao i neka druga sredstva. Zakonom je određeno da delovanje organa FSB i metodi i sredstva koje oni primenjuju ne smeju da nanose štetu životu i zdravlju ljudi, kao ni okolini.

Kontraobaveštajno delovanje podrazumeva aktivnosti organa FSB u granicama njihovih ovlašćenja na otkrivanju, odvraćaju i presecanju obaveštajnog i nekog drugog delovanja specijalnih službi i organizacija inostranih država, kao i pojedinih lica, usmerenih na nanošenje štete bezbednosti Ruske Federacije.

Osnovni elementi za preduzimanje kontraobaveštajnih aktivnosti od strane organa Federalne službe bezbednosti su:

a) postojanje podataka o predznacima obaveštajnog i nekog drugog delovanja specijalnih službi i organizacija inostranih država, kao i pojedinih lica, usmerenog na nanošenje štete bezbednosti Ruske Federacije;

b) neophodnost obezbeđenja zaštite podataka koji čine državnu tajnu;

c) neophodnost provere lica koja pružaju pomoć ili učestvuju u saradnji sa organima FSB na poverljivoj osnovi;

d) neophodnost vođenja računa o sopstvenoj bezbednosti.

Spisak elemenata za preduzimanje kontraobaveštajnog delovanja može da bude izmenjen ili dopunjen isključivo saveznim zakonima.

U toku kontraobaveštajnog delovanja, organi FSB mogu da koriste javne i tajne metode i sredstva, čiji se poseban karakter određuje u skladu sa uslovima tog delovanja. Postupak korišćenja tajnih metoda i sredstava pri vršenju kontraobaveštajnog delovanja utvrđuje se normativnim aktima Federalne službe bezbednosti Ruske Federacije. Preduzimanje kontraobaveštajnih aktivnosti koje zadiru u tajnu prepisku, telefonske razgovore, poštanske, telegramske i neke druge vidove komunikacija građana dopušten je isključivo na osnovu sudskog rešenja u postupku predviđenom zakonodavstvom Ruske Federacije.[62]

Kontraobaveštajno delovanje koje zadire u neprikosnovenost, odnosno privatnost prebivališta građana, dopušteno je jedino u slučajevima precizno utvrđenim saveznim zakonom ili na osnovu posebnog sudskog rešenja. Za dobijanje sudskog rešenja na pravo vršenja kontraobaveštajnog delovanja u slučajevima predviđenim Zakonom, organi FSB na zahtev suda podnose službena dokumenta koja se tiču elemenata za vršenje kontaobaveštajnog rada (izuzimajući operativno-službena dokumenata sa podacima o licima koja pomažu ili učestvuju u saradnji sa organima FSB na poverljivoj osnovi, kao i ona dokumenta o organizaciji, taktici, metodama i sredstvima kontraobaveštajnog delovanja). Sudsko rešenje na pravo vršenja kontraobaveštajnog rada i materijali koji su poslužili kao osnova za njegovo donošenje čuvaju se kod organa FSB u postupku utvrđenom federalnim zakonom.

Odluka organa FSB o preduzimanju kontraobaveštajnog delovanja i sudsko rešenje koje je doneto povodom te odluke, kao i materijali o operativnim stvarima podnose se organima državnog tužilaštava samo u postupku nadzora i provera prema pristiglim u državno tužilaštvo materijala, informacija i predstavki građana o kršenjima zakona Ruske Federacije od strane organa FSB u sprovedenom kontraobaveštajnom delovanju.

Podaci o organizaciji, taktici, metodama i sredstvima kontraobaveštajnog delovanja predstavljaju državnu tajnu. Organi FSB u skladu sa propisima

---

[62] Savić A., Delić M. i Bajagić M., Bezbednost sveta – od tajnosti do javnosti, Institut bezbednosti, Beograd, 2002, str. 301.

Ruske Federacije sprovode operativno-istražne mere na otkrivanju i sprečavanju krivičnih dela špijunaže, terorističkog delovanja, organizovanog kriminala, korupcije, nezakonitog prometa oružja i narkotičkih sredstava, krijumčarenja i drugih sličnih krivičnih dela. Isto tako i u cilju saznanja i preliminarne istrage u onim delima koja su zakonom svrstana u nadležnost organa FSB, kao i u postupku otkrivanja i suprostavljanja delovanju nelegalnih naoružanih formacija, kriminalnih grupa, pojedinih lica i društvenih udruženja, čiji je cilj nasilna promena ustavnog poretka Ruske Federacije. Zakonom se predviđa da organi Federalne službe bezbednosti mogu da preuzmu odgovornost i druge zadatke u sferi borbe protiv kriminala. Delovanje organa FSB u oblasti borbe sa kriminalom ostvaruje se u skladu sa Zakonom o operativno-istražnom delovanju u Ruskoj Federaciji, krivičnim i kazneno-procesnim zakonodavstvom Ruske Federacije, kao i ostalim navedenim federalnim pravnim aktima.

Organi FSB obavljaju obaveštajne aktivnosti u granicama svojih kompetencija i uz uzajamno delovanje sa organima spoljne obaveštajne službe Ruske Federacije u cilju pribavljanja informacije o ugrožavanju bezbednosti Ruske Federacije. Postupak i uslovi uzajamnog delovanja organa FSB i organa SVR uspostavljaju se i odvijaju se na osnovu odgovarajućih sporazuma između dve službe ili relevantnih normativnih akata koji se odnose na obe službe.

Redosled sprovođenja obaveštajnih mera, kao i postupak korišćenja tajnih metoda i sredstava prilikom izvođenja obaveštajnih aktivnosti utvrđuje se normativnim aktima Federalne službe bezbednosti Ruske Federacije. Podaci o organizaciji, taktici, metodima i sredstvima za izvršenje obaveštajne aktivnosti predstavljaju državnu tajnu.

4.2.1. Dužnosti organa Federalne službe bezbednosti

a) da informišu Predsednika RF, predsednika Vlade RF i, po njihovim nalozima, savezne organe državne vlasti, kao i organe državne vlasti subjekata Ruske Federacije o ugrožavanju bezbednosti Ruske Federacije;

b) da otkrivaju, presecaju i upozoravaju na obaveštajno i drugo delovanje specijalnih službi i organizacija inostranih država, kao i pojedinih lica, usmereno na ugrožavanje bezbednosti Ruske Federacie;

c) da pribavljaju obaveštajne informacije koje su značajne za bezbednost Ruske Federacije, kao i za podizanja njenog ekonomskog, naučno-tehničkog i odbrambenog potencijala;

d) da otkrivaju, sprečavaju i onemogućavaju krivična dela i prekršaje, da u skladu sa pravnim aktima Ruske Federacije pokreću istragu i preliminarnu istragu koje su u nadležnost organa FSB, kao i da vrše istrage o licima koja su učinila pomenuta krivična dela i prekršaje ili postoji osnovana sumnja da su ih počinili;

e) da otkrivaju, sprečavaju i onemogućavaju akte terorizma;

f) da razrađuju i sprovode, u saradnji sa drugim državanim organima, mere za borbu protiv korupcije, protivpravnog prometa oružja i narkotika, krijumčarenja, delovanja nelegalnih formacija, kriminalnih grupa, pojedinih lica i društvenih udruženja, čiji su ciljevi nasilna promena ustavog poretka Ruske Federacije;

g) da u granicama svojih ovlašćenja utvrđuju i sprovode mere bezbednosti u oružanim snagama RF, pograničnoj vojsci RF, unutrašnjoj vojsci RF, snagama Ministarstva unutrašnjih poslova RF, vojsci Savezne agencije za vezu sa Vladom RF, železničkim vojskama RF, vojsci građanske odbrane RF i drugim vojnim formacijama i njihovim organima upravljanja, kao i u organima unutrašnjih poslova, federalnim organima poreske (finansijske) policije, federalnim organima za vezu sa Vladom RF i carinskim organima Ruske Federacije;

h) da u granicama svojih ovlašćenja vode računa o bezbednosti objekata odbrambenog kompleksa, nuklearne energetike, transporta, veze, drugih strateških objekata, zatim o bezbednosti života u velikim gradovima i industrijskim centrima, kao i o bezbednosti u sferi istraživanja kosmosa i prioritetnih naučnih projekata;

i) da u granicama svojih ovlašćenja utvrđuju i sprovode mere bezbednosti u saveznim organima državne vlasti i organima državne vlasti subjekata Ruske Federacije;

j) da učestvuju u razradi i realizaciji mera na zaštiti podataka, koji predstavljaju državnu tajnu, da vrše kontrolu čuvanja poverljivih podataka, da shodno utvrđenom postupku realizuju mere koje se odnose na dozvoljeni pristup građana podacima koji čine državnu tajnu, kao i da obavljaju kontrolu u državnim organima, vojnim formacijama, ustanovama, organizacijama i preduzećima, nezavisno od oblika svojine;

k) da u saradnji sa Spoljnom obaveštajnom službom sprovode mere značajne za bezbednost institucija i građana Ruske Federacije izvan njenih granica;

l) da u okviru svojih ovlašćenja i u saradnji sa pograničnom vojskom Ruske Fedracije realizuju mere na obezbeđenju zaštite državne granice Ruske Federacije;

m) da u saradnji sa organima unutrašnjih poslova obezbeđuju predstavništava inostranih država na teritoriji Ruske Federacije;

n) da u okviru svojih ovlašćenja učestvuju, zajedno sa drugih državnim organima, u sprovođenju mera bezbednosti koje se odnose na društveno-političke, religiozne i neke druge masovne događaje organizovane na teritoriji Ruske Federacije;

o) da vrše registraciju i da vode centralizovanu evidenciju radio-podataka i radio-talasa koje prenose radio-elektronska sredstva, da otkrivaju na teritoriji Ruske Federacije radio-emitovanje čiji rad ugrožava bezbednost Ruske Federacije, kao i radio-emitovanje koje se koristi za ostvarivanje nelegalnih ciljeva;

p) da shodno zakonodavstvu Ruske Federacije učestvuju u rešavanju pitanja koja se tiču prijema u državljanstvo Ruske Federacije i otpusta iz njega, zatim pitanja ulaska na teritoriju Ruske Federacije i izlaska izvan njenih granica građana Ruske Federacije, stranih građana i lica bez državljanstva, kao i režima boravka inostranih državljanina i lica bez državljanstva na teritoriji Ruske Federacije;

r) da vode računa o mobilizacijskoj gotovosti organa FSB;

s) da vrše pripremu kadrova za rad u organima FSB, kao i da se bave pitanjima njihovog usavršavanja i povećavanja stepena njihove kvalifikacije.

4.2.2. Prava organa Federalne službe bezbednosti

a) da uspostavljaju saradnju na poverljivoj osnovi sa licima, koja daju pristanak za to;

b) da izvode operativno-istražne radnje na otkrivanju, sprečavanju, onemogućavanju i obelodanjivanju špijunaže, terorističkog delovanja, organizovanog kriminala, korupcije, nelegalnog prometa oružja i narkotika, krijumčarenja i drugih krivičnih dela, zatim da sprovode aktivne mere koje se odnose na saznavanje i preliminarnu istragu koje su pravnim propisima Ruske Federacije stavljena u nadležnosti organa FSB, a takođe imaju pravo da otkrivaju, sprečavaju, onemogućavaju i razotkrivaju delovanje nelegalnih naoružanih formacija, kriminalnih grupa, pojedinih lica i društvenih udruženja čiji je cilj nasilna promena ustavnog poretka Ruske Federacije;

c) da stiču saznanja i proučavaju specijalne službe i organizacije stranih država, koje se bave obaveštajnim i drugih delovanjem usmerenim na nanošenje štete bezbednosti Ruske Federacije;

d) da saznaju i istražuju činjenice o krivičnim delima koja su zakonodavstvom Ruske Federacije stravljena u nadležnost organa FSB, kao i da o tome vode i koriste istražne izveštaje, u skladu sa zakonodavstvom Ruske Federacije;

e) da obavljaju sve radnje koje se odnose na režim šifrovanja podataka u organima FSB, da vrše kontrolu i prate poštovanje procedure tajnosti šifrovanih informacija u šifrantskim sektorima državanih organa, institucija, organizacija i preduzeća, nezavisno od oblika svojine (izuzimajući institucije Ruske Federacije koje se nalaze izvan njenih granica);

f) da koriste u službene svrhe sredstva veze koja pripadaju državnim preduzećima, ustanovama i organizacijama, a u neodložnim slučajevima i ona koja pripadaju privatnim kompanijama, institucijama i organizacijama, kao i društvenim udruženjima i građanima Ruske Federacije;

g) da u hitnim slučajevima koriste prevozna sredstva koja pripadaju ustanovama, organizacijama i preduzećima, nezavisno od oblika svojine, preduzećima, ustanovama i organizacijama nezavisno od oblika svojine ili društvenim udruženjima ili građanima (osim onih prevoznih sredstava koja su propisima RF oslobođena od takvog korišćenja), za sprečavanje kriminala i zadržavanja lica koja su učinila krivična dela ili se sumnja da će ih učiniti, a takođe za dostavu građanima neophodne i hitne medicinske pomoći u medicinskim ustanovama, kao i za prolaz do mesta događaja. Na zahtev vlasnika prevoznih sredstava, organi FSB, u skladu sa zakonom utvrđenim postupkom, nadoknađuju troškove, kao i pričinjenu štetu;

h) da bez zabrane ulaze u stanove ili neke druge prostorije koje pripadaju građanima, na njihove placeve, na teritoriju i u prostorije ustanova, organizacija i preduzeća, nezavisno od oblika svojine, u slučaju da postoje dovoljne indicije da se tamo čini ili je učinjen zločin, da vode istrage koje s zakonima RF stavljene u nadležnost organa Federalne službe bezbednosti, kao i u slučaju privođenja lica za koje se sumnja da čine prestupe ukoliko postoji opasnost po život i zdravlje građana. Zakon predviđa i da o svim takvim slučajevima ulaženja u stanove i druge prostorije koje pripadaju građanima, organi FSB informišu državanog tužioca u roku od 24 sata;

i) da blokiraju objekte prilikom suzbijanja akata terorizma, masovnih nereda, potraga za licima u bekstvu, gonjenja lica koja su pod prismotrom zbog toga što postoji sumnja da će da izvrše zločin i prilikom postupka saznavanja činjenica i preliminarne istrage koje pravni akti RF stavljaju u nadležnost organa Federalne službe bezbednosti, kao i da vrše, ukoliko je to potrebno, pregled prevoznih sredstava. Pri tome, organi FSB preduzimaju mere na obezbeđenju normalnog života i aktivnosti stanovništva i funkcionisanja objekata na relevantnoj lokaciji;

j) da povremeno ograničavaju ili zabranjuju kretanje građana i prevoznih sredstava na pojedinim lokacijama (i pojedinim objektima), da obavezuju građane da ostanu tamo ili napuste lokacije (objekte), u cilju zaštite života, zdravlja i imovine građana, obavljanja neodložnih istražnih radnji i postupaka, kao i operativno-istražne i antiterorističke istrage;

k) da proveravaju lične i druge dokumente građana, ako ima dovoljno osnova da se sumnja da mogu da učine krivično delo;

l) da vrše administrativno zadržavanje lica koja čine određene prekršaje, narušavaju teritorijalni integritet, a takođe mogu da proveravaju dokumenta tih lica, da ih ispituju i da obavljaju pregled stvari i predmeta;

m) da propisuju mere državnim organima, ustanovama i preduzećima, nezavisno od oblika svojine, kao i društvenim udruženjima, koje treba da budu preduzete radi uklanjanja uzroka koji ugrožavaju bezbednost Ruske Federacije;

n) da bez naknade dobijaju od različitih ustanova informacije neophodne za rad u organima FSB, izuzimajući slučajeve kada je saveznim zakonom određen i utvrđen drugi način za dobijanje informacija;

o) da shodno zakonskim aktima Ruske Federacije osnivaju organizacije koje su neophodne za očuvanje državne bezbednosti u slučajevima kada je to potrebno;

p) da stvaraju odeljenja specijalne namene;

r) da vrše kriminalističke ekspertize i istrage;

s) da ostvaruju saradnju sa specijalnim službama i pravosudnim organima drugih država, da razmenjuju na recipročnoj osnovi operativne informacije, specijalna tehnička i druga sredstva u granicama ovlašćenja organa FSB i da u skladu sa normativim aktima Federalne službe bezbednosti RF zaključuju, po utvrđenom redu i u granicama svojih ovlašćenja, ugovore međunarodnog karaktera;

t) da šalju zvanične predstavnike organa FSB u strane države, uz saglasnost specijalnih službi ili pravosudnih organa tih država u cilju što efikasnijeg suprotstavljanja međunarodnom kriminalu;

u) da sprovode mere sopstvene bezbednosti i da u tom smislu onemogućuju prodore specijalnih službi i organizacija stranih država, kriminalnih grupa i pojedinačnih lica, uz korišćenje neophodnih tehničkih sredstava radi očuvanja podataka organa FSB koji predstavljaju državnu tajnu;

v) da dozvoljavaju saradnicima organa FSB čuvanje i nošenje vatrenog oružja i specijalnih sredstava;

x) da u cilju šifrovanja koriste saradnike organa FSB u svojoj mesnoj nadležnosti, vrše njihovo raspoređivanje, angažovanje, koriste transportna sredstva i dokumenata drugih ministarstava, predstavništava, ustanova, preduzeća i organizacija;

y) da sprovode naučna istraživanja u vezi sa problemima bezbednosti Ruske Federacije;

q) da ostvaruju sadejstvo sa ustanovama, organizacijama i preduzećima, nezavisno od oblika njihove svojine, u cilju unapređenja mera zaštite komercijalne tajne;

z) da obavljaju, na osnovu kompenzacije ili besplatno, pripremu kadrova specijalnih službi stranih država, kao i službi bezbednosti ustanova, organizacija i preduzeća, nezavisno od oblika njihove svojine, ako to ne protivreči principima delovanja organa FSB.

Organima Federalne službe bezbednosti nije dopušteno da ostvaruju druga prava i ispunjavaju druge obaveze, osim onih koje su striktno predviđene federalnim zakonima. Saradnicima organa FSB dozvoljava se držanje i nošenje vatrenog oružja i specijalnih sredstava i oni imaju pravo da primenjuju fizičku silu samo u slučajevima predviđenim zakonskim ili drugim normativnim aktima Ruske Federacije koji se odnose na saradnike milicije. Organi FSB ostvaruju svoje funkcije u saradnji sa federalnim organima državne vlasti, organima državne vlasti u subjektima Ruske Federacije, ustanovama, organizacijama i preduzećima, nezavisno od oblika njihove svojine. Organi FSB mogu da koriste potencijale drugih sila bezbednosti Ruske Federacije na način ustanovljen federalnim zakonima i normativnim aktima Predsednika Ruske Federacije. Državni organi, a takođe i predstavništva, ustanove i organizacije, obavezni su da sarađuju sa organima FSB u ispunjavanju obaveza za koje su zaduženi. Fizička i pravna lica Ruske Federacije koja pružaju usluge svih vidova poštanskih veza ili elektronskih veza, kao i u sistemu telekomunikacije, kodiranja i satelitskih veza, obavezna su da na zahtev organa FSB stave na raspolaganje svoja tehnička sredstva, pomoćna sredstva i programe, a takođe i da stvaraju druge uslove neophodne za sprovođenje operativno-tehničkih mera koje preduzimaju organi FSB.

U cilju ostvarivanja zadataka koji se odnose na bezbednost Ruske Federacije, vojni organi FSB mogu da budu prekomandovani u državne organe, predstavništva, ustanove, organizacije preduzeća, nezavisno od oblika njihove svojine, uz saglasnost njihovih rukovodilaca, u skladu sa pravilima koja je propisao Predsednik Ruske Federacije u vezi sa vojnom službom.

Saradnja organa FSB sa specijalnim službama, sa pravosudnim organima i drugim organizacijama stranih država obavlja se na osnovu međunarodnih ugovora Ruske Federacije.

4.2.3. Metode i sredstva organa Federalne službe bezbednosti

U sastavu organa FSB nalaze se i vojno i civilno osoblje (primaju se u službu i po osnovu konkursa). Vojne organe FSB (sem onih koji služe vojsku po pozivu), kao i lica iz sastava građanskog personala raspoređena na vojne dužnosti, čine saradnici organa FSB. Saradnici organa FSB mogu da budu državljani Ruske Federacije, koji su po svojim ličnim i stručnim osobinama, uzrastu, obrazovanju i zdravstvenom stanju sposobni da ispunjavaju dužnosti i obaveze koje se zahtevaju.

Pripadnici vojnih organa FSB prolaze vojnu obuku u saglasnosti sa zakonodavstvom Ruske Federacije o vršenju vojne službe i moraju obavezno da ispune određene posebne uslove. Brojnost i sastav vojnog i građanskog personala organa FSB (ne računajući radnike naučno-istraživačkih, vojno-medicinskih ustanova i odeljenja, kao i personal službe obezbeđenja i održavanja službenih zgrada i prostorija organa FSB), utvrđuje Predsednik Ruske Federacije. Broj vojnih i građanskih lica u naučno-istraživačkim, vojno-medicinskim ustanovama i sektorima, osoblja službe obezbeđenja i održavanja službenih zgrada i prostorija organa FSB utvrđuje direktor FSB u okviru budžetskih sredstava dodeljenih Federalnoj službi bezbednosti Ruske Federacije. Direktor FSB određuje, takođe, i ovlašćenja službenih lica organa FSB za primenu disciplinskih i drugih mera u slučaju odgovornosti njihovih potčinjenih, kao i raspoređivanje i kretanje u vojnoj službi, dobijanje vojnih zvanja, nagrađivanje i kažnjavanje potčinjenih (sem vojnih lica sa posebnim dužnostima). Obaveze, prava i povlastice građanskog personala organa FSB određene su relevantnim propisima Ruske Federacije.

Saradnici organa FSB u svojim službenim aktivnostima rukovode se federalnim zakonima i ne smeju da budu povezani sa delovanjem političkih partija, društvenih pokreta i društvenih organizacija. Saradnicima i civilnom personalu organa FSB zabranjeno je da se bave preduzetničkom delatnošću, kao i da sarađuju sa fizičkim i pravnim licima u ostvarivanju takve delatnosti. Saradnici organa FSB nemaju pravo da mešaju vojnu službu sa nekom drugom delatnošću koja se plaća, osim u posebnim slučajevima koji se odnose na naučnu, nastavnu ili neku drugu stvaralačku (autorsku) službu, pod uslovom da se ona ne protivi izvršavanju službenih obaveza (u izuzetnim slučajevima to nalažu i potrebe službe). Saradnici organa FSB prilikom vršenja službene dužnosti su predstavnici federalnih organa državne vlasti i nalaze se pod zaštitom države.

Niko osim kompetentnih državnih organa i odgovornih lica koja su za to ovlašćena federalnim zakonima nema prava da se meša u njihovu službenu delatnost. Ometanje u vršenju obaveza saradnika organa FSB, neposlušnost, nasilje ili ugrožavanje primene sile povlači za sobom odgovornost predviđenu zakonima Ruske Federacije.

Zaštita života i zdravlja, časti, dostojanstva i imovine saradnika organa FSB i članova njihove porodice od kriminala, koja je u vezi sa izvršavanjem njihovih službenih dužnosti, ostvaruje se na način predviđen zakonodavstvom Ruske Federacije.

Prilikom ispunjenja službenih obaveza saradnika FSB ne dozvoljava se njihovo privođenje, zadržavanje, lični pretres, pretres njegovih stvari i prtljaga, bez zvaničnog predstavnika organa FSB ili sudskog rešenja. Podaci o saradnicima organa FSB koji obavljaju posebne zadatke u specijalnim službama i organizacijama stranih država ili u kriminalnim grupama predstavljaju državnu tajnu i mogu da budu objavljeni u javnosti samo sa pismenom saglasnošću pomenutih saradnika, u slučajevima koji su striktno predviđeni federalnim zakonima.

Vojna lica organa FSB iz sastava visokokvalifikovanih specijalista imaju mogućnost da im se prilikom određivanja uslova i visine njihove penzije uračuna i staž proveden u obavljanju delatnosti. Konkretne uslove i način ostvarivanja ovog prava određuje svojim uputstvom direktor FSB. Vreme obavljanja službenih zadataka saradnika FSB, kao i posebnih zadataka u specijalnim službama i organizacijama stranih država ili u kriminalnim grupama, sabira se u ukupno vreme penzijskog staža. Vlada RF određuje beneficije i visinu dodatnih procenata penzijskih izdvajanje zbog obavljanja posebnih službenih zadataka.

Vojnim licima i civilnom osoblju organa izdvajanje penzije na osnovu vojne službe i redovne službe (tarifne odredbe) utvrđuju se uz uvećanje od 25 procenata za službu (minuli rad) u organima FSB. Vojna lica u sastavu organa FSB imaju pravo da za svoj staž dobiju i mesečne dodatke i nadoknadu u razmeru od 25 do 50 procenata od visine penzije koja je inače mogla da im bude dodeljena. Način i uslovi za isplatu su predviđeni posebnim pravnim aktima i u nadležnosti su direktora Federalne službe bezbednosti RF.

Prilikom vršenja službene dužnosti, vojna lica organa FSB na celoj teritoriji Ruske Federacije imaju pravo besplatnog prevoza u svim vidovima javnog saobraćaja, gradskog, prigradskog i mesnog prevoza (osim vožnje taksijem), a u seoskim sredinama u svim vrstama prevoza (pored ličnog prevoza). Vojna lica organa koja obezbeđuju objekte transporta prilikom vršenja službene dužnosti imaju pravo besplatnog prevoza na železničkim, rečnim, morskim i vazdušnim sredstvima prevoza. Saradnicima FSB koji prilikom vršenja službe koriste lični transport isplaćuje se dnevna kompenzacija na način i u visini koje utvrđuje Vlada Ruske Federacije. Vojnim licima organa FSB obezbeđuju se telefonski priključci u mestu prebivališta u najkraćem roku, a najkasnije godinu dana od podnošenja zahteva.

Medicinska pomoć vojnim licima i civilnom osoblju organa FSB, članovima njihovih porodice (ženama, muževima, deci u uzrastu do 18 godina), kao i onim licima koja su u službi po ugovoru u vojnim ustanovama FSB, ukazuje se besplatno. Vreme provedeno na lečenju vojnih lica organa FSB zbog povreda zadobijenih pri vršenju službe, rana, preloma i drugih vidova povreda na radu, ne ograničava se na neophodne dane radi oporavka, već do potpune rehabilitacije i ponovne osposobljenosti neophodne za službu.

Organi FSB mogu da angažuju lica, uz njihovu izričitu saglasnost, za saradnju u izvršavanju zadataka Federalne službe bezbednosti, javno ili tajno (na poverljivoj osnovi), u zavisnosti od značaja i kvaliteta angažovanog saradnika. Ovlašćenja angažovanog saradnika FSB utvrđuje se normativnim aktima Federalne službe bezbednosti Ruske Federacije.

Lica koja sarađuju sa organima FSB imaju pravo:

a) da zaključuju ugovore sa organima FSB o poverljivoj saradnji;

b) da dobiju od organa FSB ili drugih saradnika razjašnjenja svojih zadataka, obaveza i prava;

c) da koriste u radu tajna dokumenta i lažni identiet;

d) da dobijaju nadoknadu za nastala oštećenja zdravlja ili imovine u toku saradnje sa organima FSB.

Lica koja sarađuju sa organima FSB imaju obavezu da:

a) poštuju uslove predviđene ugovorom koji su zaključili sa organima FSB ili dogovora o saradnji;

b) izvršavaju naređenja organa FSB, u skladu sa načinom njihovog sprovođenja i ostvarivanja na koji su se obavezali ili su predvđeni relevantnim pravnim aktima;

c) poštuju obavezu da nije dozvoljeno namerno dostavljanje i prezentovanje neobjektivne, nepotpune, lažne ili klevetničke informacije;

d) poštuju obavezu da nije dopušteno objavljivanje tajnih dokumenata koji predstavljaju državnu tajnu, kao i da takvi dokumenti mogu da budu predati sredstvima informisanja samo uz pismenom saglasnošću lica na koja se odnose i u slučajevima koji su striktno predviđeni federalnim zakonima.

Za obavljanje svoje delatnosti organi FSB mogu da koriste i eksploatišu, bez posebnog ovlašćenja (licence), informacione sisteme, sisteme veze i sisteme prenosa tajnih podataka, kao i sredstva zaštite informacija, uključujući i sredstva kriptozaštite. Postojanje podataka u informacionim sistemima FSB o fizičkim i pravnim licima ne predstavljaju osnovu da Federalna služba bezbednosti preduzima kojima se ograničavaju prava navednih lica. Postupak evidencije i korišćenja informacija o ostvarenim i narušenim pravima koje se tiču pitanja bezbednosti Ruske Federacije, a takođe i podaci o obaveštajnoj i drugoj delatnosti specijalnih službi i organizacija stranih država, pojedinaca i udruženja koja nanose štetu bezbednosti Ruske Federacija, utvrđuje se normativnim aktima Federalne službe bezbednosti RF.

Organi FSB mogu da bez posebnih ovlašćenja koriste i menjaju sredstva naoružanja i opreme, uključujući i specijalna tehnička sredstva, kao i da prerađuju i koriste bojevo oružje koje je u sastavu naoružanja organa FSB na osnovu rešenja vlade Ruske Federacije i celokupno drugo službeno i civilno oružje koje je u upotrebi. Postupak prodaje, prenosa, izvoz izvan teritorije Ruske Federacije i uvoz na njenu teritoriju sredstava naoružanja i prateće opreme koji mogu da se koriste u delatnosti organa FSB, precizno su predviđeni propisima i u isključivoj su nadležnosti vlade Ruske Federacije.

Finansiranje organa FSB vrši se iz sredstava federalnog budžeta. Materijalno-tehničko obezbeđenje organa FSB ostvaruju se iz centralizovanih resursa Ruske Federacije, a takođe i nabavljanje predviđenih materijalno-tehničkih sredstava predstavništava, ustanova, organizacija i preduzeća, nezavisno od oblika njihove svojine. Zemljišni posedi i imovina organa (u tom smislu i zgrade, oprema i dr.) nabavljeni na račun sredstava federalnog budžeta i predstavljaju svojinu federalne države. Organi FSB oslobođeni su od svih oblika plaćanja i dažbina za zemlju. Organi FSB mogu da imaju službene stambene fondove formirane u postupku koji utvrđuje Vlada Ruske Federacije. Predstavništva, ustanove, organizacije i preduzeća koji su formirani u cilju obezbeđivanja delovanja organa FSB ostvaruju svoju delatnost bez posebnih licenci i ne mogu da budu privatizovana.

4.2.4. Kontrola i nadzor nad delatnošću organa Federalne službe bezbednosti

Posebno bitno mesto, kada je reč o delovanju organa FSB, imaju kontrola i parlamentarni nadzor njenog rada.

Kontrolu delovanja organa FSB vrše Predsednik Ruske Federacije i Državna duma Ruske Federacije, kao i Vlada Ruske Federacije i sudski organi, u skladu sa ovlašćenjima predviđenim Ustavom Ruske Federacije, federalnim ustavnim zakonima i federalnim zakonima. Deputati (članovi) Saveta Federacije („gornji dom Savezne skupštine") i deputati Državne dume („donji dom savezne skupštine"), pri ostvarivanju svoje predstavničke funkcije, imaju pravo da dobijaju podatke o aktivnostima organa FSB, u skladu sa procedurom koja je predviđena normativnim aktima Ruske Federacije.

Nadzor nad zakonitošću delovanja organa FSB ostvaruje generalni tužilac Ruske Federacije, odnosno tužioci na koje on prenese ta svoja ovlašćenja. Podaci o licima koja sarađuju sa organima FSB, o saradnji na poverljivoj osnovi, kao i o organizaciji, taktici, metodama i sredstvima vršenja delatnosti organa FSB ne mogu da budu predmet nadzora tužioca. Federalna služba bezbednosti Ruske Federacije i njeni potčinjeni organi su pravni sledbenici federalne kontraobaveštajne službe. Smatra se da su vojna lica i civilno osoblje organa kontraobaveštajne službe Ruske Federacije prošli vojnu službu (radeći) u organima FSB na dužnostima, bez prekomande i premeštaja, kao i bez disciplinskih i prinudnih mera.

U okviru Federalne služba bezbednosti Ruske Federacije, već je pomenuto, deluju i neki drugi specijalni sastavi, kao što su antiterorističke jedinice, granična služba i druge. U sastavu ove kontraobaveštajne službe nalazi se, na primer, elitna antiteroristička jedinica „Alfa", koja je poznata po brojnim izvedenim akcijama, koje se nisu baš uvek završavale uspešno. Time su rukovodioci FSB navlačili gnev državno-partijskog vrha, pa su neretko bili i glavne teme najviših političkih razgovora u zemlji i trpeli su žestoke kritike u ruskim medijima.

Osim „Alfe", FSB raspolaže i sa drugim jedinicama poput „Beta" i „Centi". Javnosti su poznate i njihovi pokušaji u borbi protiv Dudajeva[63] u Čečeniji, kada su iz centrale u Moskvi imali ideju da pomognu opoziciji da sruši Dudajeva sa vlasti i da preuzme kontrolu nad glavnim gradom Groznim. Ali, napad na Grozni od 26. i 27. novembra 1994. godine katastrofalno se završio za opoziciju, tako da je bilo jasno da od svrgavanja Dudajeva ili bar njegovog slabljenja neće biti ništa. Takođe, i pokušaj FSB da oslobodi taoce u bolnici u Budenovsku, koju su bili zauzeli čečenski teroristi, doživeo je neuspeh. Mora se, međutim, priznati da je FSB ostvarila i brojne i velike uspehe (na primer, danas u Čečeniji vlast relativno čvrsto drže proruske snage i sl.).

Uprkos tome što je kroz svoju dugu istoriju ruska obaveštajna služba u više navrata trpela korenite promene (uslovljenje promenama političkog sistema),

---

[63] Bivši sovjetski general. Vođa islamista-terorista u Čečeniji od 1994. do 1996. godine, koji su pokušali da otcepe Čečeniju od Ruske Federacije. Likvidiran je u spektakularnoj akciji FSB (*primedba autora*).

ona je ostala značajan faktor stabilnosti Ruske Federacije i još uvek je vrlo jak „adut" u rukama ruskog rukovodstva u određivanje međunarodne pozicije Rusije i uloge u svetskim odnosima, a posebno u odnosu na zapadne zemlje.

Ruske obaveštajne službe su oduvek bile značajan faktor međunarodnih odnosa Rusije, još od vremena cara Ivana Groznog. Ovaj car je još davne 1565. godine formirao „Opričinu", sa oko 6.000 ljudi, koja je imala policijsko-sudsku vlast i bila je potpuno u službi zaštite cara i monarhije. Skoro sto godina kasnije, obavljanje svih obaveštajnih poslova, a ujedno i težišna moć u državi, prelazi na carsku vojsku da bi dolazak na presto cara Alekseja ujedno značio i prvi pravi početak formiranja obaveštajno-bezbednosnih službi. Car Aleksej je osnovao „Tajni biro", u okviru koga je bila najaktivnija politička policija koja se borila protiv protivnika monarhije i štitila presto. Tek u vreme vladavine Petra Velikog krajem 17. veka počinje formiranje specijalizovanih obaveštajno-bezbednosnih službi, koje su i dalje bile prvenstveno u funkciji odbrane prestola i uništavanja političkih oponenata zvanične carske politike. Istorija pamti čuveni „Tajni biro" Katarine Velike, kao i „Kancelariju za tajna obaveštavanja". Ceo istorijski ciklus razvoja obaveštajnih službi okončao se krajem 19. veka kada je došlo do čuvene strahovlade, terora i bezakonja u carskoj Rusiji koje se ispoljavalo kroz delovanje službe pod imenom *„Ohrani"* (Odeljenje za odbranu javne bezbednosti i poretka), na čelu sa guvernerom Harkova, grofom Lorisom Melikovim, koji je utemeljio ovu službu.

Revolucionarne promene s početka 20. veka i uspostavljanje sovjetske republike dovode do formiranja novih organa mlade komunističke države, koji su isključivo bili u funkciji borbe protiv kontrarevolucije kako iznutra, tako i spoljne intervencije. Tako je formirana čuvena Lenjinova politička policija pod imenom „Sveruska izvanredna komisija za borbu protiv kontrarevolucije i sabotaže" – ČEKA. Dobro su poznati iz tog perioda „Čekini" borbeni odredi za direktne oružane akcije. Posle Lenjinove smrti, Staljin preuzima vlast, ukida „Čeku" i formiranjem Glavne obaveštajne uprave (GRU) postavlja temelje obaveštajno-bezbednosnog sistema koji su se, sa manjim izmenama, zadržali i u današnjoj Ruskoj Federaciji.

Premda su informacije o ruskim obaveštajnim i bezbednosnim službama danas u izvesnoj meri više dostupne javnosti nego u vreme Sovjetskog Saveza, kada je njihov rad bio obavijen velom posvemašnje tajnosti, i dalje su informacije koje izlaze na svetlo dana nesistematizovane, često konfuzne, pa čak i kontradiktorne. To može da bude objašnjeno i činjenicom da današnja Rusija još uvek traga za kursem koji će zauzeti u međunarodnim odnosima i, premda se nalazi na prilično dobrom putu, još uvek nije stigla do njegovog kraja. Za očekivati je da će u tom pravcu i ruska obaveštajno-bezbednosna zajednica nastaviti da doživljava svoju transformaciju i prilagođavanje, kako u skladu sa potrebama nove ruske države, tako i sa normama i pravilima evropske civilizacije kojoj se Rusija, nakon više od sedam decenija dobrovoljne „izolacije" vraća. Ta transformacija verovatno neće biti samo formalna, dakle organizaciona, već i suštinska, što znači da će zahvatiti i unutrašnje odnose, politiku i standarde delovanja u okviru tajnih službi, kako bi one efikasnije obavljale svoje zadatke na domaćoj i međunarodnoj sceni.

Ruske službe su doživljavane – ne bez razloga, iako pomalo preterano – kao „mesarske", a takva opservacija je na Zapadu bila uslovljena činjenicom da su one delovale ne kao državni, odnosno nacionalni, već prevashodno kao partijski aparati, čiji je zadatak bio da po svaku cenu sačuvaju partiju koja ih je stvorila kao svoga „Kerbera". To nasleđe prošlosti, danas izraženo kroz prisustvo starih, konzervativnih kadrova u vrhovima službi u Rusiji, jedan je od njenih najvećih problema, kao uostalom i u drugim zemljama u tranziciji. Tek danas, skoro dve decenije nakon „gašenja" Sovjetskog Saveza, može se očekivati da će na ključne pozicije u menadžementu ruskih obaveštajnih i bezbednosnih agencija doći novi kadrovi, sposobni da u potpunosti sprovedu reformu i oslobode Rusiju nasleđa komunizma, koje joj još uvek predstavlja smetnju u međunarodnim odnosima.

Naravno, ne treba očekivati, niti bi to u bilo kojoj meri bilo produktivno, da će Rusija jednostavno prekopirati rešenja zapadnih zemalja u organizaciji svojih obaveštajnih i bezbednosnih službi. Jer, konkretne potrebe Rusije koje se odnose na njenu bezbednost, njen geografski položaj, unutrašnji problemi i geopolitička pozicija postavljaju pred službe u Rusiji prilično specifične zahteve na koje je moguće odgovoriti isključivo uvođenjem kvalitetnih sopstvenih rešenja.

Moramo da napomenemo i izuzetnu komparativnu prednost koju današnja Rusija ima u odnosu na nove, sve vidljivije eventualne rivale u međunarodnim odnosima. To je izuzetno razvijena saradnička i logistička mreža na čitavom globusu, nasleđena od SSSR, dok većina drugih zemalja koje imaju nameru da održe status „ozbiljnih igrača" na geopolitičkom planu takve mreže tek razvijaju. Postojanje takve mreže, koja se danas ne bavi otkrivanjem kapitalističkih prodora prema „carstvu komunizma", stavljeno je u dobrim delom u funkciju ekonomskog razvoja nove Rusije, postajući jedna od poluga ruskog ekonomskog preporoda i novog, dinamičnog razvoja. Sasvim realno može da se pretpostavi da će ta sprega ruskog poslovnog sveta i ruskih obaveštajnih i bezbednosnih službi u narednim decenijama još više jačati.

4.3. Obaveštajno-bezbednosni sistem Nemačke

Nemački obaveštajni sistem je kroz dugu istoriju svog postojanja i delovanja bio više proizvod nametnutih svetskih kataklizmičkih političko-ekonomskih odnosa, nego izraz sopstvenih htenja i potreba. Zato se u njegovom istorijskom razvoju jasno mogu prepoznati potpuno različite faze njegovog funkcionisanja i uloge u društvu. Tako razlikujemo njegove periode iz vremena nastanka prve Pruske države, zatim period pre, za vreme i posebno posle Prvog svetskog rata – sve do pojave Hitlera i nacizma i njihovog sloma posle okončanja Drugog svetskog rata.[64]

Kada govorimo o obaveštajnom sistemu danas jedinstvene Savezne Nemačke, onda je posebno interesantan onaj njen istorijski period posle Drugog svetskog rata, kada je zemlja bila podeljena na dve potpuno suprotne interesne sfere. Dok je Istočna Nemačka bila okupaciona zona Sovjeta, dotle je Zapadna Nemačka bila pod okupacijom SAD, Velike Britanije i Francuske. To je otprilike i period prvih pravih začetaka moćne i u celom svetu respektabnilne obaveštajne službe i sistema nacionalne bezbednosti. U tom periodu hladnoratovske politike svetskih sila, u Saveznoj Nemačkoj se razvijala danas u celom svetu poznata obaveštajna služba BND, dok je u Istočnoj Nemačkoj „carevala" ondašnja alfa i omega kompletnog društva pod kontrolom Sovjeta – Štazi, na čijem čelu je punih 35 godina bio „Markus Volf" (Miša Vulf), poznatiji u svetu pod nadimkom „čovek bez lica". Čitav taj period, znači sve do rušenja Berlinskog zida, bio je period žestokog obaveštajnog i kontraobaveštajnog nadmetanja i prodora između ove dve službe. BND je decenijama vodila borbu sa onima koji su hteli da prebegnu iz Istočnog dela, jer je među njima bilo mnogo kamufliranih agenata KGB i Štazija. A, kada su se dve dotadašnje Nemačke ujedinile, u danas jednu od vodećih ekonomskih sila sveta, odmah je i usvojen poseban Zakon o dotadašnjim dokumentima Štazija, koja je inače decenijama uz pomoć KGB bila glavni oslonac obaveštajnog i kontraobaveštajnog rada zemalja Istočne Evrope, članica Varšavskog ugovora.

Koliko je njihov rad bio dobar i obezbeđen od bilo kakvih provala, neka kao dokaz posvedoči i podatak da su tek 1999. godine nemački stručnjaci iz BND uspeli da dešifruju magnetne trake iz banke podataka „bratske službe". Prema nekim informacijama, na ovim trakama je bilo zabeleženo 180.000

---

[64] Savić A., Delić M. i Bajagić M., Bezbednost sveta – od tajnosti do javnosti, Institut bezbednosti, Beograd, 2002, str. 193.

podataka o oko 4.500 agenata koji su na Zapadu radili između 1969. i 1987. godine. A, kao njihovi najpoznatiji tajni agenti ubrajaju se svojevremeni sekretar kabineta Vilija Branta, gospodin Ginter Gijom, zbog čega je Brant i dao ostavku; pa Rajner Rup („Topaz"), koji je odavao tajne iz sedišta NATO u Briselu, inače saradnik bivšeg kancelara Helmuta Kola; zatim bivši šef Nemačke kontraobaveštajne službe (BEF), Hans Joahim Tidge; kao i brojne sekretarice u državnim organima, poput Sonje Linenburg, Ursule Rihter, Margaret Veke i dr.

Posle ujedinjenja Nemačke nastala je prava špijunska groznica i panika u poteri za otkrivanjem agenata tada već umrlog Štazija. Neki od agenata su ostali na visokim ranijim položajima u nemačkom društvu, dok su neki otkriveni – i to je trajalo sve dok Ustavni sud u Karlsrueu nije doneo presudu da agenti NDR ne mogu da budu krivično gonjeni u SRN. Inače od tada započetih 6.347 postupaka, najznačajniji je onaj koji je vođen protiv šefa Štazije, Markusa „Miše" Volfa, koji je u rangu general-pukovnika više od tri decenije vodio 4.500 agenata. Njemu je ukinuta presuda po kojoj je dobio 6 godina robije. Američka CIA je 1990. godine uspela da se dokopa najznačajnieg dela arhive Štazija i da je prebaci u SAD, oglušujući se o zahteve BND, zbog čega oni veruju da su brojni agenti Štazije nastavili rad, ali sada u službi novog gospodara SAD.

Međutim, i pored svega ovoga rečenog, ipak se nameće jasan zaključak da je Nemačka preko otvaranja arhiva izvršila rekonstrukciju kompletne špijunske strategije zemalja istočno-evropskog bloka. Blizu sada već legendarnog graničnog prelaza „Čekpoint Čarlija" u Berlinu nalazi se informativni i dokumentacioni centar u kome se obavlja sređivanje i proučavanje dokumentacije bivše Štazi. Pedantni Nemci imaju tim povodom i dve stalne izložbene postavke: od osnivanja NDR 1949. do 1961. i od podizanja Berlinskog zida 1961. godine pa sve do njegovog rušenja i ujedinjenja 1990. godine.

Zbog svega toga je jasno da je nemački obaveštajno-bezbednosni sistem, posle raspada Varšavskog ugovora drugi najveći sistem u Evropi i sa više od 80 filijala širom sveta, veoma značajan činilac nemačke moći i u spoljnoj politici.

On se oslanja na zastrašujući tehnološko-ekonomski razvoj SRN, kao i na saradnju sa 150 sličnih službi širom sveta. Time su ispunjeni svi maksimalno povoljni uslovi za razvoj njihove globalne spoljne politike i uticaja širom sveta.

Centralno mesto u piramidi obaveštajne moći Nemačke danas zauzima Savezna obaveštajna služba ili, kako je i mi popularno znamo, čuveni „BND".[65] Ova služba je potpuno autonomna u svom radu i potčinjena je (preko šefa takozvanog Odeljenja broj 5) samo Saveznom kacelaru. Služba ima dugi istorijat postojanja i nastala je iz Gelenove organizacije koja se transformisala u BND 1956. godine na osnovu odluke kancelara Konrada Adenauera iz 1955. godine.

To je, zapravo, bio nastavak prve obaveštajne organizacije koju je posle Drugog svetskog rata formirao nacistički general Rajnhard Gelen. Naime, američka obaveštajna služba je angažovala grupu nacističkih obaveštajaca, tada ratnih zarobljenika, da nastave svoj rad koji su izvodili prema SSSR i drugim zemljama komunizma. Počeli su sa radom u logoru Špesart da bi se posle izvesnog vremena preselili u mesto Pulah pored Minhena, gde je i danas centralno sedište BND. Gelenove obaveštajne podatke nisu samo koristili Amerikanci, nego i Nemci, nemačka Vlada i čak industrijalci. U tim prvim posleratnim godinama i decenijama, BND postaje veoma brzo vodeća obaveštajna služba u Nemačkoj, posebno usmerena prema SSSR, zemljama Varšavskog ugovora. Međutim, BND nije bio pošteđen neuspeha, posebno u borbi protiv već stvorenog mita o moći istočnonemačkog Štazija.

Od vremena formiranja moćne BND, njen osnovni zadatak je prikupljanje podataka u inostranstvu za političke, vojne, ekonomske svrhe. Direktno je podređena kancelaru, dok je kontrola poverena parlamentarnom kontrolnom birou, dok nadzor od strane kancelara obavlja Biro Saveznog kacelara. Finansijski plan rada službe odobrava Odbor za budžet Bundestaga, ili kako ga zovu „Poverljivi odbor".

---

[65] Savić A., Delić M. i Bajagić M., Bezbednost sveta – od tajnosti do javnosti, Institut bezbednosti, Beograd, 2002, str. 197.

BND je prema tome jedina Nemačka obaveštajna služba koja je po svom radu usmerena ka inostranstvu i koja je nadležna, kako za civilni tako i vojni spoljni rad. O svemu se pravovremeno informiše Savezna vlada, o svim događajima iz inostranstva koji su od spoljnopolitičkog i bezbednosno-političkog značaja po zemlju i državu. Na čelu službe se nalazi predsednik i njegov zamenik (vicepredsednik). Predsednik je političar po vokaciji, baš kao što je to bio slučaj u primeru Klausa Kinkela, dok je zamenik pravi profesionalac. Osim toga postoje u unutrašnjoj organizaciji službenici zaduženi za bezbednost, zaštitu tajnosti i kvaliteta rada službe. BND ima centralnu direkciju i unutrašnje direkcije podeljene po oblastima odnosno sektorima u kojima rade: direkcija za prikupljanje obaveštajnih podataka, za tehnološku podršku, direkcija za analitiku, za akcije subverzivnog propagandno-psihološkog karaktera...

Osim Generalne direkcije BND je organizovan i u generalna zastupništva, sreska, podzastupništva i agente-rezidente.[66] Razmešteni su svuda, po administrativnim i privrednim centrima širom Nemačke odakle vrlo aktivno deluju prema inostranstvu.

Posebnu pažnju u svom radu posvećuju zaštiti svojih izvora informacija, odnosno agenata. Zato imaju posebnu proceduru primanja u službu kao i vrlo precizne i opsežne mere, kako zaštite njihovih agenata tako i provera i pohranjivanja informacija sa kojima raspolažu, kako bi bila eliminisana i najmanja mogućnost provale tih podataka, koji su inače od vitalnog značaja za bezbednosno-politički položaj Nemačke. Zbog svega toga BND se svrstava u veoma moćnu obaveštajnu mrežu i spada u vrh sličnih službi u svetu.

Uporedo sa razvojem obaveštajnog rada usmerenog prema inostranstvu, ništa manji značaj nije posvećen i vojnom kontraobaveštajnom radu kao deo bezbednosnog kompleksa oružanih snaga koji je direktno podređen Ministarstvu

---

[66] Dieter Farwick (bivši direktor vojnog odeljenja BND), tekst na internetu: „A new intelligence Doctrine for the 21.st Century and its Threats is needed now!"

odbrane. Vojna kontraobaveštajna služba (MAD) je osnovana 1956. godine. Kontrolu rada ove službe obavljaju „specijalizovani" Parlamentarni odbor koji ima 27 članova i već spomenuti Parlamentarni kontrolni odbor.

Za razliku od BND, MAD nema spoljnih obaveštajnih zadataka, već je pre svega usmeren na zaštitu od špijunaže, subverzija i sabotaža nemačkih oružanih snaga. Osim toga, posebno je aktivan i na obuci kroz „Obaveštajnu školu oružanih snaga Nemačke" u pripremanju novih kadrova za kontraobaveštajni rad vojnih kadrova. Centrala MAD je smeštena u Kelnu i čini je nekoliko obaveštajnih celina.

Nemačka značajnu pažnju posvećuje i svojoj unutrašnjoj bezbednosti, naročito kada je u pitanju organizovani kriminal, pranje novca, trgovina oružjem, posebno onim za masovna uništenja, trgovina narkoticima, ljudima i saradnji sa Interpolom. Savezna kriminalistička policija (BKA) upravo je zadužena za ovu oblast svoga rada i delovanja i podređena je Saveznom ministru unutrašnjih poslova. I oni u svojoj rukovodećoj šemi imaju predsednika i potpredsednika koje imenuje Savezna vlada. Nalaze se u Visbadenu i organizovani su u 4 odeljenja: predsednički biro, odeljenje za podršku, za operacije i posebna grupacija Mekenhajm (ime po mestu gde se nalaze). Dalje se ova odeljenja šire u biroe prema zadacima koje obavljaju u okviru kompletnog Sektora.

Za nas su posebno interesantne operativne grupacije, takozvana jedinica za borbu protiv terorizma i grupacija Mekenhajm. Ova grupacija Mekenhajm u svom sastavu ima tri odseka: za državnu bezbednost, zaštitu i pratnju i tehničke službe. U svom sastavu imaju jedinicu za borbu protiv ekstremnog desničarskog terorizma i inostranog političkog kriminala, a zadatak im je borba protiv terorističkih i pobunjeničkih aktivnosti kao i sprečavanje delovanja stranih kriminalističkih grupa. Danas su u svom radu usmereni na otkrivanje delovanja kriminalističkih organizacija iz bivšeg SSSR i sa prostora Balkana. Pogotovo ako se zna, da su to grupe sa ogromnim finansijskim sredstvima i u kojima je mnogo pripadnika ruskih obaveštajnih službi, specijalista za delovanje u širokom prostoru biznisa na Zapadu a što se inače podvodi pod organizovani kriminal. Njihova stručna osposobljenost i obučenost za delovanje u svakakvim uslovima znatno otežavaju rad i specijalcima iz Mekenhajma, kao i drugim bezbednosnim službama širom sveta.

I u ovom kratkom pregledu najznačajnijih činilaca obaveštajno-bezbednosnih stubova Nemačke države jasno se uočava da je njihov prevashodni cilj očuvanje mira i stabilnosti zemlje i regiona kroz tesnu saradnju sa NATO, Evropskom Unijom i Ujedinjenim nacijama.[67] Prema državnom ustrojstvu ta oblast je poverena Bundestagu i Saveznom ministarstvu odbrane. Obaveštajno-bezbednosni sistem Nemačke je samo nominalno mlad, a u stvari se radi o jednom starom respektabilnom sistemu koji je nastao davne 1740. godine u periodu vladavine Fridriha Velikog Kraljevinom Pruskom. Tada je Fridrih Veliki osnovao „Tajnu policiju" koju je lično držao pod svojom kontrolom, mada je formalni šef bio izvesni Golc. Tek početkom 19. veka iz ove obaveštajne organizacije nastale su dve službe: „Tajna vojna policija" i „Viša policija" (što je u stvari u to vreme bila tajna politička policija). Politička policija je u to vreme imala posebno uspeha u neutralisanju delovanja francuskih obaveštajnih službi, da bi se koju deceniju kasnije reorganizovala. Tada je Justus Gruner (tadašnji šef) udario temelje moderne službe. I sve do neuspelog atentata na pruskog i nemačkog kancelara čuvenog Bizmarka služba nije menjala organizacionu šemu, da bi je tada reorganizovao Vilhelm Stiber i preimenovao u Centralni obaveštajni biro. Posle ujedinjenja manjih državica u jedinstvenu Nemačku, a uoči Prvog svetskog rata, služba posebno dobija na značaju i renomeu. Baš kao i tokom Prvog svetskog rata, služba je delovala u okviru vojske, odnosno kao posebno odeljenje Generalštaba. Po okončanju rata i poraza Nemačke, došlo je i do raspada vojne obaveštajne službe carske Nemačke.

---

[67] Savić A., Delić M. i Bajagić M., Bezbednost sveta – od tajnosti do javnosti, Institut bezbednosti, Beograd, 2002, str. 200.

I u obaveštajnom radu nije bilo nekih značajnih uspeha niti pomaka sve do pojave Hitlera i pobede nacističke partije. U Nemačkoj su bile dve najznačajnije obaveštajne službe: Abver i Služba bezbednosti nacističke partije. Dok su službe posle Prvog svetskog rata imale zadatak da odbrane zemlju od delovanja stranih obaveštajnih službi i kontrolu unutar zemlje i vojske posebno, sa dolaskom Hitlera i nacista na vlast one postaju ofanzivne službe usmerene prema inostranstvu. Zašto? Zato što su počele da prate i Nemačku ekspanzionističku politiku. Time su udareni i temelji nacističkog obaveštajno-bezbednosnog sistema koji će biti glavni oslonac Hitlerovih osvajačkih pohoda i trajaće sve do trenutka sloma Trećeg Rajha, odnosno fašizma.

Po završetku Drugog svetskog rata i podele Nemačke na dve okupacione zone, obaveštajno-bezbednosni sistem Zapadne Nemačke potpao je pod uticaj SAD i njegovih službi što se na neki način zadržalo i posle rušenja Berlinskog zida, ma koliko se i dan-danas obaveštajno-bezbednosni sistem Nemačke trudio da bude samostalan.

Premda je nakon završetka Hladnog rata mnogima u Nemačkoj izgledalo da je sa nestankom istočne pretnje došlo vreme opuštanja, nemačka obaveštajno-bezbednosna zajednica ipak se nalazi pred novim velikim izazovima, koji proističu iz činjenice da je nakon drugog svetskog rata demografska struktura ove zemlje bitno izmenjena ogromnim prilivom radne snage iz istočne Evrope, severne Afrike i Azije.[68] Premda je ta armija radnika ojačala nemačku privredu i učinila je ekonomskim divom Evrope i sveta, sa njom su u Nemačku stigli i brojni politički i socijalni problemi čije rešavanje zahteva angažovanje svih segmenata društva, pa tako i obaveštajno-bezbednosnih struktura.

---

[68] Dr. Rudolf Adam (bio potpredsednik BND od 2001 do 2004. godine), više tekstova o BND. Sada predsednik federalne akademije Nemačke za bezbednost.

4.4. Obaveštajno-bezbednosni sistem Velike Britanije

Rad obaveštajno-bezbednosnih službi bilo koje zemlje u svetu predstavlja i danas, na početku 21. veka onu najživotniju žilu kucavicu svakog državnog aparata, čiji je osnovni zadatak očuvanje i omogućavanje delotvornog funkcionisanja privredno-političkog sistema i nacionalne bezbednosti. Ovako ustrojen sistem bezbednosti i danas je, noseći stub očuvanja efikasnosti i delotvornosti kompletnog državnog aparata, koji je u direktnoj funkciji očuvanja renomea jedne države na svetskoj političkoj sceni.

Jedinstven primer za to je istorijski razvoj obaveštajno-bezbednosne zajednice Velike Britanije, koja je utemeljena na vekovnim tradicijama očuvanja poretka monarhije, zaštite kako spoljnopolitičkih interesa tako i suzbijanje i pokušaja delovanja unutrašnjih neprijatelja unutar Ujedinjenog Kraljevstva.[69] Time je, iako već „stara i onemoćala ostrvska dama" uspela da i na pragu 21. veka sačuva dobar deo imidža moćne države čiji se procvat odvijao tokom 18. i 19. veka! Kako? Pa, upravo svojim tradicionalnim, zatvorenim i skoro tajnim organizovanjem i funkcionisanjem obaveštajno-bezbednosnog aparata, koji sa neznatnim izmenama funkcioniše vekovima.

Obaveštajno-bezbednosna zajednica Ujedinjenog Kraljevstva, koju čine vrhunski osposobljeni i stručno profilisani kadrovi nekad regrutovani uglavnom iz viših aristokratskih slojeva društva, a danas iz redova obrazovanih mladih ljudi sa izrazitim socijalnim poreklom, izdignut je na nivo najvišeg društvenog značaja i strogo je centralizovan. Aktivnosti na zaštiti kako unutar državnih i spoljnopolitičkih interesa prioritetni su zadaci svih službi u Velikoj Britaniji. Sistem bezbednosti utemeljen je i u stalnim ranijim hegemonističkim pretenzijama Kraljevstva Britanije kao i neprestanoj tajnoj borbi protiv i bilo kakvih pokušaja unutrašnjeg secesionizma (a na tlu Velike Britanije neprestano su

---

[69] Savić A., Delić M. i Bajagić M., Bezbednost sveta – od tajnosti do javnosti, Institut bezbednosti, Beograd, 2002, str. 120.

prisutna takva nastojanja), vremenom je izrastao u džina na kome je počivala kompletna država i koji je, kao takav, obezbedio državnu super dominaciju i na spoljnopolitičkom planu, što se bezmalo prostire i do današnjih dana.

I pored gubitka imperijalistiško-hegemonističke moći s početka 21. veka, Velika Britanija je i dalje vrlo respektabilna svetska sila, samo i isključivo zahvaljujući njenom bezbednosno-obaveštajnom i kontraobaveštajnom radu iz koga se crpe najznačajnije informacije po sudbinu države pa i sveta. Zar za to nisu najbolji dokazi dešavanja u Prvom i Drugom svetskom ratu, gde je Engleska obaveštajna služba saveznicima dostavljala najpoverljivije infomacije iz najviših neprijateljskih krugova? Zašto ne reći i to da je ser Vinston Čerčil ušao u red najvećih svetskih državnika dobrim delom zahvaljujući i tajnim informacijama koje je dobijao od svojih tajnih službi i sa kojima je veoma uspešno trgovao u kasnijoj savezničkoj interesnoj podeli sveta. Uostalom sve tajne službe, od svog postanka u Velikoj Britaniji su strogo centralizovane na čijem čelu je operativac broj jedan, a to je Premijer! Ali, o tome biće reči kasnije.

Pre nego što se osvrnemo na detaljni pregled rada i funkcionisanja obaveštajno-bezbednosnog sistema Velike Britanije, neophodno je istaći još jedan, ako ne i odlučujući, onda vrlo bitan faktor uspeha u radu ovih službi, a to je njihova apsolutna diskrecija i totalno zatvoreni sistem funkcionisanja i koji nikada u svojoj dugoj istoriji nije podlegao interesima pojedinih političkih opcija, niti se urušavao sa promenama vlada u ovoj zemlji. Naprotiv, sistem bezbednosti je ostajao kao jedini nepromenjivi stub društva i države, dok su se vlade menjale i time je sebi obezbedio dugovečnost koja se graniči sa večnošću. Nije bilo ni najmanjih urušavanja, niti erozija na bilo kom osnovu, jer je svakom građaninu društva jasno da je on i stvoren i organizovan isključivo radi zaštite interesa svih u Kraljevini. Jedna od ključnih odredbi funkcionisanja je najstroža zabrana da bude korišćena u bilo kakve unutar političke svrhe ili u interesu neke od partija na političkom tlu Velike Britanije. Ali iako je hermetički zatvorena za javnost niko to pitanje i ne postavlja, jer je svako svestan da službe bezbednosti rade u interesu svih njih. To je možda i ključni adut za dugoročni i kvalitetan rad, jer je totalno izolovana od bilo kakvih unutar-političkih potresa i uz to mogućih „provala".

Iako je teško pronaći materijalne dokaze za takvu tezu, veruje se da prvi obaveštajni rad datira još iz perioda rimskih osvajanja prostora Velike Britanije, pedesetih godina Nove ere, kada se na ovaj način vodila borba protiv moćnog Cezara. Odnosno, veruje se da je Julije Cezar doneo obaveštajni rad na ove prostore u želji za novim osvajanjima. Obaveštenja o kretanjima i potezima osvajača bila su od neprocenjivog značaja za odbranu svojih ognjišta. Kasnije, tokom petog veka, kada su ovaj prostor naselila germanska plemena, samo su još više intenzivirane ove aktivnosti, što bi na neki način trebalo da znači i početak rada sistema bezbednosti na tlu Ujedinjenog Kraljevstva. To je period ujedinjenja ovih plemena sa početka 9. veka i početka obaveštajnog i neobaveštajnog rada u kome su bile prisutne žestoke borbe za vlast, ubistva političkih protivnika. Računa se da je početak rada jedinstvene obaveštajne službe kao državne institucije započeo sa Henrikom VIII, što do tada u svetu nije zabeleženo. Čak se, s obzirom na relativno stihijsku organizaciju obaveštajnih službi pre Henrika VIII, organizacija koju je on stvorio s priličnim pravom može smatrati pravim začetnikom današnje obaveštajno-bezbednosne zajednice Velike Britanije. Njen osnovni zadatak je bio odbrana prestola i zaštita Kraljevine od unutrašnjeg i spoljašnjeg neprijatelja (jezuitske zavere, ekspanzija Španije i Francuske). Već savremenici toga doba počinju da glorifikuju englesku obaveštajnu službu, koja je već tada bila glavni motor snažnog ekonomskog, vojnog i političkog razvoja. Pečat na rad obaveštajnih službi postavio je Oliver Kromvel 1647. godine pobedom nad kraljem, pa parlamentu poverava rukovođenje svim ovim aktivnostima što se zadržalo do današnjih dana. Koliko je već tada, s početka 18. i tokom 19. veka bila jaka engleska obaveštajna služba beleže i savremeni istoričari toga vremena (Robert Rovan), praveći dokumentovane aluzije, kako je britanski kralj već tada bio mnogo bolje obavešten o dešavanjima u Americi, nego njen predsednik ili Kongres.

Jasno je, da je sistem začet kao nužno zlo u odbrani od spoljneg neprijatelja, osvajača, da bi kasnije izrastao u onu glavnu pokretačku snagu imperijalističkih osvajanja Velike Britanije, posebno tokom 18. veka, kada je imperija dostigla puni procvat i bila vodeća svetska sila.

Prema istim istorijskim podacima računa se, da je pravi začetnik Engleske moderne obaveštajne službe ser Frensis Veslingam, koji je umnogome doprineo da Ujedinjeno Kraljevstvo daleke 1588. godine pobedi do tada nepobedivu špansku armadu i time je Britanija preuzela ulogu vodeće pomorske sile ondašnjeg sveta, a London postao centar svih zbivanja. To je ujedno bio i početak procvata imperije, što će ovu zemlju tokom 18. i 19. veka učiniti vodećom kolonijalnom silom sveta u osvajanju novootkrivenih zemalja i naroda u njima.

Engleska obaveštajna služba je decenijama uživala respekt i poštovanje u celom svetu, jer je raspolagala pravovremenim i kvalitetnim informacijama koje su ponekad bile sudbonosne ne samo za njihovu državu nego su i rešavale sudbinu sveta. Pa i onda, kad je gubila primat kao vodeće sile sveta, kad je gubila osvojeni novi svet i kad se rušilo njeno kolonijalno carstvo, služba je i dalje bila u vrhu svetske rang liste obaveštajnog i kontraobaveštajnog rada što im je i dalje dalo primat u međunarodnim odnosima i posebno u odnosima sa super silama SAD i SSSR. Stariji brat „Ujka Sema" iako nije više bio toliko moćan i bogat, sačuvao je staru nemerljivu ulogu u proceni i oceni budućih događaja koji su u pojedinim momentima rešavali i sudbinu sveta.

4.4.1. Način rada i vrbovanja tajne službe MI6

Uoči Drugog svetskog rata, Velika Britanija je u skladu sa radom Ratnog Kabineta, napravila reorganizaciju svojih obaveštajnih službi i formirala je čak 40 obaveštajnih i bezbednosnih službi (*Military Intelligence – MI* 1, 2, 3, 4, ... 40).[70] Kultni sektori su se pod tim imenima zadržali do današnjih dana,

---

[70] Philip H. J. Davies: „MI6 a and Machinery of Spying'" 2004.

poput obaveštajne službe MI6 ili službe bezbednosti, MI5. Te dve Službe su posebno proslavile i ser Vinstona Čerčila i učinile ga jednim od najmoćnijih političara 20. veka, između ostalog i zbog dobrog i agresivnog rada ovih službi, koje su mu bile direktno podređene i koje su mu u svakom trenutku dostavljale valjane i izuzetno važne informacije za ceo svet.

Posle Drugog svetskog rata ponovo je sektor obaveštajnih službi reorganizovan, ali ovoga puta shodno mirnodopskim uslovima i novom politikom Velike Britanije. Sa neznatnim izmenama ovaj sistem funkcioniše i dan danas.

Od svih britanskih tajnih sužbi, u svetu je najpoznatija Tajna obaveštajna služba MI6, koju je daleke 1909. godine ustanovio Ser Mensfild Kamings, kao Vojno obaveštajno odeljenje broj 6, zbog čega i danas nosi ovo popularno ime.[71] MI6 se nalazi u sastavu ministarstva inostranih poslova, koji je odličan paravan za rad obe službe, koja i nosi primat u radu svih službi i koja je potpuno nezavisna od ministra inostranih poslova. Šef MI6 direktno razgovara sa premijerom ili koordinatorom za tajne poslove. Služba radi u potpunoj tajnosti maksimalno kamuflirana a čine je poslovni ljudi, dopisnici listova, naučni radnici i dr. Osim centrale u Londonu kamuflirani su širom sveta, svuda gde Engleska ima svoje strateške interese a iznikla je iz ranije kolonijalne obaveštajne službe koja nosi glavnu zaslugu što je Velika Britanija više od 200 godina vladala ogromnim kolonijalnim carstvom. Kao što je američka CIA poznata po imenu „Kompanija", tako je MI6 poznat po imenu „Firma".

MI6 je posebno imao izuzetno jake obaveštajne prodore prema ranijem SSSR, a čitava svetska javnost posebno pamti čuvenu „kubansku krizu", iz 1963. godine, vezane za instaliranje sovjetskih raketa na Kubi, kada je svet bio na ivici rata i direktnog sukoba dve super sile: SAD i SSSR. Zasluga za taj slučaj pripada baš ljudima iz MI6.

---

[71] Savić A., Delić M. i Bajagić M., Bezbednost sveta – od tajnosti do javnosti, Institut bezbednosti, Beograd, 2002, str. 125.

Naime, zavrbovan je bio pukovnik Oleg Penkovski, rukovodilac Uprave za obaveštajni rad Glavnog štaba sovjetske vojne obaveštajne službe. Ovaj slučaj se smatra najvećim uspehom MI6 iza „gvozdene zavese" toga doba i da ga nije ustupila kolegama iz CIA, verovatno bi KGB mnogo teže otkrio agenta u svojim redovima i to na tako visokom položaju. Međutim, u udžbenike iz ove oblasti ušao je kao primer suptilnosti stručnjaka iz MI6 na dugogodišnji način vrbovanja pukovnika Penkovskog, da im godinama iz Glavnog štaba vojne službe prenosi sve podatke i planove Sovjeta, pa i o nuklearnim postrojenjima i mogućim nuklearnim ciljevima po svetu. Vrbovanje je trajalo godinama, a zanimljivo je da su kolege iz CIA smatrale da se radi o kontrašpijunaži Sovjeta i podmetnutom agentu, pa su potrošili silno vreme da to i dokažu, što na kraju i nije bilo tačno. Posebno je zanimljiv razlog zbog čega je visoki oficir Sovjeta prihvatio da bude špijun MI6 i CIA. Rekao im je, kako se on oduvek divio američkoj vojnoj sili i što je želeo i američko državljanstvo!? Za špijunsku karijeru data mu je tajna medalja CIA i proizveden je u čin pukovnika američke vojske samo da bi mu se pokazalao kako nije ništa izgubio na statusu iako je promenio stranu. On je godinama bio veoma važna špijunska strateška pozicija za MI6 i CIA, ili, kako se to profesionalno kaže, bio je „dezerter kvarilac u mestu".

Ovo je samo jedan od primera dugog i strpljivog rada stručnjaka MI6 na vrbovanju iza „gvozdene zavese" toga doba. Ali, time se daje i odgovor na pitanje, na koji način funkcioniše i sa kakvim sve najkvalitetnijim kadrovima raspolaže za nas najpoznatiji deo engleske obaveštajne službe poznat iz filmova o čuvenom Džejmsu Bondu – MI6 i njen najbliži srodnik – MI5 kao tajna obaveštajna služba ministarstva unutrašnjih poslova Velike Britanije koja se bavi pitanjima nacionalne bezbednosti. Ako je po aktima šef MI6 bio odgovoran lično Premijeru i Državnom sekretaru onda on njima najmanje jednom godišnje podnosi i izveštaje. Sedište Službe je u Londonu, a pretpostavlja se da ima više od dve hiljade službenika. Radi po sistemu odvojenih službi i to za kadrove, specijalnu podršku, regrutovanje, operativni i kontraobaveštajni rad.[72]

Posebno je zanimljiv način na koji se regrutuju pripadnici Službe, tako što tokom dugih i teških obuka i provera svaki član MI6 stiče utisak i ubeđenje da radi poslove od najviših državnog značaja i za dobrobit svoga naroda. Time se u startu eleminišu (bar u najvećoj meri) svi pokušaji provale rada Službe i vrbovanja spolja. Ubeđenje u ispravnost i herojstvo čina samog rada jače je, po mišljenju njihovih eksperata, od bilo kod materijalnog momenta i ponude spolja!

Zato se kadrovi regrutuju sa elitnih Univerziteta poput Kembridža i Oksforda ili Edinburga, a ako se zna da su troškovi školovanja tamo veoma visoki, onda je jasnije, da Služba regrutuje u svoje redove samo predstavnike aristrokratije, odnosno viših slojeva britanskog društva. Zbog toga služba gaji tradicionalno veoma dobar odnos sa ovim viskoškolskim ustanovama, čime doprinose umnogome profesori „dojenjem" studenata idejama o budućim kreatorima svetske istorije. Zato su i načini vrbovanja studenata za rad u Službi toliko suptilni i specifični u odnosu na dugoročne strateške spoljno-političke cilje-ve Britanije, da se opravdano postavlja pitanje da li je reč o klasičnom agentu ili o patrioti. Premda izgleda primamljiv, ovakav model teško da je primenjljiv u većini drugih zemalja, pogotovo onih koje, poput zemalja tek nedavno oslobođenih okova poslednjeg svetskog totalitarizma, još uvek nisu izašle na kraj sa nasleđem prošlosti, niti su ideološki još uvek toliko stabilne da bi svojim saradnicima mogle ponuditi okvir rada koji se neće menjati na prvi nagoveštaj promene zvanične politike u zemlji.

Ovako formiran agent koji živi i radi u uverenju da doprinosi svetskom napretku i miru i blagostanju svoje zemlje i naroda, dobrovoljno pruža sve raspoložive informacije i time predstavlja više nego pogodno tle za stvaranje dalje mreže agenture na terenu ili oblasti u kojoj se nalazi. I, što je najbitnije,

---

[72] Dorril Stehen, „Knjiga o MI6", 2001.

kod njih ne postoji time nikakav osećaj krivice ili griže savesti da nešto pogrešno rade, pa je time on završovan na duži rok i to je zaista nepremostiva prepreka za njihovo razotkrivanje od strane drugih tajnih službi. Pa ipak, u tom domenu, najveći prodor skoro u srce britanskog obaveštajno-bezbednosnog sistema svojevremeno je uspevala samo KGB u različitim vremenskim intervalima iz perioda „hladnog rata", premda se i do danas vode polemike o tome koliko su te provale bile stvarne, a koliko fingirane, odnosno svesno dopuštene od strane Ujedinjenog Kraljevstva, radi postizanja obmane ili radi popuštanja tenzija i davanja satisfakcije Sovjetima, kako se ovi ne bi odlučili na neki drastičniji korak.

Posebni sektori engleskih obaveštajnih službi stekli su slavu i uticaj, a time i moć u posebnim apokaliptičnim situacijama, poput recimo svetskih ratova. Tako je praktično u Prvom svetskom ratu slavu i popularnost stekla i služba MI5, današnja Služba bezbednosti.

Osim već rečenog o MI6 i u našoj javnosti je dobro poznata i jedna druga engleska obaveštajna služba u okrilju ministarstva unutrašnjih poslova, poznatija pod imenom MI5, što će reći u prevodu, Služba bezbednosti. Osnovana je 1909. godine i prvobitno se zvala „Biro tajne službe" a od 1916. postala deo jedinstvenog Direktorata za obaveštajni rad i dobila ime Vojno obaveštajno odeljenje broj 5. MI5 je između dva svetska rata imala poseban zadatak rada na sprečavanju uticaja Kominterne u redovima britanske Komunističke partije i dalji angažman na kontraobaveštajnom radu. Posle pojave Hitlera na svetskoj sceni i njegove nacističke partije, MI5 je dobila novi zadatak, koji se ogledao prvenstveno da spreči subverzivno delovanje na prostoru Velike Britanije. Tokom Drugog svetskog rata ova služba je bila jedan od glavnih bezbednosnih oslonaca Britanije, posebno kad je u pitanju kontrola stranaca, proizvodnja vojne opreme, u posebnim akcijama protiv neprijateljskih špijunskih i diverzantskih aktivnosti. Po završetku Drugog svetskog rata, Služba se posebno razvija u kontraobaveštajnom radu i postaje jedan od glavnih oslonaca Kraljevstva.

Iako je formalno u sastavu ministarstva unutrašnjih poslova i shodno tome njemu podređena, da od njega lično mora tražiti odobrenje za recimo prisluškivanja ili neke druge akcije, MI5 ima svoga jedinog pravog šefa u liku Premijera, dok je nominalni šef sa titulom generalnog direktora ima funkciju stalnog podsekretara u Ministarstvu unutrašnjih poslova. Služba funkcioniše na osnovu Zakona o Službi bezbednosti s obzirom da im je prevashodna uloga zaštita nacionalne bezbednosti. Naročito od globalnih pretnji „terorizma, špijunaže, sabotaže, sprečavanje aktivnosti agenata stranih službi čiji je cilj rušenje ili podrivanje parlamentarne demokratije, ekonomskim, političkim sredstvima ili nasilnim putem".

U borbi protiv terorizma MI5 je angažovana u dva pravca: u borbi protiv „domaćeg" i terorizma spolja. Na domaćem tlu aktivnosti su usmerene na razotkrivanju i sprečavanju delovanja Irske republikanske armije, političkog krila IRA „Šin Fejn" i Irske nacionalne oslobodilačke armije. U borbi protiv međunarodnog terorizma, posebno su angažovani u razotkrivanju i sprečavanju delovanja bliskoistočnih terorističkih organizacija i grupa, posebno onih koji su poslednjih decenija prisutne na britanskim ostrvima poput Hezbolaha, Hamasa, Abu Nidala, alžirske GIA i naravno sadašnjeg neprijatelja broj 1 – Osame Bin Ladena. One su posebna opasnost po britansku imperiju, jer se neretko sakrivaju pod plašt raznih humanitarnih organizacija, dobrotvornih ustanova kako bi lakše sproveli terorističke akcije protiv britanskih građana i drugih na njenoj teritoriji.

U vreme hladnog rata, MI5 se posebno angažovao na poslovima kontrašpijunaže i sprečavanja prodora obaveštajaca iz SSSR i zemalja Istočne Evrope. Iako je taj period iza nas, MI5 i dalje nesmanjenom žestinom radi na poslovima kontrašpijunaže i drugim aktivnostima kojima je jedini cilj zaštita nacionalne bezbednosti zemlje. Istovremeno sprovodi i ofanzivne akcije vrbovanja stranih državljanja radi razotkrivanja ilegalnih organizacija i terorističkih grupa usmerenih na akcije protiv Velike Britanije. MI5 se u mirnodopskim uslovima pridodaje na pružanju podrške policijskim snagama u borbi protiv svih vidova organizovanog kriminala, posebno kad je u pitanju krijumčarenje oružja i sredstava za masovno uništenje ljudi.

Velika Britanija danas je opterećena brojnim problemima na unutrašnjepolitičkom planu. Problemi sa Severnom Irskom, strah od secesionizma Škotske i Velsa, opšta dekadencija na unutrašnjem planu (nasilje, ekonomske recesije, složena imigraciona situacija) što se delimično moralo odraziti i na rad obaveštajno-bezbednosnog sistema. Pa ipak, ova služba je i dalje veoma respektabilna u svetu i visoko cenjena, samo zahvaljujući dugoj i tvrdoj tradiciji kvaliteta u izboru kadrova (uvek iz viših bogatih društvenih slojeva) koji su ovu službu vodili i danas vode.

I pored duge tradicije, obaveštajno-bezbednosni sistem Velike Britanije definitivno je uređen tek u 20. veku kroz dva temeljna zakonska akta, i to zakona o službi bezbednosti i zakona o obaveštajnim službama. Ceo sistem je sagrađen po sistemu piramide, i dokaz je moći izvršne vlasti, na čijem vrhu je Vlada, odnosno Premijer, koji je odgovoran za sva obaveštajna i bezbednosna pitanja. Iza Premijera, postavljen je Komitet za upravljanje obaveštajnim i bezbedonosnim sektorom kome on i predsedava. Komitet direktno o svom radu izveštava i Sekretara vlade. Piramida obaveštajno bezbedonosne moći se dalje sa vlade, odnosno Premijera i Komiteta prenosi na brojne podsekretare za određene sektore (oblasti) različitih vidova rada iz ove oblasti. Oni daju i preko potrebne smernice za utvrđivanje budžeta za rad svih ovih službi.

Ipak u piramidi ove moći izvršne vlasti postoji i neka uloga parlamenta, odnosno njihov Komitet za obaveštajne i bezbednosne poslove, čiji je zadatak, da u ime parlamenta nadzire rad obaveštajnih i bezbednosnih službi u Velikoj Britaniji. On deluje u potpunoj tajnosti i ima 9 članova i ima širok pristup informacijama. Komitet ima pravo i da traži od Premijera izveštaj o radu službi i da potom pravi svoj izveštaj britanskom parlamentu.

Kako parlament ima ograničenu kontrolu na radu ovih službi, ipak postoje drugi vidovi njihove kontrole. Postoje takozvane komisije i sudovi, koji su nezavisni od izvršne vlasti, ali u funkciji zaštite poštovanja zakonitosti, privatne imovine, poštovanje ljudskih prava i dr, o čemu će na narednim stranicama biti izneseno nešto više detalja.

Posle kratkog istorijskog pregleda i osvrta na korene iz kojih se razvio britanski obaveštajno-bezbednosni aparat, predstavićemo trenutnu arhitekturu obaveštajne zajednice Ujedinjenog Kraljevstva, koja, britanski ekscentrično, nosi pretenciozan naziv – Centralna obaveštajna mašinerija ili aparat *(Central Intelligence Machinery – CIM)*.

CIM se sastoji od sledećih elemenata:

– Tajna obaveštajna služba *(Secret Intelligence Service – SIS)*, koja je i dalje poznata pod svojim izvornim imenom – MI6;

– Vladin komunikacijski štab (Government Communications Headquarters – GCHQ);

– Služba bezbednosti *(Security Service)*, poznata i kao MI5;

– Odbrambeni obaveštajni štab *(Defence Intelligence Staff – DIS)*, u sastavu ministarstva odbrane i

– Združeni centar za analizu terorizma *(Joint Terrorism Analysis Centre – JTAC)*.

Pored pobrojanih organizacija, u sastavu obaveštajne zajednice mogu se, kao pridruženi ili povremeni članovi, naći i druge vladine organizacije, agencije i tela, kao što su Agencija za organizovani kriminal *(Serious Organised Crime Agency – SOCA)*, Carine *(Her Majesty's Revenue and Customs – HMRC)*, Metropoliten policija, poznata i kao Skotland Jard i druge. MI5, MI6 i GCHQ poznate su u javnosti pod zajedničkim imenom „Agencije", premda, kao što je već rečeno, u kolokvijalnom govoru često se koriste i drugi izrazi, kao što je na primer „Firma". Naravno, javnost je i dalje uskraćena za detaljnije informacije o radu i organizaciji ovih agencija, premda je njihovo postojanje u punoj meri priznato i obznanjeno je 80-ih godina prošlog veka.

Poznato je da sve zemlje nastoje da barem formalno formiraju adekvatan zakonski okvir za delovanje svojih tajnih službi. Međutim, to je nastojanje u Velikoj Britaniji potpuno ispunjeno, pa su delovanje i funkcije tri bazične agencije duboko ukorenjene u zakonskom okviru za njihov rad, čime se opet potvrđuje britansko insistiranje na poštovanju zakonitosti kao najjačoj poluzi očuvanja stabilnosti u političkom životu.

Glavni ciljevi vladine nacionalne bezbednosne politike usmereni su na:

– zaštitu Ujedinjenog Kraljevstva i britanskih teritorija, kao i podanika i vlasništva države od širokog raspona pretnji, uključujući tu i terorizam i špijunažu;

– bezbednost i ojačavanje britanskih interesa u okviru odbrambene i inostrane politike;

– zaštitu i bezbednost ekonomske dobrobiti Ujedinjenog Kraljevstva;

– podršku prevenciji i oktrivanju ozbiljnih krivičnih dela.

Obaveštajni rad iz tajnih izvora koristi se za podršku ovim aspektima vladine politike obezbeđujući informacije o relevantnim aktivnostima i razvoju situacije koji se ne mogu adekvatno pratiti na regularne, odnosno otvorene načine. Prikupljanje, analiza i procena tajnih obaveštajnih podataka usmeravaju se od strane Združenog obaveštajnog komiteta *(Joint Intelligence Committee – JIC)*, koji svake godine uspostavlja zahteve i prioritete za rad obaveštajne zajednice. Ovi zahtevi i prioriteti dostavljaju se Ministarskom komitetu na odobrenje, na osnovu saveta koje obezbeđuje Stalni sekretarski komitet za obaveštajne službe *(Permanent Secretarie's Committee on the Intelligence Services)*. Obaveštajni podaci prikupljeni delovanjem ove tri agencije prosleđuju se neposredno u formi izveštaja odgovarajućim odsecima i telima u vladi, gde se koriste kao osnova za donošenje odluka. Ovi produkti se takođe koriste i u oružanim snagama za podršku terenskim operacijama, kao i policijskim i kriminalističkim službama.

Agencije i konzumenti njihovih proizvoda održavaju bliske odnose. Agencije tesno rade jedna s drugom, kombinujući svoje snage kad god to odgovara zahtevima operativnog rada, razmenjujući infrastrukturu i proizvodeći koordinirane obaveštajne izveštaje. Aparat u centralnoj vladi, odnosno Mašinerija, koja se nalazi u sastavu premijerovog kabineta, odgovorna je za dodeljivanje zadataka agencijama u skladu sa dogovorenim zahtevima i prioritetima, te raspoloživim budžetom. Na čelu Mašinerije nalazi se Stalni sekretar za obaveštajni i bezbednosni rad *(The Permanent Secretary, Intelligence, Security and Resilience)*, koji je ujedno i savetnik za pitanja u vezi sa bezbednošću, obaveštajnim radom i upravljanjem krizama i katastrofama.

Združeni obaveštajni komitet (JIC) je sastavni deo vladinog kabineta i odgovoran je da ministrima i višim službenicima vlade obezbedi koordinirane obaveštajne procene koje tretiraju širok spektar pitanja, od onih trenutnog značaja, do pitanja od dugoročnog interesa za naciju. Komitet s vremena na vreme procenjuje uspešnost rada agencija u ispunjavanju postavljenih zadataka. Pripadnici JIC su viši službenici iz sastava ministarstva spoljnih poslova, ministarstva odbrane, ministarstva unutrašnjih poslova, odeljenja za trgovinu i industriju, odeljenja za međunarodni razvoj, ministarstva finansija i predstavnik vladinog kabineta, te načelnici sve tri obaveštajne agencije i načelnik štaba za procenu. Drugi vladini zvaničnici po potrebi takođe mogu biti uključeni u rad ovog tela.

U svom radu JIC dobija podršku od Štaba za procenu (Assessments Staff), sastavljenim od većeg broja analitičkog osoblja pridodatog iz drugih odeljenja i službi. Ovaj štab je odgovoran za pravljenje procena o situacijama i pitanjima od trenutnog značaja, kako bi se obezbedilo rano upozorenje na pretnje po britanske interese, kao i za identifikaciju i praćenje zemalja prepoznatih kao nosioce rizika. Procene se sačinjavaju uglavnom na osnovu rezultata rada agencija, ali se u njih uključuju i diplomatski izveštaji, kao i informacije dobijene iz otvorenih izvora. Štab za procenu blisko sarađuje sa agencijama i ostalim vladinim odeljenjima u izradi analiza i interpretaciji izveštaja. JIC odobrava većinu izveštaja pre nego što se dostave ministarstvima, premda neki dokumenti, uključujući i hitne dopune aktuelnih pitanja, mogu biti izdate na upotrebu po ovlašćenju načelnika Štaba za procenu, koji ima i savetničku ulogu u programu strategijskih procena koje se sačinjavaju u okviru vlade. Kao agencije: Vojno-obaveštajna služba (DIS), i Štab za procenu održava sopstvene kontakte sa različitim inostranim obaveštajnim organizacijama. Ovakvi aranžmani omogućavaju pristup informacijama i analizama koje na drugi način možda ne bi bile dostupne. U slučaju da se zemlje sa kojima Ujedinjeno Kraljevstvo ima saveznički odnos suoče sa istom pretnjom kao i Velika Britanija, dolazi do razmene informacija kako bi se odluke mogle donositi na osnovu zajedničke percepcije. Ser Ričard Motram koji se od novembra 2005. godine nalazi na funkciji Stalnog sekretara za obaveštajni rad i bezbednost, ujedno je i predsedavajući Združenog obaveštajnog komiteta.

Kao i u Sjedinjenim Američkim Državama, i u Ujedinjenom Kraljevstvu je finansiranje delovanja obaveštajne zajednice centralizovano i obavlja se kroz takozvani Jedinstveni obaveštajni račun *(Single Intelligence Account – SIA)*. Predmet finansiranja iz ovog računa su tri primarne agencije – MI5, MI6 i GCHQ, te delimična finansijska podrška za Združeni centar za analizu terorizma. Međutim, Odbrambeni obaveštajni štab *(Defence Intelligence Staff – DIS)*, kao i Centralna obaveštajna mašinerija u sastavu kabineta finansiraju se odvojeno, kroz budžet ministarstva odbrane, odnosno kroz budžet kabineta. Premda je veličina budžetskih sredstava koja se odvajaju za delovanje obaveštajne zajednice potpuno transparentna i do u poslednji peni poznata javnosti, detalji o unutrašnjoj raspodeli budžeta između agencija čuvaju se u tajnosti iz bezbednosnih razloga.

Moć koja leži u delovanju obaveštajnih i bezbednosnih organizacija zahteva posebne metode kontrole nad njima, ne samo od strane izvršne, već i od zakonodavne vlasti. Zbog toga je u Velikoj Britaniji razvijen sistem nadzora i kontrole nad radom tri glavne agencije od strane Parlamenta. Taj posao u ime Parlamenta obavlja Obaveštajni i bezbednosni komitet *(Intelligence and Security Committee – ISC)*. U njegovom sastavu nalazi se 9 članova Parlamenta, iz oba, Gornjeg i Donjeg doma, koje na tu dužnost postavlja Premijer nakon konsultacija sa drugim stranačkim vođama. Ovaj komitet je uspostavljen 1994. godine na osnovu Zakona o obaveštajnim službama, a do tada je parlamentarna kontrola nad obaveštajnom zajednicom vršena skoro isključivo kroz tela vlade, dakle na posredan način, o čemu je ranije već bilo reči. Primarna odgovornost ISC je nadzor nad budžetskom potrošnjom, administracijom i unutrašnjom politikom agencija. Premda nema formalno ovlašćenje nadzora nad vojno-obaveštajnom službom (DIS), komitetu se, prema dogovoru sa vladom, dostavlja potrebna evidencija o radu ove službe, kao i evidencija o radu Združenog obaveštajnog komiteta i Štaba za procenu.

Na narednim stranicama ćemo dati kratku „ličnu kartu" glavnih obaveštajnih i bezbednosnih agencija koje danas deluju pod britanskom krunom.

Tajna služba bezbednosti *(Secret Intelligence Service – SIS)*, često poznata i kao MI6, vodi poreklo iz 1909 godine kada je ustanovljena kao Strana sekcija *(Foreign Section)* u okviru Biroa tajne službe *(Secret Service Bureau)*, a oznaku MI6 dobila je 1922 godine, postajući tako autonomna organizacija. Osnovna funkcija *(Secret Intelligence Service – SIS)* je prikupljanje obaveštajnih informacija u inostranstvu u vezi sa pitanjima koja se tiču britanskih vitalnih interesa na polju bezbednosti, odbrane, kriminala, spoljne i ekonomske politike. Rad *(Secret Intelligence Service – SIS)* se preduzima u skladu sa zahtevima i prioritetima koje uspostavlja Združeni obaveštajni komitet, a odobravaju ministri. Kao i u drugim zemljama, i u Velikoj Britaniji došlo je do revitalizacije obaveštajnog rada sa ljudskim izvorima, koji poslednjih godina preuzima primat nad tehničkim metodama obaveštajnog rada, premda i one nastavljaju igrati značajnu ulogu kao izvor informacija. SIS ima zakonsko ovlašćenje za preduzimanje tajnih operacija izvan teritorije Velike Britanije. Sedište SIS, odnosno MI6 nalazi se u Voksal Krosu u centralnom Londonu.

Vladin štab za komunikacije *(Government Communications Headquarters – GCHQ)*, ima sedište u Čeltenhemu od 1952. godine, a na njenom čelu se od 2003. godine nalazi ser Dejvid Peper. Vladina škola za kriptografiju *(Government Code and Cypher School)*, uspostavljena po završetku Prvog svetskog rata, 1919. godine, kao a sadašnje ime nosi od 1964. godine. GCHQ ima dve jednako važne osnovne misije: prikupljanje obaveštajnih podataka kroz presretanje komunikacija, kao i obezbeđivanje usluga i saveta za nacionalna tehnička i tehnološka vladina tela u oblasti zaštite informacija. Kao izvor informacija, produkti GCHQ koriste se od strane nadležnih vladinih tela i organa za donošenje odluka u pitanjima vezanim za nacionalnu bezbednost, vojne operacije i policijske, odnosno kriminalističke poslove. Posebno je značajna dimenzija obezbeđivanja informacija koje se koriste u borbi protiv terorizma, kao jedne od najsnažnijih pretnji britanskoj zajednici danas. Ništa manje nije značajna ni druga misija GCHQ, ona koja se odnosi na zaštitu informacionih sistema.

Velika Britanija, kao tehnološki izuzetno napredna zemlja, u velikoj meri zavisi od ispravnosti njenih informacionih i komunikacionih sistema, čije bi otežano funkcionisanje načinilo neprocenjivu ne samo ekonomsku, već i političku štetu. Zbog toga se posebna pažnja posvećuje zašiti onih informacionih sistema koji kontrolišu rad vitalnih segmenata i elemenata društva, kao što su energetika, snabdevanje vodom, nacionalni finansijski programi, itd.

Služba bezbednosti *(Security Service – SS)*, poznata i kao MI5, odgovorna je za zaštitu i odbranu Ujedinjenog Kraljevstva od organizovanih pretnji po nacionalnu bezbednost. Te pretnje obuhvataju terorizam, špijunažu i trgovinu oružjem za masovno uništenje. Pored toga, MI5 ima i savetodavnu ulogu na polju bezbednosti za veliki broj drugih vladinih organizacija i tela. Uloga MI5 definisana je Zakonom o službi bezbednosti iz 1989. godine, kojim je rad Službe po prvi put stavljen na zakonske osnove. Zakon je formalizovao odgovornost

Sekretara doma za rad Službe bezbednosti, definišući njene funkcije i postavljajući odgovornosti Generalnog direktora. Osnovne funkcije MI5 su:

– zaštita nacionalne bezbednosti, naročito u borbi protiv špijunaže, terorizma i sabotaže koje sprovode strani agenti, kao i protiv akcija čija je namera uzdrmavanje parlamentarne demokratije političkim, industrijskim ili nasilnim sredstvima;

– čuvanje i zaštita ekonomskih dobara Ujedinjenog Kraljevstva od pretnji izvan britanskih ostrva;

– delovanje u podršci policiji i drugim agencijama za provođenje zakona u prevenciji i otkrivanju ozbiljnog kriminala.

U cilju ispunjenja tih zadataka, Služba bezbednosti preduzima sledeće mere:

– istražuje pretnje prikupljajući, analizirajući i procenjujući obaveštajne informacije;

– suprotstavlja se izvorima pretnje;

– pruža savete vladinim telima i drugim konzumentima usluga u vezi sa prirodom pretnje, kao i o relevantnim bezbednosnim merama i

– pruža pomoć ostalim agencijama, organizacijama i vladinim odeljenjima u borbi protiv navedenih pretnji.

Od uspostavljanja Agencije za organizovani kriminal, rad MI5 na polju kriminala je delimično suspendovan, kako bi se što više mogla posvetiti njenom primarnom zadatku u današnje vreme – borbi protiv terorizma, jer ovaj zadatak zahteva krajnje angažovanje svih raspoloživih ljudskih i materijalnih resursa. Zanimljivo je da, za razliku od srodnih službi u svetu, pripadnici SIS nemaju izvršna zakonska ovlašćenja da deluju kao policijske snage, pa za realizaciju operativnih akcija moraju zahtevati asistenciju i ostvarivati tesnu koordinaciju sa policijskim snagama, te sa drugim nadležnim organizacijama kao što su Imigracijska služba, Carinska služba, Krunska istražna služba i dr.

Združeni centar za analizu terorizma *(Joint Terrorism Analysis Centre – JTAC)* je uspostavljen 2003. godine kao deo razvojnog plana za upravljanje obaveštajnim radom i distribuciju obaveštajnih informacija u odgovoru na pretnju međunarodnim terorizmom. JTAC je multiagencijska organizacija, popunjena pripadnicima prethodne tri agencije, Odbrambenim obaveštajnim štabom (DIS) i predstavnicima drugih bitnih odeljenja, uključujući ministarstvo spoljnih poslova i policiju. Od svog osnivanja JTAC je prepoznat kao agencija velikih potencijala i efikasan mehanizam za analiziranje obaveštajnih informacija iz svih izvora, a koje se odnose na aktivnosti, namere i mogućnosti međunarodnih terorista i terorističkih grupa koji mogu ugroziti britanske i savezničke interese u zemlji i svetu. Načelnik JTAC je neposredno odgovoran generalnom direktoru Službe bezbednosti, preko kojeg dostavlja izveštaje Združenom obaveštajnom komitetu.

Pored navedenih agencija, u sastavu obaveštajne zajednice Ujedinjenog Kraljevstva stalno ili povremeno nalaze se i neke od sledećih organizacija i službi:

Nacionalna kriminalistička obaveštajna služba *(National Criminal Intelligence Service – NCIS)*, osnovana 1992. godine s ciljem da obezbedi rukovođenje i kvalitet rada u oblasti prikupljanja obaveštajnih informacija koje se odnose na kriminalne delatnosti. Organizacija je fokusirana na borbu protiv vodećih ešalona organizovanog kriminala i nastoji da ostvari hapšenje ili efikasno ometanje najvećih kriminalaca u Ujedinjenom Kraljevstvu. Kao obaveštajna služba koja se bavi kriminalom, NCIS je pionir ne samo u Velikoj Britaniji, već i u čitavoj Evropi, a njeno polje delovanja kreće se u rasponu od organizovanog kriminala, preko pedofilije do fudbalskog huliganstva. Sa pet regionalnih kancelarija na teritoriji Velike Britanije, te brojnim predstavništvima u inostranstvu, NCIS predstavlja respektabilnu snagu koja se efikasno nosi sa novim kriminalnim izazovima, pogotovo u današnje vreme kada kriminal svakodnevno poprima nove forme i otkriva nove metode svog delovanja. Posebno je značajno naglasiti da je NCIS aktivan saradnik Interpola sa direktnim kontaktima u 176 zemalja članica, kao i da ima razvijenu mrežu za borbu protiv trgovine drogom, čime postaje pandan i vredan partner američkoj DEA.

Metropoliten policija *(Scotland Yard)*, koju je 1829. godine osnovao ser Robert Pil kao londonske policijske snage, danas je specifična policijska organizacija, sa nacionalnim i internacionalnim ovlašćenjima koja se razlikuju od drugih policijskih organizacija i koja predstavlja udarnu pesnicu u borbi protiv terorizma na teritoriji Velike Britanije, a sprovodi i druge zadatke, kao što su zaštita kraljevske porodice. Metropoliten policiju ne treba zamenjivati sa Policijom grada Londona, koja je zasebna policijska organizacija odgovorna za sprovođenje policijskih poslova u užem centru glavnog grada.

S obzirom na svoju specifičnu misiju, Metropoliten policija ima velike zahteve za obaveštajnim informacijama, koji se ne mogu uvek pravovremeno dobiti iz spoljnih izvora, zbog čega se još od prvih decenija postojanja pristupilo razvijanju sopstvenih obaveštajnih kapaciteta, prevashodno usmerenih na prikupljanje i analizu informacija vezanih za kriminalno delovanje, te na formiranje baza podataka koje su od izuzetne pomoći u predviđanju zločina i otkrivanju počinilaca.

Kao zaključak, može se reći da je obaveštajna zajednica Velike Britanije verovatno jedinstven primer obaveštajno-bezbednosnog aparata skoro savršeno usklađenog sa potrebama zemlje koja ga je stvorila i na čijoj zaštiti se angažuje. Rastući trend angažovanja Ujedinjenog Kraljevstva na međunarodnom planu postaviće pred ovu zajednicu nove zahteve i izazove, ali fleksibilnost i podesnost sadašnje strukture bez većih problema će odgovoriti na njih.

4.5. Obaveštajno-bezbednosni sistem Francuske

Francuski obaveštajno-bezbednosni sistem, kroz dugu istoriju svoje državnosti ima pre svega za cilj zaštitu nacionalnih interesa. Tako je bilo i u periodu stvaranja jake države u srcu Evrope, počev od 5. veka nove ere, kada su se Gali odupirali nadiranju Rimljana i osvajanju novih teritorija, pa sve do današnjih dana.[73] U svojim nastojanjima da zaštite svoje nacionalne interese neretko su se sukobljavali i sa Zapadom, kome prirodno pripadaju, upravo zbog svog samostalnog i apsolutno nezavisnog puta razvoja. Zbog toga je Peta Republika i 1958. godine izašla iz vojnog krila NATO. Zbog tog istog cilja su se neretko sukobljavali i sa kolegama iz CIA i drugim zapadnim agenturama. Mnogi se i danas sećaju čuvene afere iz 1993. godine, kada su Francuzi uspeli da saznaju novu navigacionu tehnologiju novog američkog „Boinga", kako bi je prekopirali za interese svoje aviokompanije.

Obaveštajni i kontraobaveštajni rad Francuza nije bio tokom svih ovih dugih vekova postojanja usmeren prema „prirodnim" neprijateljima sa Istoka Evrope, već i prema nekadašnjim saveznicima. Očigledno je njeno prisustvo i na Balkanu, pa i u našoj zemlji. Iz perioda 70-ih godina prošloga veka, posebno je interesantan njihov kontraobaveštajni rad prema SFRJ kada su u Beogradu uspostavljali kontakt sa našim visokoobrazovanim građanima koji su bili naklonjeni njihovoj kulturi, jeziku i mentalitetu uopšte. Kontakte su uspostavljali što u Beogradu što izvan naše ondašnje države. Dobro nam je poznata i njihova uloga u ratovima na ovim prostorima sa početka devedesetih godina prošloga veka. Mnogi se još sećaju njihove presudne uloge u evakuaciji zarobljenih pilota iz Bosne.

Međutim, i pored izuzetno dobre organizovanosti njihovog obaveštajnog rada i ogromnog doprinosa u najkritičnijim periodima za čovečanstvo, danas ova služba u Francuskoj trpi jake pokušaje da se stavi pod kontrolu unutarpartijskih borbi i interesa određenih političkih grupacija. I to u veoma teškim političkim prilikama sve žešće asimilacije stanovništva iz bivših francuskih kolonija, sve izraženijih separatističkih ciljeva pojedinih regiona (Bretanji, Flandriji, Alzasu,

---

[73] Savić A., Delić M. i Bajagić M., Bezbednost sveta – od tajnosti do javnosti, Institut bezbednosti, Beograd, 2002, str. 154.

Korzici), kao i narastajućih tenzija („Direktna akcija", „Front za oslobađanje Korzike"), straha od terorističkih akcija islamskih fundamentalista.[74]

U takvoj situaciji, Generalna direkcija za spoljnu bezbednost (DGSE) kao kruna svih delatnosti i službi u okviru obaveštajno-bezbednosnog rada nalazi se danas pred novim i teškim izazovima. Baš kao što je bila i u dugim periodima svoje svetle istorije, počev još od borbe protiv Rimljana.

Obaveštajni rad na prostoru današnje Francuske praktično dobija svoje osnovne konture u doba dinastije Karolinga, da bi svoj puni procvat doživela tokom 15. veka u jakoj centralizovanoj državi. U vremenu kolonijalnih osvajanja kada se Francuska izdigla do vodeće svetske sile toga doba. Međutim, pored obaveštajnog rada, pojavljuju se i prvi obrisi „neobaveštajnog" rada (kidnapovanje, likvidacije, spletke...) unutar centralizovane države u čemu prednjači, za to doba i nama poznati čuveni kardinal Rišelje. Tokom 18. i 19. veka Francuska je zašla u burna politička dešavanja (buržoaska revolucija, Pariska komuna) što se naravno itekako odražavalo i na obaveštajni rad. Da bi tek u drugoj polovini 19. veka obaveštajna služba imala ozbiljniju organizaciju i delovanje. Naime, tada su stvorene obaveštajna i kontraobaveštajna služba (čuveni II biro i DST).

Ipak, računa se da je period Prvog svetskog rata bio onaj ključni period koji je Francusku obaveštajnu službu digao u sam vrh ovih službi u svetu. Javnosti su dobro poznati i likovi čuvenih nemačkih agenata, poput Mate Hari, kapetana Ladouksa, koje je upravo razotkrila francuska obaveštajna služba. Tokom Drugog svetskog rata francuska Kvislinška republika je u velikoj meri kompromitovala čuveni obaveštajni II Biro zbog saradnje sa Gestapoom. I tek sa dolaskom generala De Gola na čelo Pokreta otpora 1942. godine služba se oporavlja. Upravo general De Gol tada udara temelje nove obaveštajno-bezbednosne službe koja sa manjim izmenama funkcioniše i do današnjih dana. Decenijama kasnije

---

[74] Savić A, Delić M. i Bajagić M, Bezbednost sveta – od tajnosti do javnosti, Institut bezbednosti, Beograd, 2002, str. 157.

i posle Drugog svetskog rata, ova služba će raditi pod direktnom kontrolom i nadzorom predsednika De Gola u novoj Republici sa predsedničkim političkim sistemom koji je i danas na snazi u Francuskoj. Služba je u posleratnim godinama bila okrenuta ka Istoku i suzbijanju eventualnog nadiranja komunizma, ali je isto tako imala jaka uporišta i u svojim interesnim sferama koje je kao sila pobednica dobila po okončanju rata, u Austriji pre svega. Francuska je zemlja koja je najkasnije svoje kolonije iz Afrike napustila, a mnogi i danas, zasluge za to pripisuju baš njenom vrlo aktivnom obaveštajnom-bezbednosnom sistemu. Prisetimo se samo dešavanja u Alžiru i činjenice da je samo zahvaljujući jakoj službi izbegla blamažu, koju su recimo Amerikanci doživeli u Vijetnamu, delimično i zbog lošeg rada CIA.

Činjenica je, da je za vreme vladavine generala De Gola samo zahvaljujući dobrom radu obaveštajne službe izbegao nekoliko atentata, ali je isto tako za vreme svog mandata general formirao takozvanu „Paralelnu službu" koja je kontrolisala sve i bila pod njegovom apsolutnom jurisdikcijom, što se kasnije, posle njega skoro u potpunosti izgubilo. Ova služba je imala pravo kontrolisanja rada svih drugih službi i imala pravo da izvodi specijalne operacije. Iako se sa njegovim odlaskom sa političke scene ova služba izgubila, ipak treba verovati da u jednom sistemu, kakav je na snazi u Francuskoj, predsednik, kao najviši organ izvršne vlasti ima sva ovlašćenja kontrole i funkcionisanja svih ovih službi. Bilo to preko Komiteta za nacionalnu odbranu i bezbednost, na čijem čelu je njemu direktno odgovorni predsednik, ili nekim drugim putem, sasvim je svejedno.

U predsedničkom sistemu kakav je u Francuskoj, koji daje predsedniku republike svu moć izvršne vlasti postoje ipak (formalni) savetodavni, koordinacioni i nadzorni organi na čelu obaveštajno-bezbednosnog sistema. Najznačajniji su Međuresorski komitet za nadzor obaveštajno-bezbednosnih delatnosti (okuplja ministre unutrašnjih i spoljnih poslova, nacionalne odbrane i direktora Generalne direkcije za spoljnu bezbednost) kojim predsedava Premijer, i Generalni sekretarijat za nacionalnu odbranu (sa unutrašnjim odsecima za nacionalnu odbranu, civilne poslove, privredni i obaveštajni odsek). Dalje se francuski obaveštajno-bezbednosni sistem raščlanjava na specijalne komitete za kontrašpijunažu, za istraživački rad iz oblasti odbrane, nauke i tehnologije i posebna grupa za komunikacije.

Osim njih, služba raspolaže i posebnim vojnim formacijama obučenih specijalaca, kakva je Nacionalna žandarmerija, „54. eskadrila za vazdušna osmatranja", Legija stranaca. Treba reći i to, da u Francuskoj postoje posebni specijalizovani centri za njihovu obuku kao što su posebni poligoni u okolini Pariza ili oni za obuku komandosa u planinama Istočnih Pirineja ili za podvodne diverzante na Korzici.[75] Posebna specifičnost njihovog kompletnog obaveštajno-bezbednosnog sistema, a to je, da ga uglavnom čini vojni sektor, to jest, ljudi u uniformama. I veoma je mali procenat civila u najosetljivijim segmentima rada službi, 90-ih godina taj se odnos izmenio u korist civila, posebno na rukovodećim mestima. Tako, prema podacima iz 1996. godine broj zaposlenih je bio 2.500, a civila je bilo 1.700.

Centralni organ obaveštajno-bezbednosnog sistema u Francuskoj je Generalna direkcija za spoljnu bezbednost (DGSE). Njen rodonačelnik je, kao što smo već spomenuli, general De Gol i sa manjim izmenama ona funkcioniše i do današnjih dana. Počela je kao Centralni bio za informacije i akcije još tokom Drugog svetskog rata a služila je za prikupljanje informacija za Pokret otpora da bi se u posleratnom periodu neznatno reformisala, da bi svoje konačne obrise i okvire dobila tek 1982. godine sa novim direktorom Marionom. To je posebno zanimljivo, jer je po prvi put na to mesto postavljen civil što je naišlo na veliki otpor unutar službe, pogotovo što je označen kao „čovek socijalista".

Druga zanimljivost iz rada ove centralne obaveštajne službe je što im je dekretom zabranjeno da rade na teritoriji Francuske. Nova reorganizacija službe bila je 1989. godine, ali je i dalje ostala sa sedištem u Parizu. Kadrovi se i dalje

---

[75] Patti Polisar, knjiga „Inside of Frances DGSE", 2001.

regrutuju iz vojno-policijskih struktura, žandarmerije. Organizovani su po teritorijalnom principu i usmereni za rad prema inostranstvu u obaveštajnim, kontraobaveštajnim i subverzivnim aktivnostima. Sada je ova služba podeljena u sektore za strateški, obaveštajni i kontraobaveštajni rad i dve službe za akciju i tehničko sadejstvo. Treba reći i to da su posebno vezani za ministarstvo inostranih poslova uz čiju pomoć se izrađuju doktrine o strateškom delovanju i planovima pojedinih aktivnosti.

Obaveštajni direktorat za svoj rad upošljava klasičnu agenturu, profesionalce ili one pod „specijalnim ugovorima", poluprofesionalce čiji se rad pokriva profesionalnom delatnošću saradnje sa firmama ili institucijama iz inostranstva. Ovaj direktorat prikuplja informacije od političkog, ekonomskog ali i tehnološkog značaja za svoju Republiku.

Posebna pažnja a ujedno i glavna aktivnost tehničkog direktorata je rad na prisluškivanju. Francuska ima nekoliko vrlo aktivnih prislušnih centara koji praktično pokrivaju ceo svet. Jedan centar je blizu Pariza i kontroliše telefonski i telefaks saobraćaj. Jedna baza u Centralnoafričkoj republici je zatvorena (inače Francuska je u najvećoj meri zadržala odlične odnose sa bivšim kolonijama), dok je druga glavna stanica DGSE u Džibutiju koja i dalje radi.

Najveća misterija i tajna francuskog obaveštajno-bezbednosnog, sistema je direktorat za akcije, čije pripadnike oni popularno zovu „gorilama". Članstvo u ekipi za akcije je obavijeno velom tajne. Svojevremeno su korišćeni za akcije u Alžiru i u drugim zemljama za diverzantske i druge subverzivne aktivnosti. Čak se veruje da su se u poslednjih tridesetak godina angažovali i za likvidacije izdajnika iz redova DGSE ali i za akcije u inostranstvu.[76] Jedna od njihovih najpoznatijih akcija je operacija „SATANIC" iz 1995. godine, koja je imala za cilj uništenje broda „Rainbow Warrior" koji je služio za kampanju protiv

---

[76] Savić A, Delić M. i Bajagić M, Bezbednost sveta – od tajnosti do javnosti, Institut bezbednosti, Beograd, 2002, str. 164.

francuskih nuklearnih proba na Pacifiku. Agenti DGSE su aktivirali bombu na brodu dok je bio u jednoj luci na Novom Zelandu pri čemu je poginuo i jedan fotograf. Posle ovog skandala, po odluci predsednika Miterana, došlo je do novih prestrojavanja u odeljenju za akcije i prekomandi elitnih jedinica koje su bile zadužene za tu vrstu rada. Čak je obavljena i prekomanda kompletnih poligona i premeštanje u oblast Bretanje i istočnih Pirineja.

Ovo je kratka skica osnovnih poluga obaveštajno-bezbednosnog sektora Francuske, zemlje koja spada u red najrazvijenijih zemalja sveta. Vekovna državnost iz koje je proistekla jaka ekonomska baza su najbitniji preduslovi što je ova zemlja respektabilna svetska sila koja ide putem tehnološkog napretka vodeći isključivo računa o zaštiti svojih nacionalnih interesa. Francuska je republika sa predsedničkim sistemom vlasti. U rukama predsednika, koji se bira na 7 godina su sve poluge izvršne vlasti, pa i one u domenu nacionalne bezbednosti i zaštite nacionalnih interesa u čemu mu zdušnu podršku daje baš obaveštajno-bezbednosni sektor.

Upravo zato, što je i posle Drugog svetskog rata vodila svoju nacionalnu politiku koja se neretko nije uklapala u šeme „starije braće" sa Zapada, Francuska je posebno vodila računa i o svojoj samostalnoj nacionalnoj bezbednosti.

Duga tradicija obaveštajnog rada i u vojnim strukturama datira još iz perioda formiranja II biroa, uoči Prvog svetskog rata. Danas je to, klasična vojna obaveštajna služba, koja se bavi izučavanjem stranih armija, prikupljanjem svih relevatnih podataka iz inostranstva. Ona je često i koordinator svih obaveštajnih poslova u okviru kompletne armije Francuske.[77]

U neposrednoj je saradnji i sa DGSE na svim obaveštajnim i kontra-obaveštajnim poslovima.

Francuska je u okviru stalne intenzivne akcije na zaštiti nacionalnih interesa i bezbednosti države uopšte uspela da bude jedan od svetskih centara

---

[77] Jean Marc Pennetier, „The Spring time of French Intelligence", 2001.

političke, ekonomske i vojne moći i to u uslovima ne preterano velike ljubavi sa „prijateljima" iz NATO. Traženje spostvenog puta ka svetskom vrhu ponekad je bio posut i žestokim pritiscima saveznika ali ih to ni za pedalj nikada nije pokolebalo ili zaustavilo. Jer, znaju, da su njihovi preci na ovim prostorima platili debelu cenu svoje nezavisnosti i želje za svetskom nadmoći. Stogodišnji rat protiv Engleza u dalekoj prošlosti, zatim Napoleonov slom su dobre lekcije iz istorije.

4.6. Obaveštajno-bezbednosni sistem Izraela

Sa sigurnošću se može utvrditi da na svetu ne postoji ljudska zajednica sa većom potrebom za bezbednošću od izraelske države. Ova, još uvek mlada, država utemeljena je na neuralgičnom mestu gde joj je od početka bila namenjena uloga neprijatelja i „uljeza", pa je za nepunih šest decenija svog postojanja čak pet puta vojno napadana od strane arapskih suseda, a trajni unutrašnji sukob sa Palestincima već dugo je svetski problem od prvorazrednog značaja, koji se teškom mukom održava u sadašnjim geografskim okvirima, preteći da se svakog časa prelije preko njih i postane pitanje života i smrti za mnogo veće područje. Stanje kontinuiranog rata, koji je otpočeo još pre zvaničnog proglašenja države, pri čemu je neprijateljska strana imala znatna početna preimućstva, a pre svega brojčano, postavio je potrebu za dobrom obaveštenošću o protivniku i potrebu za zaštitom sopstvenih informacija na vrh piramide životnih problema nove države.

U trenutku proglašenja Izraela, 15. maja 1948. godine, na teritoriji britanske mandatne uprave u Palestini već je delovalo nekoliko ilegalnih i poluilegalnih grupa i organizacija koje su se bavile obaveštajnim radom, te izvođenjem specijalnih operacija koje su uključivale spašavanje zarobljenih i otetih Jevreja, akcije protiv arapskih elemenata, te akcije protiv mandatne uprave.[78] Hagana,

---

[78] Savić A., Delić M. i Bajagić M., Bezbednost sveta – od tajnosti do javnosti, Institut bezbednosti, Beograd, 2002, str. 345.

udarna vojna snaga jevrejske zajednice, uspostavila je *Shai – Sherut Yediot*, odnosno Informativnu službu, čiji je zadatak bio da prikuplja informacije za operacije Hagane, te da obaveštajnim podacima snabdeva vođstvo jevrejske zajednice koje je delovalo prema Arapima na teritoriji Izraela, prema arapskim zemljama u okruženju, kao i prema organima britanske uprave. Shai se još pre ozvaničenja Izraela potvrdila kao efikasna služba, pre svega zahvaljujući svojim umešnim i iskusnim vođama, među kojima je bio i Iser Harel ili Mali Iser, poznat i kao Halperin, čovek koji se, što je svojevrstan kuriozitet, kasnije našao na čelu i „Shin-Bete" (službe bezbednosti) i Mosada. U junu 1948. godine, nepun mesec dana nakon proglašenja samostalnosti, premijer David Ben Gurion organizovao je sastanak vršioca dužnosti načelnika Shai, Isera Berija (Bierenzweig ili Veliki Iser), koji je neposredno per toga na dužnosti zamenio Davida Šaltiela i službenika Političkog odeljenja Jevrejske agencije, Reuvena Šiloha. Rezultat sastanka bila je odluka o osnivanju državne obaveštajne sužbe i nacrt njene načelne strukture, organizacije, misije i principa delovanja. Kako je navedeno u ličnom dnevniku Ben Guriona:[79]

„Generalštab će uspostaviti vojnu obaveštajnu službu, na čelu sa Iserom i Vivianom (Haim Hercog). Shai će biti odgovorna za bezbednost, cenzuru i kontraobaveštajno delovanje. Interna obaveštajna služba pod vođstvom Malog Isera i Josefa Jizraelia. Spoljna politička obaveštajna služba, koju će voditi Reuven Šiloh. Do završetka rata ova služba biće potčinjena Ministarstvu odbrane a kasnije, po mogućnosti, Ministarstvu spoljnih poslova."

Ova odluka označila je početak dugog i napornog procesa koji je doveo do uspostavljanja jednog od najefikasnijih obaveštajno-bezbednosnih aparata u svetu i čija se reputacija nebrojeno puta potvrdila u praksi. Koliko je taj aparat uspešan pokazuje i činjenica da se većina javnosti dostupnih informacija o njemu pre može nazvati legendama, glasinama i poluistinama, nego pouzdanim

---

[79] Kisindžer H; Diplomatija I; Verzal press, Beograd, 2001.

pokazateljima, a ta opskurnost i netransparentnost tim je veći uspeh ako se ima u vidu koliko je interesovanje drugih obaveštajnih službi, prevashodno onih iz islamskih zemalja, za Izrael.

Reuven Šiloh je, u skladu sa Gurionovom odlukom, postavljen za načelnika političkog odeljenja Ministarstva spoljnih poslova, koje je prikupljalo informacije za potrebe ministarstva, a delovao je i kao savetnik ministra za specijalne zadatke. Fokus njegovog delovanja bio je na inostranim pitanjima, kao što su napori usmereni ka formiranju saveza sa nearapskim islamskim zemljama, poput Turske, te spašavanje Jevreja i njihove imovine iz zemalja gde su bili ugroženi i njihovo dovođenje u Izrael.

Mala ispostava Shaia, na čijem čelu je bio Haim Ben Menahem, počela je delovati izvan zemlje u leto 1947. godine. U leto naredne, 1948. godine, kada je uspostavljeno političko odeljenje, Artur Ben Natan otputovao je u Pariz i preuzeo Ben Mehahemove kontakte. Ovo operativno odeljenje, koje je počelo da poprima svoj funkcionalni oblik, nazvano je *Da'at* (Znanje).

Međutim, situacija oko uobličavanja službe još uvek nije bila sasvim jasna. Ben Gurion je osećao i razumevao opasnost od preterane informisanosti javnosti o postojanju bezbednosnih i obaveštajnih službi. Vodeći se potrebom da se smanji ta opasnost i da se podaci o službama zaštite, političko odeljenje, defnisano kao „spoljna politička informativna služba", pretvoreno je u samostalnu, tajnu obaveštajnu agenciju, ali je i dalje zadržalo određene administrativne veze sa Ministarstvom spoljnih poslova. To je značilo da ciljevi, zadaci, budžet i odnosi koje je služba uspostavljala nisu mogi biti zakonski regulisani. Ovako nejasna situacija dovodila je i do kolizije u delovanju službi, te do preklapanja nadležnosti i odgovornosti.

Da bi se prevazišlo takvo stanje, u aprilu 1949. godine formiran je komitet na čijem je čelu bio Reuven Šiloh, a članovi su bili načelnici Shin-Beta (organizacije koja je iznikla iz Shaia), političkog odeljenja, vojno-obaveštajnog odeljenja i izraelske policije.

Tri meseca kasnije, Šiloh je predložio osnivanje centralne institucije za organizaciju i koordinaciju obaveštajnih i bezbednosnih službi. Cilj predloga bilo je naglašavanje koordinacije i kooperacije među službama. U skladu sa ovim predlogom, 13. decembra 1949.godine Ben Gurion je potpisao dokument kojim se uspostavlja Institut za koordinaciju koji će nadgledati rad političkog odeljenja i vršiti koordinaciju rada interne bezbednosne i vojno-obaveštajne organizacije. Taj dan, 13.decembar, je rođendan Mosada.

Mosad je počeo svoje delovanje pod okriljem Ministarstva spoljnih poslova. Marta 1951. godine, Ben Gurion je odobrio finalnu reorganizaciju službe koja je znatno povećala svoje operativne kapacitete i postala odgovorna za objedinjavanje celokupnog obaveštajnog delovanja izvan zemlje. Ujedno, Mosad se odvojio od Ministarstva spoljnih poslova i stavljen je pod direktnu kontrolu Premijera, postajući deo njegove kancelarije.

Mosad (na hebrejskom „institut") je zahvaljujući svojim operacijama i fami koja se oko njega decenijama stvarala, postao sinonim za izraelsku obaveštajno-bezbednosnu zajednicu, premda je on tek jedan od nekoliko njenih elemenata, istina sa dodatnom, koordinirajućom funkcijom između tih elemenata. Tu su još i Shin-Beta (ili Shabak, bivsi Shai) – služba bezbednosti, AMAN – Vojno-obaveštajna služba, te, sa nešto manjim područjem odgovornosti, političko odeljenje Ministarstva spoljnih poslova.

Mosad (punim nazivom **Ha-Mōsād le-Mōdī`īn ū-le-Tafqīdīm Meyūhadīm**) ili Institut za obaveštajni rad i specijalne operacije, odgovoran je za prikupljanje obaveštajnih podataka, protivterorističke aktivnosti, te za tajne operacije, uključujući tu i paravojne. Neke od najuspešnijih operacija Mosada uključuju lociranje i hvatanje nacističkog ratnog zločinca Adolfa Ajhmana; operaciju „Mojsije" – preseljenje etiopskih Jevreja u Izrael; likvidaciju arapskih terorista koji su počinili masakr nad izraelskim sportistima tokom olimpijade u Minhenu 1972. godine, prikupljanje obaveštajnih podataka o iračkom nuklearnom reaktoru Osirak, koji je uništen u napadima 1981. godine, te čitav niz drugih, izuzetno uspešnih akcija.[80] Međutim, Mosad je imao i dosta promašaja, od kojih su neki stvorili veliki odijum prema Izraelu u međunarodnoj javnosti, kao što je ubistvo Ahmeda Boučikija, konobara u Lilehameru u Norveškoj, koji je greškom identifikovan kao jedan od učesnika u minhenskom masakru, a drugi su kreirali velike diplomatske skandale, među kojima i one sa Kanadom i Novim Zelandom, oba vezana za korišćenje pasoša ovih zemalja od strane Mosadovih agenata.

Štab Mosada smešten je u Tel Avivu i sastoji se od osam odeljenja, a brojno stanje je okvirno 1. 200 ljudi, pri čemu taj broj svakako treba uzeti sa rezervom. Poznata struktura Mosada je sledeća:

– Odeljenje za prikupljanje podataka, najveće po broju ljudi i odgovorno za špijunske operacije.

– Odeljenje za političku akciju i vezu sprovodi političe akcije i održava vezu sa obaveštajnim službama prijateljskih zemalja, te sa zemljama sa kojima Izrael nema normalne diplomatske odnose.

– Odeljenje za specijalne operacije (Metsada) izvodi likvidacije, sabotaže i paravojne akcije.

– Psihološko odeljenje odgovorno je za psihološka dejstva, propagandu i operacije obmanjivanja.

– Istraživačko odeljenje vrši objedinjavanje rezultata obaveštajnog delovanja. Ovo odeljenje je organizovano u 15 geografski specijalozovanih sekcija, uključujući tu SAD, Kanadu i Zapadnu Evropu, Latinsku Ameriku, bivši SSSR, Kinu, Afriku, Magreb, Libiju, Irak, Jordan, Siriju, Saudijsku Arabiju, Ujedinjene Arapske Emirate i Iran. Posebna, nuklearna sekcija, fokusira se na pitanja vezana za nuklearno oružje.

– Tehnološko odeljenje bavi se razvojem tehnologije koja se koristi u operacijama Mosada.

---

[80] Savić A, Delić M. i Bajagić M, Bezbednost sveta – od tajnosti do javnosti, Institut bezbednosti, Beograd, 2002, str. 348.

Mosad je civilna služba i ne primenjuje vojnu hijerarhiju i činove, premda je većina njenog ljudstva prošla vojnu obuku i bili su oficiri u Izraelskim odbrambenim snagama, što ovoj organizaciji daje dodatnu snagu i kapacitete u sprovođenju njenih operacija. Takođe je bitno napomenuti da je sve do 1996. godine identitet direktora Mosada smatran za državnu tajnu i objavljivan je tek nakon predaje dužnosti.

Danas, operacije Mosada obuhvataju:

– tajne obaveštajne operacije izvan granica Izraela.

– razvoj i održavanje specijalnih diplomatskih i drugih tajnih odnosa.

– sprečavanje razvoja i snabdevanja nekonvencionalnim oružjem u neprijateljskim zemljama.

– sprečavanje terorističkih napada na izraelske ciljeve u zemlji i inostranstvu.

– strategijski, politički i operativni obaveštajni rad.

– planiranje i sprovođenje specijalnih operacija izvan teritorije Izraela.

Drugi stub izraelske obaveštajno-bezbednosne zajednice (OBZ), manje poznat, ali ništa manje značajan od Mosada, je Sherut ha-Bitachon ha-Klali ili Shabak, poznat i kao Shin-Beta, odnosno interna kontraobaveštajna i bezbednosna služba. U međunarodnim odnosima Shabak je do 2002. godine bio poznat kao Generalna služba bezbednosti, kada je preimenovan u Izraelsku službu bezbednosti. Istorija ove službe, kao i istorija Mosada, počinje sa već spomenutim Shai-em, odnosno delimično tajnom organizacijom osnovanom još pre proglašenja izralske države. Organizacija Shabaka, prema dostupnim podacima, sastoji se od tri operativna odeljenja i pet odeljenja podrške. Operativna odeljenja su:

– Odeljenje za arapske poslove, koje je odgovorno za protivterorističke operacije, političke subverzije i ažuriranje indeksa arapskih terorista. Pojedine sekcije Shabaka deluju zajedno sa tajnim sekcijama Amana, poznatim kao Mist'aravim, na sprečavanju širenja palestinskog ustanka. Ovo odeljenje takođe je aktivno u borbi sa vojnim krilom Hamasa i drugih palestinskih organizacija.

– Odeljenje za poslove van teritorije Bliskog istoka, ranije podeljeno na komunističku i nekomunističku sekciju, vrši penetraciju u strane obaveštajne službe i diplomatska predstavništva u Izraelu, te provodi ispitivanje imigranata iz bivšeg SSSR i Istočne Evrope.

– Zaštitno i bezbednosno odeljenje odgovorno je za zaštitu objekata izraelske vlade, ambasada, namenske industrije, naučnih i industrijskih postrojenja, kao i nacionalnog komercijalnog vazdušnog operatera El Al.

Pored navedenih aktivnosti, Shabak nadgleda i delatnosti domaćih desničarskih grupa, kao i subverzivne levičarske pokrete, verovatno ima i infiltrirane agente u svim značajnijim partijama u izraelskom političkom životu. Takođe, ova služba, kroz razrganatu saradničku mrežu, nadzire sve strance, bez obzira na religiju i nacionalnost, koji posećuju Izrael. Mreža agenata i informatora Shabaka na okupiranim teritorijama imala je velikog uspeha u reduciranju efektivnosti PLO,[81] nakon 1967. godine i prinudila je PLO da svoje operativne baze premesti u Jordan.

Reputacija Shabaka kao efikasne i funkcionalne bezbednosne agencije značajno je poljuljana skandalima, 80-ih i 90-ih godina prošlog veka. U aprilu 1984. godine izraelske snage izvršile su juriš na autobus kojeg su u pojasu Gaze otela četvorica Palestinaca. Premda su dvojica otmičara preživela akciju, kasnije su ih likvidirali agenti Shabaka. Avaham Šalom, tadašnji načelnik Shabaka, falsifikovao je dokaze i navodio svedoke da daju lažne iskaze istražiteljima, kako bi prikrio ulogu svoje službe. Javni tužilac je u daljem postupku smenjen sa svog položaja, jer je odbio da obustavi istražni proces, a Šalom sa svojim zamenicima, kao i agenti uključeni u likvidaciju oslobođeni su odgovornosti.

Shabak je, takođe, u više navrata optužen za nehumano postupanje prema zatvorenicima i zarobljenicima, pa je čak i vrhovni sud u Izraelu bio prinuđen doneti presude protiv službe, 2000. godine, a našao se i na udaru Međunarodnog

---

[81] PLO-Palestinska oslobodilačka organizacija.

crvenog krsta i Amnesti Internacionala zbog kršenja zakonskih odredaba u istražnom procesu.

Međutim, najveći udarac ugledu Shabaka svakako je bilo ubistvo Premijera Jicaka Rabina u novembru 1995. godine, koje je izveo desničarski ekstremist, protivnik mirovnog sporazuma sa Palestincima.

Uprkos ovim propustima i promašajima, Shabak je, ima li se u vidu obim i intenzitet pretnje sa kojom se suočava, i dalje jedna od najefikasnijih službi bezbednosti u svetu i teško je poverovati da bi bez nje normalan život u Izraelu bio moguć. Naravno, efikasnosti službe znatno doprinosi i spefičina organizacija izraelskog društva, te vekovna hermetičnost jevrejskih zajednica, razvijena usled stalne izloženosti progonima. Ovi faktori olakšavaju stvaranje široke saradničke mreže u Izraelu, a visoka bezbednosna kultura Jevreja bitno olakšava sprečavanje oticanja informacija ka drugim korisnicima.

Treći „stub" obaveštajno-bezbednosne zajednice u Izraelu je Aman (Agaf ha-Modi'in), odnosno Vojno-obaveštajna služba. Ova služba je relativno samostalna u okviru izraelskih odbrambenih snaga i nalazi se u rangu sa kopnenom vojskom, ratnim vazduhoplovstvom i mornaricom. Aman priprema nacionalne obaveštajne procene za Premijera i kabinet Vlade, dnevne obaveštajne izveštaje, procene ratnog rizika, studije ciljeva u okolnim arapskim zemljama, a odgovoran je i za protivelektronsku borbu, te za prekogranične tajne operacije. Služba okvirno broji oko 7.000 ljudi i sastoji se od više odeljenja, od kojih su najznačajnija sledeća:

– Odeljenje za odnose sa inostranstvom odgovorno je za vezu sa stranim obaveštajnim službama i za aktivnosti izraelskih vojnih atašea pri diplomatskim predstavništvima u svetu.

– Sajeret Maktal, odnosno Jedinica za dubinsko izviđanje (pod operativnom kontrolom generalštaba Izraelskih odbrambenih snaga), osnovna je izraelska jedinica za protivterorističaka dejstva i prikupljanje vojno-obaveštajnih podataka.

Pored ovih odeljenja, postoje i obaveštajni odseci ratnog vazduhoplovstva i mornarice koji deluju kao poluautonomne grane Amana. Obaveštajni odsek ratnog vazduhoplovstva primarno je fokusiran na vazdušno izviđanje i radio-presretanje radi prikupljanja informacija o snazi arapskih vazdušnih snaga, te radi pripreme ciljeva za dejstvo. Pored izviđačkih aviona, odsek intenzivno koristi i bespilotne letelice za osmatranje neprijateljskih instalacija.

Mornarički obaveštajni odsek prikuplja informacije o pomorskim aktivnostima arapskih zemalja u Mediteranu i priprema obalske studije za mornarička i mornaričko-desantna dejstva. Osim tipično vojnih obaveštajnih operacija, Aman tesno sadejstvuje Mosadu i Shabaku u koordiniranim obaveštajnim i kontraobaveštajnim operacijama usmerenim na zaštitu teritorije Izraela od terorističkih napada, te na rano otkrivanje agresivnih namera prema zemlji.

Bez obzira na propuste iz 1973. godine, kada nije na vreme otkrio pripreme za egipatsko-sirijski udar, kojim je otpočeo Oktobarski rat (tačnije, kada su zanemareni brojni signali predstojećeg udara), Aman je za taj promašaj „iskupio" nebrojeno puta, prikupljajući obaveštajne podatke na osnovu kojih su preduzimane preventivne akcije. Međutim, Aman je, kao i Shabak, više puta bio na „stubu srama", između ostalog i prilikom izvođenja operacija u Libanu 1982. godine, a zbog učešća njegovih pripadnika u masakrima nad civilnim palestinskim stanovništvom (general-major Saguj, tadašnji načelnik Amana, bio je prinuđen da da ostavku zbog svoje umešanosti u te masakre).

Ono što u ovom pregledu do sada nije spomenuto, a što je u svakom slučaju jedan od najbitnijih nosilaca snage i efikasnosti izraelske obaveštajno-bezbednosne zajednice, jeste njena čvrsta povezanost i razmena sa prijateljskim obaveštajnim i bezbednosnim službama, a pre svega sa onima iz SAD. Ova povezanost često izlazi iz uobičajenih okvira i ponekad se ostvaruje kao najdirektnija saradnja na projektima od obostrane važnosti. Naravno, zbog osetljivosti svoje, kao geografske, tako i političke pozicije, Izrael je uglavnom prinuđen da tu saradnju delimično prikriva, što, međutim, ne umanjuje njene očigledne rezultate.[82]

Kao zaključak, može se izneti tvrdnja da nijedna država na svetu ne duguje svoje postojanje svojim obaveštajnim i bezbednosnim službama u toj meri, kao što je to slučaj sa Izraelom.

4.7. Obaveštajno-bezbednosni sistem Italije

S punim pravom se može reći da je teritorija današnje Italije, odnosno Apeninsko poluostrvo kolevka ne samo modernih civilizacijskih tokova nego i obaveštajne misli uopšte. Bez obzira što se jedinstvena centralizovana moćna država stvorila tek 1861. godine ujedinjavanjem dotadašnjih malih kraljevstva (državica), jer prvi koreni obaveštajnog rada potiču od Rimskog carstva koje je propalo u drugoj polovini 5. veka nove ere. Ali se danas, sa pomalo šale tvrdi kako je Julije Cezar bio bolje obavešten o dešavanjima van teritorija svoje imperije, nego onim što je sledilo iznutra, pa tako nije ni saznao za zaveru protiv njega lično koja se po njega krvavo okončala!

Međutim, teritorija Apenina koja je vekovima pre stvaranja jedinstvene države a posle propasti Rimskog carstva jednostavno je morala da iznedri jak obaveštajno-bezbednosni sistem kao bitan preduslov sopstvenog opstanka pred naletom suseda osvajača, pre svih Francuza, Engleza, Španaca. Male feudalne državice sa jakim ekonomsko i kulturnim centrima poput Milana, Đenove, Venecije, Papske države, Firence bili su veoma primamljivi za mnoge koji su imali teritorijalne i osvajačke pretenzije.[83]

Prvi pisani tragovi izgradnje obaveštajno-bezbednosnog sistema u Italiji vuku tragove koju godinu pre ujedinjenja, odnosno iz 1854. godine kada je u

---

[82] Savić A, Delić M. i Bajagić M, Bezbednost sveta – od tajnosti do javnosti, Institut bezbednosti, Beograd, 2002, str. 355.
[83] *Ibidem*; str. 172.

Pijemontu osnovana Tajna služba da bi dve godine kasnije ona bila prekomandovana u okvire vojne službe zajedno sa još jednom službom: Službom za specijalne zadatke. Njihov zadatak je bio da prikupljaju vojne i političke podatke za potrebe Pijemonta. Njima se uskoro pridružuje i Informativna služba karabinjera sa zadatkom prikupljanja domaćih obaveštajnih i kontraobaveštajnih podataka.

Sve su to na neki način bile i predradnje ne samo ujedinjenja malih država nego i pripreme za predstojeću veliku političko-ekonomsku i kolonijalnu ekspanziju nove države posebno u drugoj polovini 19. veka kada su osvojene Somalija i Eritreja, osvajanja Etiopije...

Pre nego što pređemo na detaljniju analizu obaveštajno-bezbednosnog sektora italijanskog društa, reći ćemo nešto više o vojno-policijskoj formaciji koja ima najduže utemeljenje u njihovom društvu: Karabinjerima, koji su i našoj javnosti najpoznatiji. Osnovani su koju godinu pre ujedinjenja malih država, odnosno 1856. godine sa osnovnim zadatkom održavanja javnog reda i mira, ustavnog poretka i bezbednosti zemlje. Prema nekim podacima ovu formaciju čini nešto više od 80.000 pripadnika. Organizovani su po vojnom principu i u njenoj su formalnoj nadležnosti, mada praktično odgovaraju ministru unutrašnjih poslova. Generalna komanda im je u Rimu a sedišta tri divizije su u Rimu, Milanu i Napulju. Divizije čini po devet brigada, to jest 24 legije. Osnovne ćelijr organizovanja su takozvane karabinjerske stanice kojih ima svuda, pa i u selima i zaseocima. Imaju i svoje posebne istražne i prateće jedinice a deluju u slučajevima i širih pobuna, nemira, oružanih ustanaka. Tako i za slučajeve ugrožavanja ustavnog poretka imaju unapred precizne planove odbrane i zauzimanja radio i TV stanica, važnih javnih punktova...

Već osnovane službe su tokom nekoliko decenija odnosno sve do Prvog svetskog rata funkcionisale sa manjim izmenama, ali do radikalnijih promena dolazi tek posle svetskog rata, kada je na vlast u Italiji došao Musolini. Pored postojećih obaveštajnih i kontraobaveštajnih službi stvorene su i dve partijske (fašističke) obaveštajno-bezbednosne organizacije: Odeljenje za politiku istrage u okviru Dobrovoljačke milicije za nacionalnu bezbednost i Dobrovoljačka organizacija za suzbijanje antifašizma, zloglasna OVRA! To je period kad je bila vidno primetna militarizacija italijanskog društva sa izrazitim osvajačkim namerama Dučea. To je period uoči Drugog svetskog rata, kada je Vojna obaveštajna služba (SIM) postigla veoma značajne rezultate na polju kontrašpijunaže u koje se posebno ubrajaju posedovanje britanske, grčke, francuske, turske, jugoslovenske i američke šifre za slanje hitnih i važnih diplomatskih poruka, ulaske u diplomatska predstavništva stranih zemalja u Rimu.

Nakon Drugog svetskog rata u obaveštajnom-bezbednosnom sektoru nije bilo mesta za zloglasnu OVRA, već se najveća pažnja pridaje Obaveštajnoj službi oružanih snaga koja je objedinjavala rad svih segmenata u vojsci čime su potisnute druge civilne službe možda i zahvaljujući generalima koji su je vodili poput De Lorenca, Vita Mičelija, Santovita i Muzumečija. Početkom 60-ih godina 20. veka, ova služba popularno nazvana po skraćenici, SIFAR potpuno izlazi izvan kontrole osnivača iz vojske i zadire u dnevno politički život Italije raspolažući sa više od 150.000 dosijea poslanika, senatora, sindikalnih lidera, direktora, partijskih vođa i državnih činovnika, nekoliko hiljada sveštenika i izlazi i izvan ustavnih okvira svoga delovanja što je kasnije i dokazano. SIFAR počinje saradnju sa mafijom, učestvuje u pripremama za državni udar, usko ulazi u dil sa desničarskim organizacijama potpomažući neke njihove akcije radi destabilizacije kompletnog sistema. Demokratske snage Italije nisu imale izbora nego da 1977. godine donesu Zakon broj 801 kojim je ustanovljen novi aktuelni obaveštajno-bezbednosni sistem kako bi stali konačno na put prethodnom sistemu koji je bio skoro totalno izvan kontrole.

Možda i zbog ranijih teških zloupotreba, sada je jasnije nego ikada ranije u političkom sistemu Italije, koja je inače demokratska republika sa dvodomnim parlamentom definisana i nadležnost Vlade kao izvršnog organa u nadzoru obaveštajno-bezbednosnog sektora. Radi još boljeg funkcionisanja i kontrole obaveštajno-bezbednosnog sektora parlament je formirao Komitet koji je sastavljen od 4 poslanika i 4 senatora a koji ima isključivu nadležnost upoznavanja sa konkretnim aktivnostima ovih službi, ali zbog toga podležu i obavezi čuvanja državne tajne i zbog toga ne smeju da obaveštavaju druge poslanike parlamenta. Poput drugih zapadnih demokratija i u italijanskom političkom sistemu funkcija upravljanja ovim sistemom poverena međuresorskom komitetu za obaveštajni rad i bezbednost kao političkom organu države. U ovom političkom organu izvršne vlasti predsedava Premijer a čine ga resorni ministri unutrašnjih i spoljnih poslova, pravde, finansija, odbrane i industrije. Kao dodatni vid kontrole rada svih službi italijanska izvršna vlast je upravo pomenutim Zakonom br. 801 formirala poseban Izvršni komitet za obaveštajne i bezbednosne službe koji čine svi direktori svih službi iz ove oblasti. To je ujedno sa već pomenutim parlamentarnim Komitetom od osam članova dodatni vid kontrole rada svih službi iz oblasti bezbednosti kao dodatni garant zaštite državnih interesa i dodatni garant za sprečavanje mogućih zloupotreba u političke ili interesne svrhe unutar zemlje.

I u ovoj monografiji o obaveštajno-bezbednosnim službama Italije posebno ćemo naglasiti nešto više o Vojnoj obaveštajno-bezbednosnoj službi, kako zbog njenog zanimljiviog istorijskog kontinuiteta, tako i zbog načina trenutnog funkcionisanja i značaja koji ima i danas u italijanskom društvu.

Osnovana je koju godinu po ujedinjenju malih država na tlu Apeninskog poluostrva i sa manjim vremenskim i istorijskim modifikacijama okosnicu je zadržala do današnjeg dana. Posle Drugog svetskog rata ponovo je objedinjenja kao kultni obaveštajno-bezbednosni organ države iz redova vojske. U svom radu primenjuje sve postojeće metode obaveštajnog rada, formiranja agenturnih mreža uz maksimalno korišćenje ljudskih potencijala uz naravno primenu najnovijih tehnoloških metoda posebno u oblasti elektronike i druge sofisticirane tehnologije! Centrala službe je u Rimu na čijem čelu se nalazi direktor sa činom general-pukovnika ili admirala.[84] Okosnicu službe čine takozvani eksperti po pojedinim oblastima, dok je sama centrala organizaciono ustrojena po upravama pod rednim brojevima za poslove špijunaže i obaveštajnog rada, kontrašpijunaže, za praćenje, za analizu, za naučno-tehnološki razvoj, za industrijsku bezbednost. U okviru Službe deluje i sekcija za telekomunikacije kao i prikupljanje podataka specijalnim metodama uz maksimalnu primenu najnovijih elektronskih dostignuća.

Osim centrale širom zemlje razasuti su obaveštajno-bezbednosni centri, svuda gde ima elemenata za takav rad. Posebno u jakim privredno-političkim centrima kakvi su Milano, Torino, Đenova, Napulj, Firenca, Bolonja, Palermo, Kaljari, Peruđa. Posebna pažnja se obraća na univerziteteske centre sa velikim brojem studenata iz celoga sveta. Što se tiče obaveštajnih punktova i takozvanih podcentara u inostranstvu, uglavnom su pod maskama diplomatskih predstavništava ili vojnih izaslanstava a neretko i predstavništava moćnih firmi. Ako je u pitanju vojno izaslanstvo punkt čine tri oficira i tri podoficira. Ponekad su im pridodati i Karabinjeri podoficiri koji brinu i o fizičkom obezbeđenju obaveštajnog punkta i jedan ili više operativaca pod maskom tobožnjih diplomata. Računa se da je 70-ih godina prošloga veka ova služba ukupno imala oko 3.000 članova i da zbog sveukupne situacije u okruženju (misli se na zbivanja u Jugoslaviji i Bliskom istoku) taj broj sigurno nije smanjen, već je verovatno i povećan.

Što se tiče samih kadrova ove službe, uglavnom se regrutuju na vojnim akademijama koji se kasnije šalju na usavršavanje na specijalizovanim kursevima u SAD u Pentagon. Deo kadrova se i regrutuje iz redova Karabinjera, a ako veliki broj njih potiče iz porodica koje karakteriše konzervatizam onda i nije čudo što mnogi misle da je služba pod snažnim uticajem italijanske desnice.

Ta teza je i potvrđena u velikoj aferi s početka 80-ih godina u otkrivanju postojanja masonske lože „Propaganda due" (P-2), čiji je osnivač bio dokazani fašista Ličo Đeli a koji je spremao državni udar u zemlji. Svoju osnovanu masonsku

---

[84] *Ibidem*; str. 175.

ložu popunjavao je prvo ljudima iz Armije, i na spisku je imao na desetine visokih oficira, pa i generale. Mrežu je proširio i na izvršnu vlast pa je u svom sastavu imao i tri ministra, 43 generala, 8 admirala 36 poslanika i senatora, čak 4 šefa policija najvećih italijanskih gradova i veliki broj viših državnih činovnika.

Ličo Đeli se borio na strani Franka u španskom građanskom ratu, tokom Drugog svetskog rata bio je uz Musolinija, posle rata beži u Argentinu (zbog mučenja i likvidacije italijanskih partizana) da bi se u zemlju vratio 70-ih i postao član grupe za specijalne akcije i dezinformacije poznate pod imenom „Super S". I pored ovog vrlo komromitovanog člana, ipak ova služba važi za respektabilnu profesionalnu službu koja je obavljala vrlo važne i osetljive akcije.

Od drugih segmenata obaveštajno-bezbednosnog sektora italijanske države posebnu pažnju zaslužuje spomenuti i kontraobaveštajnu službu države u stalnoj borbi protiv i narastajućeg terorizma pod imenom Obaveštajna služba za zaštitu demokratije (SISDE).[85] Međutim početkom 80-ih godina ova služba je u javnosti javno napadana zbog nespososbnosti i kompromitovana u čuvenom slučaju i za svetsku javnost o naporima generala Dela Kjeza koordinatora za terorizam u slučaju „Aldo Moro"! Takođe optuživani su i za preterane veze sa američkom CIA i da ih je ona preplavila sa svojom agenturom unutar službe!? Kompromitacija ove službe je nastavljena kasnijim otkrivanjem lože P-2 kao i kasnijim neuspešnom suprotstavljanju delovanja grupe Abu Nidala, otmicom broda „Akire Lauro". Tako je vremenom ova služba praktično izašla iz konkretnih operativnih akcija i više služila kao analitičko-istraživačka organizacija u sistemu bezbednosti italijanske države.

Na unutrašnjem bezbedonosnom planu vredno je spomenuti i delovanje Centralnog odeljenja za opšte istrage i specijalne operacije koji je osnovan 1978. godine čije je osnivanje iznuđeno povećanim brojem italijanskih terorističkih

---

[85] Savić A, Delić M. i Bajagić M, Bezbednost sveta – od tajnosti do javnosti, Institut bezbednosti, Beograd, 2002, str. 184.

organizacija i onih iz islamskih zemalja. Ondašnji ministar unutrašnjih poslova Frančesko Kosiga formirao je ovu službu kao specijalnu antiterorističku ustanovu ministarstva unutrašnjih poslova čiji su osnovni zadaci bili prikupljanje informacija o političkom, ekonomskom i opštem stanju u društvu, zatim iz delokruga javnog reda i mira i njihova operativna realizacija preventivnih akcija na zahtev i u saradnji sa drugim službama koje brinu o bezbednosti zemlje.

Iz svega do sada rečenog nameće se jasan zaključak da je u različitim periodima italijanskog društva njihov obaveštajno-bezbednosni sistem imao i različite uspehe. Za razliku od sličnih sistema na zapadu, utisak je da se on najmanje odupreo unutarpartijskim borbama, stalnom suprostavljanju u borbi protiv mafije.

Glava 5.

5. EVROPSKA OBAVEŠTAJNO-BEZBEDNOSNA ZAJEDNICA UTOPIJA ILI JEDINA MOGUĆA OPCIJA

5.1. Teško breme nasleđa

Odnosi između nacionalnih i internacionalnih političkih struktura s jedne, i obaveštajnih službi s druge strane daleko su od jednostavnih za opisati i razumeti. U idealnim okolnostima, obaveštajne službe bi trebale same da prihvate (nekad čak i da ih postave) određena ograničenja koja nalažu da se službe bave isključivo svojim poslom, bez obzira na to koja je politička opcija na vlasti. Međutim, u stvarnom svetu obaveštajne službe se po pravilu više ili manje uključuju ne samo u glavna pitanja nacionalne politike, već i u dnevno-politička pitanja i zadevice, pokazujući katkad zapanjujuće nizak nivo otpornosti prema direktnom političkom uticaju. Naravno, taj uticaj nikada nije jednosmeran, a ponekad je čak jači onaj kojeg visokopozicionirani obaveštajni zvaničnici, kojima je dato da svet vide i „sa druge strane ogledala", poput Kerolove Alise, ostvaruju na političke zvaničnike. Naime, politički zvaničnici i politička tela svoje odluke donose na osnovu raspoloživih informacija. Kada je reč o vitalnim i najživotnijim pitanjima jedne države ili nacije, ili grupe nacija, obično su najvažnije one informacije koje dostavljaju obaveštajne službe. (Ako imamo u vidu fizionomiju procesa kojim obaveštajne agencije prikupljaju, obrađuju i za distribuciju pripremaju informacije, sa velikom slobodom možemo reći da ih one na neki način „kreiraju") Što su informacije potpunije i tačnije, naravno da će političkim telima odluku biti lakše doneti. Međutim, uvek postoji mogućnost, da izbegnemo reč opasnost, da obaveštajne strukture „predviđaju" kakve informacije bi bile najupotrebljivije za politiku i da se oslone na sopstveni „instinkt" u pripremanju takvih informacija. Posebna opasnost se javlja u situacijama kada se odluka o nekom pitanju mora doneti konsenzusom inače suprotstavljenih političkih opcija, od kojih svaka ima sopstveno, često suprotno viđenje rešenja problema. Tada je sasvim realno očekivati da će informacije koje dostavljaju obaveštajne službe pogodovati onoj političkoj opciji koja kontroliše te službe, odnosno koja je u „prijateljskim" odnosima sa najvišim obaveštajnim zvaničnicima.

U savremenom zapadnom svetu, prevashodno u Evropi, kojeg odlikuje politički i socijalni pluralizam, i koji se, nakon poluvekovnog „uživanja" u izvesnostima i relativnoj jednostavnosti odnosa bipolarnog sveta, pokrenuo ka još uvek neodređenom i filozofski, politički, sociološki i antropološki neosvetljenom cilju, opasnosti od zloupotrebe ili pogrešne upotrebe obaveštajnih struktura mogu biti veoma velike, preteći čak da kompromituju političke ciljeve i vizije. Ovo je na neki način paradoks, pošto je upravo zapadni svet razvio prilično efikasne mehanizme kontrole nad radom obaveštajnih službi i stvorio okvir za njihovo delovanje koji postaje model koji se sve više usvaja i u onim delovima sveta u kojima je bilo kakvo osvetljavanje i javno tretiranje obaveštajnih službi koliko juče bilo smatrano za jeres najvišeg stepena i direktan udar na najviše državne interese.

Zapadna Evropa, koja je u toku poslednjeg veka prošla lomove i potrese čiji se značaj i posledice još uvek ne mogu sagledati dovoljno jasno i detaljno, danas se nalazi u poziciji za koju, uprkos povremenim suprotnim tvrdnjama, nije bila pripremana. To je pozicija multinacionalne zajednice koja ima tendenciju da kao zajednica postane svetski politički i ekonomski lider i da se nametne kao protivteža Sjedinjenim Američkim Državama s jedne i dalekoazijskim ponovo

„razbuđenim divovoma" s druge strane. Pored političkih, ekonomskih, pa čak i kulturoloških izazova sa kojima se Evropa suočava na tom putu, tu se javlja i pitanje obaveštajnog rada kao nimalo zanemarljiv problem u formiranju sadašnjih i budućih odnosa unutar zajednice. Da bi uspešno ispunila misiju koju je prihvatila, zapadna Evropa, organizovana kroz formu Evropske unije, mora neprekidno donositi odgovarajuće političke i ekonomske odluke i sprovoditi ih u delo. Te se odluke, kao što smo već rekli, temelje na dostupnim informacijama, pri čemu se te informacije mogu dobiti na raznovrsne načine. Ipak, najveću vrednost među njima imaju one koje su dobijene od obaveštajnih službi, što je i razumljivo, imajući u vidu kapacitete i mogućnosti tih službi da dođu do podataka koji su zbog svoje važnosti posebno zaštićeni. Na sadašnjem stepenu organizacije Evropske unije još uvek se ne može govoriti o postojanju jedinstvenog obaveštajnog aparata, premda se o njemu intenzivno razmišlja već nekoliko decenija. Razlozi koji su sprečili da takav aparat već bude razvijen brojni su i raznovrsni, pa ćemo spomenuti samo one najvažnije.

Pre svega, treba imati u vidu da je upravo Evropa dom tradicionalnih političkih i državnih koncepata i sistema, pa ne treba da čudi što takvi koncepti, premda istorijski u dobroj meri prevaziđeni, teško i uz snažan otpor odumiru. Jedna od posledica tog otpora odumiranju tradicionalnog koncepta kao npr. suverenost, jeste i snažno nastojanje konzervativnih političkih krugova da zadrže nacionalnu organizaciju obaveštajnih aparata, uz samo ograničenu razmenu informacija sa partnerskim zemljama. Takav stav proističe delom iz činjenice da je Evropska unija amalgam prilično heterogenih korena, sačinjen od zemalja, odnosno nacija koje su ne tako davno bile u izrazito neprijateljskim odnosima i čiji konflikti imaju dugu istoriju. Pored takvih članica, koje tragaju za načinima da na što bezbolniji i na što manje frustrirajući način urede svoje odnose sa državama i nacijama koje se u kolektivnoj svesti doživljavaju kao ne sasvim prijateljske, u Evropskoj uniji postoje i relativno novi državni entiteti,[86] čija sposobnost da ispune svoje primarne uloge još uvek nije dovoljno testirana i potvrđena, pa im se samim tim i ne ukazuje poverenje kao „izvornim" članicama.

Dalje, bitno je istaći da su obaveštajne službe poslednja forma koja u državama današnje zapadne Evrope ne samo da počiva na kategorijama nacionalne konstitutivnosti i državne suverenosti, već i deluje kao njihov svojevrstan zaštitnik. Međutim, u vreme uvođenja zajedničke valute i prilično ujednačenog zajedničkog nastupa prema ostatku sveta,[87] sasvim se logično možemo zapitati koliko je zaista potrebno i danas držati u životu obaveštajne službe koje po svom ustrojstvu i ulozi više pogoduju dobu hladnog rata, nego koalicionim sistemima bezbednosti. Naravno, skeptici evropske kolektivne bezbednosti, imaju na ovo pitanje spreman odgovor, koji počiva na uverenju da integracijski procesi nemaju sasvim svetlu budućnost i da se nacije – države ne bi smele olako odricati garanta svoje suverenosti.

S druge strane, postaje sve očiglednije da su takvi stavovi u suštini tek rezultat nesposobnosti da se sagleda nova realnost, dakle realnost u kojoj države kao nacionalni koncepti sve manje mogu da ispune zadatke zbog kojih su i osnivane: spoljnu bezbednost, unutrašnji red, nacionalni prosperitet i kulturni identitet. Čak i najsnažnije države sve teže mogu da ispune bilo koji od ovih zadataka, osim, možda, očuvanja kulturnog identiteta, jer u današnjem svetu, kojeg odlikuje pretapanje kapitala, ideja i ljudskih masa iz svih delova sveta u sve delove sveta, jednostavno je nemoguće ostvariti uloge koje su do juče monopolski pripadale državama, bez snažne kooperacije na regionalnom i globalnom nivou.

Još jedan od problema koji je usporavao i još uvek to čini, stvaranje jedinstvene i zajedničke evropske obaveštajne politike, jeste bojazan da bi takav korak mogao ugoziti odnose sa drugim partnerima u okviru evroatlanskih integracija.

---

[86] Prokopijević M, Evropska unija, Službeni glasnik, Beograd, 2005, strana 343.
[87] Kragulj D. Miličević; Ekonomija; Uvod u ekonomsku analizu, mikroanalizu i makroanalizu; Makarije, Beograd 2005, strana 404.

Neporeciva je činjenica da obaveštajni rad, pored svog strategijskog značaja, ima i snažan politički simbolizam, međutim, vremena kada je taj simbolizam imao veliku težinu već se mogu nazvati prošlim. NATO je evoluirao i doživeo korenite unutrašnje izmene od vremena hladnog rata, ali se o pogledu rešavanja vitalnih obaveštajnih pitanja malo šta promenilo. I dalje postoji izrazita asimetrija u korist najveće i vodeće članice NATO, Sjedinjenih Američkih Država, u odnosu na evropske partnere koji u razmeni obaveštajnih informacija često dobijaju nesrazmerno manje od onoga što daju i što im je potrebno za osiguranje vlastite bezbednosti.

U Evropi su zbog toga sve snažniji glasovi koji zahtevaju redefinisanje odnosa unutar severnoatlanske alijanse, među kojima je najsnažniju poruku uputio nemački predlog za formiranje jedinstvenih oružanih snaga Evropske unije.[88] Takav aparat, ukoliko bude stvoren, predstavljaće krunu u razvoju evropskih integracijskih odnosa i dodatno osnažiti ulogu Evropske unije na globalnom planu. Međutim, takav aparat će zahtevati i podršku jedinstvenog i centralizovanog obaveštajnog mehanizma, jer bi se u protivnom, dakle oslanjanjem na postojeće nacionalne obaveštajne izvore, pretvorio u intertnu vojnu strukturu osuđenu da uvek reaguje na akcije drugih i lišenu skoro svake inicijative. Naravno, centralizovana obaveštajna podrška nije bitna samo tim, za sada hipotetičkim, oružanim snagama, već i, možda čak i u većoj meri, telima koja će upravljati i komandovati tom združenom vojnom silom, dakle političkim telima Evropske unije.

Zbog svega napred navedenog kao prirodno se nameće pitanje da li su obaveštajni aparati kakvim ih danas poznajemo i koji su rezultat političke misli i političke percepcije sveta iz 19. veka, brušenih kroz sukobe 20. veka, zaista i dalje potrebni i, ako jesu, u kojoj meri ih treba očuvati. Jednostavan odgovor na ovo pitanje ne postoji, pa čak je pitanje i da li u ovom trenutku uopšte postoji

---

[88] Prokopijević M, Evropska unija, Službeni glasnik Beograd 2005. god, strana 9

odgovor na njega. S jedne strane, činjenica je da se nijedna članica Evropske unije danas ne bi odrekla usluga vlastitog obaveštajnog aparata, pridodajući njegovim brojnim ulogama još jednu – uspostavljanje što bolje vlastite pozicije u okviru zajednice. S druge strane, delovanje obaveštajnih službi, koje često za objekat svog rada imaju drugu zemlju članicu dovodi do erozije međusobnog poverenja, a samim tim i do slabljenja veza koje zajednicu drže na okupu.

5.2. Raspad Jugoslavije i integracioni procesi u Evropi

Evropska unija je centralizovanom pristupu pitanju obaveštajnog rada intenzivnije pristupila u prvoj polovini poslednje decenije 20. veka, jer je kriza u Jugoslaviji pokazala da Evropa posle okončanja hladnog rata nije bezbedna u meri u kojoj se očekivalo da će biti, niti je prestanak nuklearne napetosti doneo posvemašnje olakšanje – napetost se u zemljama koje su veštački održavale iluziju stabilnosti samo prenela u druge sfere: ekonomiju, nacionalna pitanja, kulturu, religiju. Upravo je raspad Jugoslavije, koji je zapadnu Evropu pogodio na najmanje tri načina (enorman priliv izbeglica na teritoriju zapadne Evrope, izuzetno veliki finansijski troškovi u nastojanju da se ovo pitanje reši i gubljenje političkog kredibiliteta usled nesposobnosti da se zaustavi konflikt u neposrednoj blizini, prvi u Evropi nakon Drugog svetskog rata), potvrdio potrebu da se Evropska unija u svojim odlukama oslanja na objedinjene obaveštajne procene, kako bi izbegla paralizu svog delovanja usled različitih percepcija složenih strategijskih pitanja.

Međutim, stvarnost tog vremena, od kojeg je prošlo skoro dve decenije, nije dopuštala da se ozbiljno razmatra mogućnost stvaranja jedinstvene i centralizovane obaveštajne službe koja bi opsluživala Evropsku uniju i njena izvršna tela i agencije. Umesto toga, maksimum o kojem se tada moglo pragmatično razmišljati jeste stvaranje evropskog odbora za obaveštajne procene.[89] Međutim, takvo telo bi i dalje nužno bilo oslonjeno na postojeće nacionalne obaveštajne zajednice, postajući tako podložno mogućim zloupotrebama i izloženo uticaju nacionalnih politika kroz informacije dostavljene od nacionalnih obaveštajnih službi, o čemu je bilo reči u prethodnim paragrafima. No, razvoj događaja u poslednje dve decenije osnažio je gledišta po kojima su unutrašnji antagonizmi unutar Evropske unije dovoljno oslabili, a međusobno poverenje između članica dostiglo visok stepen, što dovodi do mogućnosti da se bez velikih potresa formira izvršno obaveštajno telo koje bi delovalo nezavisno od nacionalnih politika zemalja koje u formiranju tog tela učestvuju, već bi svoju politiku i ciljeve delovanja crpelo neposredno iz najviših političkih organa Evropske unije. Ovakve intencije dobile su i veliku, premda verovatno nenamernu podršku od Sjedinjenih Američkih Država, koje su svojim insistiranjem na vodećoj ulozi u okviru evroatlanskih integracija ojačale poziciju onih evropskih političkih i ekonomskih krugova koji veruju da je podređen odnos prema SAD postao neprihvatljiv i da je Evropa već višestruko platila cenu oslobađanja u II svetskom ratu. Spoljna politika Sjedinjenih Država u proteklih četvrt veka dodatno je učvrstila „evro-patriote" u ubeđenju da je nužno što hitnije postići veći stepen autonomije u odnosu na SAD, jer je njihova politika odvela jedan deo Evrope u dva nelegitimna rata kojeg javnost tih zemalja nije želela, od kojih je jedan vođen čak u neposrednom susedstvu. Ovakav stav čak je i duhovito izražen kroz igru rečima: *„The problem is not US, problem is us".* Međutim, taj stav, odnosno njegovo potpuno razumevanje može postati i prilično dovoljna osnova za izgradnju evropske zajedničke obaveštajne politike.

U narednim rečenicama razmotrićemo koje forme može poprimiti evropska obaveštajna politika u skorijoj budućnosti. U periodima mira polovina

---

[89] Kragulj D. Miličević, Ekonomija, Uvod u ekonomsku analizu, mikroanalizu i makroanalizu, Makarije, Beograd 2005, strana 404.

obaveštajnih problema vezanih za planiranje počinje sa definicijom vladine politike. Jednom kada se ta politika definiše, obaveštajnim strukturama preostaje „zanatski" deo posla, dakle usklađivanje svojih planova delovanja tako da oni na najbolji mogući način podrže ciljeve koje je zacrtala državna politika. Međutim, u političkim alijansama, pogotovo u onima u kojima izabrana izvršna tela preuzimaju dobar deo funkcija država članica, ovo pitanje može biti pomalo diskutabilno. Pre svega, treba imati u vidu da se evropska obaveštajna politika u svom uspostavljanju suočava sa znatnim preprekama, od kojih su neke već pomenute i koje sprečavaju da se jasnije sagledaju profesionalne, budžetske i političke prednosti koje bi objedinjavanje obaveštajne funkcije u Evropskoj uniji moglo imati.

Bezbednost ostaje izuzetno važno pitanje ne samo na političkom, već i na profesionalnom, internom nivou, pa to pitanje uvek preti da postane tačka spoticanja. Poverenje i bezbednost neophodni su da bi se zaštitile poverljive i osetljive informacije, kao i metode i izvori koji se koriste za njihovo prikupljanje. Sa ovim problemom suočava se svaka obaveštajna agencija kada deluje u saradnji sa „spoljnim svetom" i do sada nije pronađen univerzalan recept za konstantnu bezbednost. Razumno je pretpostaviti da će, sa porastom razmene informacija između različitih struktura ujedno rasti i potencijalni rizici narušavanja bezbednosti, proizvodeći ponekad i otpor prema nastavku te razmene. Međutim, čak i ako dođe do bezbednosnog problema, ne treba misliti da će se njegove posledice širiti poput šumskog požara, niti da će taj problem, makar bio i katastrofalan u svojoj prirodi, imati dugoročne posledice po partnerstvo. Uostalom, sa umnožavanjem broja agencija koje sarađuju, umnožavaju se i bezbednosne procedure i provere.

Zaštita izvora podataka, pogotovo ako su u pitanju ljudski izvori, ostaje najvažniji proritet čak i u uslovima izuzetno bliske saradnje. S druge strane, prilikom kooperacije između različitih agencija dolazi do umanjivanja važnosti zaštite tajnosti operativnih metoda, premda se ni metode ne otkrivaju partneru u potpunosti. Bitno je imati u vidu i to da bezbednost informacija ne sme postati samosvrhovita – bezbednost informacija samo je jedna od funkcija njihove pravilne distribucije. Ponekad se dešava da, usled preteranog insistiranja na zaštiti i bezbednosti informacije, ona ne stigne do onoga kome je zaista potrebna. Zalivski rat, i prvi i drugi, odlični su primeri za takve pojave, usled kojih je dolazilo ne samo do propuštanja da se „završi posao", već i do gubitaka u vlastitoj živoj sili od takozvane prijateljske vatre. Nakon završetka *hladnog rata*, u kojem je distribucija informacija bila uslovljena strogo ograničenom prirodom meta koje su se obaveštajno tretirale, pa je samim tim čitav sistem bio bitno pojednostavljen, dolazi do tendencije povećavanja potrebe da se informacije stavljaju na raspolaganje licima i telima koja za njima zaista imaju potrebu, bez obzira na njihov formalni rang. U današnjem svetu, podložnom brzim promenama, određivanje prava na pristup informacijama skoro da se vrši od slučaja do slučaja, umesto putem unapred standardizovanih procedura, kako se to inače radi u homogenim obaveštajnim strukturama.

Još jedna od bojazni koje su prisutne u obaveštajnim aparatima starijih članica EU jeste mogućnost da neka od službi sa kojom se sarađuje preuzme ulogu „trojanskog konja" za potrebe neke druge, jače države. Ovakve pojave dešavale su se i tokom hladnog rata i bilo bi zanimljivo sprovesti istraživanje koje bi odgovorilo na pitanje dokle se stiglo u prevladavanju polarizacije Istok – Zapad. Međutim, pored te polarizacije, uslovljene nekadašnjom ideološkom podelom sveta, postoji i jedna, slobodno se može reći prirodnija polarizacija, odnosno podela na velike i male zemlje. Niko ne može ignorisati bojazan malih zemalja da kroz partnerski odnos budu na neki način potčinjene interesima velikih zemalja. Ipak, taj strah je većim delom plod nasleđenog načina razmišljanja i istorijskih frustracija, umesto što odražava stvarnu opasnost, jer danas u Evropi nijedna nacionalna obaveštajna agencija nije u poziciji da iskaže aspiracije, a još manje da se ponaša kao da se nalazi na dominantnoj poziciji.

Poslednja prepreka je teškoća da se na kooperativnom planu razvije duh zajedništva, takozvani *esprit de corps*, koji je izuzetno važan motivacijski element u funkcionisanju svake obaveštajne zajednice, pa će ga se svaka od njih, a pogotovo one sa dužom i bogatijom tradicijom, teško odreći u korist nekog budućeg osećanja pripadnosti kolektivu koji je nadrastao okvire nacije – države.

5.3. Prednosti jače od nedostataka

Premda svi napred pobrojani razlozi koji predstavljaju prepreke uspostavljanju jedinstvene evropske obaveštajne politike izgledaju prilično uverljivi i na prvi pogled ne daju razlog za optimizam pobornicima intenzivnijih integracija i jačanja uloge Evrope na globalnom planu, ipak se može zaključiti da njihova snaga nije dovoljna da spreči već započete procese i da se suprotstavi prednostima koje proističu iz integracije obaveštajne funkcije na nivou saveza država. Prednosti se, kao što je već rečeno, mogu ostvariti u više aspekata, profesionalnom, budžetskom i političkom, pri čemu su profesionalne prednosti zasigurno vredne razmatranja. Jedinstvena obaveštajna agencija na nivou Evropske unije, koja, naravno, ne bi isključila postojanje nacionalnih agencija, već bi se javila u ulozi njihovog koordinatora i lidera ukupne obaveštajne zajednice EU, ne bi se suočavala sa brojnim tehničkim i proceduralnim problemima koji usporavaju put informacije, bez obzira da li je reč o delu puta od prikupljanja do obrade ili od obrade do distribucije. Dalje, centralizovana agencija bi imala neuporedivo veće kapacitete ranog otkrivanja i upozoravanja, kako u vremenskom, tako i u prostornom smislu, čime bi bezbednost čitave unije bila podignuta na neuporedivo veći stepen od sadašnjeg.

U periodu *hladnog rata* i neprekidne tenzije pred latentnim sukobom do kojeg nikako nije dolazilo, nacionalne obaveštajne agencije razvile su model prikupljanja informacija „za svaki slučaj". Takav model više je služio jačanju pozicije obaveštajne agencije u državnim strukturama, nego što je imao praktičnu profesionalnu korist, a pored toga podrazumevao je i neumereno trošenje finansijskih, ljudskih i tehničkih resursa da bi se došlo do informacija koje će uglavnom kupiti prašinu u nekoj od arhiva ili će biti korišćene u trivijalne i nenamenske svrhe. Jedini danas prihvatljiv model prikupljanja obaveštajnih podataka je „tačno na vreme", jer jedino takav može obezbediti pravovremenu informaciju nužnu za pokretanje preventivne akcije, odnosno za donošenje odgovarajuće političke odluke.

Finansijske prednosti centralizovane obaveštajne agencije su nesporne i njih ne treba posebno razmatrati, a ostvarile bi se, pre svega, kroz ukidanje multipliciranja napora različitih nacionalnih agencija radi ostvarenja istog cilja. Međutim, političke prednosti i beneficije koje bi se postigle uspostavljanjem takve agencije bile bi, sasvim sigurno, revolucionarne, kako na unutrašnjem, radi jačanja poverenja u institucije EU, tako i na spoljnom planu, jer bi se na taj način poslala jasna poruka da je doba hladnog rata zaista gotovo i da Evropa više nema nameru da prihvata ulogu bojišta između istoka i zapada. Jednostavno rečeno, više ne bi imalo smisla ono čuveno Kisindžerovo pitanje, kada je upozoren da bi trebao da konsultuje i Evropu u pogledu određenih vitalnih pitanja, „Koji je telefonski broj te Evrope"?

5.4. Šta može da bude urađeno?

Ni mnogo ni malo u ovom trenutku, glasio bi najtačniji odgovor na pitanje iz gornjeg naslova. Naime, teško je očekivati da će u Evropskoj uniji doći do preduzimanja značajnijih koraka na uspostavljanju centralizovane obaveštajne agencije pre nego što budu formirane zajedničke odbrambene snage, koje će, uz nacionalne sisteme bezbednosti i politička tela unije, biti glavni korisnik usluga te agencije. Obaveštajne službe se u percepciji i javnosti i stručnih krugova još uvek doživljavaju kao neuporedivo senzitivnije i strateški važnije pitanje od oružanih snaga, pa će i mogućnost formiranja jedinstvene, nadnacionalne obaveštajne agencije ipak morati da bude testirano na nekom „lakšem" polju. Međutim, sve jači zahtevi iz određenih krugova u EU da se što pre redefinišu odnosi sa NATO i da se postave na potpuno partnerske i ravnopravne osnove, dovode i do razmišljanja o mogućim pripremnim radnjama i koracima koji vode u pravcu uspostavljanja jedinstvene evropske obaveštajne politike i formiranja centralizovane agencije. Ovi koraci podrazumevaju sledeće predloge i razmatranja: formiranje *ad hoc* obaveštajnih grupa radi rešavanja srednjeročnih i kratkoročnih obaveštajnih problema od značaja za čitavu uniju; združeni centar za obuku i trening strateških analitičara; povećana kooperacija u netradicionalnim poljima, kao što je organizovani kriminal, trgovina drogom, pranje novca i sl, i uspostavljanje kooperativnog mehanizma po uzoru na EUROPOL.[90] Nešto ambiciozniji predlozi uključuju uspostavljanje sveevropske ekspertske mreže koja bi se koristila u kriznim situacijama, uz verovatnu podršku budućeg evropskog intraneta; formiranje multinacionalne grupe obaveštajnih eksperata koja bi razmatrala obaveštajne zahteve i potrebe na nivou čitave Evrope; te formiranje zajedničkog evropskog centra za obaveštajni rad sa otvorenim izvorima.

U ovoj fazi, evropska obaveštajna politika i tela koja će je sprovoditi ne trebaju biti složena i preterano formalizovana. Neformalna kooperacija između nacionalnih agencija, koja i sada postoji, treba biti podignuta na još viši nivo i to uz dovoljnu prethodnu tehničku razradu svakog pitanja, kako se ne bi stalno morala konsultovati nacionalna politika. Premda je još uvek rano govoriti o potpunoj integraciji saradnje na polju ljudskog obaveštajnog rada, tehnički aspekt obaveštajnog delovanja zasigurno je polje koje ostavlja dovoljno mogućnosti i perspektiva za unapređenje kooperacije.

---

[90] EUROPOL, Evropska policijska služba

Jedan od zanimljivih kooperativnih modela, koji je razvijen u Holandiji i koji po svojim rešenjima može postati paradigma za pristup ovom problemu na nivou Evropske unije, podrazumeva sledeće elemente:

– Spoljni „prsten" – godišnji evropski simpozijum na neutralnom terenu, otvoren za profesionalce iz obaveštajnog, vladinog i komercijalnog sektora;

– Srednji „prsten" – zasnovan na platformi načelnika odeljenja za obaveštajni rad sa otvorenim izvorima iz različitih obaveštajnih agencija, koji bi dodeljivao zadatke i nadgledao rad različitih radnih grupa;

– Unutrašnji „prsten" – kojeg bi sačinjavale multinacionalne radne grupe kojima su dodeljeni specifični projekti.

U zaključku se može reći da je uspostavljanje evropske obaveštajne politike nužno, a da sa nacionalnim sistemima ova politika treba biti kompatibilna u onoj meri koja ne kompromituje njenu efikasnost. Nužno, jer iz profesionalne tačke gledišta, nijedna zasebna evropska obaveštajna agencija ne može sama za sebe da izađe na kraj sa globalnom informatičkom eksplozijom i implikacijama ekonomskog obaveštajnog rada, iz kojeg se rađa prilično dugačka lista zahteva za prikupljanjem obaveštajnih podataka. Drugi razlog te nužnosti jeste racionalnije korišćenje postojećih budžeta. Na kraju, nužno je i sa političkog aspekta, jer takva bi agencija uvažavala realnost Evrope i mogla bi efikasno da funkcioniše bez obzira na to u kojem će pravcu dalje integracije ići, obezbeđujući evropskim liderima bolje i potpunije informacije nego što im to mogu pružiti njihove službe koje deluju sa ograničenim budžetima i uz bitna prostorna i vremenska ograničenja.

Glava 6.

6. MOGUĆA VARIJANTA IZGRADNJE OBAVEŠTAJNO-BEZBEDONOSNE ZAJEDNICE REPUBLIKE SRBIJE

U okviru Programa[91] razvoja sistema odbrane i nacionalne bezbednosti Republike Srbije do 2015. godine, poseban deo predstavlja Program razvoja obaveštajno-bezbednosnog sistema. U ovoj knjizi se želi dati jedan od modela ili jedna od mogućih varijanti programa izgradnje obaveštajno-bezbednsone zajednice.

Treba naglasiti da kada se govori o obaveštajno-bezbednosnom sistemu, onda se pod tim terminom podrazumeva celokupan obaveštajno-bezbednosni sistem zemlje, u kome učestvuju svih pet osnovnih subjekata ili bolje rečeno elemenata ovog sistema, i to: Bezbednosno-informativna agencija (BIA); Vojno-obaveštajna agencija (VOA); Vojno-bezbednosna agencija (VBA) i dve službe bezbednosti Ministarstva spoljnih poslova. Jasno je da se radi o interresorskom i multifunkcijskom sistemu, koji ima zadatak prikupljanje podataka i informacija u funkciji izvršavanja obezbeđenja zahtevanog nivoa bezbednosti građana, institucija i države u celini. Dakle radi se o preciznom pojmovnom određenju koje itekako može opredeliti cilj, zadatke, funkcije i nadležnosti pojedinih elemenata sistema obaveštajno-bezbednosne zajednice.

---

[91] Program razvoja sistema odbrane i nacionalne bezbednosti Republike Srbije u periodu od 2007. do 2015. godine, donet od strane Vlade republike Srbije a na inicijativu resornih ministarstava (MO i MUP).

6.1. Uopšte o Programu izgradnje obaveštajno-bezbednosne zajednice (OBZ)

Sa aspekta operacionalizacije problema, prvi nivo operacionalizacije svakako predstavlja međusobni odnos BIA, VOS, VBS, SID i Službe bezbednosti Ministarstva spoljnih poslova. U tom smislu možemo govoriti takođe o delu ili podsistemu obaveštajnog i bezbednosnog sistema Republike Srbije.

U najkraćem može se reći da se obaveštajno-bezbednosni sistem može posmatrati kroz tri osnovna nivoa, i to:

a) OPŠTI – obaveštajno-bezbednosni sistem Republike Srbije;

b) POSEBNI – obaveštajno-bezbednosni sistem Republike Srbije; ministarstva odbrane, ministarstva unutrašnjih poslova i ministarstva spoljnih poslova i

c) POJEDINAČNO – obaveštajno-bezbednosni sistemi u okviru ministarstava pojedinačno.

Ovakav pristup obaveštajno-bezbednosnom sistemu ukazuje na integrativni proces u organizovanju ali i na potrebu primene metode sistemskog pristupa u funkciji potpunijeg sagledavanja problema organizacije opšteg, posebnog i pojedinačnog u obaveštajno-bezbednosnom sistemu kao celine.

Problem definisanja Programa razvoja obaveštajno-bezbednosnog sistema, kao dela Plana razvoja sistema nacionalne bezbednosti Republike Srbije do 2015. godine, predstavlja kompleksan, interresorski i interdisciplinarni problem. Radi njegovog potpunog sagledavanja, kao i davanja odgovora na sva pitanja koja se u definisanju ovog Programa budu postavila, neophodno je jasno precizirati i projektovati rad na ovim zadacima.

U vezi sa tim, na nivou svakog od pomenutih ministarstava neophodno je definisati radne timove, koji će timski i pojedinačnim radom na određenim zadacima, realizovati ovaj zadatak.

U definisanju Programa razvoja obaveštajno-bezbednosnog sistema, mora se poći od osnovnih faktora koji utiču na ovaj sistem i nezaobilazno utiču i na njegovo kreiranje. Uslovno oni se mogu podeliti na unutrašnje i spoljašnje.

Kada govorimo o spoljašnjim problemima onda se tu radi pre svega o sledećim: geostrateški položaj zemlje; bezbednosno okruženje i dostignuti nivo integracije zemlje u političke, ekonomske i vojne kolektivne sisteme. Nesporna je činjenica da je geostrateški pložaj Republike Srbije, bez obzira na sva događanja i secesije, uključujući i odvajanje Crne Gore, bio i ostao jedan od bitnih u regionu u Evropi. Nezavršeni procesi integracije zemalja Jugoistočne Evrope, ali i drugih, koje teže ovim integracionim procesima, dodatno utiče na značaj geostrategijskog prostora Republike Srbije. Komunikacijski snopovi i čvorišta koja prolaze preko njene teritorije, kao i naftni i gasni koridori koji se ukrštaju na ili u blizini teritorije Srbije takođe dodatno utiču na značaj geostrategijskog prostora.

Bezbednosno okruženje, povezano sa geostrategijskim položajem Srbije, posebno nerešeni status Kosova i Metohije, postojanje drugih neuralgičnih prostora na teritoriji Srbije, kao i nerešena politička i ekonomska situacija u Bivšoj republici Makedoniji (BJRM), visok stepen kriminogenih delatnosti i terorističkih pretnji u regionu, takođe su bitan faktor u definisanju Programa razvoja obaveštajno-bezbednosnog sistema.

Drugi vrlo značajan faktor koji nesporno utiče na definisanje Programa razvoja obaveštajno-bezbednosnog sistema Republike Srbije, jeste sopstveno iskustvo u delovanju obavcštajno bezbednosnog sistema u dosadašnjem periodu. Nesporna je činjenica da su obaveštajno-bezbednosne delatnosti, posebno u periodu oslobodilačkih ratova Srbije kako u 19. tako i u 20. veku bitno uticali na kreiranje njenog sistema nacionalne bezbednosti i odbrane.

Unutrašnje-politička kretanja u Srbiji i situacija nastala nakon odvajanja Crne Gore, jednostrana secesija Kosova i Metohije (Kosova) odnosi na političkoj sceni i nepostojanje strateških ciljeva i programa jedan je od najbitnijih uticajnih faktora razvoja Programa obaveštajno-bezbednosnog sistema.

Imajući u vidu sve ove činioce i faktore, može se reći da je osnovni problem ovako zamišljenog programa – projekta: *Kako razviti Program obaveštajnog sistema koji će biti optimalan u sistemu nacionalne bezbednosti Republike Srbije?*

Suštinu problema treba pre svega da predstavlja definisanje cilja (efikasna realizacija obaveštajno-bezbednosne delatnosti); oblika (modela) organizacije; funkcija i nadležnosti obaveštajno-bezbednosnog sistema (Obaveštajno-bezbednosne zajednice Republike Srbije).

U dosadašnjem radu na definisanju Organizacije obaveštajno-bezbednosnog sistema, često se polazilo od njegovih zadataka i često kroz kopiranje već postojećih modela predlagan određeni model njene organizacije.[92]

Izučavajući iskustva stranih obaveštajno-bezbednosnih sistema, posebno onih koje su prošle period tranzicije i ušle u određeni nivo integracije, može se zaključiti da svaka od njih ima svoj specifikum. U tom smislu prepoznatljiva su dva osnovna modela, i to:

– model objedinjenog obaveštajno-bezbednosnog sistema i
– model odvojenih obaveštajnih i bezbednosnih sistema.

Teško je naći određeni model (ili određenu zemlju) koji bi se mogao bukvalno preslikati na naše uslove i potrebe. Kao što je napred rečeno neki od osnovnih faktora su vrlo različiti. S tim u vezi naš problem je još više složen jer se mora iznaći model koji će biti naš i u potpunosti originalan.

Dosadašnja teorija i praksa organizovanja sistema posebne namene, kakav je i obaveštajno-bezbednosni sistem, daje određene smernice i mogućnosti u izboru modela. Iskustva stranih zemalja posebno, npr. Češke, Slovačke ili neke druge, takođe su vrlo bitna u definisanju Programa razvoja obaveštajno-bezbednosnog sistema u Republici Srbiji.

---

[92] Teoretičari sa Zapada, kao i teorija organizacije, posebno naglašavaju da se „koncept menadžerstva ne sme bukvalno kopirati i ukalupljivati u sopstvenu praksu".

Osnovni polazni hipotetički stav je svakako da je neophodno, na osnovu sopstevnih i iskustava stranih zemalja, zahteva i kriterijuma Evropske unije, Partnerstva za mir i NATO, Programa integracija i spoljnih i unutrašnjih uslova neophodno je definisati Program razvoja obaveštajno-bezbednosnog sistema koji će biti efikasan u suprotstavljanju svim bezbednosnim izazovima i u potpunosti u funkciji efikasnog sistema nacionalne bezbednosti i odbrane Republike Srbije.

Ovako definisan opšti hipotetički stav implicira sledeće posebne stavove:

– sadržaj programa razvoja obaveštajno-bezbednosnog sistema mora biti usklađen sa ciljevima, opredeljenjima i kriterijumima datim u usvojenim strateškim dokumentima (strategije odbrane, Strategija nacionalne bezbednosti, zakona o bezbednosti i drugo);

– program mora uzeti u obzir iskustva zemalja koje su članice Evropske unije, Partnerstva za mir i NATO u definisanju svojih programa;

– predmet ovako definisanog istraživačkog zadatka mogao bi biti: „Program razvoja obaveštajno-bezbednosnog sistema Republike Srbije do 2015. godine".

Da bi se jasno definisali određeni pojmovi koji čine ovaj Program, neophodno je poći od poznatih i naučno dokazanih saznanja, kao što su: obaveštajno-bezbednosni sistem, obaveštajno-bezbednosna delatnost i obaveštajno-bezbednosno obezbeđenje.

Istorijski gledano obaveštajno-bezbednosni sistem, posebno u istoriji Republike Srbije, uvek je predstavljao jedinstveni sistem, koji je u sebi inkorporirao dve osnovne dimenzije,[93] i to: *ofanzivnu i defanzivnu.*

---

[93] Neposredno pred prelazak na mirnodopsko stanje, kada je ostatak Štaba Vrhovne komande trebao da postane Glavni GŠ Kraljevine Srba, Hrvata i Slovenaca, izdata je 10. aprila 1920.godine „Uredba o Glavnom Đeneralštabu i đeneralštabnoj struci". Ova Uredba stupa na snagu šestog maja i reguliše da u organizaciji Glavnog Đeneralštaba ima četiri odeljenja: Operativno, Obaveštajno, Saobraćajno i Istorijsko i Geografski institut. Obaveštajno odeljenje obavlja sledeće poslove: a) vodi studije stranih država i vojski i prikuplja podatke o tome; b) održava veze sa stranim vojnim izaslanicima i misijama; c) organizuje rad na suzbijanju neprijateljskih radnji u nameri prikupljanja podataka o našoj vojsci.

„Uredbom o Glavnom Đeneralštabu i đeneralštabnoj struci Kraljevine Srba, Hrvata i Slovenaca", koja je stupila na snagu 6. maja 1920. godine, obrazovano je Obaveštajno odeljenje i prvi put je, od nastanka moderne vojske na našim prostorima, obaveštajna funkcija izdignuta i izdvojena u zasebnu organizacijsku celinu. Kroz istorijski razvoj obaveštajne službe neophodno je pomenuti 1876. godinu kada se prvi put u srpskoj istoriji, po pisanom tragu „Uredbi o ustrojstvu đeneralštaba" spominje Vojno-obaveštajna funkcija u nadležnosti Operativnog odeljenja. 1884.godine regulisano je da tu funkciju obavlja izvšni organ vojno-obaveštajne službe u okviru Spoljnog odseka Operativnog odeljenja Đeneralštaba.

Splet političkih i drugih okolnosti društvenog razvoja, kroz koji smo u periodu od početka dvadesetog veka do danas prošli, učinili su da se ova dva sistema razdvoje i deluju odvojeno. Obaveštajna i bezbednosna funkcija su razdvojene 13. maja 1944. godine. Odlukom o formiranju Odeljenja zaštite naroda (OZN-a). Posle Drugog svetskog rata 1947. godine Obaveštajno odeljenje GŠ Jugoslovenske armije prerasta u Drugu, odnosno Obaveštajnu upravu. Sadržaj poslova, na osnovu naših i iskustava stranih zemalja, vrlo često zahteva integrisano delovanje ofanzivnog i defanzivnog dela *obaveštajno-bezbednosnog sistema.*

Osnovni problemi u definisanju programa su sledeći: nepostojanje osnovnih polaznih dokumenata od kojih se mora poći u definisanju ovog programa: strategije nacionalne bezbednosti; strategije odbrane; doktrine odbrane; strategijskog pregleda odbrane, doktrine *obaveštajno-bezbednosne* delatnosti i adekvatne zakonske regulative.

Jedno od bitnih mesta ima definisanje zakonskih i podzakonskih akata od kojih se treba krenuti u izradi ovog projekta. Posebno na nivou Skupštine i Vlade Republike Srbije nema zakona i drugih pravnih akata koji bitno opredeljuju definisanje Programa razvoja *obaveštajno-bezbednosnog* sistema. To se posebno odnosi na zadatke, funkcije inadležnosti svakog od elemenata sistema pojedinačno i *obaveštajno-bezbednosnog* sistema u celini.

Operacionalno određenje Programa razvoja *obaveštajno-bezbednosnog* sistema, može se shodno napred definisanim faktorima i zahtevima, definisati po sledećem:

– Definisanje i izgradnja efikasne organizacije (kao organizacije posebne namene) uz poštovanje svih dosada poznatih teorijskih i praktičnih načela i pricipa funkcionisanja uspešne organizacije. Osnovne procesne funkcije ove organizacije, svakako bi morale biti: planiranje, organizovanje, kadrovanje – vođenje (komandovanje), koordinacija i kontrola.

– Definisanje osnovnih faktora koji utiču i koji će u narednom periodu opredeljujuće uticati na *obaveštajno-bezbednosni* sistem.

– Definisanje osnovnih oblasti (zadataka) angažovanja *obaveštajno-bezbednosnog sistema kao celine i svakog od elemenata ovog sistema pojedinačno*, polazeći od njenih misija i zadataka, definisanih Strategijom nacionalne bezbednosti.

– Definisanje naučno-istraživačkog rada, izrade strateških dokumenata, razvoj sistema – službe i opremanje.

– Definisanje zakonske regulative za efikasno delovanje *obaveštajno-bezbednosnog* sistema.

– Definisanje i razvoj marketinga *obaveštajno-bezbednosnog* sistema.

– Definisanje osnovnih načela i principa delovanja budućeg efikasnog *obaveštajno-bezbednosnog* sistema.

6.2. Mogući model obaveštajno-bezbednosne zajednice (OBZ)

Program razvoja *obaveštajno-bezbednosnog* sistema, definiše se kao program koji funkcioniše i paralelno sa svojim funkcionisanjem transformiše u efikasniju organizaciju. Premda se obaveštajni i bezbednosni sistem odvojeno razmatraju, prirodno je da se definisanje Programa razvoja *obaveštajno-bezbednosnog* sistema odvija objedinjeno, posebno u trećoj fazi svoga razvoja.

Ovakav pristup u modelovanju sistema nudi tri moguća rešenja problema, i to:

– izgradnja integrisanog *obaveštajno-bezbednosnog* sistema;
– izgradnja odvojenog obaveštajnog i bezbednosnog sistema i
– izgradnja obaveštajnog sistema koji će u osnovi delovati odvojeno ali na strategijskom nivou imati određene zajedničke funkcije.

Opšti cilj ovako definisanog Programa mogao bi biti izgradnja efikasnog *obaveštajno-bezbednosnog* sistema koji će u potpunosti biti u funkciji sistema nacionalne bezbednosti koji inkorporira i funkciju i odbrane Republike Srbije.

Posebni ciljevi Programa su definisanje i izgradnja podsistema globalnog *obaveštajno-bezbednosnog* sistema koji će kroz međusobnu saradnju i sadejstvo sa drugim elementima sistema biti u funkciji efikasnog sistema nacionalne bezbednosti i odbrambenog sistema Republike Srbije.

Praktični cilj ovako definisanog programa bio bi izrada studije Programa razvoja obaveštajno-bezbednosnog sistema Republike Srbije do 2015. godine.

Polazeći od prethodno definisanog hipotetičkog okvira, faktora, uslova i zahteva i kriterijuma, može se pristupiti definisanju sledećeg sistema hipoteza:

I. OSNOVNA: Od stepena razvijenosti i izgrađenosti efikasnog *obaveštajno-bezbednosnog* sistema zavisi uspešna realizacija ciljeva nacionalne bezbednosti Republike Srbije.

II. POSEBNE HIPOTEZE OD KOJIH SE MOŽE POĆI U ISTRAŽIVANJU:

– Program razvoja *obaveštajno-bezbednosnog* sistema opredeljujuće utiče na ostvarivanje misije nacionalne bezbednosti Republike Srbije od različitih rizika i pretnji bezbednosti;

– Nivo efikasnosti *obaveštajno-bezbednosnog* sistema direkno utiče na izvršenje misije vojske i drugih subjekata bezbednosti u učešću u izgradnji i očuvanju mira u regionu i svetu;

– Od nivoa izgrađenosti efikasnog *obaveštajno-bezbednosnog* sistema neposredno zavisi misija vojske i drugih subjekata u podršci civilnim vlastima u suprotstavljanju nevojnim pretnjama bezbednosti.

III. POJEDINAČNE HIPOTEZE OD KOJIH SE MOŽE POĆI U OVOM ISTRAŽIVANJU:

– Nivo efikasnosti *obaveštajno-bezbednosnog* sistema opredeljuje efikasnost odvraćanja od oružanog i neoružanog ugrožavanja bezbednosti zemlje;

– Efikasan *obaveštajno-bezbednosni* sistem neposredno utiče na efikasnu odbranu njene teritorije;

– Od efikasnosti *obaveštajno-bezbednosnog* sistema direkno zavisi efikasnost nacionalne bezbednosti i odbrane vazdušnog prostora zemlje;

– Efikasno funkcionisanje *obaveštajno-bezbednosnog* sistema posredno ili neposredno utiče na kreiranje i razvoj uspešne međunarodne saradnje;

– Uspešno funkcionisanje *obaveštajno-bezbednosnog* sistema, preduslov je uspešnoj realizaciji zadataka učešća subjekata bezbednosti Republike Srbije u mirovnim misijama;

– Efikasan *obaveštajno-bezbednosni* sistem opredeljuje nivoe i oblike saradnje naše zemlje u sistemima kolektivne bezbednosti (krunski zadatak obaveštajno-bezbednosnog sistema jeste uvođenje zemlje i njena integracija u kolektivne sisteme bezbednosti);

– Od efikasnosti funkcionisanja *obaveštajno-bezbednosnog* sistema zavisi nivo efikasnog uključivanja vojske i drugih subjekata bezbednosti u podršci civilnim vlastima u suprotstavljanju savremenom terorizmu i organizovanom kriminalu;

– Efikasan *obaveštajno-bezbednosni* sistem može presudno da utiče na efikasnost podrške policije i vojske civilnim vlastima u slučaju prirodnih nepogoda, industrijskih i drugih nesreća i epidemija kao i pružanja podrške u drugim operacijama pomoći civilnim vlastima.

U konkretnom slučaju teško je definisati nezavisne i zavisne varijable ovog istraživanja. Ali polazeći od osnovnih premisa i činjenice da je osnovni cilj Programa izgradnja efikasnog obaveštajno-bezbednosnog sistema, može se istaći da su: faktori, uslovi, zahtevi i kriterijumi nezavisne varijable a da su zavisne varijable organizaciona struktura (model) i efikasnost obaveštajno-bezbednosnog sistema.

6.3. Moguće metode u programu izgradnje obaveštajno-bezbednosne zajednice (OBZ)

U skladu sa jasno definisanim problemima Programa razvoja *obaveštajno-bezbednosnog* sistema, predmeta, hipotetičkog okvira i sistema hipoteza, proizilazi i adekvatna metodologija istraživanja i potvrđivanja postavljenih hipoteza.

Osnovne metode koje bi se koristile u ovom istraživanju su: analiza sadržaja; metoda sistemskog pristupa, metoda modelovanja i metoda analize rizika.

Metodom analize sadržaja treba istražiti sve faktore koji utiču na Program razvoja obaveštajno-bezbednosnog sistema, sa posebnim osvrtom na sopstvena iskustva, iskustva stranih zemalja, zahtevima i kriterijumima EU, PzM i NATO, spoljnim i unutrašnjim uslovima i objektivnim mogućnostima.

Analizom zakonske regulative i predhodne prakse, jasno definisati zadatke pojedinih elemenata budućeg sistema u skladu sa zahtevima osnovnih misija i zadataka subjekata bezbednosti u narednom periodu. Ovom metodom se mogu objektivno istražiti i iskustva u definisanju i podeli zadataka kao i njihovoj realizaciji.

Metodom sistemskog pristupa dekomponovanjem već odvojenih službi i njihovim integrativnim posmatranjem u okviru novog kvaliteta, jasno razgraničiti nadležnosti i zadatke u budućem sistemu a time i prostornu i sve druge dimenzije svakog elementa pojedinačno.

Metodom modelovanja, uvažavajući sve principe i načela delovanja organizacije posebne namene, posebno *obaveštajno-bezbednosnog* sistema, iznaći objektivnu varijantu organizacije budućeg *obaveštajno-bezbednosnog* sistema.

Metodom analize rizika, sistemom eliminacije, pojedinih elemenata (podsistema) u obaveštajno-bezbednosnog sistemu jasno postaviti zadatke i nadležnosti iz kojih će proizaći i organizaciona struktura budućeg sistema. Delimično, ova metoda se može koristiti i u proveri izabranog modela organizacije *obaveštajno-bezbednosnog* sistema (Obaveštajno-bezbednosne zajednice – OBZ).

6.3.1. Očekivani problemi u izradi i realizaciji programa

U dosadašnjem radu identifikovani su značajni problemi, koji ograničavaju, otežavaju pa čak i onemogućavaju rad u pojedinim segmentima.

Najznačajniji su:

– nepostojanje strategije nacionalne bezbednosti;

– nepostojanje strategije odbrane i doktrine R.Srbije;

– prevaziđenost (u nekim segmentima) postojeće *obaveštajno-bezbednosne* doktrine;

– normativna regulativa (zakon načelan, podzakonska akta nisu urađena – što je poseban problem u radu sa stranim predstavnicima i institucijama, pri saradnji obaveštajno-bezbednosnih službi u zemlji i inostranstvu i dr.). Donošenjem adekvatnih zakona na nivou Skupštine i Vlade Srbije, trebalo bi razrešiti definisanje sistema u celini, delovanje podsistema, njihove nadležnosti i međusobni odnos podsistema u okviru jedinstvenog sistema;

– jasno definisanje mesta i uloge pojedinih službi u jedinstvenom sistemu (Obaveštajno-bezbednosnoj zajednici), i prevazilaženje pojava da se uloga pojedinih elemenata marginalizuje i obrnuto.

U dosadašnjem periodu razrađeni su određeni predlozi i modeli budućeg *obaveštajno-bezbednosnog* sistema koji mogu predstavljati polaznu osnovu, ali je sve to u novonastalim uslovima dobilo drugačiju dimenziju vrednosti. U opštem gledano, postoje tri varijante delovanja sistema, i to:

– Odvojeno delovanje obaveštajnog i bezbednosnog sistema.

– Izgradnja jedinstvenog obaveštajno-bezbednosnog sistema je varijanta koja je najprisutnija u zemljama Partnerstva za mir i EU i NATO.

– Treća varijanta ili kombinovano rešenje, moglo bi se razvijati tako što bi se određene funkcije sadašnjih agencija na nivou „vladine agencije" za obaveštajno-bezbednosne poslove inkorporirale.

Da bi se prevazišli ovi i svi drugi problemi treba uraditi sledeće:

– prevazići ključne probleme;

– jasno definisati misiju policije, vojske i drugih subjekata bezbednosti i u okviru nje ciljeve, funkcije i zadatke sadašnjih službi u odnosu na nacioinalnu bezbednost i odbranu države u odnosu na evroatlanske integracije i eventualno angažovanje u misijama (podrška operacijama) van teritorije R. Srbije;

– stvoriti uslove za operativnu saradnju sa ekspertima iz inostranstva;

– jasno definisti funkcija *obaveštajno-bezbednosne* delatnosti na nivou ministartva i države;

– realizovati pokrenuti projekat;

– obezbediti punu podršku državnih organa;

U svakom slučaju, bez jasno definisanih strategijskih dokumenata, zakonske regulative koja će jasno postaviti mesto svakog elementa ili podsistema u okviru jedinstvenog *obaveštajno-bezbednosnog* sistema ne može se efikasno razrešiti pitanje izgradnje Programa razvoja *obaveštajno-bezbednosnog* sistema Srbije.

U okviru daljeg rada na ovom programu, takođe će biti izraženo delovanje u iznalaženju najboljih rešenja za uspostavljanje sistema po dubini. Naime dosadašnja praksa *obaveštajno-bezbednosne* delatnosti je prevazišla sva njena zakonodavna i formalno-pravna rešenja koja su definisana u pravilima starim i preko 20 godina.

Ono što će u radu na izgradnji Programa, takođe biti jedna od polaznih osnova jeste, da se u definisanju *obaveštajno-bezbednosnog* sitema mora poći od jasnog određenja njegovog cilja, a onda u skladu sa principima izgradnje organizacije posebne namene, a *obaveštajno-bezbednosni* sistem to definitivno jeste, pristupiti izgradnji njegove organizacije.

6.4. Neke od premisa uspešne izgradnje programa OBZ

Bitno mesto u izgradnji ovog sistema imaju određene premise od kojih se mora poći u njegovom definisanju. Svakako na prvom mestu to su nacionalni interesi Republike Srbije; zatim njena bezbednosna politika u okviru nje bezbednosni ciljevi i principi bezbednosne politike. Zbog toga nije suvišno bar ukratko se upoznati sa njima.

Nacionalni interesi Republike Srbije

Bipolarizam je načeo snagu sistema svetske organizacije odmah po njenom uspostavljanju, a njegov kasniji pad i za samu OUN značio je ulazak u novu fazu. Ideološko sučeljavanje bipolarno izgrađivanih sistema kolektivne bezbednosti država ubrzano je ustupalo mesto logici stvaranja i razvoja novih sistema bezbednosti, do takvih koji su danas zainteresovani za obezbeđivanje zajedničkih civilizacijskih vrednosti. OUN i nesvrstavanje kao svojevrstan sistem bezbednosti i u kolektivnoj svesti na području nekadašnje Jugoslavije, neopravdano je opstao upravo kod srpskog naroda na prelasku u novi vek, kada su geostrategija, geoekonomija i geopolitika naveliko počele da uzimaju maha. Rezultat toga su zakasnela razmišljanja o karakteru i teritoriji države koja najbolje štiti interese svih svojih građana i kašnjenje u razvoju u odnosu na evropski kontekst. S ovim procesom koji se pokazao istorijski nužnim, suočava se demokratska

Srbija, sada kao Republika Srbija, regionalna država koja je svesna izgubljenog vremena, ali i odlučna da ga nadoknadi.

Polazeći od ovoga, nacionalni interes Republike Srbije je u prvom redu ono stanje i procesi u modernom srpskom društvu koji obezbeđuju napredak, zaštitu i sigurnost svih njenih građana, stabilnost i kontinuitet države, a zasnovani su na postojećim i opšteprihvaćenim vrednostima.

Vitalni interes Republike Srbije je razvoj i zaštita demokratske, suverene, nezavisne i teritorijalno celovite države.[94] Neposredni nacionalni interes Republike Srbije kao evropske zemlje i njenih građana je da ubrza ukupan razvoj svog društva. Iz ovoga proizilazi interes Srbije da obezbedi ličnu bezbednost svojih građana, privatne svojine, privredne i ekonomske infrastrukture, u skladu sa principima, standardima, usvojenim opredeljenjima i preuzetim obavezama u procesima koji vode ka punim regionalnim, evroatlantskim i globalnim integracijama.

Važne interese Republika Srbija vidi u sopstvenom doprinosu u uspostavljanju i očuvanju mirnog i stabilnog okruženja, regionalnog i u susedstvu; očuvanju i razvoju međunarodnog poretka na načelima pravde, poštovanja međunarodnog prava, političke i ekonomske ravnopravnosti; očuvanju i zaštiti sopstvenog i regionalnog prirodnog okruženja i resursa. U tom smislu interes Republike Srbije je očuvanje mira i stabilnosti u regionu, što je povezano sa narastanjem područja demokratije, bezbednosti i prosperiteta u Jugoistočnoj Evropi, uključujući tu i cilj regiona – puno članstvo u NATO i Evropskoj uniji.

Dugoročni nacionalni interes Republike Srbije je jačanje njene sposobnosti, kao subjekta svetske organizacije, da u integrisanim sistemima vrednosti štiti i jača svoj identitet u odnosu na savremene izazove, kao što su dinamičan tehnološki razvoj i mogućnost afirmacije „malih" nacija u uslovima globalizacije informacija, interesa i posledica.

---

[94] Sajt predsednika Republike Srbije, Nacrt srategije nacionalne bezbednosti R.Srbije, 2006.

Srbija smatra zaštitu ovih vitalnih interesa kao najveći prioritet. Republika Srbija će u skladu sa međunarodnim zakonima biti odlučna da primeni sve neophodne, legitimne mere radi odbrane svojih vitalnih interesa.

Bezbednosna politika Republike Srbije

Osnovni cilj Republike Srbije je da, polazeći od svog međunarodnog položaja, kao zemlja regiona jugoistočne Evrope koji je većim svojim delom zahvaćen opštim tranzicionim procesima, obezbedi optimalan okvir za realizaciju vitalnih i važnih nacionalnih interesa, koji su istovremeno i interesi nacionalne bezbednosti.[95] Među karakteristikama ovog okvira, na pravac bezbednosne politike utiču naročito:

Opredeljenje Republike Srbije da pristupi evroatlantskim integracijama kao realnim multilateralnim forumima, takvim koji su sposobni za suočavanje sa svim savremenim izazovima koji se nje najneposrednije tiču, i postojanje podrške tih foruma ovim opredeljenjima;

Težnja Republike Srbije da sa svoje strane, u razumnom roku, doprinese eliminisanju ili ublažavanju izazova i rizika na koje ona može da utiče, a koji su uslovljeni nivoom i kvalitetom njenog ukupnog razvoja, mereno parametrima integracija kojima teži. Republika Srbija polazi od toga da uklanjanjem sopstvenih disproporcija ili umanjenjem njihovog značaja, jača i integrativnu sposobnost svog okruženja, s očekivanjem povratnog dejstva na bezbednost i bezbedan razvoj u najširem smislu;

Uverenje Republike Srbije da će se i unutar integrisanih sistema (kao što su EU i NATO koji se i sami menjaju, poboljšavaju i prilagođavaju), i vezano za iste, srednjeročno steći pretpostavke za njenu punu integraciju, zasnovanu na očekivanjima da će se voditi računa o vitalnim nacionalnim interesima Republike Srbije.

Zabrinutost Republike Srbije da međunarodna zajednica ne sagledava sve aspekte koncepcije samoodrživog razvoja Kosova i Metohije, naročito one koje

---

[95] Ibidem.

se tiču napretka demokratije, bezbednosti i prosperiteta u regionu. Uspostavljanje ustrojstva pokrajine mimo učešća Srbije moglo bi da otvori put različitim viđenjima u budućnosti bezbednosne projekcije samog regiona, na unutrašnjem i na spoljnom planu.

Bezbednosni ciljevi

Proističu iz opšteg opredeljenja koje je definisano bezbednosnom politikom. Pretpostavka je da njihovom realizacijom na srednji rok Republika Srbija jača na unutrašnjem i spoljnom planu, kao aktivan subjekt integracija kojima teži. Dosledno sprovođenje strategije nacionalne bezbednosti i zaštita bezbednosnih interesa Srbije putem:

– aktivnog učestvovanja u razvoju kolektivne bezbednosti na regionalnom i globalnom nivou, uključujući i ulazak u evropske i evroatlantske strukture;

– održavanjem regionalne stabilnosti kao elementa stvaranja neophodnog ambijenta za jačanje sopstvene bezbednosti;

– daljim razvojem institucija sistema bezbednosti Republike Srbije koji će biti sposobni da odgovore na sve izazove vitalnim interesima Srbije

Cilj Republike Srbije je da pruži doprinos stabilizaciji i integraciji bezbednosno osetljivog regiona na obodima evroatlanskih integracija. Ovo naročito u vezi finansijsko-ekonomskim, pravnim, bezbednosnim i pravosudnim sektorima funkcionisanja države na unutrašnjem planu i prema spoljnom svetu.

S tim u vezi, međuzavisnost sa Evropskom unijom objektivno već postoji, a nivo povezanosti preko Sporazuma o stabilizaciji i pridruživanju do potpune integracije u budućnosti, za obe strane nema alternativu, uprkos tome što se sama Unija, i kao skup pojedinačnih država, nalazi u fazi traganja za novim integracionim elementima i novim identitetom. Istovremeno, punopravno članstvo u jezgru transatlanskog partnerstva, NATO, zasnovano na volji građana, dugoročni je interes Republike Srbije, već iskazan interesovanjem za program „Partnerstvo za mir" i tehničkim sporazumima sa ovom organizacijom.

Važan bezbednosni cilj predstavlja sagledavanje ukupnih interesa Republike Srbije, vezano za postojanje strategija, procesa i odnosa saradnje na globalnom planu, oko dugoročnih pitanja koja dobijaju na značaju, kao što su međunarodni terorizam, a posebno obezbeđenje slobodnog pristupa energentima (nafta, gas), odnosno pitanje energetske bezbednosti nacija.

Dugoročni bezbednosni cilj Republike Srbije je da obezbedi neprekidnu analizu faktora od kojih zavisi bezbednosni okvir funkcionisanja države i da učestvuje u njenom formiranju. Isto tako, da razvija i održava sposobnost države da vrši prevenciju, umanjuje ili eliminiše bezbednosne rizike i izazove i da rešava krizne situacije na svim područjima odgovornosti. S ovim u vezi, da održava spremnost države da primeni adekvatne i blagovremene odgovore na bezbednosne zahteve (u vezi sa bezbednosnim ciljevima), uključujući i razvoj sistema bezbednosti koji je sposoban da sadejstvuje sa sličnim sistemima razvijenih demokratskih država.

Osnovni principi bezbednosne politike

Pri definisanju i provođenju bezbednosne politike svi činioci bezbednosti se u svom radu rukovode sledećim osnovnim principima:

– *Princip prava Republike Srbije na odbranu u skladu sa Poveljom UN* koje se posebno odnosi na pravo na odluku u vezi sa sopstvenom bezbednošću na bazi suverene jednakosti i pravu na slobodno odlučivanje o formi obezbeđivanja sopstvene bezbednosti i učešću u međunarodnim i nadnacionalnim organizacijama;

– *Princip prevencije* koji je izražen u odlučnosti Republike Srbije da primeni efektivne mere za jačanje sopstvene bezbednosti i prevenciju rizika i izazova za sopstvenu bezbednost, njihovu blagovremenu identifikaciju i eliminaciju; a uz princip kompatibilnosti bezbednosne politike Republike Srbije sa sopstvenim ustavnim ustrojstvom i međunarodnim standardima i ugovorima koje je sklopila;

– *Princip nedeljivosti bezbednosti.* U modernom svetu, naime, nivo bezbednosti u okruženju imanentan je i bezbednosti u samoj zemlji. Ovakvi interaktivni odnosi u sferi bezbednosti, obavezuju sve države, pa tako i Srbiju, da preduzima odgovornost za unutrašnju i spoljnu bezbednost. Takođe, da u srazmeri sa svojim mogućnostima, aktivno doprinosi sveopštoj bezbednosti, kroz saradnju i partnerstvo sa ostalim subjektima u međunarodnim odnosima;

– *Princip odgovornosti i obavezivanja* državnih organa i organa lokalnih zajednica, pravnih i fizičkih lica i svih građana da učestvuju u realizaciji bezbednosne politike države;

– *Princip kompleksnosti* koji prihvata značaj međusobnog uticaja različitih faktora, posebno političkih, odbrambenih, ekonomskih, socijalnih, unutar-bezbednosnih i onih koji su značajni za zaštitu okoline kao i zdravlja građana u bezbednosnoj politici Republike Srbije;

– Srbija i dalje podržava princip *rešavanja svih otvorenih međunarodnih pitanja i kriza kroz konstruktivan dijalog*, i podržava stav da diplomatija ima ključnu ulogu u rešavanju svih međunarodnih problema na miran način. Kroz intenzivnu saradnju i izgradnju poverenja i zajedničke bezbednosti Srbija će raditi na unapređenju odnosa sa susednim i drugim zemljama i tako doprinositi regionalnoj i svetskoj bezbednosti.

6.5. Mogući model sistema nacionalne bezbednosti i obaveštajno-bezbednosne zajednice

Sistem nacionalne bezbednosti je pravno zasnovana celina nadležnih državnih organa, organizacija i ustanova, kao i njihovih delatnosti, s ciljem zaštite nacionalnih interesa Republike Srbije.

Sistem nacionalne bezbednosti predstavlja normativno uređenu celinu odnosa između nadležnih državnih organa, organizacija i ustanova, kao i njihovih delatnosti s ciljem zaštite nacionalnih interesa Republike Srbije.

Moguća varijanta strukture sistema nacionalne bezbednosti

Strukturu sistema bezbednosti, u skladu sa predloženim modelom, čine upravljački i izvršni deo.

Upravljački deo čine: Narodna skupština Republike Srbije, predsednik Republike Srbije, Vlada Republike Srbije i Savet za nacionalnu bezbednost.

Izvršni deo sistema bezbednosti čine: Ministarstvo odbrane, Ministarstvo spoljnih poslova, Ministarstvo unutrašnjih poslova, Ministarstvo pravde, Ministarstvo finansija, *Agencija OBZ (Obaveštajno-bezbednosne zajednice)* i *Agencija za vanredne situacije.*

U širem smislu, izvršni deo sistema bezbednosti čine i ministarstva i institucije nadležne za pravosuđe, obrazovanje i naučnu delatnost, lokalnu samoupravu, zaštitu životne sredine, odbrambenu industriju i druge institucije i pojedinici, koji svojom delatnošću doprinose najpovoljnijem mogućem stanju bezbednosti.

Struktura obaveštajno-bezbednosnog sistema (Agencije OBZ)

Načela funkcionisanja sistema nacionalne bezbednosti

Funkcionisanje sistema bezbednosti ostvaruje se uz uvažavanje osnovnih načela: zakonitosti, efikasnosti, profesionalnosti, pouzdanosti, jedinstva, neprekidnosti, prilagodljivosti, nepristrasnosti, kao i otvorenosti za spoljnu kontrolu. Na čelu OBZ je zajednička vladina agencija koja neposredno upravlja i objedinjuje delovanje svih subjekta obaveštajno-bezbednosnih aktivnosti.

Specifičnost funkcionisanja pojedinih delova sistema nacionalne bezbednosti iskazuje se kroz posebna načela definisana u normativno-doktrinarnim dokumentima.

Upravljanje sistemom nacionalne bezbednosti

Upravljanje sistemom bezbednosti ostvaruju institucije zakonodavne, izvršne i sudske vlasti, s ciljem njegovog usmeravanja na ostvarivanje najpovoljnijeg mogućeg stanja bezbednosti.

Funkcije upravljanja sistemom bezbednosti su: planiranje, organizovanje, naređivanje, koordinacija i kontrola.

Narodna skupština Republike Srbije u domenu nacionalne bezbednosti ostvaruje upravljački uticaj na sve delove sistema bezbednosti ustavotvornom i zakonodavnom delatnošću. Narodna skupština donosi i druga akta i vrši kontrolu rada Vlade i drugih institucija i funkcionera odgovornih Narodnoj skupštini, u skladu sa Ustavom i zakonom.

Neposrednu kontrolu u domenu nacionalne bezbednosti Narodna skupština Republike Srbije ostvaruje posredstvom *skupštinskog odbora nadležnog za bezbednost*. Za sagledavanje stanja u oblasti nacionalne bezbednosti i utvrđivanja činjenica o pojedinim pojavama ili događajima iz te oblasti, Narodna skupština Republike Srbije može formirati i anketni odbor.

Predsednik Republike Srbije u svojstvu vrhovnog komandanta rukovodi Vojskom Srbije, u skladu sa Ustavom i zakonom. Pored toga, predsednik Republike učestvuje i u rešavanju svih drugih pitanja u oblasti nacionalne bezbednosti.

Vlada Republike Srbije upravlja ministarstvima i institucijama u domenu nacionalne bezbednosti, u skladu sa Ustavom i zakonom.

Ministar spoljnih poslova, ministar finansija, ministar odbrane, ministar unutrašnjih poslova i direktor Agencije OBZ i direktor Agencije za vanredne situacije podnose izveštaje o stanju bezbednosti iz njihovog delokruga Narodnoj skupštini i Vladi Republike Srbije (Odboru za bezbednost i odbranu). Ostali ministri i državni funkcioneri podnose po zahtevu Vlade, Narodne skupštine ili ukazanoj potrebi, izveštaj o pitanjima iz oblasti nacionalne bezbednosti, koja su u njihovoj nadležnosti.

Savet za nacionalnu bezbednost koordinira rad svih delova sistema nacionalne bezbednosti.

Pravosuđe, sudovi i tužilaštva, kao nezavisni državni organi, neposredno doprinose nacionalnoj bezbednosti saradnjom sa drugim delovima sistema bezbednosti i sudskom kontrolom u odnosu na njih, u skladu sa Ustavom i zakonom.

Zakonitim i uspešnim funkcionisanjem sistema nacionalne bezbednosti, zasnovanim na zakonskim regulativama, unutrašnjom kooperativnošću i interoperabilnosti njenih delova i celine sa međunarodnom zajednicom, stvaraju se uslovi za potpuno ostvarivanje nacionalnih interesa Republike Srbije.

Glava 7.

7. OBAVEŠTAJNO-BEZBEDNOSNA ZAJEDNICA I TERORIZAM

Savremeni međunarodni terorizam je u stalnom porastu bez obzira na sve organizovanije suprotstavljanje međunarodne zajednice i na mere koje se preduzimaju radi njegovog suzbijanja. Zahvaljujući činiocima koji ga generišu, međunarodni terorizam se obnavlja i usavršava na sve višem tehničko-tehnološkom nivou, a efikasnost mu se konstantno povećava.

Političke i sociološke implikacije terorističkih napada u Turskoj, Španiji, Velikoj Britaniji i na Bliskom istoku ukazuju na brisanje granice između unutrašnje i spoljne bezbednosti.

Napori vodećih islamističkih terorističkih organizacija u svetu usmereni su na jačanje jedinstva i koordinaciju aktivnosti na: 1) širenju terorističkih potencijala, 2) prilagođavanju strategije aktuelnim uslovima i 3) nabavci sredstava za masovno uništavanje. Istovremeno, na nižim nivoima organizovanja, zahteva se što veća disperzija „ćelija" i decentralizacija u odlučivanju i metodama delovanja, u skladu sa uslovima u okruženju. Time je omogućeno jačanje terorističkih mreža, uprkos širokoj mobilizaciji najvažnijih međunarodnih subjekata u borbi protiv terorizma.

I u novonastalim uslovima Izrael, SAD i Rusija ostaju glavne mete napada. Pored toga, teroristi nastoje da aktivnosti prenesu na područja gde postoji mogućnost „komotnijeg" delovanja i nanošenja udara po „mekim ciljevima" sa značajnim političkim posledicama. Otuda i procene da će u narednom periodu biti pojačano delovanje terorista na prostoru država sa visokim stepenom zaštite ljudskih prava[96] (zemlje EU), sekularnih islamskih zemalja (Turska i Egipat) i zemalja u tranziciji.

U svom godišnjem izveštaju o terorizmu u svetu, Sjedinjene Američke Države su ukazale da se aktivnost terorista u svetu značajno povećala u 2005. godini[97] i da je u terorističkim napadima poginulo 1.907 ljudi, što je u odnosu na prethodnu godinu povećanje za više od 30%. SAD još uvek nema odgovor, objašnjenje zbog čega je prisutan toliki ekstremizam u muslimanskom svetu, kakva je sprega ideologije, ekstremizma i zvaničnih politika. Terorizam je danas, globalna pretnja, a ne kao pre nekoliko decenija pojedinačna i usmerena samo protiv jedne države. Terorizam nema granica i zahteva globalni, zajednički odgovor, te je i odbrana od pretnje moguća samo zajedničkim angažovanjem. Mreža međunarodnog terorizma mora podrazumevati i mrežu obaveštajno-informativnih sistema koji su uvezani na međunarodnom nivou da bi efikasno pratili, otkrivali i neutralisali teroriste.

Složenost i kompleksnost problema terorizma primoralo je vodeće svetske sile i veliki broj drugih država da se organizovano suprotstave toj pretnji. U tom suprotstavljanju stvaraju se sistemi u koje se ulažu velika sredstva i angažuje veliki broj subjekata. U sistemima za borbu protiv terorizma postoje različiti modeli.

Velike sile preduzimaju značajne korake na ovom planu, što se posebno vidi na aktivnostima posle 2001. godine.

---

[96] Liberalni propisi unutar Evropske unije, koji omogućavaju kretanje bez pasoša i strogih kontrola, pogoduje prelivanju terorista iz jednog u drugi region. U najširem smislu, London za teroriste predstavlja centar logistike i pogodno mesto za skrivanje, Francuska sa velikim brojem muslimana je idealna za regrutovanje, a Austrija predstavlja čvorište komunikacija.

[97] Izveštaj zajedničkog centra protiv terorističkih pretnji SAD Terrorist Screening Center – TSC, Vašington 2005.

7.1. Iskustva stranih država u suprotstavljanju savremenom terorizmu

Terorizam kao globalni problem, nametnuo je potrebu organizovanog suprotstavljanja na regionalnom kao i na globalnom nivou. U skladu sa ovakvim opredeljenjem, mnoge države su pristupile formiranju određenih saveza, u skladu sa njihovim interesima i potrebama, koji mogu biti biletaralni ili međunarodni.

7.1.1. Karakteristični primeri sistema razvijenih država za borbu protiv terorizma

Nakon terorističkih napada u SAD, pokazalo se da se klasične protivteroorističke mere ne mogu primeniti kada se imaju u vidu ciljevi terorista. Promena same prirode pretnji primorala je vlade brojnih zemalja da kao najveću pretnju po bezbednost zemlje odrede međunarodne ekstremističke grupe povezane sa Al Kaidom. Na osnovu toga, preusmereno je težište službi za borbu protiv terorizma. Najbolji dokaz tome je činjenica o formiranju novih tela ili organa na državnom nivou.

Sistem borbe protiv terorizma u SAD

Sistem borbe protiv terorizma u SAD, organizovan je i funkcioniše po sledećem osnovnim odgovornim strukturama:

U Savetu za nacionalnu bezbednost (National Security Council), funkcionišu sledeći organi:

– Zamenik savetnika za nacionalnu bezbednost, koji je neposredno odgovoran za borbu s terorizmom *(National Director/Deputy National Security Advisor for Combating Terrorism);*

– Komitet za borbu protiv terorizma i nacionalnu spremnost (gotovost) *(Principals Committee on Counter-terrorism and National Preparedness);*

– Nacionalni koordinator za bezbednost, zaštitu infrastrukture i borbu protiv terorizma *(National Coordinator for Security, Infrastructure Protection and Counter-Terrorism).*

– Savet za unutrašnju bezbednost *(Homeland Security Council)*.

– Nacionalni antiteroristički centar *(National Counterterrorism Center – NCTC)*.

– Centar za praćenje terorističkih aktivnosti *(Terrorist Screening Center – TSC)*.

– Ministarstvo unutrašnje bezbednosti *(Department of Homeland Security)*.

U Centralnoj obaveštajnoj agenciji *(Central Intelligence Agency)* – antiteroristički centar *(Counter Terrorist Center – CTC)*.

U Federalnom istražnom birou *(Federal Bureau of Investigation)* – Uprava za borbu sa terorizmom *(Counterterrorism Division – CTD)*.

U armijskim strukturama SAD funkcionišu sledeći organi:

– Združene grupe za koordinaciju borbe protiv terorizma između resora *(Joint Inter Agency Coordination Groups – JIACGs)*,

– U senatskom komitetu (U.S. Central Command – CENTCOM) i Zajednička međuresorska operativna grupa *(Joint Interagency Task Force – JIATF)*.

Nakon terorističkog napada i tragedije od 11. septembra, Bela kuća je formirala „Savet za unutrašnju bezbednost" *(Homeland Security Council – HSC)*, kao novi organ koji je prvenstveno zadužen da: „savetuje i pomaže Predsedniku, u izradi strategije unutrašnje bezbednosti" i „da postane instrument koordinacije napora svih struktura izvršne vlasti koja kreira i realizuje politiku bezbednosti u zemlji". Istovremeno je imenovan i pomoćnik predsednika za unutrašnju bezbednost, kao novi član Administracije. Savet za nacionalnu bezbednost i dalje ostaje nadležan za koordinaciju borbe protiv terorizma u inostranstvu. U njegovom sastavu, kao novi element, imenovan je i zamenik savetnika za nacionalnu bezbednost, koji bio odgovoran za borbu protiv terorizma *(National Director / Deputy National Security Advisor for Combating Terrorism)*. Zamenik savetnika za nacionalnu bezbednost je u stalnom kontaktu sa pomoćnikom predsednika za nacionalnu i unutrašnju bezbednost SAD. Sve unutrašnje i spoljne aktivnosti za borbu protiv terorizma koordiniraju se preko odgovarajućih komiteta u strukturama Saveta za nacionalnu i Saveta za unutrašnju bezbednost NSC i HSC, koje su napred prikazane.

Kada su nove strukture za koordinaciju dobile svoje mesto u sistemu izvršne vlasti, formirano je i Ministarstvo za unutrašnju bezbednost *(Department of Homeland Security – DHS)*, čija je uloga „objedinjavanje pod jednim krovom" većeg dela agencija i uprava odgovornih za unutrašnju bezbednost (uključujući i uprave za obezbeđenje granica i transporta, upravu za vanredne situacije, agenciju za zaštitu kritičnih objekata infrastrukture). Glavni zadatak ovog Ministarstva je upozoravanje i odvraćanje od „terorističkih akata" unutar SAD, smanjenje „osetljivosti" zemlje na dejstvo terorista, smanjenje štete i pomoć prilikom saniranja posledica terorističkih dejstava izvedenih na prostoru SAD.

Za koordinaciju dejstava vojnih struktura u štabovima različitih nivoa formirane su tzv. „zajedničke međuresorske grupe za koordinaciju borbe sa terorizmom", osim CENTCOM, gde se odgovarajuća odeljenja nazivaju „Zajednička međuresorska operativna grupa". Svrha svih ovih grupa je povećanje efikasnosti međuresorske koordinacije dejstava i razmena informacija između civilnih i vojnih struktura u „svojoj zoni odgovornosti".

Pored ovih, 2003. godine formiran je i takozvani „Zajednički centar protiv terorističkih pretnji" *(Terrorist Threat Integration Center – TTIC)*. Zadatak centra je integracija i analiza svih informacija koje govore o terorizmu u zemlji i u inostranstvu. U sastavu centra su predstavnici ministarstva unutrašnje bezbednosti, uprave za borbu protiv terorizma, uprave za borbu protiv terorizma iz FBI, centra za borbu protiv terorizma CIA i ministarstva odbrane. Direktor centra je podčinjen direktoru CIA, a centar se nalazi u objektu CIA.[98]

---

[98] U aprilu 2003. godine centar je objavio veoma optimistički izveštaj Patterns of Global Terrorism. Prema istom, rat koji je predsednik Buš objavio terorizmu dao je rezultate, a broj terorističkih akata u svetu opao je na rekordno nizak nivo, od 1982. godine, oko 190

U septembru 2003. godine formiran je još jedan koordinacioni centar – Centar za praćenje terorističkih aktivnosti *(Terrorist Screening Center – TSC)*. Formiranje centra inicirali su glavni tužilac, ministar unutrašnje bezbednosti, ministar spoljnih poslova direktori CIA i FBI. Centar (TSC) je imao zadatak da formira jedinstvenu bazu podataka traženih terorista, objedinjujući sve dotadašnje postojeće spiskove traženih terorista. TSC se nalazi u strukturama FBI.[99]

Predsednik Džordž Buš je, u avgustu 2004. godine, potpisao naredbu prema kojoj trebalo da se formira Nacionalni protivteroristički centar *National Counterterrorism Center (NCTC)*, koji bi bio potčinjen Upravi direktora nacionalne obaveštajne službe. Centar je formiran 6. decembra iste godine i zamenio je „Zajednički centar protiv terorističkih pretnji" (TTIS).

Sistem borbe protiv terorizma u Velikoj Britaniji

Model funkcionisanja američkog centra za praćenje terorizma su tokom i nakon 2003. godine usvojile i druge zemlje poput V. Britanije, Španije, Australije i dr.

U Velikoj Britaniji obaveštajni i drugi podaci policije, agencija *(MI-5, MI-6)*, obaveštajne službe ministarstva odbrane *(Defence Intelligence Staff – DIS)*, carinske i imigracione službe o potencijalnim terorističkim pretnjama dostavljaju se „Združenom centru za analize terorizma" *(Joint Terrorism Analysis Centre – JTAC)*. Centar je formiran u junu 2003. godine i predstavlja „virtuelno telo", koje je potčinjeno direktoru službe „MI-5", a čine ga predstavnici

---

terorističkih akata u kojima je poginulo ukupno oko 307 ljudi. Godinu dana posle objavljivanja izveštaja tadašnji ministar spoljnih poslova, Kolin Pauel, je izjavio da se u dokumentu „potkrala tehnička greška". Ispostavilo se da sastavljači izveštaja iz „neobjašnjivih razloga" nisu uzeli u obzir 31 teroristički akt uključujući i napade u Istambulu i u Er-Rijadu, tako da broj žrtava nije bio 307 već 625 ljudi, koji je najveći pokazatelj od 1969. godine. Direktor centra Džon Brenan priznao je da podaci nisu bili tačni i preuzeo odgovornost na sebe i izjavio da se „varaju svi oni koji misle da su netačni podaci namerno bili publikovani".

[99] U junu 2005. godine rukovodstvo centra je žestoko kritikovano zbog lošeg upravljanja kompjuterskim sistemima. Ispostavilo se da do avgusta 2004. godine centar nije imao glavnog menadžera za informacije upravo u vreme kada su donošene vrlo važne odluke koje su određivale rad kompjuterskih sistema centra.

službi koji dostavljaju informacije. Centar predstavlja integrisano multiagencijsko telo, koje ostvaruje tesnu saradnju sa obaveštajnim službama *(policije – SB, MI-5, MI-6, GCHQ, DIS, carinske i imigracione službe).*

Finalne informacije se neprekidno razmenjuju među službama koje su zastupljene u centru, odnosno diplomatskim misijama Velike Britanije u inostranstvu.

U organizacijskom smislu, „Združeni centar za analize terorizma" ima dve celine: grupu za *regionalne analize* i grupu za *tematske analize.* Procene i informacije o terorističkim pretnjama, koje grupe za analize izrade su sažete, blagovremene, proverene i tačne, te prilagođene potrebama krajnjeg korisnika. Rad centra proverava „Nadzorni odbor" *(Oversight Board)* „Združenog obaveštajnog komiteta" *(Joint Intelligence Committee – JIC)* koga čine viši službenici „agencija" (MI-5, MI-6, GCHQ), a izveštaje podnose direktno britanskoj vladi.

Sistem borbe protiv terorizma u Španiji

U Španiji je, odlukom vlade, od 28. maja 2004. godine, formiran „Nacionalni centar za koordinaciju borbe protiv terorizma" *(Centro Nacional de Coordinación Antiterrorista – CNCA),* dok je za njegov rad odgovoran državni sekretar za bezbednost. Centar je nastao po ugledu na britanski „Združeni centar za analize terorizma" *(Joint Terrorism Analysis Centre – JTAC)*, a nalazi se u sastavu Ministarstva unutrašnjih poslova. Za rad „Nacionalnog centra za koordinaciju borbe protiv terorizma" odgovoran je državni sekretar za bezbednost. U centru su angažovani sledeći predstavnici: 18 predstavnika iz nacionalne policije, 18 predstavnika iz civilne garde, 5 predstavnika iz nacionalnog obaveštajnog centra, 6 predstavnika civila, 5 prevodilaca i 2 na stalnom dežurstvu.

Sistem borbe protiv terorizma u Ruskoj Federaciji

Predsednik Ruske Federacije (RF) je 15.02.2006.g doneo Ukaz o formiranju antiterorističkog komiteta u RF, gde su navedeni zadaci, struktura, nosioci i sve ostalo vezano za planiranje i organizaciju aktivnosti RF u suprostavljanju terorizmu.

Navedeni primeri ukazuju da su najmoćnije svetske sile po prvi put, na problemu terorizma, objedinile rad svih obaveštajno-bezbednosnih službi, formiranjem „krovne" službe. Manje države nisu formirale značajniji aparat, ali su izvršili maksimalnu kordinaciju i centralizaciju delatnosti borbe protiv terorizma. Sve navedene zemlje su formirale centre za borbu protiv terorizma kao ključni operativni organ u borbi protiv terorizma.

7.2. Obaveštajno-bezbednosna zajednica (OBZ) pojedinih zemalja u borbi protiv terorizma

Pojava novih oblika i metoda ugrožavanja bezbednosti država, među kojima su najizraženije terorističke akcije, proliferacija oružja za masovno uništavanje i trgovina ljudima, oružjem i drogom su nametnuli „velikim državama", planiranje svoje bezbednosti u kolektivnom i globalnom smislu.

Obaveštajni rad u novom bezbednosnom okruženju u osnovi nije promenio dotadašnji način planiranja, prikupljanja, i analiziranja pretnji. U organizacijskom smislu, svaka resorna služba u MUP i MO je zadužena za borbu protiv specifičnih oblika pretnji. Jedna od osnovnih karakteristika obaveštajnih službi pojedinih zemalja, kao što su, V. Britanija, Francuska, Kanada i Australija, su sledeće:

– **navedene službe nemaju ovlašćenja za hapšenje ili pritvaranje** – To omogućava na posredan način da službe budu angažovane na „preventivnom" prikupljanju obaveštajnih informacija, za razliku od tipa istraga konkretnih slučajeva koje su karakteristične za policijske obaveštajne jedinice. Ovim se često, omogućava dugoročno praćenje i nadzor osumnjičenih terorista (obaveštajne službe nemaju prioritetnu potrebu za krivičnim gonjenjem) radi presecanja njihovih operativnih i/ili logističkih ćelija;

– **prisutnost u lokalnim zajednicama radi prikupljanja obaveštajnih informacija** – Navedenim aktivnostima osnažuje se prisustvo i efekat obaveštajnog rada. Stalne medijske i informacione kampanje često „prate" takve inicijative, čime se obaveštajnim službama omogućava transparentnost rada u kome se nastoji objasniti priroda i razlozi njihovog rada. To je značajno jer u pojedinim zemljama odakle potiču imigranti, bezbednosne službe prekoračuju ovlašćenja, koriste brutalnu silu ili su korumpirane;

– **aktivno regrutovanje i pronalaženje izvora u terorističkim strukturama** – Uprkos primene savremene elektronske opreme, neophodna je primena operativnog rada (**HUMINT**);

– **institucija nadzora službi** – Značajna komponenta rada bezbednosnih službi je mogućnost njihove parlamentarne kontrole i objavljivanja rezultata rada (u obliku godišnjih izveštaja). Time se ostvaruje određen stepen poverenja u primeni izbalansiranog i kontrolisanog odgovora na terorističke pretnje, a koje bi se sprovele u ime nacionalne bezbednosti i poštovanja ličnih sloboda i prava građana i

– **podsticanje prijema specijalizovanih stručnjaka** – Navedenim aktivnostima omogućen je prijem u obaveštajne stukture lica koji ne bi u drugim okolnostima pristupile službama, poput lingvista, ekonomista, psihologa i drugih. Takva lica imaju kvalitativni doprinos u analitičkom radu kao i izradi obaveštajnih procena i informacija.

Jedan od najvažnijih uslova za uspešno suprotstavljanje bezbednosnim rizicima i pretnjama predstavlja izgradnja sistema obaveštavanja i procena o terorističkim pretnjama. Navedene procene i sistem obaveštavanja imaju presudnu ulogu u razumevanju prirode i intenziteta terorističke pretnje, odnosno za pripremu sistema njenog odvraćanja. Sistem obaveštavanja i procena omogućava, pored zakonskih pretpostavki, specifičan oblik institucionalne saradnje bezbednosnih službi. Saradnjom se postiže uspešnije suprotstavljanje „globalnim" pretnjama koje mogu ugroziti nacionalnu bezbednost „iznutra" i „spolja", a kao primer mogu poslužiti Velika Britanija, Francuska i Španija.[100]

---

[100] Mićić P. Samoubilački terorizam, Udruženje diplomaca Centra "Džordž Maršal"; Altera; Beograd 2006.

Velika Britanija se već dugi niz suočena sa problemom terorizma. U periodu od 1969. do 1996. godine ubijeno je više od 3.600 osoba u različitim terorističkim napadima motivisanim verskom netrpeljivošću između protestanata (Britanaca) i rimokatolika (Iraca) u Severnoj Irskoj. Promena prirode pretnji, nakon 11. septembra 2001. godine, primorala je britansku vladu da kao najveću pretnju po bezbednost zemlje, odredi međunarodne ekstremističke grupe povezane sa AlKaidom. Na osnovu toga, preusmereno je težište službi za borbu protiv terorizma.

Osnovni nosilac borbe protiv terorizma u Velikoj Britaniji su specijalne snage u sastavu policije.[101] Osnovno telo za njihovu koordinaciju su specijalizovani potkomiteti za terorizam *(Terrorism and Allied Matters – TAM)* pri policijskim upravama postoje, kao privatne organizacije *(the Association of Chief Police Officers – ACPO)*[102] za suprotstavljanje terorizmu. Potkomiteti za terorizam tesno sarađuju sa vojskom Velike Britanije, a u slučajevima ozbiljnih terorističkih pretnji angažuju se specijalizovane vojne jedinice.[103]

Vojna pomoć civilnim vlastima *(Military Aid to the Civil Power – MACP)* obezbeđuje se na osnovu zahteva šefa policije *(Chief Police Officer),* koji se upućuje Ministarstvu unutrašnjih poslova *(the Home Office)* i formalnog odobrenja od strane Ministarstva odbrane. Lokalni organi vlasti su u borbi protiv

---

[101] „Specijalni ogranci" (Special Branches – SBs) u sastavu policije razmešteni su po sledećem: u Engleskoj i Velsu – 43; Severnoj Irskoj – 9 i Škotskoj – 8. „Specijalni ogranak" za grad London – nalazi se u sastavu „Metropoliten" policije, koja ima sedište u „Novom Skotland Jardu" (New Scotland Yard). „Metropoliten" policija je zadužena za bezbednost diplomata i Kraljevske porodice i aerodroma u Londonu. Brojno stanje „specijalnih ogranaka" prema izveštaju Kraljevskog inspektora za policiju (HM Chief Inspector of Constabulary – HMIC), oktobra 2001. godine iznosilo je 4.247 (za grad London – 552; za Englesku i Vels – 2.911; za Severnu Irsku – 684; za Škotsku – 100).

[102] Velika Britanija ima dve „Asocijacije šefova policijskih oficira": za Englesku, Vels, S. Irsku i za Škotsku. Obe asocijacije nalaze se u sastavu MUP V. Britanije, imaju status privatne kompanije i njihov zadatak je sprovođenje opšte strategije rada policije, istraživanja i izdavanje publikacija za rad šefova policijskih oficira.

[103] Primer opsade Iranske ambasade u Londonu 1980. godine, kada su angažovane jedinice „Special Air Service – SAS" za neutralisanje terorističke grupe i oslobađanje talaca. Po završetku operacije, preuzete nadležnosti vraćene su policiji.

terorizma isključivo ovlašćeni da saniraju posledice terorističkog napada. Zbog složenosti teritorijalne organizacije, svakim policijskim regionom rukovodi oficir (Chief Officer) koji je, po pitanjima borbe protiv terorizma, neposredno potčinjen „Nacionalnom koordinatoru za borbu protiv terorizma" *(National Counter Terrorist Co-ordinator)*, a koji se nalazi u sastavu „Metropoliten" policije.[104]

Pored toga, svi policijski regioni imaju specijalizovane policijske savetnike za borbu protiv terorizma *(Counter terrorist security advisor – CTSA)*, koji su međusobno povezani na nacionalnom nivou. Njihov osnovni zadatak je predlaganje mera na prevenciji terorističkih napada, odnosno sugestije o načinima zaštite građana, određenih lokacija i značajnih objekata. Značajnu ulogu u borbi protiv terorizma imaju i obaveštajne i bezbednosne agencije: Tajna obaveštajna služba – „MI-6" *(The Secret Intelligence Service – SIS)*; Vladin štab za komunikacije *(The Government Communications Headquarters – GCHQ)* i Služba bezbednosti – „MI-5" *(The Security Service)*.[105]

Francuska je prethodnih decenija bila žrtva više terorističkih napada koje su izvršavale organizacije iz Severne Afrike (pre svega Alžira). Pored toga, suočavala se i sa etnički motivisanim terorizmom organizacija iz Španije *(ETA)* i Korzike *(Nacionalni oslobodilački front Korzike)*.

Iako su teroristički napadi suzbijeni, tokom 1986. godine postalo je jasno da je „doktrina pružanja utočišta" *(doctrine du sanctuaire)* političkim i drugim aktivistima iz Afrike i Azije, pogrešna.[106] Pokazalo se da francuske vlasti

---

[104] „Nacionalnog koordinatora za borbu protiv terorizma" imenuju obe „asocijacije šefova policijskih oficira" (za Englesku, Vels, S. Irsku i za Škotsku). Zadužen je za koordinaciju istražnih postupaka akata terorizma i ujedno vrši dužnost Načelnika odeljenja za antiterorizam „Metropoliten" policije (The Commander of the Metropolitan Police Anti-Terrorist Branch SO13). Budžet „Metropoliten" policije za borbu protiv terorizma u periodu 2002 – 2003. godine bio je 49 miliona funti.

[105] U periodu od 2001. do 2002. godine, 57% budžeta službe „MI-5" bilo je usmereno na borbu protiv terorizma. Odlukom Državnog sekretara Davida Blanketa (David Blunkett), jula 2004. godine, brojno stanje službe „MI-5" povećano je za 50%.

[106] „Utočištem" je obezbeđen status političkog azila na teritoriji Francuske. Primer verskog lidera Ajatolaha Homeinija koga je vlada šaha Reze Pahlavija proterala iz Irana 1964. godine i u egzilu je proveo 15 godina.

nisu sagledale posledice svojih odluka i opasnost terorističke pretnje na svojoj teritoriji.

Istovremeno, postojale su slabosti struktura zaduženih za borbu protiv terorizma, koje su karakterisale: nedostatak koordinacije na svim nivoima zbog međusobnog nepoverenja službi bezbednosti; konflikt interesa i odbijanje razmene informacija; neefikasnost pravosudnih procedura; politizacija terorizma radi dobijanja „političkih poena" i drugo.

Navedene slabosti su otklonjene primenom Plana operativne prevencije i suzbijanja *(Plan Vigipirate)* i usvajanjem novih pravosudnih osnova za suzbijanje smetnji.

Plan operativne prevencije i suzbijanja (Plan Vigipirate) uspostavljen je 1978. godine, tokom prvog talasa terorističkih napada u Evropi *(„Rote Armee Fraktion – RAF" u Nemačkoj i „Brigate Rosse – BR" u Italiji)* radi sprečavanja terorističkih akcija i zaštite stanovništva i objekata od nacionalnog značaja i do sada je tri puta osavremenjivan (1995, 2000. i 2003.g.). Planom se predviđa angažovanje francuskih oružanih snaga (vojnih, žandarmerijskih i padobranskih jedinica) radi pružanja pomoći policiji na zadacima patroliranja i kontrole osetljivih objekata (aerodromi, sredstva javnog prevoza i druga javna mesta). Plan ima dva stepena angažovanja (uobičajen i pojačan)[107] u zavisnosti od procena rizika koji se označavaju bojama.[108] Plan predstavlja idealan raspored vojno-policijskih snaga na zadacima preventivnog delovanja i sprečavanja terorističkih akcija.

Plan se sprovodi na čitavoj teritoriji Francuske, predlažu ga Predsednik i Premijer, a građani se angažuju razvijanjem samosvesti o potrebi podele odgovornosti za bezbednost.

---

[107] Odlukom ministra unutrašnjih poslova Danijela Vejana (Daniel Vaillant), 7. 10. 2001. godine, na teritoriji Francuske je angažovano dodatnih 5.400 policajaca, vojnika i žandarma.

[108] Nivoi: „Žuto", „Narandžasto", „Crveno" i „Skarletno crveno".

Francuska nema samostalno telo odgovorno za borbu protiv terorizma. Borbu protiv terorizma ostvaruje mobilizacijom svih relevantnih službi u MUP i MO. U okviru MUP funkcionišu sledeće službe: „Direkcija za nadzor teritorije" *(La Direction de la Surveillance du Territoire – DST)* osnovana 1944. godine – ima oko 1.500 pripadnika; „Centralna direkcija za opšte obaveštajne poslove" *(La Direction Central du Renseignements Generaux – DCRG ili RG)* sa oko 4.000 pripadnika (700 za grad Pariz) i „Centralna direkcija za kriminalne istrage" *(Direction Centrale Police Judiciaire – DCPJ)*, koja u svom sastavu ima „Jedinicu za specijalna dejstva i podršku" *(L' unite d'assistance de recherche, d' intervention et de dissuasion – RAID)*. Službe pri MO su: „Generalna direkcija za spoljnu bezbednost" *(Direction Generale de la Securite Exterieure – DGSE)* i „Grupa za intervenciju nacionalne žandarmerije" *(Groupe d'Intervention da la Gendarmerie Nationale – GIGN)*.

Procenjivanje pretnji, koje narušavaju nacionalnu teritoriju i usvajanje antiterorističkih mera, vrši „Savet za unutrašnju bezbednost" *(Conseil de Securite Interieur)*, koji je formiran 1997. godine i kojim predsedava Premijer. Savet čine ministri unutrašnjih poslova, odbrane, pravde, spoljnih poslova i finansija. Političku koordinaciju anti-terorističkih aktivnosti vrši „Međuministarski komitet za borbu protiv terorizma" *(Comite Interministeriel de Lutte Anti-Terroriste – CILAT)*, koga čine članovi „Saveta za unutrašnju bezbednost" (sem ministra finansija). Komitet je odgovoran za rad „Jedinice za koordinaciju borbe protiv terorizma" *(Unite de Coordination de Lutte Anti-Terroriste – UCLAT)*, koja predstavlja radnu koordinacionu grupu navedenih službi MUP i MO, a organizacijski se nalazi u MUP.

U slučajevima kriza, „Operativni centar" MO *(Centre Operationnel Interarmees – COIA)* u saradnji sa „Međuministarskim operativnim centrom za krize" MUP-a *(Centre Operationnel de Gestion Interministerielle des Crises – COGIC)* procenjuje situaciju i definiše adekvatne odgovore.

Španija je u poslednjih 40 godina vrlo često, žrtva terorističkih napada organizacije „Baskijska otadžbina i sloboda", poznate kao „ETA" *(Euskadi Ta Askatasuna – ETA)*. U tim napadima ubijeno je 831, kidnapovano 77 i povređeno 2.392 lica. Međutim, zbog njene blizine afričkom kontinentu i kulturnog nasleđa, španske vlasti su postale svesne nove prirode terorističke pretnje. Njena teritorija je korišćena za regrutaciju i logističku podršku organizaciji Al Kaida, a to su potvrdili napadi od 11. marta 2004. godine, kada je ubijeno 191, a ranjeno oko 1.400 lica.

Preduzete antiterorističke mere u Španiji, nakon napada islamskih ekstremnih organizacija, zasnivaju se na primeni zakona i iskustava na suprotstavljanju „ETA". Specifičnost „španske" borbe protiv terorizma se ogleda u brojnosti marokanskih imigranata (oko 376.000 poseduje legalne dozvole za život i rad, dok oko 200.000 nema propisana dokumenta), kao i brojnosti ilegalnih džamija u kojima se propagira ekstremistička ideologija.[109]

Španija nema samostalno telo koje je odgovorno za borbu protiv terorizma. Borbu protiv terorizma ostvaruje mobilizacijom svih relevantnih službi u MUP i MO. Službe pri MUP su: „Civilna garda" *(Direccion General de la Guardia Civil)* osnovana 1844. godine raspolaže sa oko 70.000 pripadnika; „Informativna služba civilne garde" *(Servicio de Informacion de la Guardia Civil – SIGC)*; „Centralna operativna jedinica pravosudne policije" *(Unidad Central Operativa – UCO/Policia Judicial)*; „Opšti komesarijat za informacije" *(Comisaria General de Informacion – CGI)* nacionalne policije, odnosno njena „Centralna operativna antiteroristička jedinica" *(Unidad Central Operativa Antiterrorista)* i nezavisne policijske jedinice u okviru regionalnih vlada za Kataloniju *(Mossos D' Esquadra)* i Baskiju *(Ertzaintza)*.

---

[109] Ministar unutrašnjih poslova Hose Antonio Alonso (Jose Antonio Alonso) je maja 2004. godine zatražio veću kontrolu španskih džamija i sadržaja njihovih verskih službi. Znatan broj džamija je na dobrovoljnoj osnovi prijavilo svoj rad nadležnim organima, dok se do 1.000 neregistrovanih (ilegalnih) nalazi širom zemlje.

Službu pri ministarstvu odbrane (MO) čini: „Nacionalni obaveštajni centar[110] *(Centro Nacional de Inteligencia – CNI)*.

Procenjivanje pretnji, koje narušavaju nacionalnu teritoriju i usvajanje antiterorističkih mera vrši „Ćelija za krize" *(Celula de Crisis)* formirana nakon napada 11. septembra 2001. godine u SAD. Njenim radom predsedava Premijer, a čine je ministri unutrašnjih poslova, odbrane, portparol Vlade, generalni sekretar predsednika, državni sekretar za bezbednost i direktor direkcije za međunarodnu odbranu. Tokom njenog rada, generalni direktor za infrastrukture i poslove bezbednosti održava komunikaciju i koordinira razmenu informacija između članova „Ćelije".

Pored toga, značajnu ulogu ima „Delegirana komisija Vlade za obaveštajne poslove" *(Comision Delegada del Gobierno Para Asuntos de Inteligencia – CDGAI)*. Njenim radom predsedava potpredsednik Vlade, a čine je ministri unutrašnjih poslova, ekonomije, spoljnih poslova, odbrane, direktor službe „CNI", državni sekretar za bezbednost, generalni sekretar predsednika.

7. 3. Koalicioni sistemi za borbu protiv terorizma

Terorizam ima globalne razmere. Ta činjenica implicira potrebu da države, koje se osećaju ugroženim od terorizma, organizuju i realizuju saradnju u određenom obimu u cilju zaštite svojih interesa i suvereniteta. Saradnja se odvija u različitim oblicima: od deklarativne političke podrške do izvođenja zajedničkih operacija, odnosno borbenih dejstava protiv terorista i njihove logistike. U praksi susrećemo tzv. koalicione sisteme za suprostavljanje terorizmu. Oni se

---

[110] Prema nekim saznanjima, budžet „Nacionalnog obaveštajnog centra", koji je u 2005. godini iznosio 189,7 miliona evra, do kraja 2008. godine, iznosiće 900 miliona evra. Potreba za tako velikim povećanjem rashoda za obaveštajnu službu, kako ističu u španskoj vladi, vezana je za potrebu jačanja mera u borbi protiv islamskog i baskijskog terorizma, što će postati glavni zadatak zemlje u narednim godinama.

manifestuju u svoja dva osnovna oblika: (1) koalicija grupe država i (2) koalicija u sklopu određenih organizacija.

Zbog različitih interesa velikih sila i uzroka terorizma, do sada, na svetskom nivou, nije postignuta saglasnost oko jedinstvenog pogleda na terorizam. Te činjenice su uslovile različite oblike i metode suprostavljanju terorizmu, pa time i kolicije država. Praksa pokazuje, da koalicije u borbi protiv terorizma stvaraju države koje imaju identične interese na određenim prostorima i koje su ugrožene od istog protivnika. Koalicije se, u tom obliku, regulišu međudržavnim sporazumima, a najčešće se odnose na punu saradnju obaveštajno-bezbednosnih službi i snaga za izvođenje protivterorističkih dejstava. Često je ta saradnja tajna, a samo neki oblici (zajedničke vežbe, zajedničke protivterorističke operacije i dr.) su „vidljivi" međunarodnoj javnosti.

Najčešće su to koalicije dve (npr. USA i Velika Britanija, USA i Izrael) ili gupe država (npr. Šangajska organizacija za saradnju). Prirodu koalicionih sistema grupa država možemo sagledati na sledećim primerima:

Studija slučaja 5

Sjedinjene američke države, Velika Britanija i Australija, u junu 2004. godine, objavili su da su formirali globalnu protivterorističku mrežu. Zadatak mreže je sprečavanje akcija „Al Kaide" i grupa koje je podržavaju na celoj zemaljskoj kugli. U početku je bilo planirano da mrežu čine tri centra – američki Terrorist Threat Integration Center (u decembru 2004. godine je zamenjen sa nacionalnim protivterorističkim centrom (NCTC), britanski The Joint Terrorism Analysis Centre (formiran u junu 2003. godine) i australijski National Threat Assessment Centre formiran u oktobru 2003. godine). Kasnije, mreža je bila proširena na račun novozelandskog i kanadskog dela: u oktobru 2004. godine u Kanadi je formiran The Integrated Threat Assessment Centre (ITAC); u decembru iste godine na Novom Zelandu formiran je *The Combined Threat Assessment Group (CTAG)*. Na taj način bila je formirana struktura koja je u potpunosti ponavljala globalni sistem radioprisluškivanja „Ešelon" (ECHELON).

Sledeći primer je **Šangajska organizacija za saradnju** (Studija slučaja 6), odnosno pozicija Kine u toj organizaciji.

U upoznavanju Kine, odnosno shvatanju „sveta" Kine, u odnosu na ostali savremeni svet, a time i specifičnosti njenog sistema suprotstavljanja savremenom terorizmu, mora se poći od protivurečnosti i stvaralačke kineske istorije kulture povezane sa njenom političkom istorijom.

U istorijskom razvoju sistema obaveštajnog rada u odnosu na pomenute regione, kao osnovnog preduslova uspešnog vladanja i uticaja na razvoj situacije, vrlo često su se menjali kako prioriteti, tako i sama strategija delovanja. U skladu sa takvim aktivnim odnosom prema situaciji u sopstvenom regionu, ali i na globalnom planu, vrlo često su se menjali i strateški partneri u obaveštajnim delovanjima prema određenim zemljama ili regionima. Tako su specifičnosti saradnje sa obaveštajnom službom Irana, Izraela i Velike Britanije u toku krize u Avganistanu, ili kasnijim delovanjima na prostoru Afrike, vrlo karakteristični.

Ono što predstavlja osnovu savremenog koncepta sistema suprotstavljanja savremenom terorizmu današnje Kine, jeste njegova zasnovanost na bogatom istorijskom iskustvu[111] rada njenih službi u različitim uslovima. Pored toga, ono što predstavlja specifičnost kineskog sistema jeste i originalnost u pristupu definisanja i poimanja savremenog terorizma i oblika suprostavljanja istom.

Može se istaći kao zajednička karakteristika, činjenica da je i u Kini kao i u većini zemalja sveta, opasnost od terorizma viđena na prvom mestu u delovanju islamističkog terorizma, ali se ne zapostavlja borba i protiv svih drugih nosioca terorističkog delovanja. U takvom stavu se i može prepoznati i glavni razlog saradnje i uspostavljanja različitih oblika povezivanja i delovanja kineske obaveštajne delatnosti sa delatnostima zemalja NATO i EU. Bez obzira na ove činjenice, slobodno se može reći da je ova saradnja još uvek više deklarativna nego stvarna.

Kad je reč o terorizmu islamističkog faktora, Kina tu pojavu povezuje sa procesom: terorizam – separatizam – secesionizam. U skladu sa takvim svojim

---

[111] U prilog tome govori i činjenica da je Kina mnogo pre drugih zemalja (još 1952. godine) izgradila i imala instituciju jedinstvene obaveštajne zajednice. Reč je o Službi za međunarodne odnose koja već nekoliko decenija objedinjava rad svih tajnih službi Kine.

stavovima ona usmerava i razvija svoju Strategiju i sistem suprotstavljanja svim snagama koje deluju ili se udružuju u ovim delatnostima. Deo te strategije je orginalan i specifičan.[112]

Gledano sa aspekta najvišeg stepena izražavanja ovih unutrašnjih neprijateljskih delovanja, u Kini je karakterističan njen zapadni deo, koji je većinski naseljen muslimanima. Tu posebno izdvajaju Pokret za istočni Turkistan u Handžan oblasti.

Izraženi ekstremizam od strane „urginama-talibana" i njihove terorističke aktivnosti, kao i njihova povezanost sa islamskim terorističkim organizacijama, dovelo je do angažovanja terorista sa područja Kine u Avganistanu[113] i drugim zemljama u tom delu Azije. To je uslovilo potrebu da Kina razvije međunarodnu saradnju u borbi protiv terorizma. Intenzitet saradnje je različit. Sa USA, Kina je uspostavila saradnju na nivou skromne razmene informacija, dok je sa susedima, pre svega sa Ruskom Federacijom, ta saradnja na najvećem mogućem nivou.

Studija slučaja 6

Najviši nivo jedinstvenog pristupa u borbi protiv savremenog terorizma, kao i razvijanja regionalnih oblika saradnje, čiji je inicijator upravo Kina, jeste, „Šangajska organizacija za saradnju". Ova organizacija svoje aktivnosti usmerava ka borbi protiv terorizma, ekstremizma i separatizma posebno u regionu Azije. Članice ove organizacije su: Kina, Ruska Federacija, Kazahstan, Kirgizistan, Tadžikistan i Uzbekistan.

Zajednički koncept i metod delovanja Šangajske organizacije za saradnju se ogleda u dva osnovna pravca i to: 1) ekonomsko jačanje oblasti zahvaće-

---

[112] Za borbu protiv mogućih izvora terorizma, Kina je na prostorima sa većinskim muslimanskim stanovništvom raspoređivala velike vojne jedinice (ranga divizije i veće). Pod okriljem «reorganizacije vojske i smanjenja», na tim prostorima su napravljene fabrike i velike vojne jedinice su demobilisane, odnosno pripadnici tih jedinica su dobili radna mesta u fabrikama. Komandanti su postali direktori, odnosno zadržana je hijerarhijska struktura. Vremenom dolazi do mešovitih brakova i znatne izmene nacionalne strukture stanovništva na tim prostorima.

[113] Deo tih terorista je uhapšen u Avganistanu i nalazi se u američkom zatvoru na Kubi.

ne različitim oblicima neprijateljskih delovanja i 2) primena zakonom definisanih sredstava, uključujući i primenu sile.

Ova organizacija, pored saradnje na obaveštajnom planu, vrlo uspešno razvija saradnju svojih članica i na neposrednom vojnom planu i angažovanju vojske na teritorijama članica organizacije u suprotstavljanju savremenom terorizmu. Treba naglasiti da kineski Ustav ne dozvoljava angažovanje oružanih snaga Kine na teritorijama drugih država u mirnodopskim uslovima. Sama činjenica da članice Organizacije izvode zajedničke vežbe, ukazuje koliki značaj Kina pridaje ovom problemu.[114]

Sve aktivnosti i saradnja u borbi protiv savremenog terorizma, ekstremizma i separatizma, uglavnom se izvode u pograničnim oblastima zemalja članica ove organizacije. Delovanje ove organizacije pokazuje kako u praksi može da se realizuje i obezbedi trajanje obaveštajnih i svih drugih oblika borbe protiv savremenog terorizma, ako postoje istinski zajednički interesi i jedinstven pristup u definisanju protivnika. Pored toga ova organizacija predstavlja vrlo interesantnu organizaciju u smislu prikupljanja iskustava o njenoj organizaciji, unutrašnjem delovanju, oblika jedinstvenog obaveštajnog delovanja i drugo. Ona predstavlja i organizaciju koja može u određenim okolnostima biti „izvor" podataka o islamskom terorizmu, posebno onog koji dolazi sa prostora Istočne Azije.

7.4. Karakteristični primeri koalicionih koncepata za odbranu od terorizma

Teroristički napadi na SAD od 11. septembra 2001. godine pokazali su koliku ubojitost može da ima odlučan neprijatelj i svu osetljivost članica Saveza na terorističke napade velikog obima. Aktiviranje **člana 5. Vašingtonskog sporazuma** i operacije koje su usledile predstavljale su odgovor na te pretnje.

---

[114] Šangajska organizacija za saradnju je 2003. izvela zajedničku vežbu na teritoriji Kirgizistana, uz učešće delova svih vidova OS članica Organizacije, pre svega RF i Kine.

Ministri odbrane NATO su 18. decembra 2001. godine zadužili vojne vlasti NATO da razviju „Vojni koncept za odbranu od terorizma" *(Military Concept for Defence Against Terrorism)*. Nakon dobijanja političkih smernica od Severnoatlantskog Saveta, izrađen je Koncept i podnet Savetu na odobrenje. Koncept je usvojen na sastanku Severnoatlantskog Saveta u stalnom sastavu, a potpisali su ga šefovi država ili vlada savezničkih zemalja na Praškom samitu 21. novembra 2002. godine.

Osnovni principi koji su poštovani prilikom razvijanja Koncepta bili su Vašingtonski sporazum, Strategijski koncept iz 1999. godine, političke smernice koje je dao Savet i ocene NATO o terorističkoj pretnji.

Koalicioni sistem Evropske unije za borbu protiv terorizma

Teroristički napadi od 11. septembra 2001. godine, podstakli su saradnju zemalja članica Evropske unije (EU) u oblasti pravosuđa i unutrašnjih poslova. Međutim, zbog složenosti organizacije EU, proces implementacije je spor, a u nekim slučajevima i neefikasan. Mnoge od mera koje su predložene pre nekoliko godina još nisu u celosti primenjene (primer evropskog naloga za hapšenje[115] koji još nije ispoljio svoje mogućnosti). Ta ograničenja takođe znače da je oblast pravosuđa i unutrašnjih poslova u mnogome i dalje „virtuelni svet" u kome su utvrđena dva osnovna izazova saradnje:

– izrada obaveštajnih informacija, jer se nastoji da to i dalje bude tajna, što prirodno ne dovodi do međunarodne saradnje;

– heterogeni karakter nacionalnih aktera takođe ometa multilateralnu saradnju. Pošto drugačije shvataju pretnje, razni ministri ili vodeće službe uključene u borbu protiv terorizma komplikuju saradnju.

Nakon napada u Madridu (11. marta 2004. godine), visoki predstavnik EU za spoljnu politiku i bezbednost Havijer Solana imenovao je, 24. marta

---

[115] Evropski nalog za hapšenje definiše se kao sudska odluka izdata od strane jedne države članice EU, u cilju hapšenja i izručenja tražene osobe od strane druge države članice EU radi vođenja krivičnog postupka ili izvršenja zatvorske kazne odnosno pritvora.

2004. godine, prvog koordinatora EU za borbu protiv terorizma[116] (**Counter-Terrorism Coordinator**) koji će raditi u okviru Sekretarijata Evropskog saveta. Imenovanju koordinatora EU za borbu protiv terorizma prethodila je ideja o boljoj kontra-terorističkoj i obaveštajnoj saradnji unutar EU kroz oblik evropske obaveštajne agencije. Ideju je podstakla Austrija i podržana je od strane manjih evropskih država na vanrednom sastanku ministara unutrašnjih poslova EU, 19. marta 2004. godine. Međutim, pet najuticajnijih država EU (V. Britanija, Francuska, Nemačka, Španija i Italija), su odbile predlog stvaranja evropske obaveštajne agencije po modelu CIA, čija bi organizacijska struktura bila u stvari deo postojećih nacionalnih obaveštajnih službi država EU.[117]

Evropska unija kao neophodno ističe potrebu za dodatnim sredstvima ili političkom revizijom:

– *Okupljanje na polju obaveštajnog rada* – Kapaciteti za prevenciju terorizma moraju se poboljšati, posebno u oblasti operativnog rada (Human Intelligence – HUMINT). Mali je broj analitičara sa neophodnim lingvističkim i profesionalnim znanjem. Poštujući važnost distruibucije informacija, suviše restriktivne propise trebalo bi revidirati. Neke baze podataka koje su usmerene na borbu protiv terorizma (npr. EURODAC) trenutno nisu korisne za tu svrhu. Stvaranje drugih baza podataka, kao na primer balističke baze podataka za EU moglo bi da olakša istražne radnje preko granica;

– *ABH odbrana* – Neophodno je poboljšanje spremnosti za atomsko-biološko-hemijsku (ABH) odbranu. U praktičnom smislu, trebalo bi podsticati zajedničke vežbe i obuku. Neophodan prvi korak bio bi inventarisanje postojećih kapaciteta u EU;

---

[116] Za koordinatora EU za borbu protiv terorizma izabran je Gij de Vrij (Gijs de Vries), bivši zamenik holandskog ministra unutrašnjih poslova.
[117] Tvrdnja V. Britanije bila je da je bitnije dalje preduzimanje mera, na osnovu već postojećih sporazuma, nego stvaranje nove institucije. Argument Nemačke bio je da stvaranje obaveštajne agencije na nivou EU, dovelo bi do dupliranja poslova i mogućeg sukoba sa EUROPOL, iako nije isključila mogućnost stvaranja takve institucije u budućnosti.

– **Kapaciteti na nivou EU** – Trebalo bi povećati kapacitete za zajedničku analizu na nivou EU. Ustupanje dodatnog broja stručnjaka EUROPOL i dodatna sredstva za Sekretarijat Saveta prvi su pozitivni koraci.

Deklaracija o borbi protiv terorizma koju je usvojio Savet, 25. mart 2004. godine, pruža osnovu za isticanje nekih od ovih propusta. Istovremeno, Evropska strategija bezbednosti podvlači potrebu da stubovi EU gledaju dalje u kreiranju integrisanije politike. Takođe, usvajanje Ustava EU ima pozitivne efekte na saradnju.

Što se tiče spoljašnjih mera čiji je cilj obuzdavanje terorizma, EU pokušava da sledi trosmerni pristup koji se zasniva na: *pružanju pomoći; podrške i/ili na pritisku*. Na primer kao vid pomoći EU pruža inostranu pomoć za brži razvoj i demokratizaciju širom sveta. To može da bude i tehnička pomoć na primer u podršci mera za sprečavanje širenja oružja za masovno uništavanje. Što se tiče pritiska, EU je uvela metod uslovljavanja prema onim zemljama koje podržavaju terorizam i širenje oružja za masovno uništavanje, pošto je prihvatila međunarodne sporazume koji se na to odnose.

Što se tiče Evropske bezbednosne i odbrambene politike (**European Security and Defence Policy – ESDP**), nedavno usvojene izmenjene klauzule solidarnosti znači da sredstva Evropske bezbednosne i odbrambene politike mogu eventualno da se koriste unutar granica EU u slučaju terorističkih napada.

Sistemi susednih država za borbu protiv terorizma

Susedne zemlje Republike Srbije su članice NATO, PZM ili teže prijemu u iste. Veći deo tih država uputio je nacionalne kontigente u mirovne misije u zemlje (Irak, Avganistan) koje su označene kao izvori terorističkih pretnji. Svesne rizika i u skladu sa tim pristupili su temeljitom prilagođavanju državnih institucija, posebno obaveštajno-bezbednosnog sistema kako bi sprečile i umanjile eventualne posledice terorističkih dejstava prema njihovim jedinicama u mirovnim operacijama i zaštitili sopstvenu teritoriju.

Na državnom nivou nisu formirale posebna tela, ali su temeljno procenile pretnje od terorizma i u skladu sa tim predefinisali zadatke vojno-obaveštajnim službama i ministarstvu odbrane (MO), ministarstvu unutrašnjih poslova (MUP), kao i drugim državnim organima[118] i telima.

7.5. Specifičnosti i iskustva delovanja OBZ u suprostavljanju terorizmu.

Ključni nosioci u svim napred prezentovanim zemljama, koalicionim sistemima i drugim institucionalnim oblicima organizovanja u funkciji suprotstavljanja terorizmu su obaveštajno-bezbednosne službe, sa njihovim snagama i jedinicama. Time je sam fenomen zvani, terorizam, implicirao značajne promene u obaveštajno-bezbednosnim sisteminma mnogih država, posebno onih koje su procenile da su ugrožene terorizmom.

Iskustva SAD

Obaveštajna zajednica SAD (kao i drugih zemalja) je u procesu reforme organizacije i rada. Preklapanje nadležnosti, osporavanje prioriteta rada i unutrašnje nesuglasice (nerazumevanje) među obaveštajnim agencijama (u SAD ih ima 15) postale su očigledne 11. septembra 2001. godine. Međutim, navedene greške obaveštajne zajednice ponovljene su u raspravi o preuveličanosti pretnje od oružja za masovno uništenje u Iraku.

Preispitivanje propusta obaveštajne zajednice izvršeno je pod snažnim pritiskom javnosti. U SAD je formirana Komisija za istragu napada od 11. septembra 2001. godine (**The 9/11 Commission's Recommendations**) koja je imala zadatak da utvrdi okolnosti u kojima nije došlo do prevencije terorističkih napada. Komisija je u svom završnom izveštaju naglasila pored ostalog potrebu za:

1) uspostavljanjem Direktora obaveštajne zajednice SAD[119] (**Director of National Intelligence – DNI**) čiji će osnovni zadatak biti kontrola budžeta svih 15 obaveštajnih službi SAD;

---

[118] Predsednik Bugarske obavezno jedanput nedeljno ima sastanak sa načelnicima svih obaveštajno-bezbednosnih službi na kojima se analizira ugroženost od terorističkih dejstava.

2) stvaranje „Nacionalnog centra za borbu protiv terorizma" (**National Counterterrorism Center – NCTC**) odgovornog Direktoru obaveštajne zajednice SAD, koji će biti odgovoran za združeno operativno planiranje i prikupljanje obaveštajnih podataka;

3) unapređenjem delovanja Federalnog istražnog biroa[120] (**Federal Bureau of Investigation – FBI**) u prevenciji terorizma i stvaranja Obaveštajnog direktorata (Directorate of Intelligence) u njenom sastavu.

---

[119] Direktor obaveštajne zajednice SAD bi zamenio funkciju dotadašnjeg Direktora obaveštajnog tela (Director of Central Intelligence – DCI). Međuagencijska saradnja bi se ostvarila preko tri zamenika Direktora obaveštajne zajednice SAD odgovornih za: 1) inostrane obaveštajne aktivnosti (foreign intelligence) – Direktor CIA; 2) odbrambene obaveštajne aktivnosti (defense intelligence) – podsekretar za odbrambene obaveštajne aktivnosti (the Under Secretary of Defense for Intelligence) i 3) obaveštajne aktivnosti na teritoriji SAD (homeland intelligence) – gde bi odgovornost imali visoki zvaničnici FBI ili drugi (the FBI Executive Assistant Director for Intelligence or the Under Secretary of Homeland Security for Information Analysis and Infrastructure Protection).

[120] Kontraterorističke aktivnosti FBI vrše se kroz njene institucije i programe za suprotstavljanje terorističkim pretnjama, od kojih su:
•Nacionalni infrastrukturni program zaštite (National Infrastructure Protection Field Program - NIPC) – nastao je 1998. godine, u funkciji zaštite ključnih infrastrukturnih objekata;
•Podrška u nadziranju (Surveillance Support);
•Taktičke operacije (Tactical Operations);
•Program tehničkog osposobljavanja agenata FBI (Technically Trained Agent Program – TTAs);
•Upravljanje krizama (Crisis Response);
•Federalni program za osuđenike (Federal Convicted Offender Program);
•Avijacijska podrška (FBI's Aviation Program) za kancelarije FBI u SAD (ukupno 56);
•Obaveštajni rad (Intelligence Production) – u okviru čega su uspostavljene operativno-obaveštajne grupe (Field Intelligence Groups – FIGs) u okviru svake kancelarije FBI u SAD;
•Sistem elektronskog nadzora (Electronic Surveillance Data Management System – EDMS) – omogućava pristup ovlašćenim korisnicima FBI (agentima-operativcima, analitičarima i prevodiocima) korišćenje baza podataka unutar Glavnog štaba i otvorenu komunikaciju sa ostalim kancelarijama FBI u SAD;
•Sistem za skladištenje baze podataka (Data Collection Facility);
•Sistem zaštićenog elektronskog načina izveštavanja agenata-operativaca na terenu (TIPS Hotline);
•Operativni centar (Strategic Information and Operations Center – SIOC) – predstavlja centar koji se uspostavlja u kriznim situacijama
•Njujorški operativni centar (the New York Operations Center – NYOC) – koji locira u najvećoj kancelariji FBI;
•Program za elektroniku (Field Electronic Technician - ET Program);
•Škola za eksplozivne naprave (the Hazardous Devices School – HDS) – locira u državi Alabama (mesto – Redstone Arsenal in Huntsville).

Obaveštajni propusti, kao i preporuke Komisije za istragu napada od 11. septembra 2001. godine doveli su do imenovanja Džona Negropontea, bivšeg ambasadora u Iraku i UN, za prvog direktora obaveštajne zajednice[121]. Glavna uloga Negropontea je sprovođenje reforme putem ogromnog birokratskog „aparata", u skladu sa zakonom „National Intelligence Reform and Surveillance Act of 2004".

Nakon usvajanja „Strategijskog plana FBI" **(the FBI's Strategic Plan)**, iz 1998. godine, kojim se naglašavao strategijski značaj i uloga FBI u kontraterorizmu i zaštiti nacionalne bezbednosti SAD, došlo je do njegove potpune implementacije kada je tadašnji Direktor FBI Luis Frič **(FBI Director Louis J. Freech)**, 11. novembra 1999. godine, formirao dva nova odseka i reorganizovao druga dva unutar Glavnog štaba FBI.

U okviru Glavnog štaba FBI, formirani su:

– Odsek za kontraterorizam **(Counterterrorism Division)** i

– Odsek za istrage **(Investigative Services Division)**[122] kojim su rukovodili pomoćnici direktora **(Assistant Directors)**.

Značajnu kontraterorističku aktivnost FBI sprovodi i kroz rad „Združenih namenskih snaga za borbu protiv terorizma" **(Joint Terrorism Task Forces – JTTFs)** – koje predstavljaju namenske jedinice, formirane iz sastava različitih službi SAD.

U poređenju sa 2001. godinom, došlo je do povećanja:

– broja namenskih grupa: sa 44 na 84 (2004. godine);

– pripadnika namenskih grupa: sa 912 na 4.249;

---

[121] U redovnom godišnjem izveštaju Komiteta za obaveštajne poslove Senata SAD (2.2.2006. godine), direktor Obaveštajne zajednice Džon Negroponte smatra da su glavne pretnje po bezbednost SAD: 1) terorizam Al Kaide; 2) situacija u Iraku i Avganistanu. Daljim jačanjem islamskog terorizam, ove zemlje bi mogle da postanu „centar islamskog globalnog kalifata" i operativna baza za napade na susedne države, Evropu i SAD; 3) proliferacija OMU (Iran i S. Koreja) i 4) pogoršanje političke situacije u centralno-azijskom regionu (nestabilna političko-bezbednosna situacija, represivna vlast, nerešeni nacionalni, verski i ekonomski problemi).

[122] For Immediate Release, November 11, 1999-Washington D.C. FBI National Press Office.

- operativaca za kontraterorizam: sa 1.344 na 2.835;
- analitičara za kontraterorizam: sa 218 na 406 i prevodilaca sa 555 na 1.204.

Prema navodima Dani Prist, publikovanim u Washington Post 18. novembra 2005. godine, CIA raspolaže sa zajedničkim obaveštajnim centrima u više prijateljskih zemalja u kojima saradnici specijalnih službi SAD i drugih država zajedno rade na prikupljanju podataka o licima osumnjičenim za bavljenje terorizmom. Prema istim navodima, centri se nalaze u Evropi, na Bliskom Istoku i Aziji. Zvanično ti se centri nazivaju „Protivteroristički obaveštajni centri" **(Counterterrorist Intelligence Centers – STICs)**.[123] Centri predstavljaju „deo fundamentalnih promena misija CIA koje su počele odmah posle terorističkih napada 11.septembra 2001. godine". Predstavnici CIA, na zatvorenim sednicama Kongresa, izjavili su da su centri dali velike rezultate u borbi sa terorizmom posle 11. septembra. U julu 2005. godine u štampi se pojavila informacija o jednom centru koji se nalazi u Parizu. Prema istim navodima, u Parizu je od 2002. godine zadejstvovan tajni centar sa tajnim nazivom „Baza Alijans" **(Alliance Base)**, koji su zajedno formirali CIA i francuski „Generalni direktorat spoljne bezbednosti" **(DGSE)**. Centrom rukovodi general iz francuskih specijalnih službi. Centar finansira CIA.

Baza predstavlja jedinstven projekat za saradnju obaveštajnih službi imajući u vidu da se, osim razmene obaveštajnih podataka, vrše planiranja zajedničkih operacija. Osim francuskih i američkih pripadnika u centru rade i predstavnici nemačkih, engleskih, kanadskih i australijskih službi bezbednosti. Zadatak projekta je prikupljanje podataka o kretanju lica koja su na bilo koji način povezana sa terorizmom kao i razrada operacija za njihovo hapšenje.

Razmena obaveštajnih podataka između vladinih uprava

Sistem poboljšanja razmene informacija regulisan je aktom Kongresa „O reformi obaveštajne delatnosti i odvraćanje od terorizma" (IRTPA) iz 2004. godi-

---

[123] Autor teksta navodi da STICs nisu tajni zatvori CIA.

ne. Ukazom Predsednika (№13356) je regulisano da informacije koje tretiraju terorizam budu uključene u razmenu između federalnih agencija (kako na saveznom tako i na lokalnom nivou). Predsednik SAD je 15. aprila 2005. imenovao Džona Rasaka za programskog rukovodioca Sistema razmene informacija, koji je u junu mesecu iste godine ušao u sastav Uprave direktora nacionalne obaveštajne službe.

U izveštaju koji podneo predsedniku, Džon Rasak naveo je pet osnovnih zadataka u oblasti razmene informacija, koji određuju delatnost Uprave u naredne dve godine. Predsednik SAD je, 25. oktobra 2005. godine potpisao Ukaz (№13388) o formiranju Saveta za razmenu informacija.

Ruska Federacija

U skladu sa razvojem opšte situacije u svetu i u samoj Ruskoj Federaciji (RF), pitanje borbe protiv terorizma[124] izbilo je u prvi plan aktivnosti svih odbrambenih struktura. Višegodišnje sprovođenje antiterorističke operacije u Čečeniji, uključivanje RF u antiterorističku koaliciju i teroristički napadi na pozorište u Moskvi, iniciralo je vrh države da zauzme stav o potrebi dopune Doktrine o nacionalnoj bezbednosti i Plana upotrebe Oružanih snaga (OS).

Obaveštajno-bezbednosni sistem, koji je formiran na bazi postojećih službi bivšeg SSSR i dograđivan posebno u 2002. godini i kasnije, pokazao se potpuno neefikasnim u novim okolnostima i uslovima. Glavne karakteristike sistema: glomaznost, razjedinjenost, zastarelost i posebno korumpiranost, bile su prisutne i ranije, ali se potpuna neefikasnost pokazala tokom 2004. godine, čije je finale bila teroristička akcija u Beslanu.

Ukazom ministra unutrašnjih poslova 12. avgusta 2003. godine u sklopu reorganizacije specijalnih službi, doneta je odluka o formiranju posebnog centra

---

[124] Savremeni terorizam definiše se kao „posebno složen sistem, koji se sastoji iz niza uzajamno dopunjujućih procesa ideološke, kriminalne, vojne, ekonomske, političke, religiozne i nacionalističke prirode, koji ima za cilj da svojim metodima i sredstvima reši pojedina nerešena ili davno prevaziđena pitanja na raznim nivoima, uz ugrožavanje postojećih sistema, života ljudi i imovine. Kao pojava, on je retrogradan i protiv njega se treba boriti svim snagama i sredstvima"

za borbu protiv terorizma pod nazivom „Centar T". Centar je u sastavu glavne uprave za borbu sa organizovanim kriminalom pri ministarstvu unutrašnjih poslova (MUP), identičan centru koji se nalazi u FSB (Federalna služba bezbednosti) i ima istu ulogu. Zadatak „Centar T" je da koordinira aktivnosti u oblasti borbe sa terorizmom na teritoriji Ruske Federacije i u okviru nadležnosti MUP.

Do sada, pitanjem borbe sa terorizmom u MUP bavile su se: Glavna uprava za borbu sa organizovanim kriminalom i Glavna uprava za krivično gonjenje.

Glavni teret je padao na upravu za borbu sa organizovanim kriminalom koja je u svom sastavu imala operativni biro za gonjenje br. 3. U radu ove dve uprave bilo je dosta nesporazuma, pre svega u nedovoljnoj koordinaciji rada, a posebno u nastojanju isticanja svojih uspeha i zasluga. Formiranje centra omogućuje koncentrisanje snaga, sredstava i resursa u jedinstveno planiranje i pripremu operacija protiv terorizma. Bez obzira o kojoj se službi radi najveće primedbe do sada su bile na agenturni rad i analitiku. Pokazalo se da na ključnim mestima, službe nisu raspolagale aktivnim izvorima, a kada je reč o analitici njena osnovna slabost je razjedinjenost, odnosno razmene podataka, slaba koordinacija i neadekvatan pristup analizi problema ili događaja. Takođe, nedostatak, mlađeg, stručnog kadra, koji bi pre svega trebao da bude obrazovan u skladu sa novim pretnjama i bezbednosnim izazovima RF za koju se javno iznosi da je to borba protiv međunarodnog terorizma, koju RF trenutno vodi na čitavom Kavkazu.

Rukovodstvo RF, pre svega Putin i njegova administracija, shvatili su da je najveća opasnost velika korupcija, nedostatak stručnog kadra, što treba korenito menjati i za potpunu efikasnost ponovo vratiti agenturni rad u ovim strukturama. Svesni su da će agenturni rad gde je najpotrebniji u Čečeniji izazivati velike poteškoće, zbog posebnih okolnosti, ali je sigurno da će se u ovom pravcu uložiti veliki napori.

Ukazom predsednika RF, juna 2004. godine Federalna služba bezbednosti (FSB) dobija status ministarstva. Najvažnije promene su da kontraobaveštajna služba (SVR) i Federalna služba obezbeđenja (FSO) gube samostalnost i potčinjavaju se FSB.

Objedinjavanja službi u cilju podizanja efikasnosti ima za cilj da se stvori jedinstvena i moćna služba, likvidiraju paralelne funkcije, smanje materijalni rashodi, a za potpuni uspeh reformi neophodno je početi od obezbeđenja kvalitetnog kadra, odstranjivanje korupcije i drugo.

Tokom 2004. godine izvedene su vežbe u konkretnim uslovima u oblasti borbe protiv međunarodnog terorizma i svih vidova kriminala, čiji su rezultati bili konkretni i opredelili potrebu sprovođenja istih i u narednom periodu. Takođe, za potrebe specijalnih službi izdvojena su veća sredstva iz budžeta za narednu 2005. godinu.

Tokom 2005. godine uz izuzetno velike mere predostrožnosti i poteškoće pojačan je agenturni rad, koji je bio najizraženiji na Severnom Kavkazu i u centralnom delu Rusije (posebno u Moskvi). Zahvaljujući ovome, učinjen je izvestan napredak u borbi protiv terorista u Čečeniji tako da su federalne snage u junu i julu uspele donekle da razbiju terorista. U ovim akcijama su se najbolje pokazale jedinice Glavne obaveštajne uprave (GRU) OS RF (vojna obaveštajna služba), koje su imale najbolju agenturnu mrežu na Severnom Kavkazu.

Vojno-obaveštajna služba je jedan od najvažnijih elemenata sistema nacionalne bezbednosti RF i veoma efikasno obezbeđuje strategijske interese RF kako na svojoj, tako i na teritorijama van njenih granica. Podaci, dobijeni od vojnih obaveštajaca agenturnim radom i pomoću tehničkih sredstava, su u više navrata imali odlučujuću ulogu u donošenju odluka vojno-političkog rukovodstva Rusije u obezbeđenju bezbednosti, u tom smislu u sprečavanju i likvidaciji terorističkih i drugih pretnji. U današnje vreme uloga vojno-obaveštajnog rada još više dobija na značaju, zbog pojačavanja pretnji međunarodnog terorizma i širenja oružja za masovno uništavanje, njegovih komponenata, raketa i raketnih tehnologija. U cilju protivdejstva ovim pretnjama ruska vojno-obaveštajna služba sarađuje sa specijalnim službama inostranih zemalja, uključujući SAD i pojedine zemlje članice NATO, operativno razmenjujući sa njima obaveštajne podatke o planovima i zamisli terorista, mestima njihovih baza, logorima, centrima za obuku, kanalima prebacivanja terorista, oružja, narkotika i novčanih sredstava. Sve ovo rukovodstvo RF ima u vidu i zbog toga izdvaja velika finansijska sredstva za opremanje i rad GRU i njenih jedinica po dubini.

Razjedinjenost je veliki problem. Ovo se odnosi na nekoordinaciju između vojno-obaveštajnih i bezbednosnih organa i ostalih organa, koji svi zajedno čine obaveštajno-bezbednosni sistem RF. Smatra se da je korumpiranost, za razliku od vojno-obaveštajnih i bezbednosnih organa, kod ostalih državnih obaveštajno-bezbednosnih struktura veća.

Veliki napredak urađen je i u oblasti saradnje specijalnih službi Rusije sa stranim službama, pre svega SAD, V. Britanije i ostalim službama značajnih zemalja u Evropi.[125] Izvedene su i zajedničke operacije koje se sprovode u okviru dogovora koji je postignut sa liderima ovih država i to po prvi put ove vrste posle završetka hladnog rata.

Obaveštajno-bezbednosni sistemi SAD i RF su značajno povećali brojno stanje svojih službi i budžete za njihovo finansiranje. Povećanje brojnog stanja nije se odnosilo samo na kvantitet nego i na kvalitet koji podrazumeva uvođenje većeg broja različitih specijalnosti (lingvisti, prevodioci i dr.).

Obaveštajno-bezbednosna zajednica (OBZ) susednih država u borbi protiv terorizma

Obaveštajno-bezbednosni sistemi susednih zemalja su glavni nosioci borbe protiv terorizma. U tim sistemima najznačajniju ulogu imaju tri subjekta. Služba državne bezbednosti,[126] MUP i obaveštajno-bezbednosne službe MO.

---

[125] U 2005. godini je potpisan memorandum o saradnji specijalnih službi RF i SAD, odnosno FSB i FBI, u oblasti borbe protiv međunarodnog terorizma, sprečavanju kriminala i neširenju oružja za masovno uništavanje, što je omogućio pojačanu operativno-obaveštajnu aktivnost u predviđenim oblastima.

[126] Tačni nazivi službi su specifični za svaku državu. Npr. U Bugarskoj to je Nacionalna obaveštajna služba.

Služba državne bezbednosti svoje težište je usmerila ka prikupljanju podataka o terorističkim organizacijama i licima, u zemlji i inostranstvu, koji nagoveštavaju ugrožavanje nacionalnih interesa. Te službe su najčešće nosioci saradnje sa stranim srodnim službama.

Ministarstvo unutrašnjih poslova (MUP) je nosilac borbe protiv terorista u zemlji, pre svega u miru. U njihovom sastavu se nalazi najveći deo snaga za zaštitu ljudi, objekata i izvođenje borbenih protivterorističkih dejstava. Izdvajaju se adekvatne snage (jedinice) i formiraju posebni organi, u okviru ove institucije, namenjeni isključivo za borbu protiv terorista. Saradnja sa drugim državama se odvija u skladu sa međudržavnim sporazumima. Izvode sve sadržaje borbe protiv terorizma na državnoj teritoriji pri čemu se izuzetan značaj daje na obučenost jedinica MUP za dejstvo protiv terorista, pre svega po pitanju opremljenosti i obučenosti. Jedinice se opremaju modernom opremom, pre svega onom koja obezbeđuje: veliku pokretljivost, sigurnu komunikaciju i dejstva u uslovima ograničene vidljivosti.

Izuzetan značaj u sistemu nacionalne bezbednosti država po pitanju borbe protiv terorista imaju službe MO (najčešće dve službe: Vojno-obaveštajna služba i Vojno-bezbednosna služba). Nakon prijema pojedinih susednih država u NATO i PZM uloga ovih službi je porasla, kao i jedinica koje su stručno vezane za njih. Njihov značaj i uloga su posebno vidljivi u sastavu kontigenata koji se upućuju u mirovne operacije.

Sa porastom značaja protivterorističke (PT) borbe u okviru savezničkih operacija naglo je porasla potreba da se obaveštajno-operativnom radu posveti izuzetna pažnja, da se brojčano povećaju vojno-obaveštajni centri u inostranstvu radi stvaranja i proširivanja operativnih mreža i na taj način odgovorilo savezničkim zahtevima. U okviru vojno-obaveštajnih službi (VOS) susednih zemalja značajnu ulogu u borbi protiv terorizma imaju posebna odeljenja (odseci) za praćenje asimetričnih pretnji i nalazi se u okviru direktorata ili odeljenja analitike.

Za većinu stranih vojno-obaveštajnih službi karakteristično je: uprkos smanjivanju brojnog stanja oružanih snaga i ministarstva odbrane, broj njihovih pripadnika raste; službom rukovodi direktor, kome su potčinjeni direktori direktorata/uprava (ujedno pomoćnici direktora službe); finansiraju se iz nezavisnog budžeta; imaju apsolutni prioritet u izboru kadra, uz primenu strogih kriterijuma, jedinice elektronskog i trupnog izviđanja nalaze se u sastavu generalštaba i potčinjene su obaveštajnoj upravi generalštaba (G-2).

Komparativnom analizom organizacijske strukture, mesta, uloge i značaja vojno-obaveštajnih službi članica NATO i kandidata za prijem u ovaj savez, ustanovili smo određene zajedničke karakteristike. Kao uslov za pristupanje NATO, definisano je obavezno postojanje određenih elemenata organizacijske strukture:

– organizacijske celine, ranga odeljenja, za angažovanje na zadacima međunarodne saradnje sa srodnim službama, uključujući i razmenu podataka,

– organizacijska celina ranga odeljenja, neposredno potčinjena direktoru/načelniku službe, zadužena za unutrašnju bezbednost i kontraobaveštajnu zaštitu pripadnika službe,

– centralni registar, koji ima zadatak da primenjuje standardizovane procedure NATO u vezi sa klasifikacijom i čuvanjem informacija,

– situacioni centar, kao deo direktorata/uprave za analize i procene.

7.6. Normativno-pravna regulativa za borbu protiv terorizma

Uređenost države u pravnom smislu uspostavlja zakonski predviđeni parlamentarni nadzor službi i transparentnost rada obaveštajnih službi. Nadležnosti službi definisana su državnim i drugim aktima koja im omogućava „zadiranje" u slobode i prava građana. Specifični oblici ugrožavanja bezbednosti države i građana ne mogu u potpunosti da budu razmatrana u odgovarajućim propisima. U tom smislu, predmet stalne rasprave je poštovanje zakona i ljudskih prava u suprotstavljanju terorističkim pretnjama.

U Velikoj Britaniji osnovni zakonski dokument za borbu protiv terorizma je „Akt o terorizmu" (**The Terrorism Act 2000 - TACT**)[127] koji je stupio na snagu 19.2.2001. godine. Nakon napada na SAD, usvojen je, decembra 2001. godine, kontroverzni zakon „Antiteroristički, kriminalni i bezbednosni akt" (**The Anti-Terrorism, Crime and Security Act 2001 - ATCSA**). Na osnovu njegovog 4. dela (Part 4), koji se odnosi na imigraciona i pritvorska pitanja, „osumnjičeni" stranci su mogli biti neograničeno zadržani u pritvoru, ako predstavljaju „javnu opasnost po bezbednost zemlje". Nakon toga, Dom Lordova (**House of Lords**) je takvu primenu zakona ocenio diskriminatorskom, a Državni sektretar se, 26.1.2005. godine, saglasio sa tim uz komentar da se odluke moraju primenjivati na državljane i nedržavljane.

Novim zakonskim aktom britanska vlada je nastojala da ukine odredbe 4. dela „Antiterorističkog, kriminalnog i bezbednosnog akta", pa je **22.2.2005. godine predstavljen** „Predlog zakona o sprečavanju terorizma" (**The Prevention of Terrorism Bill**), koji je zatim usvojen 11.03.2005. godine, pod nazivom „Zakon o sprečavanju akata terorizma" (**The Prevention of Terrorism Act 2005**).

Zakonske osnove za borbu protiv terorizma u **Francuskoj** predstavljaju: Zakon od 09. septembra 1986. godine, koji se odnosi na borbu protiv terorizma i na bezbednost države[128] i Zakon od 22. jula 1996. godine, koji se odnosi na kriminogenu zaveru povezanu sa terorističkom delatnošću.

Primenom navedenih zakona stvoreni su preduslovi za delovanje određenih struktura i definisana je osnova upotrebe:

---

[127] Na osnovu „Akta o terorizmu", u periodu od 11.09.2001. godine do 31.12.2004. godine, uhapšeno je 702 lica i osuđeno 17.

[128] Zakonom je terorizam definisan kao međusobna aktivnost pojedinca ili grupe, radi ozbiljnog narušavanja javnog reda putem zastrašivanja ili terora.

Zakonom od 9. septembra 1986. godine stvoreni su: Jedinica za koordinaciju borbe protiv terorizma (**Unité de Coordination de Lutte Anti-Terroriste – UCLAT**) u MUP Francuske; Centralna služba za borbu protiv terorizma (**Service Central de Lutte Anti-Terroriste – SCLAT**) u 14. odeljenju Tužilaštva grada Pariza (**14e section du parquet de Paris**); specijalizovane sudije za prekršaje (**juges d'instruction**); sud koji zaseda bez prisustva porote i Centralni direktorat za kriminološke istrage (**the 6^{e}DCPJ**). Pored toga, ojačane su obaveštajne i bezbednosne službe (**DGSE, DST, RG, RAID, GIPN, GIGN, EPIGN**); uspostavljena međuministarska saradnja sa „Jedinicom za koordinaciju borbe protiv terorizma"; osavremenjene su istražne radnje poboljšanjem rada obaveštajnih službi i zadržan Plan nadzora (**Plan Vigipirate**).

Zakonom od 22. jula 1996. godine stvorene su osnove za novo definisanje akata terorizma usvajanjem novog zakonskog okvira[129] i pojačan je sistem nadzora (**Vigipirate – antiterrorisme au permanent**).

Pored bezbednosnih mera koje su u Francuskoj, od 7.7.2005. po planu „Vižipirat" („**Vigipirate**") podignute na najviži mogući nivo, vlada je odlučila da donese novi zakon protiv terorizma, kojim će se obezbediti veća ovlašćenja obaveštajnim i bezbednosnim službama, lakši pristup informacijama i postavljanje video nadzora na javnim mestima i objektima od posebnog značaja. Osnovni moto ovog zakona je „predvideti terorizam i ne pretrpeti ga i govoriti o akcijama a ne misliti na posledice", što ukazuje da prikupljanje informacija o mogućim terorističkim aktima predstavlja osnovnu ideju (previzija i prevencija terorizma).

U okviru mera protivterorističke borbe, posle usvajanja „Zakona protiv terorizma"[130] (23.1.2006.), francuska vlada je pristupila izradi podzakonskih

---

[129] Na primer, mogućnost produženja policijskog pritvora do 4 dana (ranije 48 sati); pretresi lica i mesta stanovanja, kao i oduzimanje dokaza „bez odobrenja lica od kojih je to uzeto".

[130] Zakon će biti na praćenju naredne tri godine od strane nadležnih državnih institucija, kada će se oceniti opravdanost njegovog postojanja i po potrebi izvršiti revizija. Novi zakon je dosta kritikovan od nevladinih institucija, naučnih organizacija i građanskih

akata – uredbi i uputstava, kojima se preciziraju određena pitanja i dodeljuje odgovornost i zadaci za sve bezbednosne subjekte u državi. U tom cilju, ministarstvo pravde je donelo Dekret, koji je stupio na snagu 1.4.2006. godine. Ovim Dekretom se operatori mobilne telefonije i elektronskih komunikacija obavezuju da čuvaju podatke godinu dana i da ih po zahtevu sudskih organa i bezbednosnih službi dostavljaju na uvid. Prema Dekretu pristup ovim podacima je omogućen specijalnim protivterorističkim službama i sudskim organima u cilju sprovođenja istražnih radnji, dokazivanja krivičnih dela i izricanja kazni.

Španija nema posebno određen antiteroristički zakon, već osnove za borbu protiv terorizma predstavljaju: krivični zakon (**Codigo Penal – CP**), koji definiše akte terorizma i zakon o krivičnom postupku (**Ley de Enjuiciamiento Criminal - LEC**), koji uspostavlja prava istražnih organa i osumnjičenih.[131] Najspornija primena zakona o krivičnom postupku predstavlja zadržavanje lica u „incommunicado" policijskom pritvoru (po njemu lice može biti zadržano 13 dana u predistražnom postupku). Tokom tog perioda, nema pravo na svog advokata (samo po službenoj dužnosti). Pravo na prevodioca prilikom davanja izjave, u praksi se često ne koristi. Sudije mogu, i to često čine, da koriste pravo tajnosti (ili **secreto de sumario**), po kome advokati odbrane nemaju dostup svim podacima ili dokazima koji se odnose na klijenta.

U slučaju da ne postoje dovoljno jaki dokazi o umešanosti lica, a kada postoji sumnja u njegove aktivnosti koristi se i „Zakon o zaštiti bezbednosti građana" (**Ley Organica sobre Proteccion de la Seguridad Ciudadana**), od 11. januara 2000. godine, po kome se zbog umešanosti u aktivnosti koje

---

udruženja, koje smatraju da su donošenjem ovakvog zakona direktno ugrožena osnovna ljudska prava koja se odnose na privatnost i slobodu postupanja i odlučivanja.

[131] Zakon o krivičnom postupku definiše da uhapšena lica moraju biti saslušana pred kompetentnim sudijom u roku od 72 sata. Lica koja su uhapšena pod sumnjom pripadnosti ili saradnje sa oružanom grupom (uključujući terorističke organizacije) mogu biti zadržana dodatnih 48 sati. To znači da osumnjičeni teroristi mogu biti u pritvoru do 5 dana pre svedočenja kod sudije.

ugrožavaju nacionalnu bezbednost ili javni red, osumnjičeni mogu biti proterani iz zemlje sa zabranom povratka na period od 3 do 10 godina.[132]

Normativno-pravna regulativa u oblasti borbe protiv terorizma u SAD

Odmah posle 11. septembra Kongres je usvojio privremene popravke zakona iz oblasti terorizma, koje su dobile naziv „Patriotski akt". Ovaj dokument je omogućio pravosudnim organima da efikasnije sankcionišu terorističke akte, povećao je ovlašćenja FBI i drugim specijalnim službama, koje su dobile pravo da prisluškuju telefonske razgovore, da prate elektronsku prepisku, da od knjižara i biblioteka mogu dobiti podatke o naručenim i kupljenim knjigama. Uvedena je i odgovornost za lica koja skrivaju teroriste.[133] Predstavnički dom Kongresa je 15. decembra 2005. godine većinom glasova odobrio produženje važenja „Patriotskog akta" (važnost akta je bila do kraja decembra 2005. godine).

Normativno-pravna regulativa u oblasti borbe protiv terorizma Ruskoj Federaciji (RF)

U RF se po prvi put zvanično raspravljalo o suprotstavljanju terorizmu 1998. i od tada je postojao projekat dokumenta pod nazivom „Zakon o borbi protiv terorizma". Međutim iz raznih okolnosti, isti je 8. marta 2006. potpisan od strane predsednika RF i nakon toga stupio na snagu i to sa promenjenim nazivom **„Zakon o protivdejstvu terorizmu"**.

*Vodeće svetske sile koje su poslednjih godina bile žrtve terorističkih napada na svojoj teritoriji donele su posebne zakone u vezi sa tim problemom. Tako je u Ruskoj Federaciji definisan **Antiteroristički komitet**.*

---

[132] Primer proterivanja Mohameda Berzizuia (Mohamed Berzizoui) i Jusefa Mahlilia (Jousef Mahlili).

[133] U prvoj varijanti projekta traženo je uvođenje radikalnijih mera. Predlagano je da se obavežu visokoškolke ustanove da specijalnim službama dostavljaju sve personalne podatke studenata i da se stranci mogu zadržavati na neodređeno vreme ukoliko se na njih sumnja da imaju veze sa teroristima. Bez obzira što Kongres nije podržao te predloge „Patriotski akt" je izazvao velike proteste javnog mnjenja. Zaštitnici liberalnih sloboda su smatrali da taj zakon u Americi uspostavlja režim policijske države i da nije u skladu sa demokratskim normama.

Na osnovu ukaza predsednika RF, Vladimira Putina, u Rusiji su formirane antiterorističke komisije u svim subjektima federacije u cilju kordinacije rada organa vlasti i mesne samouprave u sprečavanju terorizma, kao i na minimalizaciji i likvidaciji posledica njegovog dejstva.

Za organizaciju planiranja pripreme snaga i sredstava federalnih organa izvršne vlasti i njihovih teritorijalnih organa namenjenih za borbu protiv terorizma, kao i za komandovanje antiterorističkim operacijama u sastavu komiteta je planirano da se formira federalni operativni štab, a u subjektima federacije operativni štabovi. Saglasno navedenom, brojno stanje centralnog aparata FSB će se povećati za 300, a federalne službe zaštite za 7 ljudi.

U sastavu nacionalnog antiterorističkog komiteta su: 1) direktor FSB Ruske Federacije (predsednik komiteta), 2) zamenik rukovodioca administracije predsednika – pomoćnik predsednika RF, 3) ministar unutrašnjih poslova, 4) zamenik direktora FSB RF (zamenik predsednika komiteta – rukovodilac aparata komiteta), 5) vicespiker saveta Federacije, 6) vicespiker državne dume, 7) rukovodilac aparata vlade, 8) ministar za vanredne situacije, 9) ministar inostranih poslova, 10) ministar zdravstva i socijalnog razvoja, 11) ministar za informisanje, 12) ministar industrije i energetike, 13) ministar za saobračaj, 14) ministar prava, 15) direktor spoljne obaveštajne službe, 16) direktor federalne službe za zaštitu, 17) direktor finansijske policije, 18) NGŠ OS i 19) zamenik sekretara saveta bezbednosti RF.

U sastav Federalnog operativnog štaba ulaze: 1) rukovodilac štaba, 2) ministar unutrašnjih poslova RF (zamenik rukovodioca štaba), 3) zamenik direktora FSB (zamenik rukovodioca štaba), 4) vicepremijer – ministar odbrane, 5) ministar za vanredne situacije, 6) ministar inostranih poslova, 7) direktor spoljne obaveštajne službe, 8) direktor federalne službe zaštite, 9) načelnik finansijske policije i 10) zamenik sekretara saveta bezbednosti RF. Odluke federalnog operativnog štaba moraju da sprovode svi državni organi, čiji se predstavnici nalaze u njegovom sastavu i u sastavu operativnih štabova u subjektima federacije.

U sastavu antiterorističke komisije u subjektima federacije ulaze: 1) rukovodilac najvišeg izvršnog organa državne vlasti (predsednik komisije), 2) načelnik teritorijalnog organa FSB RF (zamenik predsednika komisije), 3) predstavnik zakonodavnog organa vlasti, 4) načelnik teritorijalnog organa MUP, 5) načelnik ministarstva za vanredne situacije i 6) načelnik centra specijalnih veza i informisanja federalne službe zaštite. Antiterorističkim komisijama u subjektima federacije rukovode najviša odgovorna lica tih regiona.

U sastavu operativnog štaba u subjektima RF ulaze: 1) načelnik teritorijalnog organa FSB (rukovodilac štaba), 2) načelnik teritorijalnog organa MUP (zamenik rukovodioca štaba), 3) Načelnik ministarstva za vanredne situacije, 4) predstavnik OS RF, 5) načelnik centra specijalnih veza i informisanja federalne službe zaštite i 6) zamenik najvišeg odgovornog lica subjekta Ruske federacije.

Predsednik RF je takođe odredio status Nacionalnog antiterorističkog komiteta. On predstavlja organ, koji obezbeđuje koordinaciju rada federalnih organa izvršne vlasti centra, regiona i mesne samouprave u borbi protiv terorizma.

Osnovni zadaci komiteta su: 1) podnošenje predloga pedsedniku RF u formiranju državne politike u oblasti borbe protiv terorizma, 2) razrada mera u borbi protiv terorizma, 3) učešće u međunarodnoj saradnji u oblasti borbe protiv terorizma i 4) priprema predloga za socijalnu rehabilitaciju nastradalih u terorističkim akcijama.

Komitet ima pravo da donosi odluke, koje se tiču organizacije, koordinacije, unapređenja i ocenjivanja efikasnosti rada organa izvršne vlasti u borbi protiv terorizma, kao i sprovođenje kontrole o njihovom izvršavanju. Ukazom su određena i druga prava komiteta. Komitet može da donosi predloge po pitanjima koje zahtevaju odluke Predsednika RF i Vlade RF. Inače, zasedanja komiteta se sprovode jednom u dva meseca, a njegovi članovi ne mogu preneti svoja punomoćja drugim licima.

Realizacija ukaza predsednika RF „o merama u borbi protiv terorizma", svakako će povećati efikasnost mera u sprečavanju, borbi protiv terorizma i likvidaciji posledica terorističkih akcija, a sama odluka da predsednik komiteta bude direktor FSB RF govori da će ova služba biti osnovna u borbi protiv terorizma.

Pri komitetu će biti formiran moćan antiteroristički centar, u čijem će se sastavu nalaziti najbolji analitičari svih ruskih specijalnih službi, upravljajučih i drugih struktura. Zadaci antiterorističkog centra su praćenje, analiza i procena situacija, u vezi sa sprečavanjem i borbom protiv terorizma kako na teritoriji RF, tako i van njenih granica.

Vojni koncept NATO za odbranu od terorizma
a) Razvoj koncepta

Ministri odbrane NATO su 18. decembra 2001. godine zadužili vojne vlasti NATO da razviju „Vojni koncept za odbranu od terorizma" *(Military Concept for Defence Against Terrorism)*. Nakon dobijanja političkih smernica od Severnoatlantskog saveta, izrađen je koncept i podnet Savetu na odobrenje. Koncept je usvojen na sastanku Severnoatlantskog Saveta u stalnom sastavu, a potpisali su ga šefovi država ili vlada savezničkih zemalja na samitu u Pragu, 21. novembra 2002. godine.

Osnovni principi koji su poštovani prilikom razvijanja Koncepta bili su Vašingtonski sporazum, Strategijski koncept iz 1999. godine, političke smernice koje je dao Savet i ocene **NATO** o terorističkoj pretnji.

b) Političke smernice

U političkim smernicama Severnoatlantskog saveta ističe se da akcije NATO treba da:

– Imaju snažnu pravnu osnovu i da su u potpunosti saglasne sa odredbama Povelje Ujedinjenih nacija i drugih relevantnih međunarodnih propisa, uključujući one koje se odnose na ljudska prava i humanitarne norme.

– Odvrate, odbrane, ometu i pruže zaštitu od terorističkih napada ili pretnje napadima usmerenih iz inostranstva protiv stanovništva, teritorije, infrastrukture i snaga bilo koje zemlje članice NATO, uključujući i akcije protiv terorista i onih koji ih štite.

– Deluju, od slučaja do slučaja i ako se to zahteva, u podršci napora međunarodne zajednice usmerenih protiv terorizma.

– Obezbede pomoć nacionalnim (državnim) vlastima u otklanjanju posledica terorističkih napada, posebno kada su ti napadi izvršeni uz korišćenje hemijskog, biološkog, radiološkog i nuklearnog oružja.

– Deluju sa pretpostavkom da su odvraćanje i sprečavanje terorističkih napada poželjniji od suočavanja sa njihovim posledicama.

– Obezbede spremnost za angažovanje kad god i gde god bude zahtevano, kako bi se reagovalo na novopojavljene posebne okolnosti.

c) Ocena terorističkih pretnji

Vojni koncept NATO je razvijen za odbranu od onih pretnji koje su identifikovane i navedene u „Oceni NATO o terorističkim pretnjama" (**NATO's Threat Assessment on Terrorism**), koja sadrži, sledeće:

– mada je religiozni ekstremizam najverovatniji izvor neposrednih terorističkih pretnji Savezu, postoje i drugi motivi koji bi mogli da se pojave iz ekonomskih, društvenih, demografskih ili političkih razloga, nastalih kao posledica nerešenih sukoba ili jačanjem novih ideologija;

– iako je državno sponzorstvo terorizmu u opadanju, političke okolnosti mogle bi da vode njegovom narastanju, pružanju sigurnog utočišta teroristima i ustupanju značajnijih resursa;

– mada dominantna forma terorističkih napada ostaje kreativna upotreba konvencionalnog oružja, očekuje se da će terorističke grupe tragati za najrazornijim raspoloživim sredstvima, uključujući i oružje za masovno uništavanje.

d) Vojne operacije

Koncept određuje četiri uloge vojnih operacija za odbranu od terorizma, i to:

– antiterorizam (**Anti Terrorism**), koji pretežno obuhvata odbrambene mere,

– upravljanje posledicama (**Consequence Management**), koja se odnosi na reagovanje posle izvedenih terorističkih napada,

– protivterorizam (**Counter Terrorism**), koji pretežno obuhvata ofanzivne mere, i

– vojna saradnja.

U svakoj od tih uloga, zaštita snaga (**FP - Force Protection**) ima ključno mesto i ona mora biti osnovni deo svakog vojnog plana usmerenog na odbranu od terorizma. Kako je potpuna zaštita snaga verovatno neostvarljiva i nepriuštiva čak i u najjednostavnijim situacijama, vojni komandanti moraju da usklađuju rizike po svoje snage sa ciljevima misije i da odlučuju o odgovarajućem nivou zaštite snaga kojima komanduju. Odluke će zavisiti od najnovijih procena pretnji, dobijenih od obaveštajnih organa.

e) Antiterorizam

Podrazumeva primenu odbrambenih mera kako bi se smanjila ranjivost snaga, pojedinaca i imovine od terorizma. Iako države imaju primarnu odgovornost za odbranu stanovništva i infrastrukture, ulogu će dobiti i Savez, i to ako zemlje članice zatraže njegovu podršku. Pravovremeni i tačni obaveštajni podaci ključni su preduslov za uspešno odvraćanje i zaštitu od terorističkih napada. Savezničke antiterorističke akcije mogu da obuhvate:

– obaveštajnu razmenu,

– standardizovano savezničko upozorenje,

– pomoć u zaštiti mora i vazdušnog prostora, i

– pomoć državi koja želi da povuče svoje građane ili snage iz područja sa povećanom terorističkom pretnjom.

f) Upravljanje posledicama

Čini je upotreba reaktivnih (naknadnih) mera za umanjivanje rušilačkih posledica terorizma. Za njih su nadležne civilne vlasti, ali saveznici mogu da pruže značajnu vojnu podršku, koja se može ogledati u:

– robustnom planiranju i procesu okupljanja snaga kako bi se brzo identifikovale potrebe i brzo angažovali potrebni specijalisti (na primer: hitnu pomoć civilnim vlastima u domenima hemijske, biološke, radiološke i nuklearne odbrane; angažovanje građevinskih mašina i upravljanje kretanjem raseljenog ljudstva);

– stvaranju savezničkog registra sposobnosti koje su na raspolaganju za brzo angažovanje i kojima se mogu podržati nacionalni napori,

– ostvarivanju mogućnosti koordinacije obrazovanja, uvežbavanja i razvoja multinacionalnih sposobnosti za reagovanje,

– pomoći „Evroatlantskog odseka za koordinaciju otklanjanja posledica" **(The Euro-Atlantic Disaster Relief Co-ordination Cell),** koji može poslužiti kao neophodno jezgro za jačanje koordinacije između NATO i ugrožene države.

g) Protivterorizam

To je ofanzivna vojna akcija usmerena na smanjivanje protivničke sposobnosti za izvođenje terorističkih akcija. Članice su se saglasile sa principom da teroristima ne treba dozvoliti baziranje, obučavanje, planiranje i izvođenje terorističkih akcija, ali su napomenuli da pretnje moraju da budu dovoljno ozbiljne da bi se opravdala akcija protiv njih i onih kojih ih štite. O tome odlučuje Severnoatlantski Savet.

Protivterorističke operacije biće uglavnom združene operacije, a neke posebno obučene protivterorističke jedinice mogu u njima da budu posebno efikasne. Uz to, sticanje poverenja lokalnog stanovništva psihološkim i informativnim operacijama imaće vitalan značaj.

Koncept ukazuje na dve pozicije koje NATO može da ima u protivterorističkim operacijama:

(1) kada ima vodeću ulogu, i

(2) kada ima ulogu u podršci.

Vodeća uloga NATO u borbi protiv terorizma

U Konceptu se ističe da za uspešno izvođenje protivterorističkih operacija NATO mora da poseduje odgovarajuće komandne, kontrolne i obaveštajne strukture, kao i snage obučene, uvežbane i održavane u odgovarajućoj borbenoj gotovosti. Dok su sposobnosti potrebne za izvođenje uspešnih protivterorističkih operacija najčešće istovetne onima za izvođenje uobičajenih združenih operacija, dejstva će se izvoditi drugačije.

Zato sledeći planski aspekti zaslužuju specifičnu pažnju:

– ubrzani proces donošenja odluka,

– pristup fleksibilnim i ubojitim vatrenim sredstvima, od preciznog oružja za dejstvo sa velikih odstojanja do sredstava za neposredno gađanje, i

– što specijalizovanije protivterorističke snage.

Severnoatlantski savet odlučio je da Savez, od slučaja do slučaja, može da pruži svoje potencijale i sposobnosti za podršku borbi protiv terorizma, koje, samostalno ili zajedno sa NATO, preduzimaju Evropska unija, druge međunarodne organizacije i koalicije u koje su uključeni saveznici.

Moguća podrška Evropskoj uniji i drugim međunarodnim organizacijama biće zasnovana na relevantnim sporazumima usaglašenim između NATO i tih organizacija. U tom kontekstu, opcije za učešće NATO mogu da podrazumevaju:

– ulogu u osposobljavanju koalicije i koordiniranju međuoperativnosti,

– ojačavanje nacionalnih resursa,

– istureno baziranje snaga radi podrške širih koalicionih napora,

– izražavanje političke i vojne solidarnosti,

– politička podrška koje se manifestuje prihvatom stranih jedinica i pružanjem logističke pomoći, uključujući pravo preleta i baziranja,

– upotrebu potencijala Saveza u domenu operativnog planiranja i učešće u okupljanju koalicionih snaga, u koje bi bile uključene zemlje sa istim stavovima kao članice NATO, kao i pružanje pomoći prilikom izvođenja takve operacije.

h) Vojna saradnja

U većini zemalja članica NATO, civilni organi vlasti, tj. policija, carina, useljenički organi, obaveštajne i bezbednosne službe, jesu primarne agencije koje se suočavaju sa terorizmom, dok su vojne snage u funkciji podrške. Koncept zato predviđa obavezu Saveza da, radi ostvarivanja maksimalne efikasnosti u borbi protiv terorizma, svoja pravila i aktivnosti „harmonizuje" sa civilnim vlastima zemalja članica.

Severnoatlantski pakt redovno raspravlja sa glavnim međunarodnim organizacijama, među kojima su Ujedinjene nacije, Organizacija za evropsku bezbednost i saradnju - OEBS i Evropska unija. Uz to, Savez je pokrenuo i uspešno sprovodi nekoliko programa kojima se može pospešiti koordinacija sa akterima izvan Saveza. Među njima su Partnerstvo za mir, Savet NATO – Rusija i Mediteranski dijalog...

U Konceptu se ističe da su poverenje, transparentnost i interakcija već toliko razvijeni da služe kao odlično sredstvo za dalju koordinaciju mera za suprotstavljanje terorizmu i preporučuje istraživanje nova sredstva.

i) Zahtevi za efikasnu primenu Koncepta

Za uspešnu primenu Koncepta definisan je izvestan broj ključnih sposobnosti koje su potrebne za njegovu uspešnu primenu i pravila (procedures) koja treba da se razvijaju i unaprede.

Sposobnosti su:

– efikasno obaveštajno obezbeđenje *(Effective Intelligence)*;

– razmestivost i gotovost *(Deployability and Readiness)*. Kada se sazna gde su teroristi i šta oni nameravaju da učine, vojnim snagama je potrebna sposobnost da se tamo angažuju. Zbog verovatnoće da će period od upozorenja (uzbune) do realno poželjnog trenutka angažovanja biti veoma kratak, snage treba da budu u veoma visokoj gotovosti;

– efikasno angažovanje *(Effective Engagement)*. Snage treba da budu sposobne za efikasno angažovanje. To znači da treba da raspolažu precizno vođenim oružjem i oružjem pogodnim za smanjivanje rizika od nanošenja kolateralne štete;

– zaštita snaga *(Force Protection)*. Postoji stalan zahtev za zaštitom snaga, koja treba da obezbedi „opstanak" savezničkih snaga;

– hemijsko-biološko-radiološko-nuklearna odbrana *(CBRN Defence)*. Imajući u vidu mogućnost da teroristi upotrebe hemijsko-biološko-radiološko-nuklearno oružje, treba dati visoki prioritet adekvatnom opremanju za odbranu.

Pravila obuhvataju:

– identifikovanje slabosti (osetljivosti) Saveza i određivanje načina za odgovarajuću zaštitu,

– razvijanje opšte međunarodne strategije za odbranu od terorizma,

– razradu odgovarajućih sporazuma za obezbeđivanje podrške relevantnim civilnim vlastima,

– smanjivanje raspoloživosti oružja za masovno uništavanje streljačkog naoružanja (small arms) i mina za terorističku upotrebu, putem kontrole naoružanja, razoružanjem i primenom odredbi o neproliferaciji,

– efikasan i pravovremen proces odlučivanja u NATO, kako bi, imajući u vidu vrlo kratko vreme upozorenja o terorističkim aktivnostima ili namerama, savezničke snage mogle da budu odgovarajuće razmeštene i upotrebljene.

vođenim oružjem i oružjem pogodnim za smanjivanje rizika od nanošenja kolateralne štete;

– zaštita snaga *(Force Protection)*. Postoji stalan zahtev za zaštitom snaga, koja treba da obezbedi „opstanak" savezničkih snaga;

– hemijsko-biološko-radiološko-nuklearna odbrana *(CBRN Defence)*. Imajući u vidu mogućnost da teroristi upotrebe hemijsko-biološko-radiološko-nuklearno oružje, treba dati visoki prioritet adekvatnom opremanju za odbranu.

Pravila obuhvataju:

– identifikovanje slabosti (osetljivosti) Saveza i određivanje načina za odgovarajuću zaštitu,

– razvijanje opšte međunarodne strategije za odbranu od terorizma,

– razradu odgovarajućih sporazuma za obezbeđivanje podrške relevantnim civilnim vlastima,

– smanjivanje raspoloživosti oružja za masovno uništavanje streljačkog naoružanja (small arms) i mina za terorističku upotrebu, putem kontrole naoružanja, razoružanjem i primenom odredbi o neproliferaciji,

– efikasan i pravovremen proces odlučivanja u NATO, kako bi, imajući u vidu vrlo kratko vreme upozorenja o terorističkim aktivnostima ili namerama, savezničke snage mogle da budu odgovarajuće razmeštene i upotrebljene.

Glava 8.

8. OBUKA I USAVRŠAVANJE KADROVA ZA POTREBE SAVREMENIH OBAVEŠTAJNO-BEZBEDONOSNIH ZAJEDNICA

Integracioni procesi koji se na prostoru Evrope i sveta odvijaju u poslednje dve decenije, predstavljaju težnju za stvaranjem kolektivnih sistema bezbednosti koji će obezbediti kako kolektivno tako i individualno bezbedno okruženje svake zemlje članice. Proces približavanja Republike Srbije ovim kolektivnim bezbednosnim sistemima pored političke i transformacije u drugim društvenim oblastima, skoro prioritetno mora da prati i transformacija sistema bezbednosti a u okviru njega posebno sistema odbrane. Program razvoja sistema nacionalne bezbednosti Republike Srbije u periodu do 2015. godine, jedno od značajnih mesta poklanja sistemu popune i obuci kadrova u tom sistemu.

U okviru ovog programa, Program razvoja obaveštajno-bezbednosnog sistema (Obaveštajno-bezbednosne zajednice – OBZ) ima posebno mesto. Uvažavajući sve faktore koji na njega utiču, ovaj program, pored transformacije i reorganizacije, podrazumeva i školovanje, obuku i usavršavanje pripadnika obaveštajno-bezbednosne zajednice (OBZ). U okviru ovog segmenta posebno značajno mesto ima poštovanje principa kompatibilnosti i interoperabilnosti sistema obuke sa sličnim sistemima zemalja u svetu, posebno u Evropskoj uniji (EU), Partnerstvu za mir (PzM) i NATO.

Paralelno sa izgradnjom programa razvoja obaveštajno-bezbednosnog sistema u funkciji efikasnijeg sistema nacionalne bezbednosti, kao jednog od bitnih uticajnih segmenata, treba razvijati i program školovanja, obuke i usavršavanja kadrova za potrebe OBZ. Da bi se ostvarili svi postavljeni ciljevi ovih programa, neophodno je sagledati iskustva ovih sistema u nekim karakterističnim zemljama, zahteve i kriterijume kolektivnih sistema bezbednosti, sopstvena iskustva i bezbednosno okruženje, izazove, rizike i pretnje po bezbednost Republike Srbije. Školovanje i obuka u sistemu nacionalne bezbednosti, posebno u segmentu školovanja pripadnika OBZ, ima značajno mesto u projektovanju budućeg sistema školovanja i usavršavanja pripadnika OBZ Republike Srbije. To je osnovni razlog zbog čega je i ova tematska celina uvrštena u sadržaj ove knjige.

Sistem obrazovanja i obuke, kao dva kompatibilna i interoperabilna sistema, predstavljaju suštinu uspešnog razvoja određenog sistema ili podsistema zbog kojeg su organizovani. Stoga je vrlo bitno ova dva sistema jasno definisati i razgraničiti njihovu ulogu ali i zadatke. Ovaj problem se u sistemu obrazovanja i školovanja, posebno u vojsci i policiji Srbije, jasno detektuje. Iskustva stranih zemalja jasno pokazuju odvojenost ove dve funkcije, odnosno njihovo jasno mesto u profilisanju kadrova za potrebe kako vojske tako i drugih subjekata bezbednosti.

Kad je reč o obaveštajno-bezbednosnom sistemu, specifičnost ove dve kategorije je još izraženija. Zbog toga se u ovom delu knjige težište izražava na osposobljavanju kadrova za potrebe OBZ. Mada je vrlo bitno i ovaj deo definisati, za sada ćemo se zadovoljiti analizom i razradom problema osposobljavanja za potrebe obaveštajno-bezbednosnog sistema.

8.1. Faktori koji utiču na školovanje pripadnika obaveštajno-bezbednosne zajednice (OBZ)

Šta je to, što se može istaći kao uticajni faktor na školovanje pripadnika OBZ? Pitanje je svakako vrlo kompleksno, ali u funkciji traženja fundamentalne osnove, kao i polaznih argumenata za predložene modele, možemo istaći sledeće

uticajne faktore na školovanje pripadnika OBZ: istorijski; bezbednosno okruženje; zahtevi strategije i doktrine nacionalne bezbednosti, u okviru njih posebno misije vojske i ministarstva unutrašnjih poslova Republike Srbije; kao i iskustva drugih sličnih sistema posebno sistema obuke kadrova obaveštajno-bezbednosne zajednice u velikim i razvijenim zemljama.

Istorijski faktor

Istorijski gledano, kao što je ranije istaknuto, obaveštajno-bezbednosni sistem, posebno u istoriji Srbije, uvek je predstavljao jedinstveni sistem,[134] koji je u sebi inkorporirao dve osnovne dimenzije,[135] i to: *ofanzivnu i defanzivnu*.

Splet političkih i drugih okolnosti društvenog razvoja, kroz koji smo u periodu od početka pete decenije dvadesetog veka do danas prošli, učinili su da se ova dva sistema razdvoje i deluju odvojeno.[136] Sadržaj poslova, na osnovu naših i iskustava stranih zemalja, vrlo često zahteva integrisano delovanje ofanzivnog i defanzivnog dela obaveštajno-bezbednosnog sistema.

Osnovni problemi u definisanju jasnih zadataka ovog sistema su ne-postojanje osnovnih polaznih dokumenata od kojih se mora poći u njihovom

---

[134] Uredba o Glavnom Đeneralštabu i đeneralštabnoj struci Kraljevine Srba, Hrvata i Slovenaca, koja je stupila na snagu 6.maja 1920. godine, obrazovano je Obaveštajno odeljenje i prvi put, od nastanka moderne vojske na našim prostorima obaveštajna funkcija izdignuta i izdvojena u zasebnu organizacijsku celinu. Kroz istorijski razvoj obaveštajne službe neophodno je pomenuti 1876. godinu kada se prvi put u srpskoj istoriji, po pisanom tragu «Uredbi o ustrojstvu đeneralštaba» spominje Vojno-obaveštajna funkcija u nadležnosti Operativnog odeljenja. 1884.godine regulisano je da tu funkciju obavlja izvšni organ vojno-obaveštajne službe u okviru Spoljnog odseka Operativnog odeljenja Đeneralštaba.

[135] Neposredno pred prelazak na mirnodopsko stanje, kada je ostatak Štaba Vrhovne komande treba da postane Glavni GŠ Kraljevine Srba, Hrvata i Slovenaca izdata je 10. aprila 1920.godine Uredba o Glavnom Đeneralštabu i đeneralštabnoj struci. Ova Uredba stupa na snagu šestog maja i reguliše da u organizaciji Glavnog Đeneralštaba ima četiri odeljenja: Operativno, Obaveštajno, Saobraćajno i Istorijsko i Geografski institut. Obaveštajno odeljenje obavlja sledeće poslove:
 - vodi studije stranih država i vojski i prikuplja podatke o tome,
 - održava veze sa stranim vojnim izaslanicima i misijama,
 - organizuje rad na suzbijanju neprijateljskih radnji u nameri prikupljanja podataka o našoj vojsci.

[136] Obaveštajna i bezbednosna funkcija su razdvojene 13. maja 1944. godine Odlukom o formiranju Odeljenja zaštite naroda (OZN-a). Nakon Drugog svetskog rata 1947. godine Obaveštajno odeljenje GŠ Jugoslovenske armije prerasta u Drugu odnosno Obaveštajnu upravu.

definisanju: strategije nacionalne bezbednosti, strategije odbrane, doktrine odbrane, strategijskog pregleda odbrane, doktrine obaveštajne delatnosti i adekvatne zakonske regulative.

Bitno mesto u definisanju ovog sistema imaju zakonska i podzakonska akta od kojih se trebalo krenuti u njegovoj izradi.

Bezbednosno okruženje

Aktuelnu situaciju u svetu karakterišu procesi uspostavljanja novih globalnih i regionalnih odnosa. Uspostava novih odnosa u međunarodnoj zajednici, naročito sa bezbednosnog aspekta, ima različit uticaj i ostavlja posledice na stabilnost pojedinih regiona. U prošlosti, osnovna pretnja bezbednosti proizilazila je iz agresivne politike dveju supersila i njihovih blokova, angažovanih u borbi za interese i sfere uticaja širom sveta. Danas se preovlađujući sukobi ne događaju između, već unutar država. Bezbednosni izazovi, rizici i pretnje više ne dolaze samo od vojnog faktora, već od naraslih ekonomskih, socijalnih i političkih tenzija i protivurečnosti.

Globalna i regionalna zbivanja prvih godina 21. veka posledica su brojnih nestabilnosti, koje su značajno proširile broj i produbile intenzitet pretnji bezbednosti. Danas se često može čuti kako određene pojave i procesi „potresaju" svet ili neki region. Nakon terorističkog napada 11.septembra 2001. godine u kome su korišćena do tada neviđena sredstva, koja se porede sa sredstvima rata u rukama nedržavnih subjekata, svet je ušao u novu eru međunarodnih odnosa. Pored neposrednih efekata, taj napad je pokrenuo određen broj pitanja o bezbednosti i bezbednosnim izazovima, rizicima i pretnjama. Po rečima prethodnog američkog državnog sekretara Kolina Pauela, tek kada se to bude shvatilo, demokratski svet moći će delotvornije da se suprotstavi novim izazovima, rizicima i pretnjama. Naime, pored postojećih izazova, rizika i pretnji, pojavljuje se nova problematika, političke, vojnostrategijske i sociološke prirode u pogledu pronalaženja uzroka, ali i primerenog političkog ili vojnog odgovora na buduće izazove, rizike i pretnje bezbednosti.

U aktuelnim okolnostima mogućnosti izbijanja kriza i sukoba u svetu rastu, a osnovni izvori nestabilnosti su: (1) različit stepen društvenog razvoja, siromaštvo i produbljivanje jaza između bogatih i siromašnih; (2) netrpeljivost na verskoj, međuetničkoj, građanskoj i drugoj osnovi, koja determiniše procese dezintegracije i stvaranja malih, zavisnih, neuspešnih („propalih") i slabih država; (3) sukobi oko interesnih sfera velikih sila i centara moći i trka za primat u određenim regionima sveta koji su bogati strateškim resursima.

Demokratski procesi u Srbiji i njenom okruženju, kao i angažovanje međunarodne zajednice, doprineli su uspostavljanju mira, relativne stabilnosti i bezbednosti u regionu Jugoistočne Evrope. Međutim, zbog složenog nasleđa, kao i tranzicionih problema, još uvek postoje značajni izazovi, rizici i pretnje bezbednosti Republike Srbije koji u određenim okolnostima mogu ugroziti mir i stabilnost kako u zemlji tako i u regionu. Oni mogu da se ispolje na globalnom, regionalnom i unutrašnjem nivou, pri čemu se neki od njih pojavljuju na jednom ili više nivoa. Uslovno njihova klasifikacija se može izvršiti po sledećem:

SPOLJAŠNJI:

Globalni:

– prerastanje globalnih konflikata u oružanu agresiju na Republiku Srbiju (globalna-regionalna nestabilnost);

– međunarodni terorizam i terorizam regionalnog karaktera podržan globalnim terorističkim organizacijama koje deluju na teriroriji Republike Srbije;

– proliferacija oružja za masovno uništenje kao tranzitna pojava preko Republike Srbije;

– organizovani prekogranični kriminal koji prolazi preko teritorije Republike Srbije;

– ilegalna prekogranična migracija stanovništva preko teritorije Republike Srbije;

– globalni prirodni i veštački (od čoveka potekli) medicinski izvori opasnosti po ljude.

Regionalni:

– prerastanje regionalnih (Jugoistočna Evropa, Evropska unija, Mediteran, Bliski istok i Zapadni Balkan) konflikata u oružanu agresiju na Republiku Srbiju;

– promena kursa rešavanja pitanja KiM i njegovo prerastanje u regionalni konflikt;

– organizovani kriminal i širenje droga;

– politički i religijski ekstremizam u regionu;

– demografske promene u regionu;

– prirodne, industrijske katastrofe, prenošenje i širenje epidemija preko državnih granica.

Lokalni:

– postojanje određenih napetosti i oružanih konflikata u susedstvu i mogućnosti njihovog proširenja na teritoriju Republike Srbije;

– teritorijalne pretenzije nekih susednih zemalja koje teže ka formiranju tzv. velikih etničkih zajednica ili država;

– zagađivanje životne sredine nepoštovanjem ekoloških normi, i postojanje objekata sa visokim stepenom rizika u blizini nacionalnih granica;

UNUTRAŠNJI:

– ekstremizam, separatizam i terorizam pojedinaca i grupa u određenim neuralgičnim područjima;

– raspirivanje međuetničke i verske netrpeljivosti i njihovo prerastanje u konflikte – oružane pobune;

– unutrašnja politička nestabilnost, korupcija i parlamentarna netolerantnost među partijama kao premisa konflikta;

– demografska ekspanzija i plansko demografsko „naseljavanje" unutrašnjosti države od strane pojedinih etničkih grupa, posebno glavnih centara kao preduslov budućih pretnji;

– socijalne napetosti, tenzije i nezadovoljstva pojedinaca, grupa i specifičnih društvenih grupa kao potencijalna pretnja;

– neravnomerni i neplanski privredni razvoj regija, pograničnih delova na kojima se već nalaze određeni resursi i ekonomska migracija stanovništva sa graničnog područja ka velikim centrima;

– nedefinisan i nepravilan pristup i raspolaganje zaštićenim i poverljivim informacijama i podacima i

– nezadovoljstvo sporošću u sprovođenju integracionih procesa.

Zahtevi strategije i doktrine nacionalne bezbednosti

U cilju uspešnog definisanja funkcija, nadležnosti i zadataka obaveštajno-bezbednosnog sistema, neophodno je poći od osnovnih misija i zadataka policije i vojske Srbije. Bez obzira što isti još uvek nisu definitivno formulisani, koristićemo se projektovanim zadacima datim u nacrtu vojne doktrine.

U Republici Srbiji poslove državne uprave utvrđene zakonom i propisima donetim na osnovu zakona obavljaju ministarstva. Ona primenjuju zakone i druge propise i opšte akte Narodne skupštine i Vlade, kao i opšte akte predsednika Republike; rešavaju u upravnim stvarima; vrše upravni nadzor nad obavljanjem poverenih poslova i dr.

Posebno je interesantno analizirati misije vojske i policije Republike Srbije.

Misije i zadaci Vojske Srbije

Prema vojnoj dokrini, vojsci se dodeljuju misije i zadaci.[137]

Misije vojske su:

– odbrana Republike Srbije od vojnih izazova, rizika i pretnji bezbednosti;

– učešće u izgradnji i očuvanju mira u regionu i svetu;

– podrška civilnim vlastima u suprotstavljanju nevojnim pretnjama bezbednosti.

U skladu sa navedenim misijama, osnovni zadaci vojske su:

1. U misiji odbrane Republike Srbije:

---

[137] Vojna doktrina Republike Srbije, Nacrt, Ministarstvo odbrane Republike Srbije, Beograd, jun 2006., str. 11-12.

– odvraćanje od oružanog ugrožavanja,

– odbrana teritorije i

– odbrana vazdušnog prostora;

2. U misiji učešća u izgradnji i očuvanju mira u regionu i svetu:

– učešće u međunarodnoj vojnoj saradnji,

– učešće u mirovnim operacijama i

– učešće u sistemu kolektivne odbrane, posle pristupanja R. Srbije NATO;

– u misiji podrške civilnim organima vlasti u suprotstavljanju nevojnim pretnjama:

– podrška civilnim vlastima u suprotstavljanju terorizmu i organizovanom kriminalu i

– podrška civilnim vlastima u slučaju prirodnih nepogoda, industrijskih i drugih nesreća i epidemija.

Vojska može da obavlja i druge zadatke na osnovu odluka Narodne skupštine Republike Srbije i Predsednika Srbije.

Osnovni *zadatak vojske u miru* je izgradnja i jačanje borbene gotovosti u funkciji odvraćanja od agresije i izazivanja oružanih sukoba. Osnovni cilj odvraćanja od agresije je da se protivnik ubedi u neophodnost odustajanja od planiranih namera. Deo vojske može se angažovati u mirovnim operacijama pod okriljem OUN i sistemima kolektivne bezbednosti radi izgradnje povoljnog bezbednosnog okruženja u regionu i jačanja mira u svetu. Angažovanje jedinica vojske u mirovnim operacijama zasniva se na načelima koja važe u međunarodnoj zajednici i bezbednosnim integracijama.

Misije i zadaci Ministarstva unutrašnjih poslova Republike Srbije

Unutrašnji poslovi su zakonom utvrđeni poslovi čijim obavljanjem nadležni republički organi ostvaruju bezbednost Republike Srbije i njenih građana i obezbeđuju ostvarivanje Ustavom i zakonom utvrđenih drugih prava građana. Unutrašnje poslove državne uprave obavlja Ministarstvo unutrašnjih poslova.

Unutrašnji poslovi obavljaju se na način kojim se svakom čoveku i građaninu obezbeđuje jednaka zaštita i ostvarivanje njegovih Ustavom utvrđenih sloboda i prava. U obavljanju unutrašnjih poslova mogu se primenjivati samo mere prinude koje su predviđene zakonom i kojima se sa najmanje štetnih posledica za građane i njihove organizacije, preduzeća, ustanove i druge organizacije postiže izvršenje poslova.

U Ministarstvu unutrašnjih poslova izvršenje zadataka obezbeđeno je jedinstvenom organizacijom na teritoriji Republike Srbije u kojoj su zastupljeni teritorijalni, linijski i objektni princip rada. Pored sedišta Ministarstva unutrašnjih poslova u Beogradu, u skladu sa teritorijalnom podelom na okruge, poslovi i zadaci iz delokruga rada Ministarstva obavljaju se i u područnim jedinicama – područnim policijskim upravama u: Beogradu, Kragujevcu, Jagodini, Nišu, Pirotu, Prokuplju, Leskovcu, Vranju, Zaječaru, Boru, Smederevu, Požarevcu, Valjevu, Šapcu, Kraljevu, Kruševcu, Čačku, Novom Pazaru, Užicu, Prijepolju, Novom Sadu, Somboru, Subotici, Zrenjaninu, Kikindi, Pančevu, Sremskoj Mitrovici, Koordinacionoj upravi za Kosovo i Metohiju.

Ministarstvo unutrašnjih poslova Republike Srbije obavlja poslove državne uprave koji se odnose na:

– zaštitu bezbednosti Republike Srbije i otkrivanje i sprečavanje delatnosti usmerenih na podrivanje ili rušenje ustavom utvrđenog poretka;

– zaštitu života, lične i imovinske sigurnosti gradjana;

– održavanje javnog reda i mira;

– sprečavanje i otkrivanje krivičnih dela i pronalaženje i hvatanje učinioca krivičnih dela i njihovo privođenje nadležnim organima;

– obezbeđivanje zborova i drugih okupljanja građana;

– obezbeđivanje određenih ličnosti i objekata;

– bezbednost saobraćaja na putevima;

– kontrolu prelaženja državne granice;

– kontrolu kretanja i boravka u graničnom pojasu;

- kontrolu kretanja i boravka stranaca;
- nabavljanje, držanje i nošenje oružja i municije;
- proizvodnju i promet eksplozivnih materija, zapaljivih tečnosti i gasova;
- zaštitu od požara;
- državljanstvo;
- jedinstveni matični broj građana;
- lične karte;
- putne isprave;
- prebivalište i boravište građana;
- obučavanje kadrova, kao i druge poslove određene zakonom.

8.2. Iskustva NATO, SAD i nekih zemalja Evropske unije

Obuka i obrazovanje pripadnika DIA i sveukupno obaveštajaca, vrši se u sledećim ustanovama:

– „Združenom vojno-obaveštajnom koledžu" *(„Joint Military Intelligence College"* – *„JMIC")*[138] VB „Bolling" (Centralna institucija za školovanje obaveštajnih oficira OS SAD), na kome se školuje prosečno oko 200 slušalaca (puno vreme), od kojih je 90% van sastava DIA, i oko 500 slušalaca skraćeno (part time). Školuju se i kursiraju samo državljani SAD (civili i profesionalna vojna lica). Za strane državljane postoji mogućnost kursiranja u okviru kombinovanog programa obuke za strategijski obaveštajni rad *(„Combined Strategic Intelli-gence Training Program"* – *„CSITP")*. Ovi kursevi organizuju se četiri puta godišnje u trajanju po 7 nedelja, za nivo slušalaca ranga kapetan – major (eventualno mladi potpukovnici) – 18 slušalaca po kursu. Kursevi su besplatni ako su predviđeni i dogovoreni međunarodnim vojnim programom za obrazovanje

---

[138] Formacijski u sastavu Vojne obaveštajne agencije DIA (Defence Intelligence Agency) i pod direktnom komandom direktora DIA.

i obuku *("International Military Education Training" – "IMET")*, sa konkretnom stranom državom.

– Združenom vojno-obaveštajnom centru za obuku **(JMITC)**, VB „Bolling", koji ima 125 različitih kurseva.

– Regionalnim združenim obaveštajnim školama za obuku **(RJITF)** koje se nalaze na pet lokacija (četiri u SAD, jedna u V. Britaniji).

– Združenom obaveštajnom virtuelnom univerzitetu (JIVU), na kome je u 2005. godini realizovano 24.000 kurseva (oko 55% za slušaoce van DIA) i registrovano (do juna 2005. godine) oko 27.900 različitih korisnika.

U okviru same DIA, vrši se reorganizacija službe i uskoro se očekuje preimenovanje JMIC u *National Defense Intelligence College (NDIC)*. Jezgro za njegovo formiranje biće sadašnji JMIC (sedište NDIC biće takođe u VB „Bolling"), a sam budući NDIC treba da pruži šire mogućnosti za pripremu i školovanje kadrova iz svih struktura, uključujući i iz inostranstva, za bolje razumevanje novih pretnji, obaveštajnih potreba i kulture.

U okviru DIA obučavaju se i nove vrste oficira obaveštajaca tzv. **Regional Area Officer (RAO)**, koji je u obavezi da u detalje poznaje region, religiju, kulturu, jezik, istorijske, ekonomske i političke činjenice o zemlji ili prostoru koji „pokriva". Iz redova RAO i dosadašnjih FAO **(Foreign Area Officer)**, čija su znanja bila znatno manja, vrši se odabir budućih VDP ZP, koji se nalaze pod okriljem DIA.

Odeljenje – Školstvo BND

Posebnim zadacima usavršavanja stručnog znanja i naročitih sposobnosti se smatra zadacima **7. odeljenja BND**. Ono se sprovodi kroz mnogobrojne kurseve u okviru sopstvenih škola BND.

Primeri tih kurseva su:

– obaveštajni kursevi u metodici i tehnici
– stručni kursevi iz tema regija, koje su u oblasti interesovanja službe
– jezički kursevi

— kursevi za preobuku kadra za rad u javnim službama.

Obuka članova BND traje 2 godine za prosečnu službu i 3 za višu službu. Početnici u službi se školuju u oblasti internacionalne politike, bezbednosti (personalne i materijalne), sport, govor i rukovođenje izvora, mogućnostima komunikacija iz kriznih oblasti, tehnike prisluškivanja i špijunaže, taktike protivnika, opservacije i istraživanja kao i mnogim drugim oblastima, kao što su pravne osnove, državno pravo, budžet i finansijsko poslovanje.

Službenici BND se školuju i šire svoje znanje za više netehničke delatnosti u javnosti na internom visokom obrazovanju. Osnovne studije se nalaze na visokostručnoj školi u Brilu (Brühl) i glavne studije u Haru kod Minhena (Haar – München). Srednjeročno treba da se kroz izgradnju jednog novog internata u Berlinu premesti školovanje iz Hara. Mesta za obuku se nalaze još u Svistal-Hajmerchajmu (Swisttal-Heimerzheim) i u Pekingu na Štranberškom jezeru **(Pöcking am Starnberger See)**.

Izuzev ovoga BND raspolaže jednom školom stranih jezika.

Profil kadra, izbor, školovanje, usavršavanje, napredovanje i vođenje kroz službu

Kategorije lica koja se vode kao obaveštajni kadar u vojno-obaveštajnoj službi (VOS) Velike Britanije

Pripadnici službe – lica koja se vode kao obaveštajni kadar mogu se uslovno podeliti u četiri kategorije:

(1) lica koja regrutuje za svoje potrebe ministarstvo odbrane (MO) V. Britanije, vojna lica i civili;

(2) vojna lica – oficiri koji se regrutuju i obučavaju za potrebe jedinica obaveštajnog korpusa i drugih institucija koja se bave obaveštajno-bezbednosnim i vojno-političkim delatnostima koje zahtevaju određene veštine ljudstva osposobljenog za poslove u obaveštajno-bezbednosnim organima;

(3) vojna lica – vojnici i podoficiri, koji se regrutuju i obučavaju za potrebe obaveštajnog korpusa;

(4) civili – dobrovoljci, na vojničkim i starešinskim dužnostima koji se obučavaju za pojedine specijalnosti u okviru obaveštajnih jedinica teritorijalne armije (TA).

Centar za obuku obaveštajno-bezbednosnog kadra je odbrambeni obaveštajni i bezbednosni centar *(The Defence and Security Centre – DISC),* koji se nalazi u Čiksandsu (Chicksands). Opšte funkcije agencije su:

(1) obuka u obaveštajnim i bezbednosnim disciplinama; (2) obuka u ponašanju nakon zarobljavanja i (3) savetodavna funkcija u obaveštajnoj i bezbednosnoj politici. Pored vojnih, ova agencija obučava i pripadnike drugih obaveštajnih agencija u V.Britaniji. Takođe je, pored ostalih, savetodavni organ u poslovima koji maju obaveštajno-bezbednosni karakter, i u održavanju operativnih sposobnosti pojedinih državnih institucija.

Ministarstvo odbrane za svoje potrebe regrutuje lica, preko javnog oglašavanja na internetu, za poslove iz domena obaveštajnih poslova. Oni se nalaze u delu pod nazivom „Klasa obaveštajnih istraživača analitičara u oblasti odbrane" *(The Defence Intelligence Research Analyst Class).* Od njih se za početak jedino zahteva dobro poznavanje kompjuterske tehnike. Naknadno u obaveštajnim poslovima, prednost imaju fakultetski obrazovana lica, sa analitičkim sklonostima i veštinama. Poželjno je da budu sa vojničkom prošlošću, ali ne moraju biti oficiri. Moraju imati jako izražen interes za vojna, političko-vojna pitanja, ili druge probleme koji potencijalno mogu dotaći bezbednost V. Britanije ili njenih saveznika.

Za poslove koji zahtevaju višejezičnost, uslov je završen jezički fakultet ili diploma sa sertifikatom istih vrednosti iz neke druge institucije. Kandidati najpre polažu jezički ispit, pre nego što se procedura prijema nastavi.

Za rad u Združenom vazduhoplovno izviđačko-obaveštajnom centru *(Joint Air Recoinnaissance Centre – JARIC),* traže se kandidati koji imaju iskustva u radu sa raznim oblicima foto dokumentacije. Prvenstveno se traže kandidati sa odgovarajućim znanjima u okviru armijskih struktura, ali se razmatraju i civili sa znanjima i veštinama u oblasti rada sa „slikama" u komercijalne i naučne svrhe. Kandidati moraju proći test prirodnih sklonosti za ove poslove pre nego što nastave sa procedurom prijema.

Početnici obično rade u malim timovima civila i vojnog osoblja. Od njih se očekuje da izgrade svoje ekspertske sposobnosti u oblastima za koje se obučavaju. Posle dve godine ljudstvo se rotira kako bi ovladali celinom poslova koje obavljaju kao deo tima. Rad može uključiti putovanja u inostranstvo, a u nekim slučajevima rad će biti van prostorija, kancelarija, normalnih radnih sati. To uključuje rad noću i neradnim danima, za šta su posebno plaćeni.

Pored navedenog, delu ljudstva se omogućava da nastavi sa kursevima u drugim oblastima radi unapređenja svojim ličnih sposobnosti i mogućnosti za dalje unapređenje u lancu rukovođenja. Prijava podrazumeva dostavljanje svih podataka koji se traže u obrascu za prijavu. Nakon toga kandidati se pozivaju u centar za procene, gde se procenjuju analitičke, lične i socijalne veštine, kroz seriju vežbi.

Nacionalnost kandidata

Zbog prirode posla, ove dužnosti spadaju u **„Rezervisanu celinu"**, odnosno samo za državljane Ujedinjenog Kraljevstva (UK). Posebni uslovi:

– kandidat mora biti Britanac a ako je doseljenik u UK, mora biti britanski stanovnik najmanje 10 godina;

– kandidat ne bi trebalo da ima drugu nacionalnost u poslednjih pet godina;

– njegovi živi roditelji takođe treba da budu državljani Britanije;

– supruga ili partner treba da bude državljanin Britanije;

– živi roditelji supruge ili partnera treba da budu državljani Britanije.

Ako kandidat za poslove u Odbrambeno obaveštanom štabu, (čitaj VOS), *(The Defence Intelligence Staff – DIS)* ne ispunjava ove uslove, odluka će biti donosena od slučaja do slučaja.

Prebivalište

Kandidati moraju biti rezidenti Ujedinjenog Kraljevstva najmanje 10 godina pre podnošenja prijave. Međutim, prijava može biti razmatrana ako su (na primer) kandidati služili u jedinicama OS V. Britanije u svetu ili zbog nekog drugog „zvaničnog" razloga, studirali u inostranstvu ili živeli u inostranstvu sa roditeljima. Adekvatna dokumenta moraju opravdati taj period. Nastavak procedure vezan je za lični kontakt sa personalnim organima Vojno-obaveštajne službe Ministarstva odbrane (VOS MO) Velike Britanije.

Oficiri su dužni da provedu tri godine na početnim dužnostima, koje se realizuju u jedinicama. Za obaveštajne jedinice mogu konkurisati svi oficiri osim onih koji završe tehničke akademije ili se dalje školuju na akademiji i izlaze u činu potporučnika. Maksimum na ovim dužnostima je osam godina. Oficir može konkurisati za sledeći nivo nakon najmanje provedene dve godine u prvoj grupi, a u jedinici može ostati do tri godine, ako nakon prve godine dobije dobru službenu ocenu **(Confidential Report – CR)**. Postoji mogućnost, da posle dve godine i dve službene ocene, uz preporuke pređe na višu dužnost.

Na ovim dužnostima oficir treba da provede najmanje 10 godina, ili na takvim dužnostima od 21 godine, na kojima nakon 16 godina stiče pravo za prvo penzionisanje. Oficir na ovim dužnostima stiče pravo nakon dve godine u ovoj grupi da u bilo koje vreme pređe u višu. Oficir koji bude unapređen u majora na ovim dužnostima, automatski se vodi kao kandidat za narednu grupu u naredne tri godine po unapređenju.

Da bi bio postavljen na ovu dužnost, oficir mora provesti određeni period u prethodnom nivou, tj. najmanje dve godine u prethodnoj grupi i da ima dve službene ocene sa visokim rezultatima, uz preporuke, da bi konkurisao za treći nivo dužnosti.

Kriterijumi i vođenje u službi obaveštajno-bezbednosnog kadra u SAD i Kanadi

Za kandidate, koji žele da pristupe obaveštajnoj službi SAD, u načelu se raspisuje javni konkurs koji se objavljuje na sajtovima MO, DIA, vidova OS SAD. Kandidati podnose pisane molbe na univerzalnim obrascima dostupnim na internetu.

„Preporuka" za određenog kandidata od strane drugog pripadnika službe nije praksa i „ne igra" gotovo nikakvu ulogu. Ukoliko pripadnik službe ima saznanja da bi neko odgovarao određenom mestu u okviru obaveštajnih struktura njegovo je da samo ukaže na mesto i način konkurisanja.

Od kandidata za prijem u obaveštajne strukture se traži da poseduju visoko obrazovanje, završen koledž ili univerzitet. Mnogi od njih imaju i visoka akademska zvanja, magistara ili doktora. Poželjno je da kandidati poseduju adekvatne diplome iz političkih nauka, regionalnih studija, međunarodnih poslova, ekonomije, geografije, nauke. Od kritične je važnosti i poznavanje stranih jezika. U poslednje vreme, posebno se ceni poznavanje orijentalnih jezika, raznih retkih dijalekata. Kandidati treba da imaju i:

– veoma izražene analitičko/istraživačke sklonosti/veštine,

– da oni i članovi njihovih porodica budu građani SAD. Kandidat čiji bračni drug nema američko državljanstvo, automatski se diskvalifikuje za prijem u službu,

– da nije osuđivan, odnosno da nema kriminalnu prošlost,

– sposobnost samostalnog prikupljanja i obrade podataka,

– sposobnost pronalaženja bitnih podataka u složenim dokumentima,

– sposobnost da u kratkom vremenu prihvate i obrade veću količinu raznovrsnih informacija,

– sposobnost sažetog iznošenja rezultata neke od brojnih analiza,

– spremnost upućivanja na izvršavanje zadataka širom sveta u veoma kratkom vremenskom periodu,

– želju za napredovanjem u službi,

– spremnost na prekovremeni rad, posebno u otežanim pa i ratnim uslovima,

– adekvatna informatička i opšta znanja iz raznih oblasti.

Posle podnošenja pisane molbe za prijemu službu od kandidata se očekuje da se:

– odazove adekvatnom lekarskom pregledu, gde se utvrđuje zdravstveno stanje kandidata,

– odazove razgovoru i adekvatnom testiranju gde bi se utvrdile stvarne kvalifikacije i veštine kandidata,

– podvrgne kontraobaveštajnom testiranju na detektoru laži (poligrafu). Tokom karijere, mnogi pripadnici službe se nenajavljeno podvrgavaju ovom testiranju,

– podvrgne testiranju na eventualno prisustvo droge u organizmu kandidata.

Ukoliko kandidat odbije da se podvrgne gore navedenom automatski biva eleminisan iz procesa prijema. Za lica koja žele da pristupe intervjuu za prijem u službu, razrađeno je detaljno uputstvo kako da se ponašaju na intervjuu od utiska, pokazivanja kvaliteta, izgleda, odgovora na pitanja i sl.

Posle prijema od kandidata se očekuje da prođe dvogodišnji period probnog rada tokom kojeg se pažljivo prati i ocenjuje. Istovremeno kandidati se pismeno obavezuju da će držati u tajnosti sve poverljive podatke do kojih dolaze u toku svakodnevnih aktivnosti. Strogo je zabranjeno davati poverljive informacije neovlašćenim licima. Svako interesovanje i kontakt sa stranim licem, obavezno se prijavljuje. U DIA, i ostalim obaveštajnim sredinama razrađen je način mogućeg pristupa određenim informacijama, po nivoima, po principu „nije potrebno znati" (not need to know), i svako interesovanje van odobrenog ili odavanje informacije se sankcioniše otpuštanjem iz službe.

U obaveštajnim strukturama gotovo podjednako su zastupljena vojna i civilna lica koja u načelu imaju konstantnu karijeru na pojedinim poslovima, duže ostaju na konkretnom radnom mestu, bolje razumeju procese, zahteve službe. Odnos civila i PVL je 60-70:30-40%, s tim da deo civilnih lica (CL) čine penzionisana profesionalna vojna lica (PVL) sa iskustvom na obaveštajnim poslovima. Direktor DIA je uvek PVL, rang general – admiral (3 zvezde), a njegov zamenik CL.

U određenim vremenskim periodima raspisuju se i javni konkursi za konkretne specijalnosti unutar DIA. Tokom prve polovine septembra 2005. godine bio je aktuelan konkurs za prijem u radni odnos, između ostalih, na sledećim radnim mestima:

1. Viši odbrambeno obaveštajni ekspert za analitičko planiranje i politiku,
2. Viši odbrambeni obaveštajni ekspert za Kinu,
3. Viši odbrambeni obaveštajni ekspert za analizu vojnih snaga,
4. Viši odbrambeni obaveštajni ekspert za vojnu infrastrukturu i sl.

U uslovima konkursa, pored opštih i stručnih kriterijuma, navodi se i lokacija gde će kandidati raditi i visina plate (prosečna godišnja je od oko 70 - 150.000 USD, u zavisnosti od radnog mesta, stručnosti, složenosti poslova).

Profesionalni pripadnici oružanih snaga (OS) SAD u toku svoje karijere imaju dva paralelna puta: (1) profesionalno vojno obrazovanje i (2) usko specijalističko obrazovanje službe ili roda u kome se nalaze. U oružanim snagama (OS) SAD postoje profesionalni obaveštajni oficiri i rodovski obaveštajni oficiri. Profesionalni obaveštajci se opredeljuju za službu nakon završetka vojne akademije (VA) ili nekog od civilnih univerziteta/koledža. Njihova karijera je u načelu vezana za rad u DIA. U okviru vidova OS SAD, oficiri koji se odluče za razvoj po obaveštajnoj grani obično imaju zvanje FAO (**Foreign Area Officer**) i vezuju se za određenu samostalnu komandu OS SAD, region interesovanja. U okviru vidova OS SAD, oficiri koji se opredele za obaveštajni rad imaju jasno razrađenu karijeru/mogućnosti, od čina poručnika (komandiri vodova, ili oficiri S-2 u brigadi), do pukovnika (komandant vojno-obaveštajne brigade J-2/G-2 u štabu ili VDP vida). Za svaku dužnost razrađeni su kriterijumi, zahtevi, mogućnost apliciranja (npr. za kapetana pripadnika obaveštajne službe odgovornost da komanduje i upravlja jedinicom ranga čete, 200-300 vojnika, koordinira aktivnosti od nivoa čete do divizije, multinacionalnim operacijama, bude vojno-obaveštajni savetnik i sl.).

Ukoliko oficiri budu izabrani kao kandidati za vojno-diplomatska predstavništva (VDP) svoje zemlje upućuju se na samostalno učenje jezika zemlje prijema i jednogodišnju školu za atašee pod okriljem DIA. Obično provode 3-4 meseca u ZP na izučavanju jezika, upoznavanju zemlje, kulture, običaja, OS. Za izbor, obuku i rad VDP odgovorna je DIA. Izabrani VDP , u načelu, unapred znaju svoja buduća mesta službovanja, po regionalnom principu.

Pored obaveštajnih kurseva, različitih dužina i trajanja unutar vidova OS SAD, osnovna i viša obaveštajna znanja se stiču u okviru JMIC (Joint Military Intelligence College, vojna baza „Bolling", Vašington). JMIC pruža znanja i sticanje diploma u sferi obaveštajnih znanja od taktičkog do strategijskog nivoa. Osnovni zadatak koledža je profesionalna priprema obaveštajnih oficira za njihovo što uspešnije izvršavanje funkcionalnih zadataka. Koledž nastoji da razvija profesionalne veštine i intelektualne kapacitete kod svojih slušalaca, što treba biti solidna osnova za lidere obaveštajne strukture na strategijskom nivou odlučivanja i snabdevanja adekvatnim informacijama i procenama najvišeg vojnog i državnog vrha SAD.

Unutar koledža znanja se stiču u okviru programa: (1) Undergraduate Intelligence Certificate Program (**UGIP**), (2) Bachelor of Science in Intelligence (**BSI**), (3) Postgraduate Intelligence Program Certificate (**PGIP**) i (4) Master of Science of Strategic Intelligence (**MSSI**). Dužina programa kurseva je različita, od nekoliko meseci do dve godine. Na koledžu se školuju i strani obaveštajci, kriterijumi za prijem je NATO pripadnost, posebni interesi. Pored JMIC, profesionalni obaveštajci se mogu usavršavati i na pojedinim univerzitetima, po posebnim programima. Za studente koji žele da se bave obaveštajnim poslovima, takođe postoje adekvatni kursevi na univerzitetu. Za civile, koji se primaju u obaveštajnu službu, pre nego započnu posao, organizuje se potrebna bazna vojno-stručna obuka, na kojoj se stiču osnovna znanja o OS, vidovima, doktrini, operacijama, upotrebi snaga i sl.

U OS Kanade, kategorija obaveštajnog oficira se smatra jednom od ključnih, a kriterijumi i način aplikacije slični su kao i u OS SAD.

Ugovor se potpisuje na period od pet godina, a plata se progresivno menja u zavisnosti od obuke, iskustva, izvršavanja zadataka (od oko 41 - 67.000 dolara, godišnje).

Na intervjue se prima ograničeni broj kandidata a posebno se insistira na psihometričnom testu, znanju više jezika (bar dva), motivaciji, bezbednosnoj proveri, uključujući i poligrafski test.

U obe vojske, posebna pažnja se posvećuje praćenju finansijskih prihoda i stanja obaveštajnih oficira zbog čega su obavezni da redovno prijavljuju svoje materijalno stanje, dozvole pristup svojim računima (radi kontrole), a isplate se vrše isključivo preko kontrolisanih računa svakog pojedinca.

8.3. Perspektiva obuke za potrebe obaveštajno-bezbednosne zajednice (OBZ)

Novi izazovi, rizici i pretnje, posebno asimetrične, nametaće obavezu pojačanog prijema stručnjaka (eksperata) iz civilnih struktura za oblasti interesantne za obaveštajno-bezbednosnu zajednicu.

Potrebno je razviti mehanizme nagrađivanja stručnosti i lojalnosti službi, obezbeđenja profesionalnog razvoja i liderskih sposobnosti i podsticanja inicijative, inventivnosti, snalažljivosti i fleksibilnosti.

OBZ mora da izgradi takav sistem vrednovanja koji će svakom pripadniku službe omogućiti usavršavanje u skladu sa ličnim sposobnostima i aspiracijama.

Potencijalni problem izazivaće ubrzano otpuštanje starijeg, iskusnijeg kadra, što mlađim pripadnicima OBZ ograničava mogućnost da, radeći uz njih, skrate period sticanja željenih znanja i veština. Ta činjenica, istovremeno, posmatra se i kao izazov, jer je nužna promena doktrinarnog pristupa i usvajanje novog sistema vrednosti, za koju su mlađi ljudi daleko otvoreniji. U okviru nastojanja da se do jačanja kvaliteta rada dođe i putem saradnje sa svim više ili manje srodnim državnim, nevladinim i obrazovnim institucijama, ostavlja se mogućnost uključivanja proverenih profesionalaca, pre svega, u specijalističko obučavanje mlađeg kadra.

Izrada realistične i sveobuhvatne strategije obučavanja kadra preduslov je uspešne transformacije OBZ. Imajući u vidu opredeljenje da će se standardi NATO usvojiti kako na organizacijskom, tako i na doktrinarnom nivou, težiće se pronalaženju međunarodnih partnera koji će prihvatiti obučavanje dela pripadnika OBZ u svojim obrazovnim institucijama, kao i angažovanje stranih predavača i instruktora u budućem specijalizovanom centru za usavršavanje obaveštajnog kadra.

Karakter aktuelnih asimetričnih izazova rizika i pretnji naglašava značaj angažovanja ljudi u prikupljanju obaveštajnih podataka – **HUMINT**. S obzirom na to da će nosioci asimetričnih pretnji biti prisutni i u našem regionu, kao i činjenicu da će predstavljati direktnu opasnost ne samo za bezbednost naše zemlje, već i budućih partnera, posebna pažnja mora se posvetiti svestranom razvoju te obaveštajno-bezbednosne discipline. Detaljna analiza aktuelnih sposobnosti pokazuje da je osnovna prepreka ostvarivanju boljih rezultata u tom domenu nije bila neosposobljenost, već nedostatak adekvatne logističke (tehnološke i finansijske) podrške. Uprkos tome, potrebe će nameteti stalno jačanje **HUMINT**.

Usavršavanje pripadnika OBZ – operativne specijalnosti predviđeno je kroz realizaciju operativnih kurseva u centrima čiji se nastavni plan i program (NPP) dograđuju na bazi sopstvenih i stranih iskustava iz ove oblasti. Razvoj analitičkih sposobnosti po celoj dubini organizacijske strukture takođe je važan zahtev, čija realizacija predstavlja ozbiljan izazov. Njegovim uspešnim prevazilaženjem omogućila bi se adekvatna podrška donosiocima odluka na svim nivoima – taktičkom, operativnom i strategijskom. Usavršavanje pripadnika OBZ – analitičke specijalnosti predviđeno je kroz realizaciju analitičkih kurseva u centrima za obuku čiji se NPP dograđuju na bazi sopstvenih i stranih iskustava iz ove oblasti.

Posebna pažnja mora se posvetiti stvaranju kadra koji se može angažovati u izvršenju vojno-diplomatskih zadataka. Ta lica će delovati u racionalno izgrađenoj mreži predstavništava, proširenoj na regione u kojima će se angažovati jedinice u mirovnim misijama. Uz pojačano angažovanje na zadacima koji proističu iz bilateralne vojne saradnje, oni će, kao ovlašćeni predstavnici određene agencije, sve više učestvovati u razmeni obaveštajnih podataka sa srodnim stranim službama.

Za izvršenje sve složenijih vojno-diplomatskih zadataka, potreban je otklon od dosadašnje prakse izbora izaslanika i izrada strogih i veoma zahtevnih kriterijuma, u potpunosti usaglašenih sa opštom politikom vođenja obaveštajno-bezbednosnog kadra.

Usavršavanje pripadnika OBZ za vojno-diplomatske zadatke vrši se na kursu za osposobljavanje profesionalnih oficira i pripadnika drugih ministarstava za rad u izaslanstvima odbrane.

Karakteristike profila kadra u obaveštajno-bezbednosnoj zajednici (OBZ)

Profil kadra u obaveštajno-bezbednosnoj zajednici (pojedinačnim službama koje je čine – BIA – Bezbednosno-informativna agencija i Vojno-obaveštajno-bezbednosna agencija) mora biti u funkciji specifičnosti obaveštajne bezbednosne delatnosti. Izbor i stručno osposobljavanje obaveštajnog kadra mora se posmatrati kroz specifičnosti, cilja, zadataka i funkcije obaveštajno-bezbednosne delatnosti, obaveštajnog obezbeđenja i obaveštajno-izviđačke organizacije i organa. Specifičnost u tome posebno čini, vojno-obaveštajno-bezbednosna delatnost.

Obaveštajno-bezbednosna delatnost je organizovana delatnost obaveštajnih i drugih službi, institucija i organa za potrebe državnog, političkog ili vojnog rukovodstva. Obuhvata planiranje obaveštajne delatnosti, prikupljanje, proveravanje, analizu, selekciju i dostavljanje obrađenih podataka na korišćenje. Predstavlja neprekidan proces kojim se rukovodstvu obezbeđuju podaci o drugim državama, njihovim oružanim snagama (OS) i drugim činjenicama značajnim za vođenje tekuće i dugoročne politike i za pripremu i vođenje rata.

Obaveštajno obezbeđenje je sastavni deo ukupnih mera postupaka i aktivnosti za pripremu zemlje za odbranu, a posebno OS za vođenje svih oblika oružane borbe i borbenih dejstava. Obuhvata mere, postupke i aktivnosti na planiranju, organizovanju, prikupljanju, obradi i korišćenju obaveštajnih podataka, radi sprečavanja iznenađenja i pravovremenog donošenja celishodnih odluka, efikasnog komandovanja i rukovođenja OS i uspešnog vođenja oružane borbe.

Obaveštajno-izviđačka organizacija oružanih snaga (OS) sastoji se iz tri osnovna elementa:

– obaveštajnih organa komandi i štabova,

– obaveštajno-operativnih organa,

– izviđačko-diverzantskih jedinica (IDJ) i organa.

Obaveštajni organi komandi i štabova nosioci su i organizatori stručnih poslova obaveštajnog obezbeđenja za potrebe komandi, štabova i jedinica vojske. Obaveštajno-operativni organi su specijalizovani organi vojske, osposobljeni i ovlašćeni da organizuju i izvode obaveštajno-operativnu delatnost na teritoriji Republike Srbije i stranih zemalja kao oblik prikupljanja obaveštajnih podataka o stranim oružanim snagama radi obaveštajnog obezbeđenja naših oružanih snaga.

IDJ vidova i rodova su specijalizovane jedinice OS namenjene za formiranje izviđačkih, izviđačko-diverzantskih i diverzantskih organa radi izvođenja specijalnih dejstava: prikupljanja obaveštajnih podataka, izvođenje diverzija na vitalne objekte neprijateljevog borbenog rasporeda i infrastrukture i izvođenje prepadnih dejstava, prvenstveno na težištu borbenih dejstava u zahvatu fronta na zauzetoj teritoriji i u neprijateljevoj pozadini.

Obaveštajno-izviđački kadar je celokupan sastav koji se organizovano bavi obaveštajnom delatnošću, bez obzira na stepen komandovanja i rukovođenja i čin i status u službi u oružanim snagama (OS).

Iz navedenog je uočljivo da su za obaveštajnu službu potrebni profili starešina za sledeće specijalnosti:

– komandni kadar u izviđačko-diverzantskim jedinicama,

– kadar za rad u obaveštajnim organima komandi i štabova (obaveštajno-štabni kadar),

– kadar za obaveštajno-operativnu delatnost:

– za rad u obaveštajnim centrima u zemlji i

– za rad u inostranstvu (vojna izaslanstva)

Svi navedeni profili moraju biti dobri poznavaoci bar 1-2 strana jezika, kako svetskih tako i suseda. To se mora ogledati u mogućnosti komuniciranja i korišćenja literature.

Osposobljenost obaveštajno-izviđačkog kadra je kategorija koja pokazuje koliko je teoretski i praktično obučen za vršenje funkcionalnih dužnosti. Jedna od najznačajnijih etapa je školovanje ili usavršavanje. Pored školovanja na tempo i kvalitet osposobljavanja veliki uticaj ima praksa obaveštajne delatnosti kojom se ovaj kadar bavi.

Obaveštajno-izviđački kadar sadrži profile starešina od srednjeg stručnog obrazovanja do poslediplomske osposobljenosti. Navedene dužnosti u savremenim uslovima postaju sve složenije kako po strukturi tako i po obimu i složenosti poslova koje obavljaju starešine ovog profila.

U uslovima brzih promena u nauci, tehnici i tehnologiji, a samim tim u fizionomiji savremenog rata i u ratnoj veštini, dolazi do ubrzanog zastarevanja doktrinarnih sadržaja. Nastojanjima da se za što kraće vreme usklade obrazovne potrebe kadra u obaveštajno-izviđačkim organima i jedinicama dovelo je do čestih oscilacija u sistemu obrazovanja.

Činjenica da je osnovni profil starešina koji se stiče u vojnoj akademiji, osnova komandno-štabnog profila, postoji problem utvrđivanja osposobljenosti na nivou poziva, struke i specijalnosti. Slična situacija je i na Kriminalističko-policijskoj akademiji. Postavlja se pitanje koliko se kroz ove nastavne planove i programe (NPP) budući pripadnik OBZ, osposobljava za vršenje dužnosti u organima OBZ u početnom periodu i koliko daje osnova za uspešno savlađivanje stručno-specijalističkih kurseva u kasnijem obrazovanju.

Problem je kako iste popuniti profilom starešina potpuno stručno osposobljenih za radne zadatke.

Prva je mogućnost, upućivanja starešina, predviđenih za ove jedinice odmah, pre rasporeda i postavljanja na dužnost, na stručno-specijalistički kurs koji bi bio nastavak školovanja. Problem je kako regulisati status, lični dohodak, školarinu, motivaciju i drugo.

Druga mogućnost je da se isti upute na kurs po prijemu dužnosti u IDJ. Prvi problem je što izviđačka jedinica za to vreme ostaje bez starešina. Drugi problem je što starešine do odlaska na kurs nisu osposobljene za izvršenje specifičnih radnih zadataka u jedinici.

Treća je mogućnost da izabrane starešine jedno vreme provedu na dužnostima u svojim rodovskim jedinicama. Po završetku kursa postaviti ih na dužnosti u IDJ, a potom ih voditi kroz razne funkcije u obaveštajno-izviđačkoj strukturi. Problem se javlja u zaostajanju ovog kadra za svojim drugovima u drugim strukturama jer na dužnosti komandira izviđačkog voda moraju, pored rada u svojoj rodovskoj jedinici, da provedu 3-5 godina. Posebno je značajno pitanje motivacije.

Veoma značajan je pravilan izbor starešina. Nisu retki promašaji kod izbora pri samom završetku škole. Mora se pronaći mogućnost praćenja kandidata za ovaj kadar u toku školovanja uz sva potrebna testiranja i analize.

Slučajevi nepravilnog angažovanja ovog kadra su usled nedovoljnog poznavanja njihove uloge zadataka i značaja. Iz tih razloga nedovoljno se obraća pažnja na njihovo usavršavanje. Tako imamo dosta slučajeva da je ovaj kadar bez završne odgovarajuće škole.

Starešinski kadar za rad u obaveštajno-operativnoj delatnosti ima svoje specifičnosti. To se ogleda u radnim zadacima koji su dosta drugačiji od komandno-štabnih funkcija. Zbog svoje specifičnosti ovi kadrovi moraju biti visoko-obrazovani. Najrealnija je popuna iz IDJ i obaveštajnih organa komandi i štabova, gde se najlakše može sagledati sklonost starešina za ovu vrstu delatnosti.

Potrebe profila sa naučnim stepenima znanja su nesporne. Međutim, slučajevi, koji nisu retki, da magistarski rad iz ove oblasti rade starešine koje se nikad nisu bavile ovom problematikom ne idu u prilog poslediplomskom usavršavanju u cilju poboljšanja struke.

Sledeće veoma značajno pitanje je vreme, način i obim osposobljavanja obaveštajno-izviđačkih kadrova raznih profila na stručno-specijalističkim kursevima. Stalne promene u načelima upotrebe i operativno-strategijskom razvoju OS u svetu, nameće potrebu čestog inoviranja znanja.

Selekcija ljudstva

Selekcija ljudstva je naučno-stručni postupak kojim se od većeg broja kandidata koji to žele bira potreban broj onih za koje se predviđa da će brže i bolje moći odgovoriti zahtevima dužnosti od onih koji neće biti izabrani.

Selekciju ljudstva za rad u organima OBZ treba posmatrati kao selekciju za rad u specijalnim jedinicama jer takav status ova služba ima.

U obavljanju funkcionalnih dužnosti javljaju se dva suštinska zahteva: uvek prisutna opasnost po život i telesni integritet u toku vršenja službe (bez obzira na stanje u društvu) i objektivna intelektualna složenost poslova u okviru dužnosti. Šire posmatrano ljudstvo na poslovima u tim organima bavi se rizičnim zanimanjem, ali je faktor rizika uslovljen akcijama i svesnom delatnošću ljudi, pa je zato složenost i opasnost nepredvidiva. S druge strane, ovaj posao obavlja se u nekom širem sistemu društvene organizacije (privredne, vojne, pa i političke), u različitim okruženjima i situacijama (u prvim borbenim linijama, kao i na različitim mestima u zemlji i inostranstvu).

Načelno, tri su modela selekcije ljudstva jedinica za specijalna dejstva: ***u centrima za selekciju, u centrima za obuku i psihometrijski.***

Obaveštajno-operativna delatnost (kao primarna u aktivnostima OBZ), predstavlja skup mera, radnji i postupaka usmerenih ka iznalaženju, izučavanju, angažovanju, obučavanju i korišćenju naših i stranih državljana, sa osnovnim ciljem stvaranja trajnih izvora saznanja na stranoj teritoriji radi dobijanja korisnih podataka i informacija neophodnih za obaveštajno obezbeđenje oružanih snaga i zemlje u celini, kako u miru tako i u ratnim uslovima.

To je stalan proces koga (u strogoj tajnosti) planiraju, organizuju i realizuju specijalizovani obaveštajno-operativni organi stacionirani u zemlji i inostranstvu, koji su nadležni, ovlašćeni i posebno obučeni za njegovo izvođenje.

U svome svakodnevnom radu, pripadnici obaveštajno-operativnih organa (u daljem tekstu operativci-obaveštajci) susreću se sa nizom izazova na koje moraju pozitivno da odgovore kako bi realizovali postavljene ciljeve i zadatke, ili barem eventualne negativne posledice sveli na najmanju moguću meru.

Iako se u pripremi operativca-obaveštajca za realizaciju odgovarajućeg zadatka veći broj mogućih izazova predviđa (kako na psiho-sociološkom, stručno-operativnom, tako i na bezbednosnom planu) i iznalaze unapred moguća optimalna rešenja, ipak se on u toku izvršavanja postavljenog mu zadatka može naći u nepredviđenoj situaciji čiji će pozitivan ishod zavisiti isključivo od njegove snalažljivosti, znanja, hrabrosti i mogućnosti pravilne procene. Ovo navodi da operativac-obaveštajac, osim znanja stečenog tokom opšteg i stručno-specijalističkog obrazovanja, mora raspolagati i sa još nekim pozitivnim osobinama a koje zavise od strukture njegove ličnosti.

Iako operativci-obaveštajci nisu „nadljudi", mora se reći da posao kojim se oni bave ne može svako da obavlja. Uspeh započetog operativnog zahvata često je vezan sa predvidivim političkim implikacijama na nivou dve zemlje, a ponekad (ako se operativni zahvat izvodi na stranoj teritoriji) i sa direktnom opasnosću po bezbednost i lični integritet operativca-obaveštajca bez obzira da li se radi o mirnodopskim ili ratnim uslovima.

Zbog toga, u pronalaženju optimalnog profila ili kriterijuma za izbor operativaca-obaveštajaca neophodno je poći od:

Potrebnog stepena opšteg i stručno-specijalističkog obrazovanja,

Pošto se u svom svakodnevnom poslu susreću sa ličnostima različitih obrazovnih profila, operativci – obaveštajci, moraju biti široko obrazovane ličnosti koje, pored stručno-specijalističkog obrazovanja, moraju raspolagati saznanjima i iz drugih oblasti koja im omogućavaju nesmetano vođenje konverzacije sa sagovornicima na bilo koju temu. Ovo se posebno odnosi na operativce – obaveštajce koji se nalaze u inostranstvu. Operativac – obaveštajac nikada ne sme da dozvoli da se nađe u inferiornom položaju u toku razgovora, uključujući tu i kada se radi o znanju jezika zemlje prema kojoj obaveštajno radi i barem jednog od priznatih svetskih jezika.

Današnji sistem školovanja kod nas omogućava osnovnu širinu obrazovanja budućih operativaca – obaveštajaca, uz dodatne kurseve i usavršavanje kada su u pitanju strani jezici. Međutim, svaki operativac – obaveštajac mora, u daljem, sam da posveti pažnju održavanju i proširivanju sopstvenog nivoa znanja. Stručno-specijalistička obuka je deo obrazovanja koje se prezentira tek po izboru ličnosti za budućeg operativca – obaveštajca i nju je neophodno dopuniti školovanjem kadrova i u inostranstvu.

Optimalne psihosociološke strukture ličnosti

Psiho-sociološkom profilu do sada se poklanjala relativno mala pažnja, te je neophodno izraditi kriterijum za izbor i prijem budućih operativaca – obaveštajaca koji bi pored potrebnog obrazovanja i standardnih psihofizičkih sposob-nosti, obuhvatao i:

– afinitet prema obavljanju zadataka obaveštajno-operativne prirode,

– pokazani patriotizam, staloženost, hrabrost, snalažljivost, samoinicijativnost, istrajnost i odlučnost u izvršavanju zadataka,

– društvenost, komunikativnost i kultura u ophođenju sa ljudima,

– dobra moć zapažanja sa sposobnošću racionalnog procenjivanja i predviđanja događaja.

Osim navedenog, sistemskim putem moralo bi se obezbediti status operativca-obaveštajca na novim osnovama. On bi podrazumevao priznanje okolnosti i uslova njegovog rada kroz povećanje benificiranog radnog staža, povećanje platnih grupa u odnosu na kolege istog čina u drugim rodovima, veću prohodnost za odlazak na usavršavanje i školovanje u zemlji i inostranstvu.

Osnovno izvorište kadrova za popunu upražnjenih mesta operativaca – obaveštajaca trebalo bi da budu izviđačke jedinice i obaveštajni organi komandi sva tri vida vojske, a dopunsko iz jedinica, komandi i ustanova sva tri vida na predlog nadležnog obaveštajnog organa operativno-strategijske grupacije.

Popuna prethodnih vršila bi se iz vojnih akademija na kojima bi se izbor budućih obaveštajaca obavljao početkom poslednje godine školovanja (obaveštajno-izviđački smer). U toj godini bi budući obaveštajci završili i trupno-obaveštajni kurs sa osnovnim elementima obaveštajno-operativnog kursa i intenzivan kurs jednog od priznatih svetskih jezika, pa čak i intenzivni kurs jednog od jezika susednih zemalja.

Svakako da se mora ostaviti mogućnost popune operativcima – obaveštajcima i sa civilnih fakulteta, posebno mladim uspešnim studentima.

U skladu sa pokazanim afinitetom i postignutim rezultatima rada, posle 4-6 godina provedenih na ovoj dužnosti (do čina major – potpukovnik), neki bi ostajali i dalje na dužnosti u obaveštajno-operativnom organu u zemlji ili raspoređivani na dužnosti u okviru svoga roda, a uspešnijima bi se omogućilo doškolovavanje i upućivanje na rad u obaveštajno-operativne organe u inostranstvu, odnosno upućivanje na rad u obaveštajnoj upravi.

Operativci – obaveštajci koji se nalaze na radu u sastavu obaveštajno-operativnih organa u inostranstvu morali bi se birati isključivo iz sastava obaveštajno-operativnih organa u zemlji ili same OBZ, a nikako sadašnjim sistemom konkursa iz sastava svih rodova i vidova vojske!

Na osnovu svega iznesenog, u okviru transformacije OBZ i njenih potčinjenih organa, neophodno je izraditi profesiogram pripadnika OBZ i kriterijum za izbor obaveštajnog kadra, sa posebnim osvrtima na dužnost operativca-obaveštajca i iste što pre staviti u primenu.

Operativac, kao neposredni učesnik i realizator operativnih akcija je najvažniji subjektivni faktor od koga zavise rezultati operativno-obaveštajne delatnosti. Operativno iskustvo stečeno kroz rad pokazuje da se u relativno slabim objektivnim uslovima postižu solidni rezultati zahvaljujući ličnim kvalitetima operativca i obratno, da i pored veoma povoljnih objektivnih uslova izostaju rezultati zbog nedovoljnih ličnih kvaliteta operativca, zalaganja i odgovornosti, samoincijative, obaveštajnog obrazovanja, moći zapažanja, odlučnost i hrabrost na poslu kao preduslova za uspeh, ali ukoliko operativac nema afiniteta za ovu delatnost, rezultati neće biti adekvatni uloženim naporima.

Suština operativne delatnosti čini umešnost u radu sa ljudima sa ciljem da se pridobiju za obaveštajnu službu. Zbog toga, pre svega, operativac mora imati navedene kvalitete, koji će mu omogućiti da u tome uspe. S obzirom da su operativne veze iz obrazovanih sredina, a da bi im se mogao prilagoditi, operativac treba da bude intelektualno osposobljen za vođenje razgovora o temama koje se nameću. Zato se od operativca traži da poznaje i ispoljava interesovanje za razna društvena područja (politiku, književnost, istoriju, umetnost, sport itd.) i da o tome može voditi razgovor.

Operativac treba da ima odgovarajuće obrazovanje da bi mogao postavljati zadatke vojne prirode i davati potrebna uputstva za izvršenje tih zadataka raznim kategorijama operativnih veza. Pošto je cilj da se ostvaruju veze među vojnim licima, on treba da bude sposoban da vodi razgovore o vojnim temama na odgovarajućem nivou, da razume i objektivno prenese dobijene informacije. Zato operativac koji je zbog karaktera poslova fizički odvojen od svakodnevnog života armije (jedinice) mora voditi računa i o svom vojnom obrazovanju, da ne postane „čisti operativac" koji se samo bavi operativnim radom, taktikom i tehnikom, što se negativno odražava na obavljanje njegove dužnosti.

Neposredni kontakt operativca sa potencijalnim odnosno postojećim operativnim vezama – stranim državljanima, neophodno je da i oni što solidnije poznaju jezik zemlje prema kojoj obaveštajno deluju.

Karakterne osobine operativca takođe imaju značajnu ulogu. One treba da mu pomognu da dobije poverenje lica za koje je operativno zainteresovan. Društvenost, vedrina, komunikativnost, snalažljivost i slične pozitivne osobine značajne su za afirmaciju operativca. S druge strane, preterana nametljivost, uobraženost i druge negativne društvene osobine svakako će štetiti njegovoj afirmaciji.

Operativac treba imati izoštren osećaj za mere koje preduzimaju kontraobaveštajni organi, sračunate na otkrivanje njegove delatnosti i njegovih operativnih veza, i znati preduzimati u radu odgovarajuće mere bezbednosti. U radu ne sme biti kontraobaveštajno opterećen, neopravdano uobražavajući da ga kontraobaveštajna služba stalno prati, jer ta opterećenost negativno utiče i bitno ograničava izvršenje njegovog osnovnog zadatka. Operativac u inostranstvu svojim nastupom ne sme da daje utisak čoveka koji se plaši posledica svog delovanja (koji se osvrće, odvlači sagovornika u „ćoškove" i sl.) a posebno je važno da u inostranstvu ne izbegava upadljivo oficire bezbednosti, već prema njima bude ležeran u ophođenju i za njih ima uvek pripremljenu temu za razgovor. Dobri odnosi sa oficirima bezbednosti često olakšavaju operativnu delatnost.

Operativac treba da je i tehnički obrazovan – da poznaje fotografiju, da vozi automobil, rukuje sredstvima veze, koristi računar i slično, tako da može samostalno obavljati tehničke poslove u okviru svoje operativne delatnosti.

U obaveštajnom radu, posebno u društvanoj aktivnosti u inostransvu, bitnu ulogu ima i supruga operativca. U nekim zemljama bez njenog učešća nemoguće je uspostavljati bliže odnose sa interesantnim licima. Ova činjenica nameće potrebu da i supruga ima odgovarajuće kvalitete, pre svega da poznaje strani jezik, način ophođenja, osnovne dužnosti koje će kao supruga diplomate, odnosno operativca morati da vrši, kao i kontraobaveštajne mere domaćina, društvene prilike i običaje u zemlji domaćina itd. Zbog toga je neophodno da se i supruge operativaca sa kojima se upućuju u inostranstvo u odgovarajućem obimu pripremaju.

8.4. Mogući model organizacije obuke u združenom KOLEDŽU obaveštajno-bezbednosne zajednice (OBZ) Republike Srbije

Predlog novog modela organizovanja i obuke pripadnika obaveštajno bezbednosne zajednice (OBZ), *„združeni koledž OBZ"* vidi kao centralnu instituciju za školovanje obaveštajnih oficira svih subjekata zajednice (BIA; VOA, VBA i službi bezbednosti u MIP-u). Isti je koncipiran prvenstveno uvažavajući potrebe savremenog pripadnika OBZ, ali i na iskustvima sličnih oblika školovanja u stranim zemljama.

S obzirom da se radi o potrebi zajednice, predlaže se da to bude Združeni obaveštajni koledž. Na ovom koledžu bi se školovali akademski obrazovani, budući pripadnici OBZ, kursirali i usavršavali pripadnici službi OBZ, održavali seminari i kursevi domaćih i stranih pripadnika na lokalnom i regionalnom nivou.

Školovanje bi obuhvatalo opšti deo školovanja i usavršavanja za potrebe OBZ i strateških ciljeva službi. Za potrebe rada na nižim nivoima, organizovali bi se specijalistički kursevi u okvirima resornih službi (BIA, VOA, VBA). Dakle školovanje na ovom koledžu, podrazumeva školovanje i usavršavanje kadrova u okviru kombinovanog programa obuke za strategijski obaveštajno-bezbednosni rad.

Školovanje na koledžu mogu upisati svršeni diplomirani studenti sa fakulteta, akademija i univerziteta u Srbiji, koji su uspešno savladali proces selekcije i ispunili sve druge zakonom predviđene uslove za prijem u službe OBZ. Osnovno školovanje u koledžu trajalo bi 2 (dve) godine (master studije); godinu dana (specijalističke studije). Školovanje kadrova se vrši u skladu sa planovima i programima koji su kompatibilni sa fakultetima na univerzitetima u Srbiji, čiji su predmeti izučavanja diplomatija, bezbednost, državna i lokalna uprava i odbrana. Svršeni studenti ovih studija mogu nastaviti školovanje na doktorskim studijima na ovim fakultetima.

U združenom obaveštajnom koledžu, bi se organizovali i realizovali osnovni, srednji i viši kursevi za potrebe usavršavanja kadrova službi OBZ. Kursevi bi u zavisnosti od nivoa, trajali od jedne sedmice do šest meseci. Polaznici ovih kurseva, bili bi pripadnici izviđačko-diverzanskih i potražnih jedinica vojske Srbije, pripadnici policije, vojne policije, pripadnici OBZ (BIA, VOA i VBA) i po potrebi drugi organi državnih i privrednih subjekata Republike Srbije.

Školovanje na Združenom koledžu OBZ, bilo bi omogućeno i za pripadnike stranih obaveštajno-bezbednosnih službi, posebno u oblastima koji se tiču unapređenja kolektivnih sistema bezbednosti i razvoja koalicionih obaveštajno-bezbednosnih zajednica na lokalnom, regionalnom i svetskom nivou. Ovaj pristup bi imao svoju višestruku kvalitativnu i kvantitativnu dimenziju, posebno isplativost, kako u političkom, tako i u ekonomskom smislu.

Na čelu Združenog koledža OBZ bio bi direktor, koga imenuje i koji je podređen *direktoru agencije koja rukovodi OBZ Republike Srbije.*

Združeni koledž OBZ bi obavljao poslove koji se odnose na: stručno osposobljavanje, usavršavanje i pripremu profesionalnih pripadnika ministarstva unutrašnjih poslova, ministarstva odbrane, vojske Srbije i po potrebi osoblja iz drugih državnih institucija i civilnih struktura za potrebe OBZ, rad u vojno-diplomatskim predstavništvima u inostranstvu, potrebe specijalnih i specijalizovanih jedinica policije i vojske i planiranje, organizovanje i obavljanje naučno istraživačke i izdavačke delatnosti za potrebe OBZ.

Preko *agencije OBZ* i resornih službi bi se inicirala i pokretala saradnja u obuci i razmenu iskustava sa centrima za obuku u službama stranih zemalja.

Združeni koledž OBZ bi organizovao, planirao i usmeravao rad mobilnih (putujućih) timova za obuku (MTO) i instruktažu na terenu, posebno u izviđačkim i specijalnim jedinicama u ministarstvu odbrane, vojsci Srbije, ministarstvu unutrašnjih poslova i drugim državnim i društvenim institucijama.

U Združenom koledžu OBZ mogle bi da se organizuju sledeće unutrašnje organizacione jedinice:

– odeljenje za školovanje kadrova OBZ;
– odeljenje za nastavu i naučno-istraživački rad (NIR);
– odeljenje za poslove vojne diplomatije;
– odeljenje za obaveštajne kurseve (ofanzivne namene);
– odeljenje za obaveštajne kurseve (defanzivne namene);
– odelenje za izviđačke, tragačke i spasilačke kurseve;
– odeljenje za logistiku.

Odeljenje za školovanje kadrova OBZ obavljalo bi poslove koji se odnose na: osnovnom školovanju budućih pripadnika OBZ (dve i jedna godina školovanja); stručno usavršavanje zaposlenih u OBZ, pružanje stručne pomoći organima prilikom izrade akata o unutrašnjem uređenju i sistematizaciji radnih mesta; vođenje evidencija, pripremu analiza, informacija i unapređenje unutrašnjeg uređenja i sistematizacije radnih mesta u Združeni koledž OBZ; lični status zaposlenih u Združenom koledžu OBZ i lica na usavršavanju; pribavljanje izveštaja, podataka, obaveštenja i praćenje donošenja i primene propisa; nastavnu delatnost u ostvarivanju osnovnih i viših oblika usavršavanja iz delokruga grupe i druge poslove iz delokruga koledža.

Odeljenje za nastavu i naučno-istraživački rad (NIR), obavljao bi poslove koji se odnose na: planiranje, organizovanje, materijalno obezbeđenje i usavršavanje nastave, pripremu i realizaciju projekata naučno istraživačkog rada i izdavačke delatnosti za potrebe OBZ i koordinaciju i realizaciju svih operativno-štabnih poslova u Združenom koledžu OBZ.

Odeljenje za poslove vojne diplomatije obavljalo bi poslove koji se odnose na: stručno i kvalitativno osposobljavanje, usavršavanje i pripreme pripadnika MO i Vojske Srbije, MUP-a, MIP i članova njihovih porodica za rad u vojno diplomatskim predstavništvima R. Srbije u inostranstvu.

Odeljenje za obaveštajne kurseve (ofanzivne namene) obavljalo bi poslove planiranja, organizovanja i realizovanje kurseva koji se odnose na osposobljavanje pripadnika OBZ za obaveštajno-štabnu, obaveštajno-operativnu i analitičku delatnost i za korišćenje informatičke tehnologije.

Odeljenje za obaveštajne kurseve (defanzivne namene) obavljalo bi poslove planiranja, organizovanja i realizovanje kurseva koji se odnose na osposobljavanje pripadnika OBZ za obaveštajno-štabnu, obaveštajno-operativnu i analitičku delatnost, defazivnog karaktera kao i za korišćenje informatičke tehnologije.

Odeljenje za izviđačke, tragačke i spasilačke kurseve obavljalo bi poslove koji se odnose na: nastavnu delatnost u ostvarivanju osnovnih i viših oblika usavršavanja (kursevi, seminari i drugi oblici) oficira i podoficira radi obavljanja dužnosti u organima MUP-a, MO, Vojske Srbije; u izviđačkim jedinicama, odnosno organima koje te jedinice obrazuju u miru i ratu

Odeljenje za logistiku obavljalo bi poslove koji se odnose na: realizaciju zadataka iz domena logističke podrške po svim sadržajima; učestvuje u izradi srednjoročnog plana razvoja Združenog koledža OBZ i godišnjeg plana rashoda i prihoda; obezbeđuje popunjenost MTS, čuvanje, upotrebu i održavanje NVO i specijalne opreme u funkciji potpune borbene gotovosti Združenog koledža OBZ i realizacije praktičnih oblika nastave na kursevima stručnog usavršavanja i vodi operativnu evidenciju o istima; stara se o namenskom korišćenju nepokretne i pokretne imovine, čuvanju i održavanju istih, izrađuje, osavremenjava i po potrebi dopunjava pravilnik o zaštiti na radu, zaštiti životne sredine i zaštiti od požara i stara se o doslednom sprovođenju propisanih mera zaštite, u skladu sa zakonskom regulativom republike Srbije.

Ovaj predlog organizovanja i funkcionisanja *„Združenog koledža OBZ"*, se predlaže kao heuristička varijanta, i ima za cilj samo iniciranje novog i mogućeg modela obuke pripadnika OBZ. Očekivanja su da bi se istim mogli baviti stručni organi buduće OBZ, a ovaj model bi im poslužio kao orjentir u kom pravcu bi trebalo razvijati ovaj segment ili elemenat OBZ.

Glava 9.

9. OBAVEŠTAJNO-BEZBEDONOSNA ZAJEDNICA I DIPLOMATIJA

Jedna od bitnih karakteristika razvoja moderne civilizacije jeste stalni progresivni razvoj sveta, zasnovan na jedinstvu, protivrečnostima i sukobima društvenih procesa, koji su točak ljudske istorije posebno ubrzali od kraja 19. veka do danas. Nepoverenje, kao stalni atribut i pratilac odnosa među državama i narodima, izvorno se javlja kao nusproizvod ratnih sukoba i politike koja dovodi do rata i ratnih pustošenja radi ostvarivanja i očuvanja nacionalnih interesa, uz upotrebu sile i moći koja uvek dominira na svetskoj sceni. Izlaz iz kriznih stanja redovno je stvarao univerzalne vrednosti, na kojima su se razvijali međunarodni odnosi regulisani međunarodnim normama, koje su danas više nego ikad kodifikovane u međunarodno pravo.

Diplomatija je ekskluzivna delatnost u međunarodnim odnosima. Ona svojom ulogom, kadrovima i metodologijom zauzima posebno mesto u međunarodnom opštenju. Obaveštajno-bezbednosna delatnost je jedan od najvažnijih zadataka diplomatije.

9.1. Uopšte o obaveštajnoj delatnosti i diplomatiji

U istoriji diplomatije i obaveštajne delatnosti prve tragove diplomatskog znanja i njegove primene nalazimo u spoljnim politikama starog istoka, koncentrisane u rukama tadašnjih vladara. Prve veštine u održavanju mirnog ili ratnog stanja nalazimo u zakonima Manu, koji su prodirali u praksu drevnih država. Ovi zakoni nisu ni danas neaktuelni. Po njima, mir ili rat je zavisio od vladarevih poslanika, tadašnjih diplomata. Zato su ti ljudi (poslanici) hiljadu godina pre naše ere, morali biti zrelih godina, odani, vešti i slatkorečivi, dobrog pamćenja, sa osećajem za mesto i vreme. Oni su rešavali međunarodna pitanja na način po kome sila mora uvek da ima drugostepeni značaj.[139]

Istoričari stare Kine konsultovali su političke ideje o međunarodnim odnosima, a Konfučije među prvima piše o odnosu među državama i poredi ih sa odnosima ljudi dobre volje. Dok se u staroj Kini rat smatrao neprirodnim i nepoželjnim, u staroj Indiji se drugačije gledalo na odnose među državama. Budističko učenje i izvori „Mahabharate" ukazuju da se rat tada smatra „večitim poretkom stvari na ovom svetu". Prema jednom grčkom poslaniku kod imperatora Čandragupte u 4. veku pre naše ere u staroj Indiji bilo je 118 kraljevina, koje su bile u čestim ratnim sukobima, a već tada se mogu naći lica koja obavljaju poslove slične današnjim konzulima, pa su strance u svojoj zemlji delili na tajne i javne špijune. Treba dodati da su istovremeno, nehumani postupci u ratu bili zabranjeni. Kralj nije smeo da ubije neprijatelja ako je ovaj bacio oružje, tražio milost ili je jeo meso svete životinje.[140]

Za utemeljenje prvog stalnog poslanstva nuncija 1513. god. u Francuskoj, Nemačkoj i Engleskoj, zasluge pripadaju Papi Lavu IX (1513-1521). Po uzoru na papine nuncije neke države su uspostavile diplomatska poslanstva, a prve su to učinile Francuska, Engleska i Španija.[141]

U prve periode „novog doba" Evrope već se učvrstio „državni interes" kao opšte prihvaćen politički princip, posebno u tadašnjim diplomatijama i ostao da važi sve do naših dana. Poznata je Makijavelijeva krilatica iz njegovog čuvenog dela „Vladar" da se u borbi za prevlast borba mora voditi pomoću zakona i sile.

---

[139] Zečević M., Vojna diplomatija, VINC, Beograd, 1990, str. 9.
[140] Isto, str. 10.
[141] Janković B., Diplomatija, Naučna knjiga, Beograd, 1988, str. 26.

Vladaru je neophodno, često je ponavljao ovaj politički mudrac – da se služi načinima i zveri i čoveka, a ako su neophodni zverski metodi, onda su mu na raspolaganju lukava lisica i snažni lav, jer se lav ne može zaštititi od zmije ili lisica od vuka. Dok je u antičko doba politika bila stvar morala, a u srednjem veku deo teologije, Makijaveliju pripada zasluga za odvajanje politike od drugih sfera društvenog života, a njegove ideje o diplomatiji prihvaćene su od strane novog i najnovijeg doba.[142]

Za antičke narode diplomatija je bila veština vođenja pregovora, pa čak i osvajačkih pohoda velikih vojskovođa. Reč „diploma" je starogrčka reč i etimološki znači povelju ili ispravu koju diplomata nosi sa sobom prilikom odlaska na diplomatsku dužnost. Ovaj dokument verifikuje i potvrđuje njegovu misiju i njegovo imenovanje za određeni diplomatski rang i dužnost. Međutim sama reč diploma – diplomatija pojavljuje se tek u 18. veku, dok je taj akt kao isprava – povelja bio uveden u diplomatsku praksu i opštenje antičkih država.

Pojmovnim određenjem diplomatije bavili su se mnogi naučnici i teoretičari, pa se diplomatija određuje kao: "veština vođenja spoljnopolitčkih poslova", „veština vođenja međunarodnih pregovora", „delatnost države u međunarodnim odnosima", „veština vođenja javnih poslova među državama" itd.

Navodi se nekoliko pojmovnih određenja diplomatije:

– Diplomatija je formalno posredovanje u međusobnom opštenju između civilizovanih država.[143]

– Diplomatija – umešnost u javnom ili tajnom vođenju pregovora između pojedinih vlada.[144]

– Ruski teoretičar Sandrovski definiše diplomatiju na sledeći način: „Diplomatija je zvanična aktivnost organa spoljne politike i funkcionera države odgovornih za predstavljanje država u svetu, realizaciju zadataka spoljne

---

[142] Janković B., Diplomatija, Naučna knjiga, Beograd, 1988, str. 27.
[143] Vujaklija M., Leksikon stranih reči i izraza, Prosveta, Beograd, str. 234.
[144] Isto, str. 234.

politike i zaštitu njenih prava i interesa putem pregovora i drugih sredstava, koja se koriste u interesu vladajuće klase".[145]

– Diplomatija je organizovana državna institucija koja vodi spoljno političke poslove koristeći se sopstvenom metodologijom, snagama i sredstvima.[146]

– Diplomatija je skup načina i sredstava kojima se država, putem ovlašćenih organa, koristi u vođenju svojih odnosa sa spoljnim svetom.[147]

– Bilateralna diplomatija je skup načina i sredstava kojima se jedna država, na osnovu utvrđenog spoljno političkog programa i putem posebno ovlašćenih organa, koristi u održavanju i vođenju svojih odnosa sa drugom državom, a u skladu sa načelima i pravilima međunarodnog prava.[148]

Vojna diplomatija nije nastala odjednom kao zasebna diplomatska grana i delatnost, već se kontinuirano stvarala i razvijala u krilu opšte diplomatije.

U okviru opšte diplomatije vojni faktor je kroz njen razvoj imao relevantnu ulogu, čak je dominirao nad opštom diplomatijom, a diplomatski kadrovi su regrutovani prvenstveno iz vojnih krugova. Oni su imali brojne prednosti nad kadrovima iz drugih struktura, državnih, kulturnih, naučnih i javnih institucija.

Vojni poslovi, kao dominirajući poslovi u međunarodnim odnosima, zahtevali su od diplomatskih kadrova dobro poznavanje vojne problematike, a za to su najstručniji ipak bili profesionalni vojnici. Objedinjenost diplomatskih poslova u srodne i jedinstvene zadatke po značaju davala se prednost vojnim problemima.

Premda je vojna diplomatija bila i ostala sastavna komponenta opšte diplomatije, ipak se na određenom stepenu razvoja društva pojavila potreba da se ona delimično izdvoji kao zasebna celina, manje ili više vezana za ambasadora. Kao preteču vojne diplomatije mnogi pisci smatraju Napoleonovog

---

[145] Zečević M., Vojna diplomatija, VINC, Beograd, 1990, str. 14.
[146] Zečević M., Vojna diplomatija, VINC, Beograd, 1990, str. 15.
[147] Janković B., Diplomatija, Naučna knjiga, Beograd, 1988, str. 33.
[148] Isto, str. 34.

kapetana De Langranža,[149] koji je po zadacima vojne prirode upućen za drugog sekretara u francusku ambasadu u Beč 1806. godine. Naime Napoleon je 3. marta 1806. godine doneo ukaz kojim postavlja La Granža na dužnost drugog sekretara poslanstva u Beču, sa zadatkom: „... da tačno prati stanje snaga austrijskih pukova i njihove pokrete".[150]

---

[149] Armand-Charles-Louis le Lievre Grange (Comte de la), konjički general, brat Adelaide Blez. Rođen je 21. 3. 1783. u Parizu, preminuo 2. 8. 1864. u Parizu. Stupio u dobrovoljačke husarske odrede 1800. godine, zatim u 9. puk dragona 3. 3. 1800; Konjički podoficir od 16. 5. 1800; ranjen u bici kod Marengoa 16. 6. 1800; pozadinski podoficir septembra 1800; potporučnik od 23. 10. 1800; na službi u Italiji od 1800. do 1801. godine; poručnik od 15. 7. 1803; ađutant generala Sebastijanija od 09. 02. 1804. (u njegovoj pratnji bio u Carigradu 1802. godine, potom u Siriji, Nemačkoj i Tirolu); služio u „Okeanskoj armiji" od 1803. do 1805. godine; ađutant maršala Bertijea od 12. 9. 1805. godine; u Velikoj armiji od 1805. do 1807. godine; pod zapovedništvom Mure u bici kod Niremberga 21. 10. 1805; ranjen u Amstetenu 6. 11. 1805; kapetan u 23. konjičkom lovačkom puku od 20. 1. 1806; postavljen na dužnost drugog sekretara u poslanstvu u Beču i po tom osnovu odgovoran za izvršenje poverljivog zadatka 3. 3; na službi u Salcburgu od 8. 10; komadant eskadrona u 9. husarskom puku od 27. 1. 1807; zatim u Elau od 8. 2 ; pomoćnik komandanta od 11. 7. 1807; pridodat vrhovnoj komandi 22. 8. 1807; u Španiji od 1808; imenovan baronom carstva 1808; na službi u Madridu za vreme ustanka 2. 5. 1808; premešten u Nemačku 1809; na službi u Ekmilu, Ratisbon; poslat u Beč 11. 5. 1809; u svojstvu poslanika, ranjen u uličnim neredima, na službi u Eslingu, potomu Vagramu; pratilac Bartijea prilikom njegovog boravka u Beču kao predstavnika cara na venčanju Marie Luiz, grof Carstva od 26. 4. 1810; brigadni general od 31. 1. 1812, komadant 2. brigade 5. oklopne divizije (Venecija) u utvrđenju Kinet od 18. 2; na službi u Rusiji od 1812; komadant komande stana u toku povlačenja, zatim u Saksoniji od 1813, na dužnosti u 2. konjičkom korpusu u septembru 1813; u Vitembergu, u Lajpcigu, ističe se u Hanau 30. 10; na službi u Francuskoj 1814; u 7.diviziji mlade garde od 12. 1. 1814; učestvovao u napadu na Laon 9. 3, na dužnosti u 1. diviziji mlade garde od 14. 3; učestvovao u borbi u Feršampnoaz 25. 3. i u odbrani Pariza 30. 3; general-potpukovnik od 4. 6. 1814; odlikovan ordenom viteza Sv. Luja 22. 8. 1814; na raspoloženju od 26. 3. 1815; na raspoloženju ministra rata za inspekcijske poslove od 03. 6; na raspoloženju Gš od 7. 2.1831; postaje paž Francuske 11. 10. 1832; odlikovan medaljom Velikog oficira Legije Časti 30. 4. 1836; generalni inspektor 9. žandarmerijskog arondismana od 27. 5. 1846; penzionisan 12. 4. 1848. Na svoj zahtev priključen rezervnom sastavu 1. 1.1853. Odobrava mu se Veliki krst krune hrasta Holandije 5. 10. 1855. Senator Carstva od 14. 11. 1859.

[150] Pismo maršalu Bertije-u:
„Maršalu Bertije-u, Pariz, 3. mart 1806. godine,
Rođače, izvolite naći u prilogu ukaza o postavljenju gospodina de Lagranža, kapetana u sastavu 9. puka dragona, na dužnost drugog sekretara poslanstva u Beču. Pozvaćete ga i upoznati sa mojim zahtevom da tačno prati stanje snaga austrijskih pukova i njihov razmeštaj, te u tu svrhu u svom kabinetu da izradite pretince u kojima će razvrstavati kartice za imena generala, pukova i garnizona, a takođe i u skladu sa njihovim pokretima. Od njega ćete vi i ministarstvo inostranih poslova svakog meseca primati izveštaje o tim pokretima i eventualnim organizacijskim izmenama. Ovaj je zadatak od izuzetnog značaja. Gospodin De Lagranž treba da mu se u potpunosti posveti i ne sme da dopusti da ostane neobavešten o najmanjem pokretu

U Francuskoj je bila izgrađena praksa izbora ambasadora i postavljenja oficira, u sastavu diplomatskog poslanstva, iz redova poznatih generala. Međutim, 1789. god. rađa se ideja sa se ambasadori regrutuju iz civilnih struktura, a da se oficiri upućuju na privremenu dužnost u diplomatsko poslanstvo ili da se određuje ličnost za vojne zadatke. Oficiri su se praktično u diplomatskoj službi pojavljivali u dvema funkcijama: u funkciji vojnih posmatrača (privremeno akreditovani u savezničkim komandama), koje su uz saglasnost domaćina prisustvovali vojnim manevrima i vežbama, i u funkciji obezbeđenja ambasadora (ađutanti). Naravno, zadaci vojnog karaktera su mnogo ranije stekli pravo građanstva i bili su redovna preokupacija izvesnih službenika ambasade, odnosno poslanstva.

Već je pomenuto da je obaveštajna delatnost jedan, ne i jedini, od najvažnijih zadataka diplomatije, a posebno vojne diplomatije. Obaveštajnom delatnošću bavi se obaveštajna služba.

Ali, razvoj obaveštajne delatnosti i diplomatije je usko povezan, pa se može reći da je diplomatija našla svoje izvorište u obaveštajnom radu. Već je bilo reči o prapočecima obaveštajnog rada, a u ovom delu uvoda bi se osvrnuli na razvoj savremene obaveštajne delatnosti, a time i obaveštajne službe.

Savremena obaveštajna i Vojno-obaveštajna delatnost počela se naglo razvijati krajem 19. i početkom 20. veka u vreme industrijske revolucije i pre toga francuske revolucije. Te dve revolucije imale su za posledicu stvaranje železnice, telegrafa, dnevne štampe, masovnih armija itd. Industrijalizacija je sama po sebi učinila nove aspekte društva važnim objektima obaveštajne delatnosti, a takođe i alate i nova sredstva za efikasniji obaveštajni rad.

Za savremeni razvoj organizacije, metoda rada i korišćenja raznovrsnih sredstava u radu mnogo je doprinela engleska obaveštajna služba – popularno nazvana Intelligence Service. Ona je prva uvela nove metode rada i stvorila

---

austrijskih jedinica. Podvucite koliko je veliko moje poverenje u njega kad mu poveravam ovaj zadatak. Napoleon."

takvu organizaciju koja je služila i danas služi za ugled mnogim državama i obaveštajnim službama u svetu, jer Engleska je prva stupila na put kapitalističkog razvitka koji je zahtevao ne samo odbranu novih klasnih odnosa koji su nastajali u novom društvu već i svoje širenje na druga područja i u druge zemlje u cilju sopstvenog jačanja. Zajedno sa njom se širila i organizaciono jačala njena obaveštajna služba, jer je za novo društvo bila potrebna nova obaveštajna služba koja će ga štititi u njegovom razvoju i ekspanziji.

Kao najveća kolonijalna i pomorska sila u svetu Engleska je morala da se bori na sve moguće načine da sačuva svoje ogromno kolonijalno carstvo od spoljnih i unutrašnjih neprijatelja. Zato je bila prinuđena da stvara takvu obaveštajnu organizaciju koja će biti u stanju da rešava one zadatke i probleme koji se nisu mogli rešiti klasičnim političkim sredstvima i metodama ili primenom vojne sile.

Pomenuti period se pre svega ogleda u čvrstini obaveštajnih organizacija koje formira većina zemalja u svetu, raznovrsnosti formi delovanja, novim metodama rada, širini zadataka i problema, sredstvima kojima se služe u radu i nestajanju jednostavnosti i romantičarskih pogleda na rad obaveštajnih službi kojima su se one odlikovale u ranijem periodu.

Do sad još niko nije dao opšte prihvatljivo tumačenje pojma i definicije obaveštajne službe, iako je to pitanje često predmet rasprava i diskusija na nacionalnim, multinacionalnim, pa i svetskim nivoima.

Većina mišljenja se svodi na konstataciju da je obaveštajna služba prosta i jasna stvar sama po sebi i da se obaveštajnim radom dolazi do nedostajućih i korisnih podataka.

Šira i određenija definicija ovog pojma se može naći u raznim enciklopedijama. U britanskoj enciklopediji pojam obaveštajne službe tumači se kao sistem zadužen za neprekidno prikupljanje podataka i procenjivaje informacija o stavovima, mogućnostima i verovatnim političkim odlukama drugih zemalja, iz čega proističe da su predmet rada obaveštajne službe posmatranje, procenjivanje i izveštavanje o drugim državama. U američkoj literaturi takvih definicija nema, a obaveštajni podaci se po značaju svrstavaju u strategijske i taktičke. U Maloj ruskoj enciklopediji, obaveštajna služba se deli na vojno-obaveštajnu i agenturnu (tajnu), što podrazumeva rad specijalnih organa državnog i vojnog aparata.

Kao jedna od prihvatljivijih može se uzeti definicija data u našem Vojnom leksikonu.[151] Prema toj definiciji obaveštajna služba je posebna organizacija državnih organa, čija se delatnost ogleda u prikupljanju i izučavanju podataka o drugim državama. Obuhvata sve strukture društva i sve društvene aktivnosti (političke, ekonomske, vojne, naučno-tehničke i dr.) države prema kojoj je usmerena. Sadrži i obaveštajnu delatnost usmerenu na otkrivanje i suzbijanje delovanja stranih obaveštajnih službi prema sopstvenoj državi.

Obaveštajna delatnost je neprekidan proces rada ovlašćenih i zainteresovanih organa i lica, radi prikupljanja, analize, obrade i dostavljanja na korišćenje podataka bitnih za donošenje odluka.

Obaveštajno obezbeđenje vojske[152] deo je ukupnih mera, postupaka i delatnosti na pripremi vojske za odbranu, a posebno za vođenje svih oblika oružane borbe, borbenih dejstava i integralni deo sistema bezbednosti Republike Srbije. Vrši se radi prikupljanja, obrade i korišćenja obaveštajnih podataka o neprijatelju, prostoru borbenih dejstava i vremenskim prilikama, radi sprečavanja iznenađenja i pravovremenog donošenja celishodnih odluka, efikasnog rukovođenja i komandovanja vojskom i uspešnog vođenja oružane borbe.

Osnovna načela vojno-obaveštajne delatnosti su:

– koordinacija,

– usmerenost na cilj,

– neprekidnost i aktivnost,

– oslonac na stanovništvo (saradnička mreža),

---

[151] Vojni leksikon, VIZ, Beograd, 1981, str. 336.
[152] Pravilo obaveštajnog obezbeđenja oružanih snaga, VINC, Beograd, 1987, str. 12.

- pravovremenost,
- verodostojnost,
- centralizacija i tajnost.

Vojna diplomatija i Vojno-obaveštajna delatnost su uvek zauzimale značajno mesto u odnosima među državama, a posebno u međuarmijskoj saradnji. Ovaj problem je posebno izražen u sadašnjem vremenu i dobijaće na značaju u budućnosti. Obradom pitanja vojno-diplomatskih odnosa, diplomatske misije (uopšte), organizacije i strukture vojne diplomatije i vojno-obaveštajne službe, novog svetskog poretka u funkciji[153] politike odbrane Republike Srbije želi se ukazati na potrebu da se ovi problemi šire izučavaju, te da nađu adekvatno mesto u nastavnom planu i programu (NPP) obuke oficira na svim nivoima školovanja imajući u vidu integracione[154] procese ka sistemima[155] kolektivne[156] bezbednosti, koji su trenutno, a i u budućnosti neminovni.

Studija slučaja 7.

„Obaveštajna služba se sastoji od ljudi koji neizmerno vole svoju zemlju, izvanredno znaju svoj posao i ne zavise materijalno ni od koga"

Pjer Benoa

Vojni diplomatski odnosi, obaveštajna delatnost i njihov doprinos u ostvarivanju ciljeva spoljne i politike odbrane Republike Srbije

Politika (potiče od grčke reči polis – grad, država) je veština upravljanja državom. Politika je nauka i veština upravljanja državom, nauka o ciljevima države i najboljim sredstvima i putevima koji vode ostvarenju tih ciljeva. Deli

---

[153] Funkcija (latinski – functio) znači vršenje službe, rad, radnja, rad koji obavlja neki organ (Vujaklija, M.: Leksikon stranih reči i izraza, Prosveta, Beograd, 1961, str. 1028).

[154] Integracija (latinski – *integratio*) znači obnavljanje, dopunjavanje nečega onim što je bitno, prelazak iz rasutog u sređeno stanje, (*Ibidem*, str. 360).

[155] Sistem (grčki – *sistema*) znači ono što je sastavljeno, sastav, celina, skup uređenih delova u celinu, (*Ibidem*, str. 882).

[156] Kolektivni (latinski – *collectivus*) znači zbirni, skupni, zajednički, opšti, kolektivni sistem međunarodne bezbednosti – u međunarodnom pravu, državni ugovor u kome na svakoj strani učestvuje više od jedne stranke ugovornice (*Ibidem*, str. 438).

se na unutrašnju (trgovina, finansije, privreda, vojska, školstvo i dr.) i spoljnu koja se bavi odnosima prema drugim državama.[157]

Politikom odbrane države se definiše skup najopštijih strateških opredeljenja društva i države o odbrani i zaštiti u postojećim međunarodnim i unutrašnjim okolnostima. Na osnovu takvog, opredeljenja, izraz „politika odbrane" sinonim je za sintagme koje se često koriste sa sličnim značenjem, i to gotovo svugde u svetu. *Na primer*: „politika nacionalne bezbednosti", „globalna strategija", „velika strategija", „strategijska koncepcija", „strategijska doktrina", itd. Radi se o srodnim ili sličnim izrazima koji sadrže najbitnije odrednice sistema generalnih opredeljenja svake države za očuvanjem nezavisnosti u teritorijalne celukupnosti. Politika odbrane je delatnost državnih organa, pa se zato i kaže da se radi o opredeljenjima države. Međutim, do tih opredeljenja se dolazi na osnovu svestranih premišljanja, naučnih istraživanja i studija relevantnih spoljnih i unutrašnjih činilaca od kojih odbrana zemlje zavisi i koji je na određeni način uslovljavaju.

U bivšoj SFRJ taj skup generalnih opredeljenja nazivao se koncepcija opštenarodne odbrane i društvene samozaštite.

Iz okvira pitanja i problema kojima se bavi politika odbrane, dokument o politici odbrane trebalo bi da sadrži odgovore na pitanja koja se odnose na: 1) međunarodni položaj Republike Srbije, 2) mogućnost i verovatnoću pojedinih oblika ugrožavanja bezbednosti i nezavisnosti naše države (rizici i pretnje) i 3) opredeljenja o snagama, sredstvima i metodama odbrambeno-zaštitnog delovanja i odvraćanja.

Za potrebe ovog rada neophodno je izdvojiti prioritetne među najvažnijim ciljevima spoljne i politike odbrane Republike Srbije a oni su:

– Stabilna i celovita država sa razvijenom ekonomijom i vladavinom prava.

---

[157] *Ibidem*, str. 745.

– Članstvo u međunarodnim organizacijama na regionalnom, evropskom i globalnom nivou sa težištem na učlanjenju u Evropsku uniju.

– Članstvo u kolektivnim sistemima bezbednosti, prvenstveno u programu Partnerstvo za mir i priključenje NATO.

– Očuvanje teritorijalne celokupnosti Republike Srbije i odbrana od spoljnjeg ugrožavanja.

– Učešće delova Vojske Republike Srbije u mirovnim misijama pod okriljem OUN.

– Pomoć vojske državnim i društvenim organima i organizacijama u slučaju elementarnih i drugih nepogoda i katastrofa.

Vojna diplomatija i Vojno-obaveštajna delatnost zauzimaju značajno mesto u opredeljenju snaga, sredstava, metoda odbrambeno-zaštitnog delovanja i odvraćanja, kao i ostvarivanju ciljeva spoljne i politike odbrane Republike Srbije.

9.2. Istorijski razvoj vojne diplomatije i obaveštajne delatnosti na prostorima Republike Srbije

Opšti razvoj diplomatije kod jugoslovenskih naroda pratio je razvoj istorije naroda Južnih Slovena. Diplomatija se razvijala u jednom procesu koji nije karakterističan za mnoge države i narode. Prvenstveno u samom nastajanju država Južnih Slovena diplomatija je bila sredstvo njihovog opštenja sa susednim narodima, i narodima koji su bili u kontaktu sa južnoslovenskim državama.

Studija slučaja 8.

„Koji bi se Srbin uhvatio i osvedočio da tajno vodi razgovor s Turcima i prijateljstvo, to je špijunluk da Turcima dokazuje i rod svoj izdaje, taj da se kaštiguje da mu se prebiju obe noge na dva mesta i obe ruke i tako živ da se digne na kolo i da se ne skine dok kost traje"

Karađorđe

Opšta karakteristika diplomatije Južnih Slovena jeste da je ona kombinacija istočne i zapadne diplomatije. Na prostoru Balkana sukobljavali su se interesi zapada i istoka. Južnoslovenski narodi bili su pod uticajem obe kulture, ali različito izražene na pojedinim prostorima. Slovenija, Hrvatska, Dalmacija i delovi Bosne i Hercegovine bili su više pod uticajem zapadne kulture, prvenstveno rimske, i zapadne diplomatije, dok su istočni krajevi bili u jednom vremenu pod uticajem istočne vizantijske kulture i diplomatije.

Međutim, teritorijalno i nacionalno uobličavanje državnih tvorevina kod južnoslovenskih naroda sreće se dosta rano, čak mnogo ranije nego kod nekih zapadnih država i naroda. Dolaskom južnih Slovena na Balkan, formirane su i prve države, Raška i Zeta, a kasnije Srbija, Crna Gora, Bosna te Dubrovačka republika, Hrvatska i Slovenija. Takve podele kod Južnih Slovena dovele su do razvoja diplomatije sa narodima u Evropi, Africi i Aziji. Neki pisani spomenici, prvenstveno Srbije i Dubrovačke republike, ukazuju na poštovanje normi, opštenje među državama i poštovanje položaja stranaca na njihovoj teritoriji. Dušanov zakonik reguliše i decidno govori o položaju stranaca u Srbiji i odnosu vlasti prema strancima. On predviđa i određene institucije opštenja sa drugim državama.

Razvoj diplomatije mogao bi se podeliti u nekoliko faza ili istorijskih razdoblja, od kojih bi neke bile veoma dugačke, ali veoma siromašne i oskudne pisanom građom, dok bi druge bile kraće, ali zbog političke dinamike koja je prisutna veoma bogate. Ostali su mnogi pisani istorijsko-diplomatski tragovi i spomenici koji su svedoci diplomatske istorije južnoslovenskih naroda. Možda je nenaučno *prvu fazu* vezati za periodizaciju, ali ona ipak traje od dolaska Južnih Slovena na Balkan pa do 1918. godine, do njihovog ujedinjenja i stvaranja jedinstvene države Srba, Hrvata i Slovenaca 1. decembra 1918, Kraljevine jugoslovenskih naroda.

Druga faza ili razdoblje jeste period postojanja Kraljevine Srba, Hrvata i Slovenaca, od 1918. do 1941. godine, kada je napadom Nemačke na Kraljevinu Srba, Hrvata i Slovenaca koja je nakon kapitulacije, prestala da postoji.

Treću fazu čini razvoj diplomatije u Socijalističkoj Federativnoj Republici Jugoslaviji, Saveznoj Republici Jugoslaviji i državnoj zajednici Srbija i Crna Gora.

Prva faza ispunjena je stvaranjem i razvojem diplomatije kod južnoslovenskih država, Srbije i Dubrovnika. Diplomatija Dušanove Srbije zasnivala se na uspostavljanju međudržavnih odnosa sa Rimom i Vizantijom. Širenje srpske države izazvalo je reagovanje ovih država, jer se Srbija proširila na jug i zapad i obuhvatala dobar deo današnje Grčke. Na zapadu se njena granica prostirala sve do granice sa Rimskom imperijom.

Kod Južnih Slovena najrazvijenija je bila diplomatija Dubrovačke republike[158] koja se razvijala u dosta ispresecanom prostoru, graničeći se sa Rimom, Austrougarskom, Srbijom, Crnom Gorom, a kasnije i Turskom. Dubrovačka diplomatija počinje nešto kasnije da se pojavljuje i razvija na svetskoj sceni od diplomatije italijanskih država – gradova Venecije, Đenove, Milana i Firence.

Savremena dubrovačka diplomatija je vezana za 17. i početak 18. veka i da je po uzoru na evropske države i Dubrovnik stvarao svoju diplomatiju koja

---

[158] Dubrovačka republika (Respublica Ragusina) je država koja je prestala postojati početkom 19. veka. Obuhvatala je veći deo današnje Dubrovačko-neretvanske županije Republike Hrvatske (povremeno i severno od Neuma). Bila je zemlja vrlo jake trgovačke mornarice, sačuvala je svoju nezavisnost trgovinom sa velikim silama, poput Osmanlijskog carstva, Vizantije i Srbije. Dubrovnik, teritorijalno, malen kao država, morao da trguje sa velikim silama, ustupao im teritoriju – i tako je uspeo do ranog 18.veka. U 15. i 16. veku, Dubrovnik je na vrhuncu ekonomske moći. Ubraja se među najrazvijenije zemlje ondašnjeg sveta. Njegovi brodovi putuju po svim evropskim i sredozemnim morima, te Atlantskim i Indijskim okeanom. Temelj dubrovačkog bogatstva bila je posrednička trgovina i pomorstvo. Dubrovnik je nabavljao sirovine i rude na Balkanu i izvozio ih na Zapad. Tehničku i luksuznu robu kupovao je na Zapadu i izvozio je po balkanskim državama. U Dubrovniku je na vlasti bila vlastela. Na čelu zemlje je bio knez koji se birao svakih mesec dana, da ne bi postao osion za bogatstvom. Veliko veće je donosilo zakone, a Malo veće predstavljalo je izvršnu vlast. Dubrovnik su snašle dve velike nedaće. Godine 1348., južnu i srednju Evropu pogodila je kuga. U Dubrovniku s okolinom usmrtila je oko 7000 ljudi. Druga nesreća dogodila se 6. aprila 1667.godine. Strašan zemljotres uništio je veliki deo grada i nakon njega usledio je požar koji je spalio skoro sve vrednosti. Pod ruševinama je poginulo 4 000 Dubrovčana. Dubrovnik se jedva oporavio, u 17. veku, počinje nazadovati. Francuzi su dekretom Napoleonove vojske 31. januara 1808. ukinuli Dubrovačku republiku.

mu je dosta dugo u istoriji obezbedila nezavisan položaj i status slobodnog grada – države.

Statut Dubrovnika takođe predviđa da dubrovački senat izvrši korenite reforme. Izglasao je i doneo *Uredbu o izboru poklisara* (diplomata) još 1763. godine. Iz bogate istorijske građe Dubrovnika može se zaključiti da je Dubrovnik svoju savremenu diplomatiju razvijao dosta samostalno, ali po uzoru i uticajem diplomatije Italije, Francuske, Nemačke, Engleske i Austrije.

Organizacija diplomatije Dubrovnika prvenstveno je plod sopstvenog razmišljanja državne i političke elite Dubrovnika, premda su bili upućivani na Rim i njegova iskustva, a zatim Beč, Pariz i druge evropske metropole sa kojima su održavali bogate i sadržajne odnose sve do propasti Dubrovačke republike. Stalne diplomatske predstavnike treba razlikovati od „poklisara harača", koji su imali privremenu i povremenu funkciju i koji su „ad hoc" izvršavali konkretne diplomatske zadatke i obavljali druge poslove. Dubrovnik je za slobodnu trgovinu njegovih trgovaca po Turskoj carevini godišnje plaćao iznos od 12.500 dukata, a poklisari svake godine tu sumu predavali caru u Carigradu u ime gradonačelnika Dubrovnika.

Stalne diplomatske predstavnike Dubrovnika srećemo početkom 17. veka. Njihova aktivnost je bila dinamična i na zapadu i na istoku sve do pada Dubrovačke republike. Po uzoru na diplomatiju evropskih država, diplomatija Dubrovnika je bila rangirana po klasama. Najvišu diplomatsku klasu sačinjavali su opunomoćeni ministri; drugu po rangu klasu sačinjavali su otpravnici poslova, a treću klasu sačinjavali su diplomatski agenti. Ovakav rang diplomata bio je uobičajen za evropske države, što znači da su diplomatska predstavništva bila različita po svom sastavu i nadležnosti.

Opunomoćeni ministar imao je veći rang od otpravnika poslova, a titulu – zvanje je dodeljivala zemlja akreditovanja i uz saglasnost i potreban reciprocitet države domaćina. Položaj prve i druge klase bio je predstavnički. Oni su predstavljali svog suverena i njihova nadležnost je dolazila od funkcije suverena.

Diplomatski agenti (službenici) bili su zaposleni u diplomatskoj instituciji i obavljali su određene protokolarne i administrativne poslove, dok je njihova predstavnička uloga bila neznatna.

Dubrovnik, kao slobodan nezavisan grad, nije imao vojsku i nije imao potrebu za uspostavljanjem vojno-diplomatskih odnosa koja je bila prisutna kod većine evropskih država. Dubrovnik je imao razvijenu trgovinu i trgovačku mornaricu sa 80 trgovačkih brodova. Njegovo mesto u svetu je bilo zbog trgovine i jake mornarice posebno poznato i popularno, što se nije moglo reći i za neke veće države tog vremena. Ono što diplomatije u tadašnjih država nisu bile još izgradile, prvenstveno sistem izbora i školovanja diplomata, u Dubrovniku je bilo razvijeno. Diplomati su se regrutovali različito, bilo da su birani iz aristokratskih porodica ili da su bili i sami poznate ličnosti. Redovno su prolazili kroz sistem redovnog diplomatskog školovanja.

Dubrovnik je svoje diplomate brižljivo birao i redovno školovao. Nije dozvoljavao da na diplomatske dužnosti budu postavljeni ljudi koji nisu bili pismeni i koji nisu poznavali jezik i kulturu zemlje u koju su odlazili. Školovanje je bilo obavezno. Na kraju školovanja polagli su ispit u dva dela (teorijski i praktični deo). Dubrovčani su bili poznati kao dobre diplomate, trgovci i političari. Pored jezika države službovanja, govorili su latinski. Školovani su kompletno i obučavani u načinu pisanja informacija, koje su morali znati šifrovati i slati u obliku depeša i izveštaja.

Dubrovačka diplomatija imala je veliki značaj za buđenje nacionalnih pokreta kod slovenskih naroda. Dubrovački trgovci i diplomate slobodno su se kretali po teritoriji tadašnje Turske carevine, po teritoriji Austrougarske i Italije. Prenosili su ideje o slobodarskom pokretu kod Južnih Slovena i o potrebi ujedinjenja i oslobođenja od tuđe dominacije. Dubrovnik je bio društveni, kulturni, privredni, trgovački i naučni centar, utočište mnogih viđenih ljudi pripadnika srpskog, hrvatskog, crnogorskog i drugih naroda. Oni su slobodno zasnivali svoje porodice i počinjali život u slobodnoj slovenskoj državi, baveći se naukom, trgovinom, politikom i drugim delatnostima. Dubrovnik je bio i ostao kulturna baština Južnih Slovena.

Srbija je svoju nezavisnost izgubila u 14. veku. Gubitkom državne samostalnosti izgubila je i svoju diplomatiju. Period turske najezde i okupacije nije u potpunosti paralisao diplomatiju srpske države, sve do potpune okupacije, da bi već početkom 19. veka diplomatija u Srbiji doživela punu renesansu u odnosima sa Francuskom, Austrougarskom, Rusijom i Crnom Gorom.

Borba srpskog naroda za nacionalno oslobođenje, koja je počela krajem 18. i početkom 19. veka, uporedo je razvijala i nacionalnu diplomatiju koja je, pored oružanih borbi i ustanka, vešto vodila diplomatske aktivnosti na priznavanju autonomije i samostalnosti Srbije.

Devetnaesti vek predstavlja stalnu diplomatsku borbu koja se vodila svim sredstvima spoljnopolitičkog opštenja. Ako je oružana borba bila potrebna srpskom narodu za oslobođenja od turske okupacije, diplomatska borba i dinamična diplomatska aktivnost bila je potrebna da se ta borba i izvojevana sloboda prizna od evropskih država i evropskih naroda, i da se Srbija prizna *„de facto"* i *„de jure"* kao država. Prvi srpski vožd Karađorđe (Đorđe Petrović) uspostavio je diplomatske odnose sa Austrijom i Rusijom, odmah posle ustanka 1804. god. Ti odnosi su se odvijali u diplomatskim okvirima s ciljem dobijanja političke, vojne i ekonomske pomoći ustanicima. Drugi pravac diplomatske aktivnosti je da se na međunarodnim konferencijama i kongresima prizna nezavisnost i samostalnost Srbije. Austrija i Rusija bile su zainteresovane za događaje u Srbiji. One su nastojale da budu prisutne kako ih ti događaji ne bi iznenadili, jer je teritorija Srbije predstavljala važan prostor u vojničkom i političkom pogledu preko koga je Turska ispoljavala svoje osvajačke pretenzije prema Srednjoj Evropi i prema Rusiji.

Zainteresovanost ovih država za Srbiju bila je velika kako bi se pravovremeno obezbedilo prisustvo u njoj, kako se ne bi izgubile političke, ekonomske i druge pozicije na tako važnom strategijskom prostoru. Karađorđe je i sam nekoliko puta boravio u ovim državama i vodio pregovore o pomoći koja je potrebna srpskim ustanicima u oslobođenju njihove zemlje i sticanju nezavisnosti.

U tim pregovorima često je pokretao i pitanje zajedničke borbe protiv Turske koja je sejala opasnost i ugrožavala nezavisnost država u Evropi. Paradoksalno je, ali je istorijska činjenica: koliko je god Karađorđe bio vešt i hrabar vojnik on je isto tako bio nevešt diplomata, jer ne samo da nije znao stvoriti povoljnije političke pozicije, već nije umeo iskoristiti one pozicije koje je stvorio na bojnom polju. Njegova sposobnost kao državnika bila je respektivna ali on je na međudržavne odnose gledao nediplomatski. Nije posedovao diplomatske veštine i politički sluh da dobije podršku Austrougarske.

Istorija Srbije u devetnaestom veku bila je najburnija istorija jedne evropske države. Prvi srpski ustanak, velike pobede i porazi ustanika, nagli zaokreti i promene ratne sreće, odlazak Karađorđa van Srbije i dolazak Miloša Obrenovića, kao bliskog Karađorđevog prijatelja i saradnika, veštog političara i državnika, menja stanje u Srbiji i njen položaj u odnosima sa Portom, Austrijom i Rusijom. Miloš, kao vešt državnik i političar, koji je spretno vodio politiku prema Turskoj, Austriji i Rusiji, jednako je vešto vodio politiku i unutar zemlje.

On je dao veliki doprinos razvoju diplomatije u Srbiji. Vešto je vodio spoljnu politiku, a posebno je vešto nastupao prema Porti radi postepenog nacionalnog oslobođenja Srbije, obezbeđenja nezavisnosti i suvereniteta. On je više nego drugi video u kojoj se opasnosti nalazi Srbija, koja je bila pritisnuta sa jedne strane Turskom, a s druge strane Austrijom. Miloš je imao političkog sluha i znao je naći pravu meru u odnosima sa jednom i drugom stranom. Vešto je povlačio poteze kao mudar i dobar političar i državnik, sagledavajući pre drugih šta sledi i šta budućnost donosi.

Upitan jednom prilikom u čemu je tajna njegovog uspeha u pregovorima sa turskim pašama i Turcima, odgovorio je: *„Prvo ih molim, zatim pretim, a kad molbe i pretnje ne uspiju plaćam suvim zlatom"* Takva orijentacija i opredeljenje Miloša u vođenju spoljne politike nije usamljeno u istoriji. Poznata je izreka Filipa Makedonskog koju je koristio u svojim političkim borbama: „Svaku tvrđavu ću osvojiti sa magarcem natovarenim zlatom". To potvrđuje i Miloševu tvrdnju da stvari rešavaju ljudi. Slabi mole, drski prete, a mudri uvek kombinuju pretnju, molbu i novac i postižu zapaženije uspehe od drugih koji jednostrano posmatraju stvari, vreme, događaje i ljude.

Prva zvanična državna diplomatska institucija pojavljuje se još u vreme Karađorđa. U Praviteijstvujušćem Sovjetu postojao je popečitelj inostranih dela. Dobijanjem autonomije i dolaskom Miloša na vlast, diplomatija Srbije počinje organizovano da se razvija.

Miloš se nije zadovoljio da ima svoje predstavnike samo kod paše u Beogradu, već ih upućuje caru u Carigrad. Tako se još više uloga Karađorđa minimizirala, jer nije postigao ono što se od njega očekivalo, a to je da Srbiju, koju je oružanom borbom oslobodio, sačuva i odbrani od nove turske okupacije. Srbija je pod rukovodstvom Miloša Obrenovića dobila samostalnost, autonomiju, a kasnije i suverenu državu. Hatišerif od 1830. god. dao je mogućnost Srbiji da upućuje svoje agente u Carigrad sa zadatkom da vode razgovore sa Portom u vezi sa pitanjima koja se tiču njihove zemlje.

Sretenjski ustav od 1835. godine, premda nije stupio na snagu, ali je predviđao ustanovljavanje Popečiteljstva inostranih dela. „Turski" ustav od 1838. godine daje pravo Srbiji da osnuje Popečiteljstvo inostranih dela. Zakon o ustrojstvu kneževske kancelarije od 1839. godine sadrži i propise o Popečiteljstvu inostranih dela koje je pored ministra imalo još 33 službenika.

Za vreme vladavine knjaza Milana Obrenovića došlo je do daljeg razvoja srpske diplomatije. On je 1878. godine Ukazom odredio tri vrste diplomatskih predstavnika, poslanike, ministre-rezidente i otpravnike poslova. Iste godine 18. januara donet je i zakon o diplomatskim zastupništvima i o srpskim konzulatima u inostranstvu. Pored već postojećih diplomatskih predstavništava, otvorena su nova diplomatska predstavništva, u Beču, Bukureštu i Carigradu, a nešto kasnije u Atini, Cetinju, Sofiji, Petrogradu, Rimu, Berlinu, Parizu i Londonu.

Zakon je, pored kategorija navedenih diplomata, predviđao i konzularne predstavnike, i to generalnog konzula, konzula i vice-konzula.

Uporedo sa razvijanjem opšte diplomatije Srbija je razvijala i vojnu diplomatiju. Prvog vojnog atašea uputila je u Carigrad 1891. godine, a zatim je usledilo upućivanje vojnog atašea u Pariz i Petrograd. Ubrzo zatim uspostavila je i vojnodiplomatske odnose sa Rumunijom, Crnom Gorom, Engleskom, Italijom i Grčkom. Beograd je za vojnu diplomatiju bio interesantan grad. Srbija je za vojne eksperte postala najinteresantnija balkanska država od koje je mnogo čega zavisilo na Balkanu.

Već 1912. godine u Beogradu je bilo 12 akreditovanih vojnih atašea, sa brojnim vojnim diplomatskim predstavnicima, dok je Srbija imala 9 akreditovanih vojnih atašea u Evropi. Položaj ove balkanske države pobuđivao je duboko interesovanje ne samo njenih prijatelja i suseda, već i drugih evropskih država, koje su tražile svoj interes na Balkanu baš preko pozicija u Srbiji, bilo da su želeli da neku drugu evrosilu isključe ili ograniče njeno prisustvo na Balkanu. Sanstefanski mir i stvaranje velike Bugarske najbolje prikazuje interese velikih evropskih država na Balkanu, a prvenstveno u Srbiji, Bugarskoj i Grčkoj. Rusija, koja nije mogla da obezbedi svoj prestiž u Srbiji, išla je na otvaranje druge države koja je bila pod njenim patronatom. To je Bugarska, koja je bila oslonac Rusije na Balkanu. Srbija je bila prostorno i teritorijalno osakaćena i smanjena. Kao tampon-zona nije bila ni pod jednom od velikih sila koje su svoje interese na Balkanu obezbeđivale diplomatskim i vojničkim prisustvom.

Srbija je bila tampon-zona koja je razdvajala teritorije pod austrougarskim uticajem od teritorija koje su bile pod ruskim uticajem. Takav položaj Srbije ukazuje na to da je vojna diplomatija bila prezauzeta pitanjima istraživanja događaja u Srbiji i njenih odnosa sa drugim državama u Evropi.

Važnost Balkanskog poluostrva i Srbije, kao strategijskog prostora, i raspad Otomanske Carevine dovodi mnoge evropske države na opredeljenje da obezbede svoj položaj na Balkanu i svoje pozicije u Srbiji i drugim balkanskim državama. Stoga su se njihovi interesi i sukobljavali. Preko nje su vodili suvozemni putevi iz Zapadne i Srednje Evrope na Bliski i Daleki istok. Važnost koja je pridavana novim sirovinskim izvorima, prvenstveno nafti i naftnim nalazištima, težnja da se vlada određenim prostorom bila je više nego izražena na Balkanu, jer su se strategijske tačke, koje su imale izrazitu moć za kontrolu svetskih zbivanja u ovom delu sveta, baš nalazile na Balkanu.

Propast Otomanskog carstva i stvaranje slobodnih balkanskih država, dovela je do sukoba nacionalnih interesa balkanskih država, Srbije, Bugarske, Crne Gore i Grčke, koje su tražile pomoć od vodećih evropskih država – Srbija i Crna Gora od Francuske i Engleske, a Bugarska od Austrije i Nemačke. Priznato načelo međunarodne politike je: saveznika treba tražiti na granici svog protivnika. To načelo ovde se više nego potvrdilo. Bugarska je tražila svog saveznika u Austrougarskoj, koja se graničila sa Srbijom, što Srbiji nije odgovaralo ni politički ni vojnički. Austrougarska je aneksirala Bosnu i Hercegovinu 1908. godine, što je dovelo do većih političkih implikacija na Balkanu.

U to vreme zaslužuje pažnju diplomatska aktivnost i međusobni politički i vojnički odnosi između Srbije i Crne Gore. Ona je bila intenzivna i obuhvatala je široko područje međudržavnih odnosa, od političkih, ekonomskih, kulturnih i vojničkih, do zajedničkog istupanja na međunarodnim konferencijama u Evropi. Vojni odnosi između ovih država bili su veoma razvijeni. Pored stalnih VDP koja su obe države imale u glavnim gradovima, imale su i vojne delegacije u Beogradu i na Cetinju.

One su brižljivo proučavale političke prilike u Evropi početkom 20. veka i tražile mogućnost za rasplete tadašnjih političkih konflikata, uz predviđanje eventualnih mogućih vojnih sukoba i ratnih eskalacija. Ove delegacije su, uz konsultaciju i podršku vojnih komandi (vrhovnih), tražile rešenja u slučaju agresije Austrougarske na Srbiju. Proizvod njihove aktivnosti je i zajedničko stupanje u rat protiv austrougarske, jer je odmah posle napada Austrougarske na Srbiju, Crna Gora objavila rat ovoj najagresivnijoj evropskoj državi u to vreme.

Strani vojni diplomatski predstavnici za vreme Prvog svetskog rata imali su različit tretman i položaj. Njihov položaj je isključivo zavisio od položaja određene države u ratu, da li se ona nalazi na strani saveznika ili je na strani Austrougarske.

Za vreme zaoštravanja političkih odnosa i ulaska u ratnu krizu, svi VDP iz neprijateljski raspoloženih zemalja prema Srbiji i Crnoj Gori morali su da napuste ove države i da se vrate u svoju zemlju, jer im je prestajala diplomatska funkcija, koja se automatski gasila objavom neprijateljstva. Vojni diplomatski predstavnici savezničkih država zadržali su svoju diplomatsku funkciju, ali zbog rata vojna diplomatija dobila je specifičan značaj i ulogu. Prvenstveno su poslovi i ratne obaveze između armija savezničkih država porasli i postali brojniji, a prostirali su se od snabdevanja naoružanjem i ratnom opremom, pružanja pomoći i medicinskog zbrinjavanja ranjenika i bolesnika, do stvaranja zajedničkih komandi, koje su izrađivale zajedničke operativne poslove za ratna dejstva.

Neka vojno-diplomatska predstavništva (VDP) u Beogradu, kao što su francuska i engleska, posle izbijanja rata, prerasla su u vojne misije, koje su sa srpskom vojskom delile sudbinu rata i povlačile se preko Albanije. Te vojne misije nisu prekidale svoju diplomatsku funkciju u toku trajanja rata i one su se posle oslobođenja Srbije ponovo pojavile u Beogradu, ali u novoj državi Kraljevini Srba, Hrvata i Slovenaca.

Međutim, interesantno je osvrnuti se na VDP srpske armije pre, u toku i posle Prvog svetskog rata. Srpska vojska, koja je morala da napusti svoju nacionalnu državnu teritoriju, zadržala je svoju homogenost i vezu sa otadžbinom na čijoj teritoriji nije boravila. Takva vojna organizacija zadržala je i svoju vojnu diplomatiju, a nije joj rat smetao da je i dalje razvija i otvara nova vojna diplomatska predstavništva u novim savezničkim državama.

Takva VDP su otvorena u Švajcarskoj, Belgiji, Holandiji i SAD. Premda se broj slobodnih evropskih država tokom rata smanjio (sa zaraćenim državama odnosi su bili prekinuti), ipak Srbija je imala 10 VDP i vojnih misija. To ukazuje na intenzivnu vojnu diplomatsku aktivnost srpske vojske za vreme boravka na teritoriji susedne Grčke. VDP i vojne misije bile su brojnije nego u vreme mira.

Posebno brojna su bila VDP u Francuskoj, Engleskoj, Rusiji, SAD i Grčkoj. Svako od ovih predstavništava imalo je svoju specifičnu funkciju. Njihovi zadaci nisu se mogli svoditi na uobičajenu diplomatsku organizaciju koju karakteriše istorijski i tradicionalistički obim poslova i zadataka VDP jedne države u doba mira, kada se neki zadaci izdaju čak cirkularno. Ogromni su bili zahtevi i zadaci koje je Vrhovna komanda Srpske vojske davala i postavljala svojim vojnim diplomatskim institucijama i napori njenih pripadnika da te zadatke izvrše na vreme u otežanim ratnim uslovima.

Srpska vojna diplomatija uklapala se u organizam vojne diplomatije Antante, prihvatajući deo obaveza i zadataka koje je pred njih postavljala srpska Vrhovna komanda i zajednička saveznička komanda. Ona je dala svoj doprinos u pripremi Srpske vojske, prvenstveno njenoj popuni novim borcima, iz svih jugoslovenskih nacija, sa svih meridijana gde su do tada dospeli pripadnici Južnih Slovena.

Okupljanje simpatizera u Americi, Kanadi, Australiji, Rusiji, pa i dalekoj Južnoj Americi i njihovo upućivanje na Solunski front najbolje potvrđuje organizovanost i stručnost te diplomatije. Ona ne samo da je pokazala sposobnost i spremnost, već i vrhunsku veštinu u agitovanju među južnoslovenskim narodima svih nacionalnosti koji su živeli na raznim kontinentima da se izjasne za totalnu podršku pravednom ratu koji su vodili saveznici, a sa njima i Srbija.

Srpska diplomatija je stvorila dobre pozicije i u pobedi nad neprijateljem i za pregovore posle završetka prvog svetskog rata u Parizu (napori i žrtve koje je uložila u jednom za nju neravnopravnom ratu i ratu koji je u istoriji nezapamćen, jer je jedna država izgubila nacionalnu teritoriju i direktnu podršku sopstvenog naroda koji je bio porobljen).

Prvo se polazilo od zahteva da se stvori jugoslovenska država koja će obuhvatiti sve teritorije gde žive Južni Sloveni. To nije bio samo zahtev srpske vlade, već i zahtev Jugoslovenskog odbora za stvaranje države Južnih Slovena, koji su podržali sve progresivne snage u svetu, ali i uz pokušaje da se to onemogući. Malo rešenje išlo je na stvaranje jugoslovenske države u koju bi ušle teritorije Srbije, Crne Gore, Bosne i Hercegovine. Na Mirovnoj konferenciji u Parizu, srpska a kasnije i jugoslovenska diplomatija nije iskoristila sve stvorene pozicije koje je na bojnom polju obezbedila. Nevešta u vođenju političkih pregovora, dosta inertna prilikom utvrđivanja granica, odugovlačila je pregovore toliko da su neki državnici koji su u toku rata bili saveznici i neposredno vodili zajednički rat otišli sa političke scene, a na njihovo mesto su došli političari manje naklonjeni Jugoslaviji i jugoslovenskim narodima što joj se višestruko osvetilo.

Slaba procena stanja kod ratnih saveznika, njihove političke smene i politička previranja išla su na štetu Jugoslavije. Smenom vlada, ratnih saveznika, Srbija je izgubila ne samo podršku već i naklonjenost u utvrđivanju državnih granica. Sporost, a prvenstveno neodlučnost jugoslovenske delegacije, dovodila je do dosta promenljivih situacija. Ratom obezbeđene pozicije su se menjale, gubile i topile, a šanse su prepuštane drugima, koji su to nemilosrdno koristili i veštim političkim i diplomatskim potezima obezbeđivali sebi određene teritorije za proširenje državne granice.

Kod jugoslovenske vlade postojale su mnoge protivrečnosti koje je nametnuo vremenski i politički moment i događaji na međunarodnoj areni. Vlada je bila nova, bez dovoljno homogenosti, integrisanosti i jedinstva, sa bezbroj neizgrađenih zajedničkih rešenja, dogovora i sadržaja, zbog kojih nije bila u stanju da potpuno eksploatiše ratnu pobedu, već se u nekim slučajevima zadovoljavala ponuđenim rešenjima. Jugoslovenska diplomatija je ipak dobila mnogo na međunarodnom planu. Prvi put u istoriji Južnih Slovena stvorena je jedinstvena nova državna zajednica Južnih Slovena u Evropi, Kraljevina Srba, Hrvata i Slovenaca. U njoj se prvi put našla u zajednici većina Južnih Slovena, premda su neke teritorije naseljene slovenskim stanovništvom ostale u sastavu susednih država.

Diplomatija Crne Gore, za razliku od diplomatije drugih naših naroda, razvijala se u kontinuitetu bez obzira na to što je ova mala balkanska država bila u neprekidnim ratnim sukobima sa tada najmoćnijom evropskom i azijskom carevinom – Turskom. Glavni grad Cetinje bio je centar diplomatske aktivnosti na Balkanu. Na Cetinju je krajem 19. i početkom 20. veka bilo sedam diplomatskih institucija. Vojna diplomatija počinje se razvijati nešto kasnije u odnosu na opštu.

Rusija je 1907. godine uputila svog vojnog atašea na Cetinje. To je bio prvi vojni ataše na Cetinju. Ubrzo su, sledeći primer Rusije, svoje vojne atašee akreditovali Srbija, Francuska, Engleska i još neke države. Tako je 1914. god. na Cetinju bilo akreditovano šest vojnih atašea, ne računajući vojnu delegaciju Srbije, koja je po bilateralnom ugovoru između Srbije i Crne Gore bila akreditovana na Cetinju. Crna Gora imala je svoju vojnu delegaciju u Beogradu, naravno pored vojnog atašea.

Diplomatija Crne Gore imala je zapaženo mesto i ulogu u evropskoj diplomatiji i u kreiranju međudržavnih odnosa u Evropi. Najrazvijeniji diplomatski odnosi bili su sa Srbijom, a takođe su se intenzivno razvijali odnosi sa Rusijom, Francuskom i Italijom, jer su na ove države bili upućeni vladari Crne Gore.

Iz ovog kratkog osvrta na diplomatiju slovenskih naroda pre stvaranja Kraljevine Srba, Hrvata i Slovenaca (KSHS), vidno je da jugoslovenska država nije svojim ujedinjenjem 1918. godine počela sa stvaranjem svih političkih i državnih institucija. Zapravo ona je samo stvorila nove institucije, ali je imala kadrove koji su se i ranije, pre prvog svetskog rata i za vreme njegovog trajanja bavili državnim poslovima na međunarodnom planu, koristeći diplomatiju kao tradicionalnu instituciju međudržavnih opštenja, tako da je postojao kontinuitet stvaranja i razvoja diplomatije kod jugoslovenskih naroda.

Svoje sposobnosti i svoju vitalnost pokazala je ta diplomatija još u toku rata i ratnih operacija. Njeni predstavnici su se angažovali na uspostavljanju međuarmijske saradnje i odnosa među državama, jer nisu samo predstavljali armiju već i Kralja i državu sve do konstituiranja Kraljevine i spoljnopolitičkih predstavničkih organa.

Vojna diplomatija Kraljevine Srbije koja se u toku rata kadrovski osposobljavala i izgrađivala, preuzela je na sebe izbor i pripremu novih diplomatskih kadrova i poslove nove države. Zahvaljujući ratnim uspesima i pobedama, imala je veliki autoritet u svetu diplomatije, što znači da su njene predstavnike poštovali i saveznici i prijatelji, i protivnici i ratni neprijatelji. Zbog te reputacije vojna diplomatija je osvojene pozicije zadržala sve do početka Drugog svetskog rata. Ona je sebi obezbedila važno mesto u evropskoj i svetskoj diplomatiji, jer su saveznici poštovali njen doprinos u toku četvorogodišnjeg rata.

Pored svih promena na političkom vrhu, personalnih, političkih i ekonomskih, jugoslovenska diplomatija, kao i njen narod, ostala je verna saveznicima. Ti duboki koreni koji su je vezali za saveznike najbolje se vide iz događaja koji su se odigrali 27. marta 1941. godine.

Normativno-pravno regulisanje odvijalo se kroz donošenje propisa o diplomatskim odnosima. Neposredno posle završetka mirovnih pregovora i utemeljenja jugoslovenske države oni predstavljaju pravno regulisanje razvoja diplomatije. Vlada nove države je 5. maja 1919. godine donela *Uredbu o dopuni organizacije Ministarstva inostranih poslova*, a 1930. godine donet je *Zakon o uređenju Ministarstva inostranih poslova, diplomatskih i konzularnih zastupništava Kraljevine Jugoslavije*. Jugoslavija je od diplomatskih institucija redovno otvarala diplomatska poslanstva. Ona, kao i mnoge druge države (manje) nije imala pravo da otvara ambasade, jer je Bečki pravilnik o klasama i rangu diplomatskih predstavnika, koji je dopunio Ahenski kongres, regulisao da samo velike sile imaju pravo da otvaraju diplomatske institucije ranga ambasade. Po ugledu na neke države u Evropi koje su tridesetih godina počele da otvaraju ambasade, i Jugoslavija je 1934. godine otvorila svoju prvu ambasadu u Bukureštu, odnosno samo je proširila diplomatsko poslanstvo kojem je dala rang ambasade.

Poslednji pravni akt Kraljevine Jugoslavije je *Uredba o uređenju ministarstva inostranih poslova i diplomatskih i konzularnih zastupništava od 20. avgusta 1939. godine.* Ovom uredbom je proširena uloga Ministarstva inostranih poslova i diplomatsko-konzularnih institucija. Objedinjena je diplomatsko-konzularna funkcija, a član 34 dao je mogućnost da ambasade i diplomatska poslanstva vrše konzularnu funkciju.

U okviru ambasade i diplomatskih poslanstava bila su akreditovana i vojna diplomatska predstavništva. Jugoslavija je 1936. godine imala 14 akreditovanih vojnih diplomatskih predstavništava. Pored susednih država, ona je VDP imala u Francuskoj, Engleskoj, Nemačkoj, SAD i Čehoslovačkoj, dok vojne diplomatske odnose, kao i diplomatske odnose, nije bila uspostavila sa SSSR. Ona je jedna od poslednjih evropskih država koja je uspostavila diplomatske odnose sa SSSR tek 1940. godine. Organizacija i struktura VDP bila je uobičajenog karaktera, sastavljena od vojnog atašea (VA), pomoćnika VA i sekretara VA.

Među najjačim vojnim diplomatskim predstavništvima bilo je VDP u Parizu, koje je imalo značajnu ulogu u razvijanju vojno-diplomatskih odnosa između dve armije i razvoju vojske i mornarice. Tradicionalno dobri međudržavni odnosi činili su da i vojni odnosi i međuarmijska saradnja budu u centru diplomatske aktivnosti ove dve države.

Različita je bila uloga vojnodiplomatslih predstavništava (VDP) Kraljevine Jugoslavije između dva svetska rata, a posebno uoči početka Drugog svetskog rata jer su neka VDP i VA imala važnu ulogu u obaveštavanju Jugoslovenske vlade o ratnim opasnostima koje ugrožavaju ovu zemlju, a posebno u prikupljanju važnih vojnih podataka i obaveštavanju Vrhovne komande Jugoslovenske vojske i ratne mornarice o predstojećoj agresiji na Jugoslaviju.

Vojni atašei u zemljama hitlerovske koalicije bili su opterećeni brojnim pitanjima, od njihovog statusa i otežanih uslova rada, jer su bili pod stalnom kontrolom i pratnjom policije, do svođenja diplomatskih mogućnosti i kontakata na minimum. Međutim, ona su uz velika neprezanja redovno prikupljala podatke o vojnim efektivima u zemljama akreditovanja, o pokretu jedinica, o naoružavanju, mobilizaciji i drugim važnim pitanjima koja su ukazivala na ratne pripreme i realnu opasnost koja je dolazila iz ovih zemalja. Vojnodiplomatske institucije u Berlinu, Rimu, Sofiji, Beču, Budimpešti i Bukureštu slale su svakodnevno informacije i depeše koje su ukazivale na pripreme ovih država za rat i o koncentraciji vojnih jedinica prema jugoslovenskoj granici.

Neposredno pre agresije na Jugoslaviju, posebno u toku 1940. godine, izrazito aktivno bilo je VDP u Berlinu, jer je vojna saradnja između Jugoslavije i Nemačke razvijena sa dosta oscilacija. Jugoslavija se bila orijentisala na kupovinu naoružanja i ratne tehnike od Nemačke. Vojni ugovori koji su sklopljeni (zaključeni) između ove dve države nisu realizovani, samo su manje isporuke izvršene, dok glavne isporuke naoružanja i vojne tehnike nisu izvršene od strane Nemačke.

Nemačka nije želela da oružjem snabdeva nesigurnog saveznika. Naš poznati književnik Ivo Andrić bio je šef diplomatskog poslanstva u Berlinu. Vojni ataše bio je Vladimir Vauhnik. Oni su imali brojne kontakte sa predstavnicima nemačke vojske i Ministarstva inostranih poslova oko isporuke ugovorenog naoružanja. Kompletnost i složenost ovih pitanja vidi se iz jednog razgovora Andrića sa Ribentropom i Vajezekerom vođenog 27. juna 1940. godine u Berlinu, o isporuci 50 aviona „dornier", 50 „meseršmita" i 34 „fizlera". Ugovor je obnovljen 23. jula 1940. godine.

Državni sekretar Vajezeker je čvrsto obećao da će avioni biti na vreme isporučeni, posebno posle odlaganja isporuke Turskoj, ali do isporuke nije došlo. Ovakva igra Vajezekera odgovarala je političkim igrama Nemačke neposredno uoči rata i na samom njegovom početku, kada je nemačka vlada želela da zadrži dobre odnose sa mnogim zemljama, da bi prikrila svoje ratne namere i agresivne aspiracije i političke kombinacije sa mnogim evropskim državama, pa i Jugoslavijom.

Odnosi između Nemačke i Jugoslavije sa nemačke strane imali su osnovni cilj produženja i ostvarivanje Nemačke politike na Balkanskom poluostrvu. Kako su ti odnosi ulazili u vruć period, tako se sve više ocrtavala ta politička orijentacija i opredeljenje Nemačke. Izveštaji Andrića i Vauhnika najbolje potvrđuju namere i kombinacije Nemačke sa Jugoslavijom. Jugoslavija je od evropskih država poslednja uspostavila diplomatske odnose sa SSSR.

Na uspostavljanje diplomatskih odnosa sa ovom zemljom opredelila se kada je uvidela ozbiljnu opasnost od susednih država i Nemačke koja se polako, ali sigurno, približavala njenim granicama. U leto 1940. godine razmenjene su diplomatske note između dva ministarstva inostranih poslova, a obostrano je ponuđeno i prihvaćeno uspostavljanje političkih i trgovinskih odnosa između Jugoslavije i SSSR. Kao zvaničan datum uspostavljanja odnosa smatra se 7. juli 1940. godine, kada je u Beograd doputovao akreditovani sovjetski poslanik Plotnikov.

Odmah posle razmene diplomatskih misija jugoslovenska strana je uputila zahtev za kupovinu naoružanja od SSSR. Zahtev je naišao na razumevanje i obećanje Moskve. Međutim, do realizacije ugovora i isporuke naoružanja nije došlo, jer je rat bio na pomolu, a odnosi između SSSR i Nemačke posle potpisivanja ugovora o nenapadanju imali su obavezujući karakter, pa je SSSR morao poštovati međudržavne ugovore.

Dolazak generala Simovića za predsednika vlade posle martovskih događaja ubrzao je razvoj odnosa između Jugoslavije i SSSR, pa i odnosa vojne prirode. U Moskvu je 3. aprila 1941. godine upućena vojna delegacija sa generalštabnim pukovnikom Savićem na čelu radi zaključivanja ugovora o kupovini naoružanja i vojne opreme.

Tih dana između Jugoslavije i SSSR potpisan je pakt o nenapadanju, kojim je Jugoslavija želela da učvrsti svoj položaj i obezbedi dosta nesigurne granice, na kojima se komplikovala situacija u državnim odnosima sa susedima.

Interesantno je analizirati odnose između Jugoslavije i SSSR između dva svetska rata. Ti odnosi su bili svedeni na nerealnu politiku koju je vodila Vlada Jugoslavije ceneći nerealno i antagonistički novu sovjetsku državu, njeno mesto i ulogu u savremenom svetu i međunarodnim odnosima. Ovaj vremenski vakuum u odnosima naneo je više štete jugoslovenskoj kraljevini nego mladoj sovjetskoj republici. Političke nejasnoće i konfuzije u definisanju spoljnopolitičke situacije dovele su Jugoslaviju u stanje da ostane bez svojih saveznika, a svoje političke i nacionalne interese je žrtvovala zbog jedne grupe carskih političara (ruskih emigranata) koja je iz SSSR potražila utočište u Jugoslaviji.

Ne može se tvrditi da bi njen položaj bio sigurniji da je diplomatske odnose ranije uspostavila sa SSSR, jer nije sigurno da bi SSSR ušao u rat sa Nemačkom da bi pružio zaštitu Jugoslaviji. On za takvu akciju i odluku nije bio spreman. Dinamična aktivnost VDP Kraljevine po mnogo čemu ukazivala je na dobro organizovanu vojnu diplomatiju koja je zbog specifičnog položaja Jugoslavije u prvom svetskom ratu, vremenu između dva rata i neposredno uoči drugog svetskog rata razvijala dinamičnu vojnu diplomatiju. Njeni vojni atašei – izaslanici (VA-I) su intenzivno radili na prikupljanju one vrste podataka i obaveštenja koja su ukazivala na ishod političkih odnosa u Evropi, implikacije i reperkusije tih odnosa na balkanski prostor.

Njihovi izveštaji iz evropskih metropola ukazivali su na položaj Jugoslavije u komplikovanoj politici koju je izražavao vihor rata koji se približavao. Na planu prikupljanja obaveštenja i podataka i obaveštavanja vojnog i državnog rukovodstva, posebnu spretnost i znanje ispoljili su VA akreditovani u Nemačkoj,

Italiji, Rumuniji[159] i Sofiji. Vojni izaslanik u Berlinu pukovnik Vladimir Vauhnik stvorio je dobre pozicije za prikupljanje tajnih podataka. On je kontinuirano izveštavao o opasnostima koje dolaze iz Nemačke. Njegovi izveštaji mogu se uvrstiti u najvrednije izveštaje koje je evropska i svetska vojno-diplomatska klijentela upućivala svojim generalštabovima, obaveštavajući ih o predstojećim ratnim događajima.

Neki od tih izveštaja po svom značaju i vrednosti ušli su u nacionalnu i svetsku istoriju, u istoriju diplomatije i VOS, u njenu metodologiju i veštinu. Diplomatski izveštaji su uvek predstavljali odraz profesionalnog, stručnog i patriotskog osećanja koje je bilo izgrađivano u procesu školovanja i pripremanja VD predstavnika za njihovu diplomatsku funkciju. Oni su najčešće uz velike napore, rizike i požrtvovanja izvršavali svoje diplomatske zadatke.

Početak rata diktirao je da sudbina VDP Kraljevine bude različita, jer su to nametale zemlje u kojima su diplomati bili akreditovani. Vojna diplomatija u zemljama koje su pripadale hitlerovskoj koaliciji bila je izložena teroru i nediplomatskom tretmanu. Većina tih diplomata bila je uhapšena i deportovana na određena područja izlovana od domašaja domaće i svetske javnosti, a njihova sudbina ulaskom u rat sve više se pogoršavala i komplikovala.

Neki su bili osuđeni na dugogodišnje kazne zatvora, a mnogi su u deportaciji izgubili i život ili su završili svoju diplomatsku karijeru u koncentracionim logorima. Položaj VDP u zemljama saveznicama antihitlerovske koalicije mogao bi se posmatrati kroz prizmu njihovog angažovanja i statusa u toku četvorogodišnjeg rata. U Engleskoj, SAD i još nekim zemljama koalicije,

---

[159] Vojni izaslanik kraljevine Jugoslavije u Rumuniji pov. br. 206 od 29.3.1941. u 16 časova: „Načelniku Glavnog Đeneralštaba- Beograd. Iz vrlo dobrog izvora saznao sam da su tri nove rumunske vedete i rumunski sumaren dobili nemačku posadu. Izgleda da predstoji prelaz nemačke divizije Haraube u Bugarsku. Obzirom na verovatan sukob sa Nemačkom treba obezbediti kvarenje Sipskog kanala od nemačkih protiv mera sa zemlje i iz vazduha. Tvrdi se da ima pionira i motornih čamaca u Turn Severinu. Isto tako obezbediti nabavku benzina jer ga iz Rumunije više nećemo dobiti. Iz Temišvara iz dobrog izvora saznao sam da se ka Vršcu pod zastorom rumunskih trupa prikupljaju jedna motorizovana i jedna pešadijska nemačka divizija i da se nemačke trupe očekuju i u Žombolji. Stropnik."

zadržala su aktivnu ulogu u obavljanju zadataka koje im je postavljala kraljevska vlada sa sedištem u Londonu ili Kairu.

Da bi se sagledala prava i realna snaga jugoslovenske vojne diplomatije, neophodno je da se uđe u sadržaj njenog rada i rezultata do kojih su dolazili vojni atašei neposredno uoči rata. Osvrtom na njihovu aktivnost, rad, angažovanje i izveštaje, može se relevantno zaključiti da je ta diplomatija obavljala svoje zadatke profesionalno, autoritativno, stručno i dostojanstveno, da se iscrpljivala na pravim pitanjima koja su mogla da budu od velike koristi državnom i vojnom rukovodstvu, da je bila spremna da vodi borbu protiv neprijatelja koji je ugrožavao teritoriju i njen teritorijalni integritet. Neki vojni atašei su svom generalštabu dnevno dostavljali po šest i više izveštaja o vojnim i političkim implikacijama, o stanju i savezničkim zemljama uspostavljena su odmah posle završetka rata. Njihov zadatak je prvenstveno bio da sa savezničkim oružanim snagama uspostave, unaprede i održavaju međuarmijsku saradnju.

Zadatak vojne diplomatije Federativne Narodne Republike (FNR) Jugoslavije bio je veoma delikatan. Diplomatski kadrovi bili su mladi i neiskusni u diplomatskim poslovima. Među njima bilo je oficira čija starost nije prelazila 30 godina. Oni su, zahvaljujući moralu, izgrađenom ratnom patriotizmu i političkoj klimi koja je vladala neposredno posle rata, uspešno se uključili u diplomatske igre i spremno dočekali zaoštravanje odnosa između Istoka i Zapada, a ubrzo i između Jugoslavije i država socijalističke zajednice (Varšavskog ugovora).

Posle rata vojna diplomatija FNR Jugoslavije uklapala se u delatnost vojne diplomatije savezničkih (pobedničkih) država. Jugoslavija posle rata nije imala iskusne diplomatske kadrove. Za razliku od mnogih mladih država, njoj je bila potrebna vojna diplomatija. Naravno da je opšta diplomatija absorbovala kadrove iz istih izvora – iz jedinica JA. Njihovo školovanje nije bilo plansko i organizovano. Kraće pripreme pružale su osnovna saznanja o opštoj i vojnoj diplomatiji. Posebno važno pitanje bilo je izbor kadrova za diplomatske funkcije.

Za važne diplomatske dužnosti, za vojne izaslanike u nekim većim metropolama, birani su isključivo iskusni oficiri koji su se proverili na brojnim zadacima u toku rata. Oni su upoznavali jezik, istoriju, kulturu, prilike zemlje (naroda) u kojoj su bili akreditovani.

Pre rata mnogo jugoslovenskih mladića, a među njima i članova KPJ, školovalo se van Jugoslavije, skoro na svim evropskim univerzitetima. Među njima mogla su se naći lica pogodna za brzo uklapanje u diplomatsku službu. Pariz je bio stecište jugoslovenskih studenata i jugoslovenske inteligencije. Tradicionalno dobri i razvijeni prijateljski odnosi između Jugoslavije i Francuske uticali su na opredeljenje da mnogi Jugosloveni za mesto življenja i školovanja izaberu baš francuske gradove. Partizanski pokret izbacio je na površinu školovane mlade ljude članove KPJ i SKOJ, koji su se višestruko proverili i pokazali kao dobre patriote, sposobni da obavljaju i najteže zadatke, pa i u diplomatskoj službi. Uspostavljanje diplomatskih odnosa sa vladama drugih država odvijalo se po nepisanom scenariju.

U međunarodnim odnosima svaka država svoje poteze povlači na osnovu definisanja spoljnopolitičke situacije, što znači da nijedna zemlja ne želi da povlači poteze na slepo, da čini promašaje, da pruža šansu da je prestignu druge države bilo da su saveznice ili ne. To nepisano pravilo u diplomatskom opštenju i ovom prilikom je došlo do izražaja. Prva je u Beograd uputila svoga ambasadora Velika Britanija – 12, SSSR – 20. i SAD – 31. marta 1945. godine. Dolaskom ambasadora i otvaranjem ambasada vojne misije su počele da prerastaju u vojna diplomatska predstavništva premda su neke VM i dalje ostale pri određenim komandama.

Pojedine vojne misije posle rata dobile su uloge vojnih delegacija koje su imale zadatak da pruže tehničku i vojnu pomoć Jugoslaviji i JA. Paralelno sa prijemom akreditiva u Beogradu diplomatskih i konzularnih predstavnika i otvaranjem VDP, Jugoslavija je akreditovala svoje diplomatske i vojno-diplomatske predstavnike. U nekim državama gde su postojale vojne misije pri savezničkim komandama održan je kontinuitet diplomatskog opštenja i diplomatskih odnosa. Prvo VDP otvoreno je u Francuskoj, zatim u Engleskoj, SSSR, SAD, Mađarskoj, ČSSR, Poljskoj, Bugarskoj, Albaniji i Turskoj.

Diplomatija SFRJ je bila veoma dinamična. Ona je bila vezana za Savezni sekretarijat za inostrane poslove. Jugoslavija je održavala diplomatske odnose sa 135 država, u 87 država postoje diplomatska predstavništva ranga ambasade, a u ostalim postoje diplomatsko-konzularna predstavništva ili poslove obavljaju diplomate akreditovane u drugim državama. SFR Jugoslavija nije imala diplomatske odnose sa Izraelom, Južnoafričkom republikom, Južnom Korejom, Tajvanom i Marokom, a dosta specifični su bili odnosi sa Čileom.

Jugoslovenska vojna diplomatija odgovarala je njenim potrebama, odnosno potrebama njenih oružanih snaga. One su u duhu proklomovane i primenjivane politike miroljubive koegzistencije razvijale međuarmijsku saradnju sa mnogim armijama u svetu. Ta saradnja je bila dosta različitog intenziteta i nije zavisila samo od JNA već i od druge strane.

Vojna diplomatija se uklapa u državnu politiku koju prati i nastoji da unapredi gde se to može. Ona se razvija tokom koji diktira međunarodna saradnja Jugoslavije sa drugim zemljama i njihovim oružanim snagama. Ona utiče na tokove tih odnosa, ali samo u okvirima principa politike države na spoljnom planu. Oblici vojne saradnje su raznovrsni – od kulturnih, naučnih, tehničkih, ekonomskih, do kooperacije u proizvodnji naoružanja i vojne opreme.

Zadaci vojnih izaslanstava – vojno-diplomatskih predstavništava (VI – VDP) nekadašnjih država SRJ – DZ SiCG u celini gledano ne odstupaju od zadatka koje vojna diplomatija izvršava uopšte. Rad vojnih izaslanika, SRJ – DZ SiCG treba posmatrati u kontinuitetu jer ona na neki način predstavljaju nastavak rada onih istih izaslanstava koja su delovala u vreme SFRJ iako su se u proteklom periodu posle raspada SFRJ i ona brojčano, strukturno i suštinski dosta izmenila.

Važno je napomenuti da su VI u vreme raspada SFRJ trpela snažne pritiske kako iz zemlje tako i u sredini akreditacije, ali osim slučaja u Londonu (VI samovoljno napustio dužnost) drugih slučajeva u ovom burnom periodu nije bilo, što dokazuje visoku profesionalnost kadra kojim su bila popunjena naša VI u to vreme. Raspad SFRJ, nastanak SRJ, ratovi u Hrvatskoj i BiH, bujanje albanskog terorizma i izolacija međunarodne zajednice direktno su uticali na zadatke i naprezanje svih vojnih izaslanika VJ – VSCG u svetu. Svaki od navedenih događaja je na svoj način uticao na zadatke VI u pojedinim sredinama.

Principijedno gledano zadaci VI Republike Srbije su ostali isti kao i pre početka događaja na prostorima bivše SFRJ: diplomatsko protokolarni, vojno stručni i obaveštajni. Međutim, u zavisnosti od promene situacije i potreba centrale, vršena je i promena težišta u radu pojedinih vojnih izaslanika ili u čitavoj mreži VI.

Vojna izaslanstva Republike Srbije ili vojnodiplomatska predstavništva (VDP), posebno su specijalizovani organi obaveštajne službe, namenjeni za zvanično predstavljanje OS R.Srbije u inostranstvu i izvršavanje zadataka dobijenih od pretpostavljenih organa iz zemlje, a preko Vojno-obaveštajne agencije (VOA) MO Republike Srbije.

Broj izaslanstava, njihova veličina i struktura u proteklom periodu od proglašenja SRJ menjala se u skladu sa potrebama i mogućnostima koje je nalagala trenutna situacija u zemlji i njenom bližem i daljem okruženju.

Sadašnja izaslanstva odbrane nastavila su rad nekadašnjih izaslanstava SFRJ. U posleratnom periodu država FNRJ, a kasnije SFRJ u eri blokovske podeljenosti sveta formirala je snažnu mrežu vojnih izaslanstava u čitavom svetu, tako da je u jednom momentu bivša SFRJ imala 32 vojno-diplomatskih predstavnika u svetu.

U svakom od ovih perioda broj, veličina i struktura VI zavisila je direktno ili indirektno od politike države, njenog položaja u svetu i problema sa kojim se trenutno suočavala.

Razmatrajući celokupni period posle drugog svetskog rata i razvoj i rad VI mora se slobodno reći da su dva perioda u tom vremenu bila za rad naših VI najteža, a to je period rezolucije informbiroa od 1948-1953. i period od početka raspada SFRJ 1991. godine do NATO intervencije 1999. godine. Može se zaključiti da je ovaj zadnji period bio znatno teži od predhodnog u vreme informbiroa.

U skladu sa aktuelnom situacijom opredeljivani su osnovni zadaci VI. Ovde treba naglasiti da oni nikada nisu izlazili iz okvira predviđenih međunarodnim pravom i konvencijama, iz prostog razloga što je celokupna delatnost VI uvek bila usmerena na zaštitu intengriteta Savezne Republike Jugoslavije (SRJ) i razvoj saradnje sa drugim OS.

Imajući u vidu zemlju akreditacije, važnost pojedinih zadataka VI nema uvek isti značaj. Tako su zadaci VI u susednim i prijateljskim zemljama različiti u odnosu na zemlje sa kojima nemamo razvijene odnose ili koje nam nisu naklonjene. Na obim i vrstu zadatka značajan uticaj ima i zemlja (centar) akreditacije, to jest u kojoj meri je ta sredina u kojoj se odvijaju važni događaji ili donose odluke bitna po bezbednost i integritet naše zemlje. Sve su to elementi koji opredeljuju broj, važnost i prioritet zadatka jednog vojnog izaslanstva. Na broj i vrstu zadatka takođe utiču i prioriteti spoljne politike zemlje i usklađenost zadatka opšte i vojne diplomatije.

Ovi problemi posebno dolaze do izražaja u uslovima nepostojanja jednog jedinstvenog tela za koordinaciju rada svih službi i jedinstveni nastup prema spoljnom svetu. Ovde nije reč o nekom dijametralno suprotnom ponašanju od utvrđene državne politike, već o tome da se pojedini zadaci zbog nepostojanja saradnje i koordinacije dupliraju, ponavljaju, a neki zapostavljaju, što spoljne činioce čiji je sistem sasvim drugačiji dovodi često puta u nedoumicu ili izvlačenje pogrešnih zaključaka.

Protekli petnaestogodišnji period je posebno pokazao da samo visoka profesionalnost u postavljanju i izvršavanju zadataka može dati prave rezultate. To se ogleda u tome da su naša vojna izaslanstva u proteklom periodu pravovremeno obezbedila podatke i saznanja o svim događajima koji su se dešavali na ovim prostorima, a bili su u vezi sa bezbednošću i integritetom SRJ, uključujući tu i pripremu i samo izvršenje NATO intervencije. Ovde treba napraviti jasnu razliku između onoga što je naša obaveštajna služba sa svojim VI učinila u tom periodu i toga koliko su njena saznanja i procene uzete u obzir u procesu donošenja odluka državnog karaktera.

Samo uspostava ili postojanje vojno-diplomatskih odnosa podrazumeva da u sredini prijema postoje uslovi za rad predviđeni konvencijama o diplomatskom statusu i ponašanju. Međutim, takva konstatacija slabog poznavaoca rada vojno-diplomatskih predstavnika može dovesti u veliku zabludu. Uslovi i mogućnosti za rad u svakoj zemlji prijema su različiti i zavise od mnogobrojnih činioca, počev od uvažavanja međunarodnih konvencija, domaćeg zakonodavstva, razvijenosti međusobnih odnosa pa do lične umešnosti vojno-diplomatskog predstavnika.

Dobro poznavanje uslova za rad u zemlji akreditacije i njihovo uvažavanje jedna je od osnovnih predpostavki za uspešan rad vojnih izaslanika. Uslove za rad možemo posmatrati kao objektivno datu kategoriju na koju VI ne može da utiče u izvršavanju postavljenih zadataka. Međutim ako bi bio površan zaključak, doveo bi u zabludu svakog onog ko ima pretenzije da se bavi ili proučava vojno-diplomatsku delatnost i odnose.

Uslovi za rad od jedne do druge zemlje akreditacije, razlikuju se i ne mogu se podvesti pod zajednički imenitelj, osim konstatacije da su povoljni ili nepovoljni. Zato tu i počinje početna priprema za uspešan rad svakog vojno-diplomatskog predstavnika. U kompleksnoj pripremi vojnog izaslanika, proučavanje uslova i mogućnosti rada u sredini u koju se upućuje ima poseban značaj. U izučavanju te sredine treba poći od opštih pitanja, kao što je: geografija, istorija, kultura i običaji buduće zemlje akreditacije, pa do najsitnijih detalja svakodnevnog života buduće sredine rada. Ovde treba posebno naglašavati koliki značaj ima dobro poznavanje jezika zemlje domaćina.

Uz dobro poznavanje uslova i mogućnosti za rad sledeći važan element prilagođavanja tim uslovima je iznalaženje maksimuma u izvršavanju postavljenih zadataka. Neuvažavanje ovih činjenica i zaključaka redovno dovode do slabog rada vojnih izaslanika (VI).

U razmatranju uslova i mogućnosti za rad VI SRJ treba poći od toga da je SRJ kao država nastala u punom jeku raspada bivše države (SFRJ), kada nam većina međunarodnih faktora nije bila naklonjena i samim tim opšta karakteristika uslova za rad VI SRJ mogla bi se oceniti konstatacijom ili ocenom od: vrlo složeni, do nepovoljni. U takvim uslovima, naši malobrojni VI (u jednom trenutku bilo ih je samo 14) iskazala je svu svoju vitalnost i profesionalnost. U uslovima kada je SRJ bila izložena svakovrsnim sankcijama i opštoj izolaciji uslovi za rad VI nikako se nisu mogli okarakterisati kao povoljni i tada je došla do izražaja pređašnja konstatacija prilagođavanja uslovima sredine u kojoj se deluje. To nam daje za pravo za konstataciju da nema uslova i sredine u kojoj pravi profesionalci nisu u stanju da izvrše postavljene zadatke.

Vojni diplomatski odnosi

U funkciji politike odbrane vojna diplomatija, zavisno od situacije i zemlje akreditovanja, se izražava kroz uspostavljanje vojno-diplomatskih odnosa i njihov razvoj u miru i ratu.

a) Uspostavljanje vojno-diplomatskih odnosa

Da bi države imale međunarodno-pravni subjektivitet, one moraju imati osnovne elemente, određenu teritoriju, koja je međunarodno-pravno utvrđena, stanovništvo koje živi na toj teritoriji i suverenu vlast čija je supremacija izražena u odnosu na druge vlasti na toj teritoriji i u narodu. Ona je iznad svih drugih atributa vlasti na teritoriji te države.

Uspostavljanje diplomatskih odnosa nastupa posle priznavanja država, konstitutivnog ili deklarativnog, odnosno priznavanjem „de jure" i „de facto". Proces priznavanja država i uspostavljanja diplomatskih odnosa prolazi kroz sistem međunarodne dinamike.

Uspostavljanje vojnih diplomatskih odnosa u redovnim prilikama uvek nastupa posle uspostavljanja diplomatskih odnosa uz ispitivanje prilika i mogućih reperkusija. Kao pratilac opšte diplomatije, vojno-diplomatski odnosi se uspostavljaju i razvijaju u okviru globalne i posebne politike.

Opšta praksa da otvaranje VDP sledi posle otvaranja diplomatskih predstavništava ne bi se mogla prihvatiti i kao načelo, jer postoje i slučajevi koji su obrnuti. Prvenstveno se uspostavljaju vojno-diplomatski odnosi, pa tek posle sledi otvaranje ambasada i diplomatskih institucija. Takvi slučajevi u diplomatiji su retki, a mogli bi se svesti na stanja kod narodno-oslobodilačkih pokreta kada se još dok rat i borbena dejstva traju kod komandi pokreta upućuju vojne misije koje su prethodnica uspostavljanja diplomatskih odnosa.

Međunarodno pravo je nastojalo da reši proceduralne probleme uspostavljanja odnosa i da reguliše postupanje država u fazi pre, u toku i posle uspostavljanja odnosa.

Bečka konferencija o diplomatskim odnosima, održana od 14. do 30. aprila 1961. godine, donela je Konvenciju o diplomatskim odnosima i imunitetima. Ona implicitno predviđa postupak oko uspostavljanja diplomatskih odnosa. Država svoju odluku, da želi uspostaviti diplomatske odnose, notifikuje, posle dobijanja agremana, saglasnosti da država domaćin prihvata akreditaciju određenog diplomate, on se postavlja dekretom (ukazom) šefa države, ministra odbrane ili drugog državnog organa. Time nije završena procedura postavljanja, jer ona tek sada počinje za spoljni svet. Bečka konvencija predviđa agreman samo za pojedine kategorije diplomata, obavezno za šefove diplomatskih misija, ambasadora i vojnog atašea, dok za druge diplomate agreman nije obavezan. U praksi neke države traže saglasnost i za sve značajnije diplomatske i vojno-diplomatske predstavnike.

Praksa notifikacije i agremana se danas javlja zbog toga što ni jedna vlada, niti šef države ne želi da u jednu državu pošalje svoga predstavnika koji nije poželjan i koji se može već pre prijema dužnosti proglasiti *persona non grata*.[160] Iz doktrinarnih stavova o predostrožnosti, da se spoljna politika i njeni akteri ne izlažu konpromitovanju i riziku, ustanovljeno je dosta prihvatljivo stanovište da se za jedan broj izraslijih diplomata traži saglasnost – agreman, kako bi se prevazišle moguće početne nelagodnosti i neželjene implikacije.

b) Notifikacija

Bečka konvencija predviđa obaveznu notifikaciju[161] objava dolaska, preuzimanja ili prestanka funkcije vojnom diplomati, diplomatskom predstavniku, članovima njihovih porodica i administrativno-tehničkom osoblju.

Vojni ataše i šefovi vojnih misija obavezni su da izvrše notifikaciju kod ministarstva odbrane, preko protokola ministarstva inostranih poslova. Notifikacija pri dolasku prethodi samom dolasku, da bi posle notifikacije vojni diplomatski predstavnik bio predstavljen određenim predstavnicima oružanih snaga (OS). Vojni ataše predstavlja se prvenstveno: načelniku odeljenja (uprave) za vezu sa stranim VDP, načelniku vojne obaveštajne službe, načelniku generalštaba (GŠ) vidova i načelniku zajedničkog GŠ.

Ove audijencije se zakazuju i one su predviđene planom rada i protokolom VDP kao i protokolom vojno-diplomatskog kora. Posle dolaska u zemlju domaćina VA ili njegovog pomoćnika organizuje se protokolarno ručak, večera ili koktel za predstavnike vojno-diplomatskog kora (VDK) i za predstavnike oružanih snaga zemlje domaćina.

Obično se na večeru poziva pet do šest zvanica sa suprugama. Za ostale pripadnike VDK ne priređuje se zvaničan prijem, već se upoznavanje vrši na zajedničkim svečanostima koje se priređuju povodom nacionalnih praznika i drugih prigoda, gde se okupljaju članovi VDK, predstavnici oružanih snaga zemlje domaćina, predstavnici vlasti, javnog i kulturnog života.

---

[160] Persona non grata – nepoželjna osoba (latinski).
[161] Notificatio – obaveštenje (latinski).

Pored ovih protokolarnih ceremonija prilikom dolaska, predviđene su i protokolarne aktivnosti prilikom prestanka dužnosti VA i njegovih pomoćnika. Te oproštajne aktivnosti planiraju se na tri područja i sadržaja. Prvo, predstavnici domaćina predviđaju oproštajne posete određenim rukovodiocima OS, a što zavisi od ranga vojnog diplomate. Vojnog atašea obično prima u zvaničnu posetu, kao i pri dolasku, ministar odbrane. Poseta se planira zajedno sa predstavljanjem novog vojnog atašea (VA), tako da je ta audijencija u okvirima službenih odnosa i realizuje se u kabinetu ministra odbrane. Po ovom principu planiraju se i posete drugim vojnim rukovodiocima koje VA želi da poseti ili je tražio pismeno da bude primljen u oproštajnu audijenciju.

O notifikaciji dolaska i odlaska diplomata izgradio se redovan postupak i tok stvari, ali on uvek ima i primesu reciprociteta. To dovodi ovu instituciju u zavisan položaj od domaćina. Postupak i aktivnost VDK donekle prati političko raspoloženje domaćina, a redovno svoje aktivnosti svodi u program VDK, pod rukovodstvom dojena VDK.

c) Razvoj vojno-diplomatskih odnosa u miru i ratu

Vojna diplomatija se uspostavlja između država koje su razvile svoje diplomatske i političke odnose. Ona se ne uspostavlja između država koje nisu upućene jedna na drugu ni po političkim, privrednim, tehničkim i drugim pitanjima, pa upućenost u vezi sa vojnim pitanjima takođe nije prisutna.

Stalni strah od agresije i njeno veštačko prikazivanje od državnih faktora, uz doziranje tog straha sa iznenađenjem, stavlja vojnu diplomatiju ispred opšte diplomatije, jer je ona deo sistema koji treba da spreči iznenađenje od agresije.[162]

Vojna diplomatija može se po razvoju vezivati za prirodu međunarodnih odnosa u pojedinim fazama.

---

[162] „Ako budemo iznenađeni, ja znam ko je kriv" (Vinston Čerčil).

Prva faza pripada razvoju vojne diplomatije u miru, kada se u njenu organizaciju, kadrove i sredstva ulažu ogromna sredstva i poklanja posebna pažnja. Ona se razvija planski, kontinuirano, uz korištenje nauke i naučnih dostignuća u drugim oblastima i društvenih i prirodnih naučnih disciplina. U ovoj fazi razvijaju se vojni diplomatski odnosi sa dubokim političkim pretpostavkama, zahtevima i potrebama funkcije vojne diplomatije. Ona prati redovno razvoj političkih, ekonomskih, kulturnih, naučnih i drugih odnosa dopunjujući ih vojnim sadržajima. U ovoj fazi interdisciplinarnog razvoja, brižljivo se stvaraju kadrovi, izgrađuje metodologija, snage i sredstva koji su neophodni za izvršavanje zadataka u miru i u drugim prilikama.

Njen razvoj u miru mogao bi se podeliti u tri faze. Prva faza je razvoj intenzivnih političkih odnosa i vojne saradnje, gde vojna diplomatija ima ključnu i dominantnu poziciju. Ova faza je karakteristična za periode razvoja bilateralnih i multilateralnih odnosa i težiće da te odnose izdiferenciraju i učine funkcionalnim u sopstvenoj politici i doktrini nastupanja na međunarodnom planu.

Druga faza mogla bi se uklopiti u vremenski interval koji je po političkim aktivnostima i političkoj dinamici usporen. Njeni akteri se ponašaju indiferentno, što dolazi iz konstelacije svetskih snaga, svetskih zbivanja i interesa za državu prema kojoj je formiran indiferentan odnos.

Treća faza ili proces aktivnosti vojne diplomatije jeste aktivnost neposredno pred ratni sukob, u vreme neposredne ratne opasnosti, kada se ona posebno napreže, prvenstveno na prikupljanju tajnih podataka o eventualnom budućem ratnom protivniku, njegovim OS, industriji, sa akcentom na vojnu industriju, kadrovima koji komanduju elitnim operativnim jedinicama i operativno-taktičkim sastavima koji se mogu naći na glavnim pravcima udara i angažovanja u ratnom sukobu. Oni proveravaju ranije prikupljene podatke.

U ovim okolnostima predstavnici vojne diplomatije svestrano se angažuju na prikupljanju podataka o eventualnim saveznicima njihovih potencijalnih protivnika i mogućnosti upotrebe armije i teritorije tih država u ratnom sukobu.

U ovoj fazi traže se mogućnosti da se iznađu putevi pridobijanja novih saveznika, naročito onih država koje nisu čvrsto stale na stranu protivnika, jer se nalaze u položaju kolebanja i procenjivanja kojoj bi se koaliciji priključile, tražeći odgovor koje im mesto i u kojem savezu odgovara

Pripadnici vojno-diplomatskog predstavništva (VDP) u ratu imaju istu funkciju, ali različite i složenije zadatke, što uslovljava položaj i odnos između matične države i države prijema. U državama koje su u ratnom sukobu, VDP, kao i drugi službenici ambasade početkom rata redovno su izolovani i deportovani na određenu teritoriju, gde čekaju rešenje za repatrijaciju (povratak) u matičnu zemlju, preko zemlje koju odredi domaćin ili država zaštitnica. U fazi neposredne ratne opasnosti i izolacije, oni sređuju diplomatsku dokumentaciju, materijalna i tehnička sredstva i imovinu koju nisu uspeli da ranije prebace u sopstvenu zemlju, najbliže VDP ili ambasadu u nekoj od susednih država. Ostali deo materijala i inventara predaju predstavnicima ambasade države zaštitnice. Prema njima dejstvuje još uvek diplomatski imunitet, ali je česta pojava da države koje su u ratu ne poštuju odredbe Bečke konvencije, a nisu ni poštovane ranije diplomatske regulative.

U ratu su zadaci vojno-diplomatskih predstavništava (VDP) povećani. Oni su brojni u pogledu međuarmijske saradnje, isporuke ratnog materijala, informisanja saveznika o stanju na frontu, o državi i oružanim snagama, oko izgleda da se dođe do pobede ili do mirnog rešenja sukoba i prekida neprijateljstava. Oni su svestrano angažovani na pripremanju pregovora između vojnih delegacija i radnih grupa koje dolaze u radne i kurtoazne posete. Njihovo angažovanje počinje utvrđivanjem protokola, predviđanjem i preciziranjem pitanja koja će se na pregovorima pokretati i o kojima se želi postići definitivan dogovor. Oni kao vrsni poznavaoci stanja i prilika u obe države i oružanim snagama, nastoje iznaći najbolje uslove i mogućnosti za pregovore, kako bi stvorili i održali što povoljniju klimu u toku pregovaranja. Njihovo prisustvo nije svedeno i ograničeno na vojne sastave, već se proteže i na sastave političkodržavnih struktura, koje posećuju određenu državu u vezi sa političkim i vojnim odnosima u toku i posle završetka rata.

Uloga VDP je delikatna u fazi završetka rata. Svaka država nastoji da izlaskom iz rata ostvari ciljeve zbog kojih je ušla u rat ili zbog kojih joj je rat nametnut. S tim u vezi angažuje i VDP, koji u toku pregovaranja obavljaju, između ostalog, i administrativne i tehničke poslove, koji ih odvode od nekih njihovih profesionalnih zadataka, prvenstveno obaveštajne prirode.

Neki generali i političari dobri su ratnici, ali su u miru slabi političari pa završetkom rata izgube mnogo više nego države koje su rat izgubile. Njima slava pobede postaje dovoljna, a na političkom i međunarodnom poprištu se ne zalažu da poboljšaju svoj skromni međunarodni položaj, zauzete strategijske tačke za očuvanje svoje političke, nacionalne i teritorijalne samostalnosti.

Iz ovoga prizilazi da VDP imaju različitu funkciju, ali isto mesto, jer različitost prizilazi iz činjenice da je većina VDP u službi vojno-državne garniture koja i u demokratskim sistemima zadržava subordinaciju i strogu vlast nad VDP, jer je to kategorija koja se ne sme ispustiti iz kontrole.

(d) Prekid vojnih diplomatskih odnosa

Uspostavljanje vojnih diplomatskih odnosa proizvod je dobrih opštih diplomatskih odnosa i želje da se bilateralni međudržavni odnosi prošire i na vojnodiplomatske odnose. Međutim, prekid vojnih diplomatskih odnosa nastaje uvek iz suprotnih razloga, prvenstveno zbog zaoštrenih ili pogoršanih bilateralnih odnosa, zbog neposredne ratne opasnosti ili rata. Prekid nije sinonim opoziva diplomata.

Prekid je proizvod pogoršanja međudržavnih odnosa, zaoštravanja situacije na svim planovima i u svim oblastima. On praktično znači poslednji akt presecanja direktnih veza država, jer su u međunarodnom pravu poznate države posrednice – zaštitnice, koje su pozvane da zastupaju međunarodne i spoljnopolitičke interese kod države koja je u pitanju. Opoziv je akt poznat u diplomatiji kao personalna promena diplomatskog pa i vojno-diplomatskog predstavnika.

Ta personalna promena može biti inicirana od države domaćina i od države akreditovanja. Razlozi su različiti, a svode se na činjenice da država akreditovanja povlači diplomatu jer mu je prestala funkcija zbog isteka mandata, ili nije zadovoljna radom svog diplomate, ili ga planira za drugu važniju dužnost ili, kao iskusnog povlači na dužnost gde treba uspostaviti vojno-diplomatske odnose, ili da se diplomatski pokrije država čije je područje interesantno za istraživanje.

Do opoziva može doći i po zahtevu države domaćina, bilo da je dotični vojni diplomata prekoračio norme i manire diplomatskog ponašanja, ili je došao u koliziju sa domaćim zakonodavstvom, ili se, ne poštujući međunarodne konvencije (Bečku), bavio obaveštajnim radom, što je kontraobaveštajna služba dokazala.

Da ne bi došlo do proterivanja, što bi na svetskoj sceni izazvalo različite reakcije, države se dogovore da se dotični diplomata opozove, bez posebnih reperkusija i štetnog publikovanja. Država akreditovanja opozvaće svoga diplomatu i kada se on nađe u „kandžama" kontraobaveštajne službe, ili kada je prisutna verovatnoća i mogućnost da ga vrbuje. Jednostavno rečeno, razlika između opoziva i prekida je da se opoziv odnosi na pojedinačne diplomate ili grupu diplomata, dok se prekid odnosi na prekid odnosa između armije i države. Kod prvog slučaja sudbina diplomate je jasna. On se vraća u matičnu zemlju i nastavlja sa svojim radom na određenim dužnostima. Sudbina diplomate u aktu prekida diplomatskih odnosa može biti neizvesna, pa i tragična.

Prilikom prekida diplomatskih odnosa postavlja se mnoštvo pitanja koja traže decidan odgovor: pitanje države zaštitnice, da li država zaštitnica ima kvalifikovan kadar da štiti interese države sa kojom se prekidaju diplomatski odnosi, šta učiniti sa diplomatskom arhivom, diplomatskom imovinom, šta učiniti sa zgradom i nekretninama koje po principu eksteritorijalnosti pripadaju državi akreditovanja, kako će se postupiti sa diplomatskim i nediplomatskim osobljem, i članovima njihovih porodica.

Bečka konvencija je detaljno razradila i predvidela sve postupke. Čak je predvidela kako treba postupiti prema državama koje ne poštuju odredbe Konvencije. Neki slučajevi upućuju na zaključak da su pojedine države, premda su potpisnice Bečke konvencije, flagrantno kršile njene odredbe. To najbolje svedoče odnosi između Irana i SAD, koji su pre dolaska Homeinija na vlast i islamske revolucije bili srdačni, prijateljski, razvijeni u svim oblastima od kulturnih, političkih, ekonomskih do vojničkih. Dolaskom Homeinija na vlast, oni su prekinuti, a sudbina diplomata u Iranu odjednom je postala krajnje neizvesna. Većina ih je proglašena špijunima. Uskraćen im je odlazak iz Teherana i stavljeni su u zatočeništvo. Zatočenje diplomata nije bila praksa srednjeg veka, a ono se pojavljuje u savremenom dobu, na pragu 21. veka. Takvi postupci Homeinija i njegovih sledbenika proizilaze iz kulta religiozne prirode.

Američki diplomatski predstavnici ostali su u zatočeništvu duže od godinu dana i pored svestranih napora međunarodne zajednice, mnogih država i svetskog javnog mnjenja da ih oslobode. Ceo svet je bespomoćno posmatrao kako se krše norme međunarodnog prava, kako se ne poštuju elementarni sadržaji Bečke konvencije koja je prihvatilo preko 140 zemalja. Iran je konvenciju potpisao i ratifikovao 5. avgusta 1965. godine. Tada je na vlasti u Iranu bio šah Reza Pahlavi. Iranska revolucija je dovela na vlast Homeinija, koji je promenio političke snage u Iranu, ali su ostale obaveze da poštuje norme Konvencije.

Pravni sistem međunarodne zajednice obavezuje novostvorene države i nove organe državne vlasti da poštuju međunarodne konvencije i rezolucije. Neki primeri iz diplomatske istorije ukazuju na to da je sudbina zatočenika bila kobna jer su bili diplomati strana u sukobu.

U Drugom svetskom ratu Hitler je diplomate poraženih država deportovao u određene logore, a neke osudio na najteže kazne, pa čak i na smrtnu kaznu ili dugogodišnji zatvor. Staljin je diplomatske predstavnike okupiranih i poraženih evropskih država od strane Nemačke prognao iz zemlje, sa obrazloženjem da nema legalne države ni vlade, pa nema ni potrebe da se dotični diplomati zadržavaju u Moskvi kao predstavnici država koje su poražene i koje ne postoje.

Izučavajući prošlost, sadašnjost i budućnost, položaj diplomata je bio i biće složen u uslovima prekida diplomatskih odnosa. Svaka moderna i organizovana država pravi plan o postupanju sa diplomatama u slučaju rata ili neposredne ratne opasnosti i predviđa kako će i gde deportovati odnosno izolovati diplomate protivničke strane, gde izolovati diplomate država koje su u političkom i vojnom savezu sa državom protivnika, kako urediti odnose i postupke prema diplomatama neutralnih savezničkih država.

Regulisanjem i rešavanjem ovih pitanja spasava se položaj sopstvene diplomatije koja se nalazi u državi sa kojom predstoji neprijateljstvo ili koja je na strani neprijatelja. Države prvenstveno nastoje da svoje diplomate izvuku iz države sa kojom prethodi neprijateljstvo ili zaoštravanje odnosa. Međutim, nikada se ne mogu povući svi diplomatski predstavnici, pa ni vojni, jer odluke, opredeljenja i aktivnosti izazivaju uvek sumnju i podozrenje suprotne strane, jer ne mogu biti nezapažene, pa se namere država otkrivaju. Države obično pre prekida odnosa povlače deo svojih diplomata, onih koji im mogu biti dragoceni u budućem ratnom sukobu, koji dobro „poznaju stanje kod protivnika" i koji se mogu korisno upotrebiti u ratu, bilo da obaveštajno istražuju državu u sukobu ili neku treću državu.

Svaka država nastoji da na vreme izvuče svoje vojne diplomatske predstavnike, ili da im da konkretne zadatke da dejstvuju na obaveštajnom planu, prvenstveno na prikupljanju podataka o ratnim pokretima jedinica, o pregrupisavanju jedinica, o lokaciji komandi i stanju u ratnim komandama i jedinicama. Prikupljaju se podaci o vojnoj privredi, o disperziji ratnih sredstava.

Prekid diplomatskih odnosa nije uvek uslovljen ratnim sukobima. To nije opšta zakonitost i do prekida odnosa može doći i bez rata. Diplomatski odnosi između Irana i SAD prekinuti su zbog smene na političkom vrhu u Iranu. Do prekida diplomatskih odnosa između Izraela i nekih socijalističkih država (SSSR i Jugoslavija) došlo je zbog rata između Izraela i arapskih zemalja, Egipta i Sirije.

Sve socijalističke države prekinule su diplomatske odnose i prošlo je više od 15 godina, a da ih nisu uspostavile. Paradoksalno zvuči da su zaraćene strane, Izrael i Egipat, uspostavile diplomatske odnose. Interesi ovih država nisu adekvatni i njih treba analizirati. Rat je ugrozio direktno teritoriju Egipta, njegov suverenitet i njegov narod dok su interesi Jugoslavije i SSSR bili neznatno ugroženi.

U ovakvim slučajevima diplomatija se povlači postepeno i u povoljnijem je položaju u odnosu na diplomatiju koja se povlači toku ratnih dejstava. Nihovo angažovanje na evakuaciji diplomatskog osoblja, pomoćnog osoblja i drugih kategorija građana je postupno dok su druge obaveze, sređivanje i evakuacija diplomatske arhive i materijalnih sredstava čisto tehnički zadaci.

9.3. Diplomatska misija i njene aktivnosti

Imajući u vidu da su aktivnosti opšte diplomatije, vojne diplomatije i vojno-obaveštajne delatnosti veoma usko povezane nameće se potreba za opisivanjem najbitnijih delatnosti opšte diplomatije. Isto će biti učinjeno kroz određenje bilateralne, multilateralne diplomatije i diplomatske misije, kao i njihovih aktivnosti.

Bilateralna diplomatija

U uvodu je definisan pojam bilateralne diplomatije koja kao dvostrana uvek prethodi višestranoj (multilateralnoj), na koju se uostalom i misli kada se govori o diplomatiji uopšte.

Sfera pitanja koja su predmet regulisanja bilateralne diplomatije neprestano se širila. Gledano iz ugla savremene epohe, ta sfera zahvata niz odvojenih oblasti koje, međutim, uzete u celini, čine sadržinu bilateralne diplomatije.

Prva od njih je oblast političkih odnosa koja se smatra i izvornim domenom bilateralne diplomatije. Tu spada rešavanje problema opšte političke prirode između dve zemlje koji se tiču, u prvom redu, njihove međusobne spoljne politike., ali i u meri u kojoj to opšta pravila međunarodnog prava i nemešanja u unutrašnje poslove dopuštaju. No tu takođe valja ubrojati i razmatranje pitanja međunarodnog karaktera u širem smislu, dakle, onih koji su od interesa za međunarodnu zajednicu u celini, radi usaglašavanja zajedničkih stavova i razmene mišljenja, pa i ako je to moguće, utvrđivanja eventualno zajedničkog pristupa u njihovom rešavanju.

Ne manje značajna oblast su privredna pitanja, koja su u ranijim epohama bila skoro isključivo u nadležnosti konzulata. Bez obzira na kom se stepenu privrednog razvoja nalazi određena zemlja i za kakav se društveno-ekonomski sistem opredelila, njena spoljna ekonomska aktivnost u cilju razmene dobara i, upravo kroz različite veze sa spoljnim svetom, podsticanje vlastitog ekonomskog značaja i razvitka, danas je svakako jedan od najvažnijih sadržaja spoljne politike.

Domen informacije i štampe, odnosno informisanja uopšte, predstavlja, u savremenim uslovima posebno, takođe jedan od prvorazrednih zadataka bilateralne diplomatije. Informisati partnera o vlastitim namerama i ciljevima u spoljnoj politici i obavestiti se šta i kako on to što želi namerava ostvariti, već je bio jedan od zadataka tradicionalne diplomatije. Izvršenje tog zadatka je i dalje prisutno, no on je proširen i postao je daleko složeniji no ranije. Naime, na spoljnu politiku svake zemlje danas mnogo utiče njeno javno mnjenje. Ne treba zaboraviti da je, na primer, jedan od osnovnih uzroka neuspeha politike SAD u Indokini tokom šezdesetih i sedamdesetih godina, koji je bitno uticao i na ishod Vijetnamskog rata, ležao u odbacivanju američkog javnog mnjenja politike sile i rata koju je sprovodila administracija.

Vrlo blizak ovoj oblasti, a prema određenom shvatanju to bi bilo samo jedno polje informativne delatnosti, je i rad na razvijanju kulturnih odnosa. Tu je cilj upoznati javnost države prijema sa različitim vidovima vlastite nacionalne kulture: civilizacijom, naukom, istorijom, odnosno umetnostima, pre svega, a isto tako podstaći kulturnu razmenu između dveju zemalja. Ova delatnost je bez sumnje komplementarna informisanju u užem smislu reči, a opšti cilj je svakako isti – upoznati javno mnjenje i što širu publiku države prijema s dostignućima vlastite nacionalne kulture, znači istovremeno ojačati i vlastiti uticaj u toj sredini.

Uz ove četiri oblasti poslova koje predstavljaju osnovnu sadržinu aktivnosti bilateralne diplomatije, može se dodati još jedna – to su vojni poslovi. Diplomatska misija oduvek se bavila, a mi ćemo se kasnije malo detaljnije osvrnuti i na taj vid njenog delovanja, i obaveštajnom aktivnošću, bez obzira što se takve aktivnosti nikada nisu smatrale dopuštenim. Razumljivo, vojni poslovi su uvek bili u žiži tog interesovanja.

Povremeno, iako to po pravilu nije njen zadatak, diplomatska misija u određenim slučajevima preuzima i vršenje konzularnih poslova. Ona ih preuzima samo onda kad na određenom području nema odgovarajućeg konzularnog predstavništva i pod uslovom da se, prethodno, sa državom prijema o tome postigne saglasnost. Pa i tada, izuzetno je retko da ambasada ili poslanstvo obavlja sve konzularne poslove, ograničavajući se obično, na izdavanje pasoša viza, overu ili izdavanje odgovarajućih administrativnih (notarskih) ili sudskih dokumenata, pomoć vlastitim državljanima koji se nađu u nevolji i konzularnu zaštitu.

Ovako širok krug delatnosti koje spadaju u zadatak bilateralne diplomatije i osetljivost pitanja kojima se bavi, osetljivost koja je razumljiva čim se rad diplomatske misije pogleda iz ugla politike shvaćene u najširem smislu, nagnali su vrlo rano države da ustanove određena pravila koja regulišu tu delatnost (ta pravila međunarodnog prava, svrstana u tzv. diplomatsko pravo, nastala su postepeno iz običaja, prakse država i njihovog internog prava, u stvari su izvor diplomatije).

Multilateralna diplomatija

Multilateralna diplomatija definiše se kao skup načina i sredstava kojima se države zajednički, kroz višestrane odnose, služe da bi uskladile svoje međunarodno-političke programe sa zajedničkim interesima međunarodne zajednice i ostvarile opšteprihvatljiva rešenja saglasno načelima i pravilima međunarodnog prava. Ovu najširu, generalnu definiciju multilateralne diplomatije potrebno je, međutim, raščlaniti da bi se razumela dva njena uža pojma. Prvo, onaj koji označava multilateralnu diplomatiju države uzete pojedinačno, pa bi iz ugla jedne države gledano – multilateralna diplomatija bila skup načina i sredstava kojima se jedna država, putem ovlašćenih organa, koristi u vođenju odnosa sa više drugih država, međunarodnim organizacijama i međunarodnom zajednicom u celini. Poseban vid multilateralne diplomatije je onaj koji se odvija u međunarodnim organizacijama, preciznije u okvirima Ujedinjenih nacija koji je uprošćeno označen multilateralnom diplomatijom UN. Drugi, uži pojam višestrane diplomatije definiše se kao diplomatija Ujedinjenih nacija (UN) koja se vodi u okviru organa i organizacija UN, putem međunarodnih konferencija pod okriljem UN, ili skupova na vrhu šefova država ili vlada država članica UN, a koja se odvija unutar sistema svetske organizacije.

U svom delu *Istorija peloponeskog rata*, Tukidid detaljno opisuje kako je Sparta, u okviru Peloponeske lige okupila svoje saveznike da bi se odlučilo da li je Atina prekršila ili ne svoje međunarodne obaveze, ugovore sa državama-polisima i da li je, u slučaju pozitivnog odgovora, kazniti ratom. Sastanak lige održan je u Sparti godine 432. pre nove ere. Prema Tukididovom opisu, prvo su delegacije Megara i Korinta iznele pred skupštinom svoje optužbe protiv Atine, a zatim su zamoljeni da se povuku dok se ne donese odluka. Odluka, danas bismo rekli „rezolucija" je prvo doneta aklamacijom, da bi potom bila potvrđena pojedinačnim, tajnim glasanjem prisutnih delegata. Atina, kazuje Tukidid, nije učestvovala u skupštini jer nije bila član Lige, ali jedna njena delegacija se nalazila slučajno u Sparti, „drugim poslom" precizira pisac, i ne samo što je bila pozvana da, „*ad hoc*" ako se tako može reći, prisustvuje radu ove međunarodne konferencije, već joj je omogućeno da ravnopravno učestvuje i iznese svoja shvatanja.Uprkos odluci o savezničkom ratu protiv Atine, delegacija je ostala u

Sparti da završi taj „drugi posao" da bi zatim neometano, dakle uz puno poštovanje „diplomatskog imuniteta" mogla da se vrati kući.[163]

Ovaj antički pisac nam ukazuje ne samo na vrlo rane tragove poštovanja ustanove neprikosnovenosti ličnosti diplomate, već i na sasvim demokratsku praksu delovanja multilateralne diplomatije u antičkoj Grčkoj i nesumnjiv je dokaz da su se višestrani kontakti između država već u to doba uveliko praktikovali.

Imajući u vidu obim prostora za ovaj rad, pored pojmovnog određenja i primera iz antičkog doba, o višestranoj diplomatiji saopštava se još nekoliko osnovnih pokazatelja.

Multilateralna diplomatija sprovodi se putem međunarodnih skupova, međunarodnih organizacija, Organizacija ujedinjenih nacija, stalnih misija pri OUN i specijalizovanim agencijama, kao i putem posebno ovlašćenih međunarodnih službenika.

Međunarodni skupovi, nekada zvani kongresi, a danas konferencije organizuju se pod okriljem Organizacije ujedinjenih nacija (OUN), a i van nje sa ciljem rešavanja složenih međunarodnih pitanja lokalnog, regionalnog i opšteg karaktera.

Diplomatija se, putem međunarodnih organizacija sprovodi van OUN, a to su vladine i nevladine organizacije koje rešavaju međunarodne probleme lokalnog i regionalnog nivoa, težišno po ekonomskim pitanjima, ali i mnogim drugim (kultura, sport ...).

Multilateralna diplomatija u okvirima OUN deluje u tri posebna vida aktivnosti i to:

– međunarodna diplomatija država članica i aktivnosti svake od njih u odnosu na samu ustanovu,

– delovanje ustanove u odnosu na svoje članice i na međunarodnu zajednicu u celini, i

---

[163] Janković B., Diplomatija, Naučna knjiga, Beograd, 1988, str. 84.

– međusobna diplomatska aktivnost u pogledu odnosa između stranih međunarodnih ustanova – to jeste između OUN i njenih specijalizovanih agencija.

Diplomatija se putem međunarodnih službenika odvija pod okriljem OUN u posebnim situacijama, na kriznim područijima i veoma je nezahvalna jer međunarodni službenik ne uživa sva prava diplomate, a zbog zadatka koji izvršava prinuđen je da „zaboravi" interese zemlje iz koje potiče.

Pojam i vrste diplomatske misije

Na opšti način diplomatska misija se može definisati kao organ subjekta međunarodnog prava koji ga predstavlja kod nekog drugog subjekta međunarodnog prava vršeći u njegovo ime i za njegov račun određene zadatke utvrđene mandatom koji mu je poveren.

Među licima koja na osnovu funkcija koje vrše u državnom aparatu imaju biti smatrana prioritetno organima spoljnog predstavljanja države spadaju šef države, predsednik vlade i, pod određenim uslovima, drugi članovi vlade – ministri, i ministar spoljnih poslova.

– Šef države (državni poglavar, monarh, predsednik republike i sl.) najčešće se ustavnim propisima date države određuje kao „vrhovni organ spoljnog predstavljanja", s tačno utvrđenim ovlašćenjima na tom polju.

– Predsednik vlade relativno od nedavno ima po međunarodnom pravu priznato svojstvo da automatski, po položaju, predstavlja svoju državu. Naime, novi oblici pregovaranja i međunarodne saradnje, kao što su međunarodne konferencije univerzalnog ili regionalnog karaktera, s jedne strane, i sve više kolektivno vođenje spoljnih poslova preko vlade (za razliku od ranije prakse kada je to bila nadležnost šefa države i njegovog ministra spoljnih poslova) doveli su do ove promene. U službenoj misiji u inostranstvu predsednik vlade smatra se, dakle, kao organ zastupanja države s obzirom na položaj koji zauzima.

– Ministar spoljnih poslova, kao redovni i najpozvaniji organ svake zemlje da je zastupa u međunarodnim, diplomatskim odnosima, najizrazitiji je primer lica, organa, da predstavlja vlastitu zemlju već po samom poslu koji zauzima. Ministar spoljnih poslova ne samo što je međunarodno-pravno ovlašćen da, bez ikakvih posebnih punomoćja predstavlja i zastupa svoju zemlju kad je u diplomatskoj misiji, već je po funkciji lice koje stranim diplomatskim predstavnicima iznosi stavove svoje zemlje u tekućoj spoljnoj politici, stanovište vlade u vezi s nekim konkretnim međunarodnim pitanjem i sl.

Pored navedenog, ustanovljene su klase diplomatskih predstavnika kroz diplomatske misije i to – do Bečke konvencije 1961. god.

– ambasadori i papski legati ili nunciji
– poslanici, ministri ili druga lica akreditovana kod suverena
– ministri rezidenti i
– otpravnici poslova

U skladu sa članom 14. Bečke konvencije o diplomatskim odnosima danas su šefovi diplomatskih misija podeljeni, prema rangu, u tri klase:

– ambasadori ili nunciji akreditovani kod šefa države,
– poslanici, ministri ili internunciji akreditovani kod šefa države,
– otpravnici poslova, akreditovani kod ministra inostranih poslova.

Iako postoje tri klase šefova diplomatskih misija praksa je posle 1961. diplomatska predstavništva svela na dva stepena (ranga) i to:

– ambasada (fr. ambassade) i
– poslanstvo (fr. legation).

Aktivnosti diplomatske misije

Aktivnosti diplomatske misije, onako kako su utvrđene odredbom Bečke konvencije, su sledeće:

– predstavljanje države odašiljanja kod države prijema;
– zaštita interesa države odašiljanja i njenih državljanja u državi prijema;
– pregovaranje sa vladom države prijema;
– unapređivanje prijateljskih odnosa i onih na ekonomskom, kulturnom, naučnom i drugom polju između država u pitanju;

– obaveštavanje, svim dopuštenim sredstvima i načinima, o situaciji i razvoju događaja u državi prijema i podnošenja o tome izveštaja vladi države odašiljanja;

– konzularna aktivnost.

Delujući u državi prijema diplomatska misija strane zemlje dužna je da obavlja svoje aktivnosti saglasno i u okvirima gore iznetih funkcija, a da pritom, ukoliko se tih okvira strogo pridržava, za svoju aktivnost ne mora tražiti neku posebnost od države prijema.

Predstavljanje

Predstavljanje se kao aktivnost ispoljava u učešću u javnom životu zemlje prijema – na prijemima koje priređuju zvanični organi, u zvaničnim javnim manifestacijama kao što su državni praznici, sahrana državnog poglavara ili drugih visokih ličnosti, ustoličenje šefa države i nizu sličnih situacija. Paralelno, i to je mnogo važniji vid ove funkcije, odvijaju se politički kontakti sa nadležnim službama i organima države prijema, i svaka službena aktivnost šefa i članova misije predstavlja istupanje „u ime" države odašiljanja zapravo je i poseban vid predstavljanja. Za predstavljanje se može reći da je osnovna funkcija diplomatske misije i sve ostale funkcije i aktivnosti vuku svoj koren iz nje.

Zaštita interesa

Jedan od bitnih razloga ustanovljavanja stalne diplomatske misije jedne zemlje u drugoj upravo je zaštita interesa – s jedne strane onih same države odašiljanja i s druge, njenih građana, odnosno fizičkih i pravnih lica koja imaju njeno državljanstvo.

Pregovaranje

Aktivnost pregovaranja svakako je jedna od značajnijih delatnosti diplomatske misije. To je još jedan razlog zbog kojih diplomatska misija i postoji. Pregovaračke delatnosti diplomatske misije valja shvatiti u najširem smislu te reči. Ona predstavlja redovni i uobičajni kanal preko koga pregovori o svakom pitanju uvek započinju, bez obzira što će jednom započeti biti, možda, nastavljeni i mimo same misije. Sam pojam pregovaranja izgubio je davno svoj uži smisao – pregovarati o nečemu sasvim konkretnom, recimo zaključivanju određenog sporazuma, već ga danas valja šire shvatiti – razmatranje bilo kog pitanja sa nekim nije ništa drugo do pregovori. Svaki, dakle, kontakt između člana diplomatske misije i neke službene osobe države prijema u okviru koga se određeno pitanje pokreće već predstavlja svojevrsne pregovore.

Obaveštavanje

Informisanje o vlastitoj zemlji i njenoj politici nadležnih faktora i javnosti zemlje prijema, s jedne strane, i obaveštavanje vlastite vlade o svim značajnim elementima spoljne i unutrašnje politike i života uopšte u državi prijema, s druge strane, jedna je od svakodnevnih aktivnosti diplomatske misije koja se sprovodi sistematski i kontinuirano. Budući da diplomatska misija predstavlja organ preko koga se održava stalna veza između države koja ju je otposlala i one u kojoj deluje neprestano odvijanje ove delatnosti jedno je od merila uspešnosti rada određene misije.

Unapređenje odnosa

U funkciji ovoga što je do sada napisano, značajnija aktivnost misije je i razvijanje saradnje između dveju država u svim sektorima (politički, ekonomski, kulturni, vojni itd.) gde oni postoje, ali i u traženju puteva da se ona razvije i tamo gde je nema ili su odnosi na niskom nivou.

Konzularna aktivnost

Bečka konvencija o diplomatskim odnosima ne isključuje i mogućnost da diplomatska misija obavlja i konzularnu delatnost. Pravilo je da se diplomatske i konzularne aktivnosti vrše preko odgovarajućih organa i danas od te prakse države odstupaju jedino izuzetno i ako se drugačije ne može.

Istorija nas uči na uspesima i greškama, a neosporna je „učiteljica života", tako i u problematici o kojoj govorimo neophodan je bio istorijski prilaz problemu radi njegovog boljeg razumevanja. Da li učiti od Karađorđa ili Miloša, na iskustvima diplomatije Kraljevine Jugoslavije ili SFRJ, ili to sve treba kombinovati sa stranim iskustvima, pa uz dobar izbor kadrova, njihovu pripremu, visoku profesionalnost, uz pravilan izbor zemalja u kojima se akredituje diploma.

9.4. O organizacionim strukturama vojne diplomatije i vojno-obaveštajne delatnosti

Prvi vojni diplomatski predstavnici, kao preteče vojne diplomatije, pojavili su se u evropskim zemljama u 18. veku, da bi se prve vojne diplomatske institucije organizovale u sastavu ambasade u 19. veku. Tendencija njihovog razvoja ubrzo se iz Evrope prenela i na američki kontinent, prvenstveno u SAD, koje su prihvatile diplomatsku teoriju i praksu evropskih država na planu razvoja vojne diplomatije. Vojna diplomatija je proizvod ekonomske, naučne, političke, demografske, tehničke i vojne moći država savremenog sveta i bez nje se međunarodni odnosi ne mogu uspešno razvijati. Teorija i praksa je razvila dva osnovna pravca vojne diplomatije.

Prvi pravac polazi od potrebe razvoja međuarmijske saradnje, unapređenja odnosa među armijama, prvenstveno prijateljskih zemalja, kroz razmenu iskustava, naučnih i tehničkih dostignuća, kroz školovanje kadrova, opremanje OS, organizaciju jedinica, vojnih komandi i ustanova, organizovanje zajedničkih aktivnosti na domaćem i svetskom prostoru, organizaciju i izvođenje zajedničkih vežbi i manevara i vođenje zajedničkih dejstava u toku rata i ratnih operacija.

Drugi pravac razvoja vojne diplomatije jeste prikupljanje tajnih i drugih podataka i obaveštenja o oružanim snagama zemlje domaćina.

Institucionalizacija vojne diplomatije ostvarivana je postepeno. Vojni ataše je predstavljao klicu vojne diplomatije, čija je funkcija u okviru ambasade razvila kompletnu instituciju vojne diplomatije. Obimnost zadatka i ozbiljnost funkcije prevazišla je okvire vojnog atašea, jer je za obavljanje vojnih diplomatskih poslova bio potreban aparat, sastavljen od oficira raznih profila i stručnjaka sposobnih za obavljanje najdelikatnijih poslova u inostranstvu.

Ministarstvo odbrane je vrhunska ustanova u oružanim snagama koja direktno utiče na razvoj vojne diplomatije. Vojna organizacija je uvek bila, a i ostaće, deo državnog sistema, deo društvene zajednice koja se stvara društveno-političkim sistemom koji reguliše odnose među stanovništvom koje živi na teritoriji omeđenoj državnim granicama i predstavljeno suverenom vladom.

Ova tri elementa: narod, teritorija ograničena granicom i vlada, suvereno predstavljaju činioce koji obezbeđuju postojanje države i njenog državnog subjektiviteta. Bezuslovno svaka država ima svoje postulate i obeležja koji je čine modernom, samostalnom, nezavisnom ili nesamostalnom, zaostalom i zavisnom. Jedan od njih je i vojna organizacija koja bespoštedno i patriotski služi državi i narodu.

Da bi tu svoju funkciju kvalitetno i kvalifikovano izvršila, vojna organizacija je izgradila svoj sistem, svoju organizaciju i svoju diplomatiju.

Vojna diplomatija na vrhu

Vojna diplomatija na vrhu je najviša institucija vojne diplomatije. Obrazuje se kao stalna i povremena (*ad hoc*). Sastoji se od delegacija koje sačinjava najviše vojno rukovodstvo oružanih snaga jedne zemlje, prvenstveno sastavljena od ministra odbrane i njegovih najbližih saradnika, njegovih zamenika, načelnika generalštaba, pomoćnika, načelnika vidova i rodova, i drugog sastava vojnih predstavnika iz redova vojnog vrha jedne zemlje. Ove delegacije imaju različit tretman i karakter. Posete vojnih delegacija su u globalnom i konkretnom planu politike jedne države koja nastoji da, pored opštih političkih, ekonomskih, kulturnih, naučnih, trgovinskih i drugih oblika saradnje razvija i saradnju na vojnom planu.

Vojno rukovodstvo svoju aktivnost na diplomatskom planu ispoljava na više pravaca. Naime, ono planira, organizuje i trasira puteve vojne i vojne diplomatske saradnje u okviru spoljne politike i realizuje aktivnost vojne diplomatije na vrhu preko planirane razmene delegacija koje imaju diplomatski tretman. Valja posebno naglasiti da ono komponuje sadržaje zvaničnih, radnih i kurtoaznih poseta, preko pitanja koja treba pokrenuti i razmatrati na sastancima.

Priroda i sadržaj pitanja su uslovljeni postojećom klimom u političkim odnosima, a vezani su za međuarmijsku saradnju, po svim osnovama, za vojne ekonomske odnose, naučnu saradnju, tehničku i kulturnu saradnju, za planiranje saradnje i kontakata vojnih rukovodilaca u pojedinim kriznim momentima. Multilateralni odnosi diktiraju saradnju na multilateralnom planu sa saveznicima i OS država koje su saveznici ili mogu biti saveznici.

U okviru vojne diplomatije na vrhu najveći značaj ima diplomatska aktivnost ministra odbrane, jer je on ključna ličnost OS i njegove posete redovno otvaraju i zatvaraju mogućnost za razvoj diplomatskih odnosa.

Vojna diplomatija na vrhu ključna je karika u vojnim odnosima sa inostranstvom i njeni subjekti sudbonosno utiču na razvoj odnosa sa inostranstvom, i izbor diplomatskog kadra, sadržaj diplomatskih aktivnosti, političkih opredeljenja, rešenja zvanične politike sopstvene zemlje, kreiranje svetske politike i odluka u globalnim razmerama. Toj vrsti diplomatije pripadalo je i sad pripada elitno mesto u sopstvenoj zemlji i inostranstvu, kako za uspostavljanje diplomatskih odnosa tako i rešavanje ključnih i gorućih problema u tim odnosima. Vojna diplomatija na vrhu aktivni je činilac politike sopstvene zemlje. Kao vojni vrh i elita oružanih snaga kreativno deluje na razvoj vojno-diplomatskih odnosa i unapređenje međuarmijske, a posredno i političke saradnje. Budućnost te kategorije diplomatije, u međunarodnim okvirima određena je opštim političkim prilikama i prisustvom vojnog faktora u međunarodnoj zajednici.

Vojna diplomatska predstavništva (VDP) i vojna izaslanstva (VI)

Vojna diplomatska predstavništva (VDP), kao zvanični naziv u Vojsci Republike Srbije koristi se pojam vojna izaslanstva (VI), proizvod su evolucije potreba oružanih snaga i vojnog faktora u međunarodnim odnosima.Ona su evoluirala iz same funkcije vojnog atašea (VA) i neophodnosti da oružane snage (OS) budu autoritativno predstavljene i zastupane na međunarodnoj sceni.

Elemenat inostranosti vojnih odnosa nije novijeg datuma i vremena, geneza im se veže za rani period 19. veka , kada počinju da se formiraju vojne diplomatske institucije. Pararelno sa razvojem oružanih snaga, vojnih potreba i zahteva, razvijala se organizacija i struktura VDP , stvaran je i izgrađivan kadar i njihova metodologija rada. Njihova pojava u međunarodnim odnosima, na planu vojne saradnje uticala je da se vojni odnosi ubrzano razvijaju, da se razvijaju paralelno sa razvojem opšte diplomatije, da je prate i dopunjuju njene sadržaje, jer je njihova korelacija determinisana državnom organizacijom i njenom politikom.

Prvi vojni diplomatski predstavnici koji su bili ugrađeni u ambasade nisu bili zvanični predstavnici oružanih snaga (OS) već države. Zbog svoje inkognitosti oni su preteče te institucije i prethodnica stalnog modela vojne diplomatije. Oni su trasirali i udarili temelje savremenih vojnih diplomatskih institucija i vojno-diplomatske misli.

Zbog specifičnih zadataka i složenosti vojne organizacije te institucije su u početku bile vezane za generalštab OS, ali usavršavanjem vojne organizacije i njene strukture, stvaranjem vojno-obaveštajnih službi, one su postale sastavni deo tih službi, pod čijim su se neposrednim rukovodstvom razvijale, naravno u okviru generalštaba, jer su najbrojniji zadaci i postavljani pred VDP od te službe. Samo prividno, danas su VDP direktno vezana za GŠ, ali sa njima direktno rukovodi vojna obaveštajna služba kao stručna organizacija GŠ i ona je u vojnoj subordinaciji i organizacijskoj piramidi direktno zadužena za rad VDP.

Zadaci vojno-diplomatskih predstavništva (VDP) prevazilaze okvire koje im postavljaju vojne obaveštajne službe (VOS). Pred njima su i zadaci koje im postavlja ministar odbrane, za potrebe oružanih snaga, bilo preko NGŠ, šefa VOS ili direktno.

Neka površna rasčlanjivanja morala bi poći od same funkcije predstavljanja svojih oružanih snaga. Ovo počinje od kontakata sa zvaničnim predstavnicima OS domaćina, u oficijalnim susretima, prisustvovanjem na prijemima, svečanostima, raznim proslavama, paradama i drugim prigodama koje domaćin organizuje za vojno-diplomatski kor (VDK).

Značajne karakteristike VDP uspostavljaju i prilikom organizovanja proslava dana oružanih snaga i učestvovanje u proslavama drugih nacionalnih praznika, prisustvovanjem na proslavama – prijemima, koktelima i večerama koje organizuju drugi akreditovani VA, upućivanjem čestitki povodom nacionalnih praznika domaćina i drugih akreditovanih VDP i ambasada.

Posebno važan momenat predstavljanja oružanih snaga jeste audijencija kod ministra odbrane, načelnika generalštaba (NGŠ), ili njegovih pomoćnika; vojni ataše (VA) i njegovi pomoćnici predstavljaju svoje oružane snage u oficijelnim i neoficijelnim prilikama.

Druga važnija oblast vojnodiplomatske aktivnosti jeste zaštita interesa oružanih snaga, njenih pripadnika, koji mogu biti materijalne i nematerijalne prirode. Interesi oružanih snaga mogu biti ugroženi na razne načine, od napada na ideologiju, politiku, strategiju, pojedine ličnosti, rukovodioce, do ugrožavanja ličnih prava i materijalnih dobara. Vojni ataše mora u tim prilikama da reaguje diplomatski, trezveno i staloženo putem javne reči kod zvaničnih predstavnika do protesnih nota, memoranduma i drugih oblika diplomatskog opštenja.

Zadaci VDP na vođenju pregovora mogli bi se svesti na pregovore koje vode vojne delegacije koje posećuju OS zemlje domaćina i na pregovore koje programski vode VDP samostalno sa predstavnicima OS domaćina. Vojni atašei ili njihovi zamenici učestvuju u pripremi, organizaciji i realizaciji poseta vojnih delegacija, u pripremi protokola i dnevnog reda sednica – sastanaka, u pripremi članova delegacije. Pojedinačno ili grupno upoznaju delegaciju sa prilikama u zemlji ličnostima sa kojima će se delegacija susresti i pregovarati, dajući u domenu svojih mogućnosti određena zapažanja i sugestije.

Na obaveštajnom planu VDP se bave prikupljanjem informacija i podataka o OS i zemlji domaćinu, o čemu pravovremeno podnose izveštaje. Bečka konvencija predviđa samo dozvoljena sredstva na tom planu.

To znači da VDP mogu da koriste samo zakonom dozvoljena sredstava koja pozitivni propisi zemlje domaćina ne zabranjuju. Ukoliko se pređu okviri tih dozvoljenih sredstava čini se inkriminisana radnja za koju VDP mogu biti odgovorni shodno normama Bečke konvencije i zakonima zemlje domaćina. Redovna je praksa da se oni po cenu sopstvenog rizika bave špijunažom. Česti su primeri proterivanja VD predstavnika zbog nedozvoljenih delatnosti, učestvovanju u špijunskim aferama i sl. U prošlosti su mnogo češće nego danas oficiri u diplomatskoj službi bili proglašavani *persona non grata*, iz dva osnovna razloga: prvo, vojna diplomatija je usavršila metodologiju rada pa i špijunaže i, drugo, države su postale mnogo tolerantnije na prestupe VD predstavnika.

Aktivnost vojno-diplomatskog predstavništva (VDP) je različita za razne zemlje i diplomatije, kako po obimu i sadržaju tako i po metodologiji. Odnosi između država višestruko utiču na sadržaj vojnih diplomatskih odnosa i na rad vojne diplomatije, prvenstveno VDP.

Vojna ekonomska predstavništva

Vojna ekonomska predstavništva (VEP) institucije su oružanih snaga i bave se vojnom trgovinom, kooperacijom u oblasti vojne ondustrije, vojnim reeksportom, servisiranjem i opravkom naoružanja i vojne opreme koji su eksportovani, odnosno prizvedeni u fabrikama sopstvene industrije. Organizaciona struktura i pripadnost VEP dosta je različita u diplomatskoj organizaciji. Pristup oružanih snaga tom problemu polazi od različito izgrađenih stavova država. Osnovno je da u organizaciji VEP danas dominiraju dva shvatanja. Jedno polazi od načela da je VEP u sastavu vojnog diplomatskog predstavništva i da su ti poslovi jedinstveni i zajednički, a drugo da u okviru VEP samostalna organizaciona institucija, izvan VDP, ali u okviru ambasade, odnosno trgovinskog predstavništva ambasade.

Organizaciona struktura VEP, nije redovno izgrađena kao institucija; ona je skorijeg datuma, pa većina država nema dovoljno iskustva niti potrebe za otvaranjem VEP i poslovima te prirode na širem međunarodnom planu. Svaka država te poslove drži pod strogim embargom, obavijeni su „velom tajnosti" ili čak odvojeni od spoljnog sveta što ih štiti od nepozvanih, a nepozvana lica su čak i službenici zaposleni u državnoj administraciji. Svaki od tih poslova može imati najmanje dve imlikacije po svaku državu koja se njima bavi. Prvo, tajnost vojno-ekonomskih odnosa je ugrožena i svaka država teži i želi da zaštiti sopstvenu proizvodnju i tržište na kome se prodaju njeni proizvodi vojne industrije ili kupuju sredstva naoružanja i vojne opreme. Drugo, ni jedna država ne želi šire političke i druge implikacije na međunarodnom planu zbog prodaje naoružanja i vojne opreme određenim državama i pokretima koji ta oružja koriste za razne ciljeve, pa čak i za ugrožavanje mira i bezbednosti kao svetskih vitalnih vrednosti.

Vojne misije i vojne komisije

Pojava vojnih misija u međunarodnim odnosima prethodila je VDP. Razloge treba tržiti u činjenici da misije nisu bile stalno akreditovane institucije, već su bile povremeno upućivane oružanim snagama država saveznica, sa tačno određenim zadatkom. Njihovu pojavu beleži antička istorija, ali njihove stvarne korene i začetke treba tražiti u istoriji novijeg doba, prvenstveno u diplomatiji modernih država. Prva takva misija vezana je za francuskog državnika Armana Rišeljea, koji je u tridesetogodišnjem ratu između Prusije, V. Britanije, Portugalije i nekoliko severnonemačkih država, s jedne strane, i koalicije Austrije, Francuske, Rusije, Švedske i Poljske, s druge strane, upućivao svoje oficire kao posmatrače kod oružanih snaga savezničkih država sa različitim zadacima.

Prva francuska vojna misija upućena je švedskim jedinicama u Pomeraniju. Osnovni zadatak misije bio je pružanje pomoći jedinicama oko izvođenja fortifikacijskih radova na frontu. Misija nije imala diplomatski status, bila je privremena vojna institucija koja je svoju dužnost obavljala za određeno vreme na određenom prostoru.

Prve vojne misije treba smatrati klicama i pretečama stvaranja i razvoja vojne diplomatije. Međutim, one su zadržale svoju ulogu i mesto i posle stvaranja stalnih VDP, pa su i danas prisutne kao institucije i način međuarmijskog opštenja. Vojne misije su, u toku Prvog i Drugog svetskog rata odigrale delikatnu ulogu u razvijenju međuarmijske saradnje i obezbeđenju sadejstava savezničkih snaga.

Pored vojnih misija diplomatija se susreće i sa vojnim komisijama, koje se obrazuju za konkretna pitanja iz domena međudržavnih odnosa vojne prirode. Takve komisije su stalne i povremene. One se pojavljuju i kao elemenat vojne diplomatije na vrhu, ali i u drugim ulogama. One su pratilac vojnodiplomatskih odnosa u miru, ratu i periodima primirja. Njima se često postavljaju zadaci koji znače sporna pitanja između država da ih izuče i predlože mogućnosti njihovog rešavanja. Njihovo mesto u VD nije locirano, ali i one kao i članovi vojnih misija imaju određena ovlašćenja i poseban tretman koji se može podvesti pod diplomatski status, pa se pitanje vojnih komisija postavlja kao redovno u razmatranju tematike vojne diplomatije.

Mešovite komisije iz domena vojno-ekonomske i naučno-tehničke saradnje zauzimaju posebno mesto u oblasti vojno-ekonomskih odnosa.

Vitalnost vojnih komisija i njihova elastičnost, omogućava im brzinu (*ad hoc*) za rešavanje važnih zadataka koji se iznenada pojave pred vojnu diplomatiju.

Vojna diplomatija, a prvenstveno vojne komisije imaće kontrolno-nadzornu funkciju pri uništavanju nuklearnog, hemijskog, biološkog i drugih vrsta oružja, kao i smanjenja broja vojnika pod oružjem.

Iz do sada iznesenog u ovom radu jednostavno se nameće zaključak da je opšta diplomatija u sastavu ministarstva spoljnih poslova države, a vojna diplomatija je vezana za obaveštajnu službu oružanih snaga, bez obzira da li je ista u ministarstvu odbrane ili generalštabu.

Uloga i značaj diplomatije i vojne diplomatije su nemerljivi za državu slanja u svim segmentima života i rada.

9.5. Osnovne funkcije i zadaci vojne diplomatije i obaveštajno-bezbednosne delatnosti

Funkcija vojne diplomatije bila je izložena stalnim promenama i izvire iz njenog osnovnog cilja i opredeljenja da za potrebe oružanih snaga (OS) izvršava važne diplomatske, obaveštajne i druge zadatke.

Institucionalizacija vojne diplomatije i podela na diplomatiju na vrhu, vojno diplomatska predstavništva VDP), vojne misije, vojnoekonomska predstavništva (VEP) i vojne komisije uticala je automatski na podelu funkcije vojne diplomatije. Tako diferenciranim sistemom, podeljenim na institucije i elemente, vojna diplomatija je dobila složenu organizaciju. Njena osnovna funkcija je predstavljanje OS, zaštita njenih ineresa, predstavljanje sopstvene države, zaštita državnih interesa i zaštita interesa pripadnika OS i pripadnika države. Diplomatska funkcija je uslovljena sastavom OS, diplomatske institucije, odnosno elementom sistema. Delegacija oružanih snaga u kurtoaznoj, radnoj ili diplomatskoj poseti zavisi od funkcije šefa delegaacije ili radne grupe. Njen sastav diktira cilj posete, ozbiljnost i važnost pitanja koja će biti razmatrana.

Funkcija, za razliku od zadataka određuje osnovnu i doktrinarnu ulogu diplomatije, njenu strategijsku komponentu, ne ulazeći suptilno u pojedine zadatke. Zadaci su brojniji, konkretniji i uvek se postavljaju akciono, dinamično, izvršno, dok se funkcija ipak svodi na globalne okvire tih zadataka koji se mogu, ali i ne moraju izvršiti. Ona se jednim svojim delom bez ikakve aktivnosti sama po sebi odvija, bez obzira na intenzitet njenih aktera-subjekata.

Zadaci vojne diplomatije obuhvataju sve aktivnosti opšte diplomatije, ali na svoj specifičan, prefinjeni i konkretan način, koji je vezan za OS, ali i šire. Povući ćemo paralelu između aktivnosti diplomatske misije i zadataka vojno-diplomatskog predstavništva, a oni su:

Predstavljanje – VDP vrši predstavljanje svojih OS u zemlji prijema i pred vojno-diplomatskim korom.

Zaštita interesa – VDP štiti interese svih pripadnika OS države slanja, kod države prijema i OS države prijema koji mogu biti angažovani na raznim zadacima (školovanje, usavršavanje, razmena iskustava, izrada projekata itd.) uključujući i turistička putovanja.

Pregovaranje – VDP pregovara sa predstavnicima OS države prijema i članovima VDK o raznim pitanjima, a najčešća su: vojno-ekonomska saradnja, školovanje, posete, radni sastanci, razmena iskustava, zajedničke vežbe i manevri, učešće u misijama mira i misijama pod okriljem OUN itd.

Obaveštavanje – VDP predstavnika OS države prijema obaveštava o bitnim pitanjima za istu kao što su: manevri u blizini granice, promene u strategiji i doktrini odbrane, transport vojnih MTS preko zemlje prijema itd, a takođe prikuplja podatke o ovim i drugim pitanjima od interesa za državu slanja.

Unapređenje odnosa – VDP provodi gotovo sve aktivnosti kao i diplomatska misija, a sa ciljem poboljšanja opštih, kao i odnosa između dveju oružanih snaga, po svim pitanjima od zajedničkog interesa.

Imajući u vidu specifičnosti vojne diplomatije a u skladu sa najnovijim svetskim kretanjima u ovoj oblasti njene zadatke možemo svesti na 3 osnovna i to:

– protokolarne,
– vojno-stručne, i
– obaveštajne.[164]

---

[164] Zadaci koje je Napoleon dao de Lagranžu grupišući ih na sledeći način:
1. Tačno i detaljno poznavanje OS Austrije, brojnog stanja, oružja, kvalitet trupa, morala, borbrne obuke, lokacija jedinica, logorovanja, vežbi i priprema za borbena dejstva i samih dejstava, snabdevanje, regrutovanje i administracija, informacije o rukovodstvu, oficirskom kadru i komandama, uvežbanost trupa i druge sposobnosti vojske.

Zadatke VDP možemo posmatrati i realno zaključiti da su različiti i specifični, što zavisi od države, njenih odnosa sa domaćinom, njenog položaja u međunarodnoj zajednici i regionu domaćina. Postoje brojni zadaci koji su zajednički za sva VDP i o njima je bilo reči bez dubljeg ulaženja u sadržinu i pretenzija da se konkretizuju za VDP pojedinih zemalja. Ovo uopštavanje na višem stepenu ukazuje na činjenice da su zadaci VDP složeni i brojni. Oni počinju sa protokolarnim zadacima i obavezama, a završavaju se sa najsuptilnijim obaveštajnim radom koji se svodi na ilegalnu delatnost i špijunažu, kojom se veći deo zaposlenih u VDP bavi. Osnovni zahtev diplomata je izvršavati redovne diplomatske zadatke, ali i baviti se špijunažom, odnosno stvoriti sopstvenu špijunsku mrežu, pa makar u toj mreži bio minimalan broj saradnika koji rade za potrebe vojnog diplomate.

Funkcija obaveštajnog obezbeđenja predstavlja neprekidan proces sa različitim stepenom intenziteta i obuhvata: planiranje i organizovanje obaveštajnog obezbeđenja, prikupljanje obaveštajnih podataka, obradu i korišćenje obaveštajnih podataka, odnosno izveštavanje i obaveštavanje o protivniku.[165]

Zadatke obaveštajnog obezbeđenja delimo, na one u miru i na zadatke u ratu, pa su osnovni zadaci u miru sledeći:

– stalno poznavanje i praćenje vojne politike, ratne doktrine i stanja u OS potencijalnog agresora,

– otkrivanje i praćenje vežbovnih aktivnosti snaga potencijalnog agresora,

---

2. Indikacije i mere koje ukazuju na rat, bliži ili dalji, posebne indikacije koje ukazuju na ratne pripreme.
3. Tačno i pravovremeno poznavanje pokreta jedinica, naročito onih koje imaju karakter tajni, njihova jačina i pravci kretanja.
4. Opis zemlje u kojoj se nalazi baziran i zasnovan na posmatranju, svi odbrambeni i ofanzivni aspekti važnih položaja i garnizona i mogućnosti vođenja dejstava sa njih.
5. Ataše mora posmatrati i obaveštavati o svim vojnim, naučnim, političkim, i berzovnim institucijam u zemlji u kojoj je akreditovan i ostalim korisnim inovacijama koje mogu biti primenjene u sopstvenoj zemlji.

[165] Pravilo Obaveštajno obezbeđenje oružanih snaga (OS) , VINC, Beograd, 1987, str. 30.

– praćenje bilateralnih odnosa i uloge zemalja od interesa za politiku odbrane zemlje,

– otkrivanje i praćenje snaga KoV, RV i PVO, RM, borbene tehnike, elemenata infrastrukture, grupisanja i pregrupisavanja potencijalnog agresora,

– praćenje i otkrivanje snaga za izvođenje specijalnih dejstava,

– otkrivanje i praćenje logističke podrške potencijalnog agresora,

– neprekidno praćenje borbene gotovosti, obučenosti i moralnih kvaliteta snaga potencijalnog agresora.

Osnovni zadaci obaveštajnog obezbeđenja u ratu su :

– pravovremeno otkrivanje postupaka i namera protivnika na frontu i u njegovoj pozadini,

– otkrivanje vazdušnih desanta u rejonu ukrcavanja, u toku prevoženja i u rejonima iskrcavanja,

– otkrivanje infrastrukture RV i PVO, prvenstveno aerodroma (heliodroma), borbene avijacije i nosača nuklearnog oružja,

– otkrivanje postojećih i dovođenja novih pomoćnih snaga protivnika na pomorskom bojištu,

– realna ocena borbenih sposobnosti protivničkih jedinica (borbeno iskustvo, novi operativno-taktički postupci, gubici u ljudstvu i MTS, popunjenost, moral i dr.),

– pravovremeno otkrivanje dovođenja svežih snaga iz dubine,

– otkrivanje sistema veza, rasporeda i načina obezbeđenja komandnih mesta i centara veze protivničkih jedinica,

– pravovremeno otkrivanje sistema i mera inžinjerijskih dejstava, vatrenog sistema ARJ,

– otkrivanje i izučavanje sistema logističke podrške,

– prikupljanje i obrada podataka o stanovništvu i materijalnim izvorima na protivničkoj teritoriji,

– izučavanje iskustava i stalno praćenje razvoja radi unapređenja obaveštajno-izviđačke delatnosti sopstvenih obaveštajno-izviđačkih organa i jedinica,

– praćenje i procenjivanje vojno-političkih aspekata dejstava protivnika na međunarodnom planu i međunarodnih kretanja.

Diplomatija, vojna diplomatija i vojno-obaveštajna delatnost su kroz istoriju imale različit uticaj na politiku odbrane i razvoj međunarodnih odnosa, zavisno od značaja, forme i intenziteta međunarodnih zbivanja. Činjenica je da su oduvek bile u funkciji bezbednosti zemlje, a njihov doprinos je zavisio od mnogih faktora subjektivne i objektivne prirode. Nesporno je da se njihov značaj nikako u budućnosti neće smanjivati nego povećavati, što pokazuje i naša bliska prošlost.

Struktura vojno-obaveštajne službe

Proučavajući dostupnu literaturu i istorijski razvoj vojno-obaveštajne delatnosti može se konstatovati da je struktura obaveštajnih i vojno-obaveštajnih službi trpela česte promene.

Te promene su se dešavale iz različitih razloga, a najvažniji su:

– promena težišta u spektru interesovanja jedne strane (organizatora obaveštajnog rada) prema drugoj strani i

– evidentan tehničko-tehnološki napredak u svim sferama ljudskog života, pa i na sredstvima za obaveštajnu delatnost.

Generalno gledano, strukturu svake obaveštajne organizacije čine: upravni deo (direkcija, komitet, ured, uprava itd.), izvršni deo (obaveštajno-operativni organi i jedinice), analitički i administrativni deo.

Struktura vojno-obaveštajnih službi zavisna je od ekonomske i opšte moći države, njenog spektra interesovanja, ciljeva i zadataka koji pred nju postavlja državno, političko i vojno rukovodstvo, a najjednostavnije se objašnjava na primeru engleske obaveštajne službe kao preteče savremenim obaveštajnim službama u svetu.

Engleska obaveštajna služba je sastavljena od niza obaveštajnih organizacija, pomoćnih institucija i tela koja sva deluju na svome području i po svojim specifičnim zadacima. Najvažniji delovi engleske obaveštajne službe su:

- *Secrete Service* (Tajna služba) koja deluje u okviru MIP-a),
- *Naval Intelligence Department* (Pomorska obaveštajna organizacija Engleske),
- *War Office Intelligence Department* (Vojnoratna obaveštajna služba),
- *The Home Intelligence* (Unutrašnja kontraobaveštajna služba),
- *Board Of Trade Intelligence Department* (Ekonomska obaveštajna organizacija),
- *Colonial Intelligence Department* (Služba zadužena za bivše kolonijalne zemlje).

Prema francuskom piscu Boucardu, *Intelligence Service* je jedinstveni pojam za sve obaveštajne organizacije Engleske, a njegov štab se nalazi u rezidenciji engleskog premijera u Downing Street 10 i sastavljen je od:

- rukovodstva: – šef Intelligence Service – zamenik šefa – šef za spoljne poslove – šef za bivše kolonijalne zemlje – šef za unutrašnju bezbednost,
- obaveštajnih odeljenja, na čijem se čelu nalaze lica iz napred nabrojanih obaveštajnih organizacija,
- specijalno obaveštajno odeljenje,
- centralne arhive.

Unutrašnja struktura obaveštajnih i specijalnog odeljenja je različita u zavisnosti od namene i zadataka, a načelno u svakom odeljenju se nalaze:

- obaveštajci , diplomate,
- tehnički obaveštajci (vojna lica),
- područni agenti (zaduženi za konkretnu prostornu oblast),
- putujući agenti, i
- agenti sa proširenim poljem delatnosti.

Unutrašnju strukturu obaveštajne službe možemo sagledati i iz organizacione strukture *Centralne obaveštajne agencije (CIA) SAD*. Ovde je neophodno napomenuti da je CIA samo centralni deo ogromnog obaveštajno-bezbednosnog i vojno-obaveštajnog sistema najmoćnije države sveta, koji je predsednik SAD Džordž Buš, mlađi, stavio pod centralizovanu upravu i kontrolu nakon poznatih terorističkih događaja 11. septembra.[166] Organizacija, struktura, funkcija i zadaci vojne diplomatije i obaveštajnog obezbeđenja nam ukazuju na načine, metode, i pravce u ostvarivanju ciljeva spoljne i politike odbrane. Svakako da je mnogo veći značaj aktivnosti koje sprovode vojna diplomatija na vrhu, kao i diplomatija uopšte, ali ne treba nikada potcenjivati ulogu VDP (VI) i vojno-obaveštajne službe, jer upravo oni svojim podacima i predradnjama stvaraju uslove za te aktivnosti.

9.6. Novi svetski poredak, savremeni bezbednosni integracioni procesi i Republika Srbija

Projekti poput „novog Svetskog poretka" sadrže,[167] načelno, sasvim određeno htenje, sa procenama, pretpostavkama i planovnma izgrađenim u nameri da se u međunarodnim odnosima stvori stanje različito od prethodnog, i postavi, u potrebnoj meri, jasan sadržaj odnosa koji se želi u budućnosti. To je prevashodno politička pojava. Sastavnice su joj ponuda programa (o načinu uređenja) i navođenje osnovnih vrednosti (zbog kojih i po kojima treba ostvariti nameru). Program je svodljiv na politički cilj,[168] koji ideologija objašnjava ne samo političkim nego i humanim, a time i etičkim razlozima. Podrazumeva se korist od trajnog ili barem mogućeg dugog perioda stabilnosti međunarodnih prilika. Svi sadržaji podstiču na odgovarajuću aktivnost i podrazumevaju politiku kojoj su, ujedno, usmerenje i opravdanje, pri čemu se ne isključuju ni mir, ni rat.

---

[166] Što smo detaljno objasnili u glavi 4, predstavljajući OB sistem USA.
[167] NSP i politika odbrane SRJ, grupa autora, Beograd, 1993, str. 155.
[168] Milan V. Petković, Tajni ratnici, Tetra GM, Beograd, 1996, str. 29.

Pokretač može biti jedan ili više najjačih činilaca međunarodnog života, koji u toku ili nakon izuzetno velikih kriza nastoje da spreče ili barem usmere dalji konfliktni proces, a time zaštite i, po mogućstvu, unaprede sopstveni interes. Najzad, ne isključuju se regionalna rešenja, nego uzimaju kao delovi strukture željene celine budućeg poretka.

Studija slučaja 9.

„Nadnacionalna vlast svetskih bankara i intelektualnih elita ima prvenstvo nad pravom naroda na samoopredeljenje, a to je načelo koje smo i sledili tokom vekova."

David Rockefeller, 1991.

Studija slučaja 10.

„Nastupajte bezobzirno i bez ustručavanja."

George Washington

Nastojanje na stvaranju novih osnova međunarodnog života pojavljuje se u modernom svetu, po pravilu, kao posledica velikih potresa i preokreta. To se prvi put dogodilo posle revolucije u Francuskoj i dvadesetak godina Napoleonovih ratova krajem 18. i početkom 19. veka. Izrazilo se u odlukama Bečkog kongresa 1814-1815. godine i organizaciji Svete alijanse. Saglasno jačanju liberalnih kretanja, prešlo se nakon revolucije 1848-1849. na „koncept velikih sila", koje su prihvatile da poštuju načelo međusobne „ravnoteže snaga" i da sporazumevanjem traže rešenje sporova. Posle Prvog svetskog rata došlo je do stvaranja Društva naroda, opšte organizacije za saradnju država sveta, a od Drugog svetskog rata to je Organizacija ujedinjenih nacija.

Naročit primer predstavlja zahtev za „novim poretkom" koji je postavila i pokušala da ostvari nacistička vlada u Nemačkoj tridesetih godina 20. veka (kao i fašistička vlada u Italiji). Planom iz leta 1940. predviđeno je da se do novog svetskog poretka dođe podelom sveta na šest velikih regiona, od kojih bi svaki bio pod „vođstvom", tj. neospornom hegemonijom jedne velike sile i činio njen „autarhični veliki privredni prostor" (Nemačka u Evropi i Centralnoj Africi, Italija na Sredozemlju, Japan u Istočnoj Aziji i Zapadnom Pacifiku, SAD u zapadnoj hemisferi, Velika Britanija u svojoj umanjenoj kolonijalnoj imperiji i SSSR u svom evroazijskom prostoru). Trebalo je da svaka sila na svom prostoru bude „faktor reda", sa „policijskim" ovlašćenjima, dok ostale sile nisu imale pravo na mešanje. Opravdanost takvog plana dokazivana je emotivnim i ideologizovanim sloganom „životni prostor". Međutim, plan je skrivao dugoročno usmerenu nemačku težnju za postizanjem svetske hegemonije. Prema njemu, ostalo je nejasno gde se razgraničava nemačka i italijanska interesna sfera (gde je granica Evrope i Sredozemlja). Pored toga, težilo se istiskivanju SSSR iz Evrope u Aziju, nemačkom širenju u Centralnoj Africi i učvršćivanju nemačkih interesa u Južnoj Americi. Uvek je na prvom mestu bio privredni argument, naglašavana je potreba autarhičnog prostora, a zastupano je i autokratsko načelo sa hijerarhijskim organizovanjem, uz brojna rasistička objašnjenja.

U novije vreme o „novom svetskom poretku" prvi je govorio američki državni sekretar Džejms Bejker, avgusta 1990, a javnu formulaciju budućih odnosa izložio je u više navrata predsednik Džordž Buš, stariji. U OUN, 1. oktobra 1990. govorio je o „novom svetskom poretku duge ere mira" i o svetu „otvorenih granica, otvorenog delovanja i otvorenog mišljenja". Možda time i nije hteo dati ime predloženom poretku, govorio je povodom krize nastale nasilnom aneksijom Kuvajta od strane Iraka, što je i izazvalo potrebu da se izloži vizija sređivanja odnosa u već, uveliko, novim prilikama.

Međutim, izraz je ušao u upotrebu i postao ime jer sadrži program usmeravanja i postulate na kojima je trebalo delovati. To je ponuda uopšteno izloženog programa povodom određene krize, ali prvenstveno radi budućih odnosa i preuzimanja za svoju državu inicijative i vođstva. Radi se o postupku izašlom iz već veoma razvijene globalne politike jedne supersile zbog očuvanja interesa (njenih i njenih saveznika) i proširenja ideoloških vrednosti koje je zastupala.

Utoliko pre što su se razvijene evropske zemlje osetile oslobođene potrebe za američkom zaštitom i usmerile na izgradnju svoje zajednice i, uporedo, bez izgrađenih opštih okvira, na bavljenje sovjetskim i jugoslovenskim područjem.

Prema onome što je javno izgovoreno, bio je to poziv da se gradi nova celina odnosa u svetu i, saglasno tome, pristupi posebnim pitanjima i problemima. Među osnovnim idejama o tome kako da se zadatak reši, usmeravajuća je ona o ostvarenju „epohe dugog mira", što se uzima za neosporan interes svih država i možda još i više-njihovih žitelja. Ulogu određujuće ideje ima ona o zaštiti „slobode i ljudskog dostojanstva", koja očogledno unosi naglašeni etički sadržaj.

U oba slučaja, uporedo, data su dalekosežna obećanja, uz upotrebu forme opštih mesta, što omogućava lak uticaj na prosečnog čoveka sadašnjice. To su, ujedno, i osnove za iznošenje predloga o praktičnim odnosima „novog partnerstva među narodima". Saglasno Vilsonovoj tvrdnji s početka 1918. da je rat zastareo i civilizacijski neprihvatljiv kao varvarskn čin, sada se tvrdi da je konačno došao istorijski trenutak za odlučno nastojanje da se stvori svet mira. Organizacija UN, nakon što se „oslobodila hladnoratovske pat situacije", ima dužnost da, saglasno „viziji svojih otaca – graditelja", učini da se konačno odstrani rat i dalekosežno unapredi saradnja između država i naroda, ali i zaštite prava čoveka. Sjedinjene Američke Države, kao jedina preostala supersila u sadašnjem multipolarnom svetu konflikata, sama sebe zadužuje zadatkom predvodnika u građenju nove epohe. Pri tome se poziva na načela na kojima je izgrađena OUN, od koje očekuje da u istom pravcu povede svoje članice.

Projekat je proizašao iz prethodno okončanog razdoblja u kojem je osnova bila bipolarnost inače složenog sveta. Ta podela se zasnivala na konfliktu kapitalizam – socijalizam (komunizam), koji se razvijao od sredine 19. veka i postao istorijska činjenica međunarodnih prilika s revolucijom 1917. godine i pojavom „prve zemlje socijalizma".

Rezultat je bila duboka podela sveta, pošto su SAD i SSSR izašle iz Drugog svetskog rata kao supersile. Od 1949. godine predvodile su međusobno suprotstavljene vojne saveze, koji su oličavali dva potpuno suprotna shvatanja politike i ideološka tumačenja sveta i čovekove svakodnevice. Bilo je to rvanje boljševičkog i liberalnog političkog ideala oko istorijske sadašnjosti i budućnosti. Krah boljševičkog projekta socijalizma učinio je vidljivim prednosti liberalnog modela. On je sada jedini uticajan i univerzalno prihvaćen, uprkos tome što je preostalo nekoliko zemalja socijalizma. To se, uz ranije prihvaćene humanističke postulate u okviru OUN, koristi za ostvarenje projekta kakav je „novi svetski poredak".

Američka ponuda teži svetu sa politikom koja se iskazuje demokratskom parlamentarnom državom, privredom koja je preduzimačka (kapitalistička) i civilizacijom koja je saglasna naučnom, tehnološkom i tehničkom napretku izgrađivanom od 19. veka. Može se reći da se jedinstvo vidi u zajedničkim shvatanjima, tj. ideologiji, kako u politici tako i u privredi. Dosadašnje podele žele da se prevaziđu političkim, privrednim i naučno-tehničko-tehnološkim ujedinjavanjem. Model koji je prirodno izrastao u Zapadnoj Evropi i SAD, a nakon 1945. konačio preovladao u Srednjoj Evropi i uspešno prenesen u Japan, sada nastoje da prošire na celokupnu zemaljsku kuglu. Ukratko, najrazvijenije zemlje, predvođene SAD, koje svojim dostignućima dokazuju značaj liberalnog načela nastoje istovetnom liberalnom organizacijom države, društva i privrede da objedine svet koji je heterogen, ali već živi zajedničku istoriju.

Predlog prvenstveno počiva na prednostima ostvarenog kvaliteta života prosečnog građanina u zapadnim državama. Saglasno tome, „novo partnerstvo", koje podrazumeva napor za menjanje, smatra se unapređivanjem uslova življenja u celom svetu.

Sadašnji nastup SAD u tradiciji je pojave i nastupanja SAD u istoriji 20. veka. Početkom januara 1918. predsednik Vudro Vilson izložio je takođe liberalnu koncepciju budućeg vremena mira u programu poznatom pod imenom *Četrnaest tačaka*. Ista stanovišta, ali dopunjena i obnovljena saglasno novim prilikama, uneli su u *Atlantsku povelju* predsednik Franklin D. Ruzvelt i britanski Premijer

Vinston Čerčil avgusta 1941. godine. Na idejama sadržanim u ta dva dokumenta počiva i Bušov predlog: zastupa pravo naroda na samoopredeljenje i potvrđuje neprikosnovenost suvereniteta, isključuje rat kao sredstvo spoljne politike i protivi se primeni nasilja uopšte, i zahteva potpunu zaštitu prava čoveka. U svim slučajevima je upotrebljen sistem najosnovnijih ideala liberalizma. Oni deluju i racionalno i emotivno, podstiču na akciju i objašnjavaju i opravdavaju odgovarajuću politiku.

Takođe, saglasno tradiciji američkog nastupa, takav program se proglašava i programom liberalnog dela sveta. Sjedinjene Države smatraju se njegovim predvodnikom, što umnogome i jesu kao zaista najveća liberalna sila po svojoj političkoj i privrednoj snazi, samosvesti, nastanku i celini i kontinuntetu svoje istorije. One su uvek nastupale na čelu široke koalicije raznovrsnih država, u kojoj su im najbliži partneri bile vodeće države, tj. tradicionalno velike sile Zapada.

Karakteristično je da američki čelni predstavnici uvek unose u sistem ideja, kojim potkrepljuju predlog za preuređenje međunarodnih prilika, moralističke zahteve. Na taj način opravdavaju svoj predlog, objašnjavaju odlučnost nastupanja u njegovu korist i izuzetnu strogost u naročito kriznim situacijama. U Drugom svetskom ratu Nemačka je izložena najtežim bombardovanjima, zatim je podeljena i izvesno vreme držana pod krutom okupacijom, uz samo jednu mogućnost: da se opredeli za savremenu demokratiju. Upornost Japana je dovela do toga da su na njega bačene dve atomske bombe u avgustu 1945, a potom mu je ponuđena savremena demokratija kao jedina mogućnost izlaska iz teških prilika u koje je zapao zbog agresivne spoljne i nedemokratske unutrašnje politike. Cenimo da je u ovom radu suvišno opisivati operaciju *Milosrdni anđeo 1999.* sprovedenu prema tada Saveznoj Republici Jugoslaviji, i ustupke koji se na „demokratski" način traže od zvaničnih organa Srbije.

Iskustva, pokazuju da su u nastupu SAD, tradicionalna tri elementa: nude program zajedništva koji je zasnovan na liberalnoj ideologiji razvijenog sveta, okupljaju mnoštvo država (što donosi mnogobrojne strategijske, privredne, političke i moralne prednosti) i krajnje odlučno nastoje da ostvare cilj. U sadašnjem slučaju, za razliku od prethodnih, nema doraslog suprotstavljenog partnera, a Ujedinjene nacije na istovetnosti svojih načela i načela „novog svetskog poretka" okupljaju za akciju sve, ili skoro sve članice svetske zajednice.

Nasuprot izloženom jednostavnom programu nalazi se izuzetno složena stvarnost, mnogostruko opterećenija problemima nego što se to čini na osnovu činjenice multipolarne konfliktnosti sveta, koja se politički iskazuje delovanjem različitih lokalnih, regionalnih i globalnih interesa. Na primer, ekološke teškoće, koje upravo proizilaze iz razvijenosti, tiču se samog opstanka čovečanstva. Usavršavaju se politika i društvo saglasno razvitku civilizacije, ali postoji i deluje paralelni svet kriminala i šverca, u okviru toga i pogubne trgovine oružjem i drogom, a ne isključuju se ambicije kriminalaca za prigrabljivanjem društvene ili političke moći. Stalne su i uistinu ogromne brige da nuklearne tajne ne padnu u neodgovorne ruke. Ipak, treba razjasniti i drugu vrstu problema, onih koji neposredno ugrožavaju ideale.

Neki od njih su:

1. Nasuprot nesumnjivo najznačajnijem kretanju ka globalnoj i širim regionalnim integracijama (što se ostvaruje smišljeno i postepeno povezivanjem, građenjem zajedničkih interesa, pregovorima i dogovaranjem), izražene su i tendencije razdrobljavanja na nove države (što se ostvaruje razvijanjem strasti i zagriženom propagandnom delatnošću i naglošću, uz teške prekide i potajna povezivanja s uticajnim međunarodnim činiocima). Samo stvaranje novih država ne mora biti protivurečno svetskom procesu objedinjavanja (jer se nove države u njega uključuju), ali ga očigledno otežava i, što je najvažnije, načelno mu protivureči. Ističe egoistične interese i proizvodi ideologije razdora i borbe, svakojake strasti i neprijateljstvo, čini poželjnim zaoštravanje političkih prilika i do takvog zaoštravanja dovodi, a u savezništvo razvijenog sveta ponekad unosi oštre razlike u interesima i procenama.

2. U hijerarhiji političkih ideja tradicionalno visoko mesto ima pravo naroda na samoopredeljenje, ali je ono pre otprilike jednog veka omogućavalo integracije na modernim osnovama, dok je sada dezintegrativno i unosi konfliktnost koja nije nužna u savremenim uslovima. Istorijskom trenutku je mnogo prikladnije novo načelo prevazilaženja granica radi olakšavanja komunikacije, čime se, skladno savremenim tokovima, rešava i problem običnog čoveka svih nacija. Nacionalni i politički sukobi dovode i do trvenja unutar savezništva najrazvijenijih država, a svuda i do rasplamsavanja mržnje. Nasuprot načelu jednakosti naroda, čini da emocije dele narode na dobre i zle, što uslovljava i najdalekosežnije pretnje. Sve to udaljava od poštovanja humanističkih standarda i suprotno je moralu i načelima na kojima se zasniva građenje novih odnosa. Otuda i opasnost od politike opterećene moralisanjem, jer nameće krutosti koje, s pozivanjem na ideale, opravdavaju svakojake politike.

3. Načelo slobode medija, po ukupnosti praktičnog učinka, među najdragocenijim je regulatorima sadašnjeg sveta, ali nije dovoljna brana opakosti netačnog informisanja. U sadašnjoj generaciji novinara iz najrazvijenijih zemalja većina je pod uticajem hladnoratovske rutine i shvatanja, što opravdava pitanje da li polaze apriorno od toga da smo „mi dobri momci" i da su „oni loši momci". I dalje je uski patriotizam među pretpostavkama koje se ne preispituju. Nesumnjivo je da svuda ima novinara poslušnika, uslužnih prema političarima i dnevnoj politici. Stoga se čini opravdanim pitanje da li se iskorišćavaju humana osećanja ljudi da bi se prikazima nasilja olakšalo i omogućilo prihvatanje svake politike (protiv onih koji su, opravdano ili ne, ocenjeni kao zli). Propagandni efekti stvaraju kolektivne psihološke situacije masovnog slepila, a od njega često oboljevaju i predstavnici sredstava javnog obaveštavanja. Da li su, dalje, zaista sada bezopasni istorijski nastali stereotipi i da li je uistinu iščezao uticaj njihovih ubojitih emotivnih sadržaja? Tu je i pojava „angažovanih intelektualaca", tj. onih koji nisu stvarni znalci i samostalni mislioci, nego se povode za prilikama, i to iz najrazličitijih razloga, a veoma su revnosni u doprinošenju uticaju raznih predrasuda. U današnjim „armijama" novinara sigurno ima razloga za preispitivanjem koliko

ih je po stručnosti, moralu ili sposobnosti doraslo svojim zadacima. Takođe, mnogo se govori o mogućoj pristrasnosti zbog slabosti prema novcu.

4. Neophodna jedinstvena politika međunarodne zajednice očigledno se stvara postupkom eliminacije interesa s obzirom na stepen važnosti za pojedine države. U razvijenom svetu je trenutno premoćan interes saradnje, ali se nameće pitanje da li se može, upravo zbog njega, usled pritiska jednog (uticajnog) člana doneti odluka koja povećava probleme i otežava rešenja. Isto važi za nastajanje odluka unutar pojedinih država, gde se rešenja donose na osnovu saradnje i sučeljavanja grupnih, resornih, profesionalnih, staleških, ličnih i drugih interesa. U oba slučaja deluju i tim povodom razvijene emocije i stvorene predrasude. Osim toga, računa se na političare izuzetnih sposobnosti, obrazovanja, obaveštenosti i morala, ali je pitanje koliko takvih ima.

Predlog novog skladnog međunarodnog poretka primeren je pravim potrebama ovog istorijskog vremena, ali okolnosti čine mogućim najrazličitije varijante. U težnji ka idealu uvek se računa na odgovarajuće snage koje mogu da ga ostvare, ali zavisi od realnih okolnosti da li takve snage postoje, odnosno da li uspevaju da deluju. Sve to upućuje na potrebu za realističkim odnosom prema idealima, koji su inače vredni kao pretpostavke i putokazi.

Sjedinjene Američke Države, kao nosilac programa „novog svetskog poretka", okupljaju i vode u akciju tri grupe država: zapadne saveznike, zemlje Evrope i članice OUN. Sa jugoslovenskom krizom i njenom internacionalizacijom zaoštreno je srpsko pitanje i usledilo je izostavljanje i izostajanje Srba iz tog okupljanja. U oba ranija slučaja, 1918. i 1941. godine, Srbi su bili u svetskoj koaliciji liberalnih država koja se borila za budući poredak međunarodnih odnosa na osnovama mira, saradnje i demokratije, i bilo im je unapred priznato odgovarajuće ugledno mesto u svetu sutrašnjice. Najbliži saveznici su im bile zapadne i istočne države Evrope i SAD.

9.7. Uticaj vojne diplomatije i obaveštajno-bezbednosnog sistema na integraciju Republike Srbije u kolektivne sisteme bezbednosti.

Kada se govori o kolektivnim sistemima bezbednosti, prvenstveno se misli na program Partnerstvo za mir i učlanjenje u NATO, pa tek onda na regionalna povezivanja koja se i inače organizuju i provode pod pokroviteljstvom i uz stručni nadzor organa NATO pakta. Da bi se sagledao uticaj vojne diplomatije i obaveštajnog obezbeđenja na mesto i ulogu Republike Srbije u kolektivnim sistemima bezbednosti neophodno je uočiti promene u međunarodnim odnosima koje bitno utiču na spoljnu i politiku odbrane Republike Srbije, ulogu VDP stranih zemalja u našoj zemlji kao i promene u okruženju i njihov uticaj na politiku odbrane.

Promene u međunarodnim odnosima koje su bitno uticale na položaj Republike Srbije

Opšte stanje u svetu u celini i među državama, pojedinačno se odslikava kroz bilateralne, i multilateralne odnose tih država, saveza ili regionalnih udruženja. Njihova brojnost, raznovrsnost, intenzitet i kvalitet čine nivo odnosa među tim državama ili savezima. Gledano kroz istoriju, nivo međunarodnih odnosa se najviše cenio i sagledavao kroz političke i vojne odnose određenih država među sobom ili saveza u celini.

Osnovna karakteristika ukupnih međunarodnih odnosa neposredno posle Drugog svetskog rata pa do kraja osamdesetih godina prošlog veka bila je: blokovska podeljenost (bipolarnost); raspad kolonijalnog sistema i nastajanje novih država; pojava pokreta nesvrstanih i značajna uloga OUN pod čijim okriljem su uglavnom rešavani glavni svetski problemi, iako ne uvek na zadovoljstvo većine. Posebno je karakteristično postojanje dve supersile SAD i SSSR, oko kojih se uglavnom gradio kostur pripadnosti jednom ili drugom bloku. Obe supersile na nesvrstane zemlje gledale su kao na potencijalni rezervat za širenje svojih sfera uticaja, a u momentima kada im politika pokreta nije bila u skladu sa njihovim nacionalnim interesima, žestoko su se suprostavljale. Bilateralni odnosi dveju supersila u ovom periodu su prolazili kroz različite faze ali osnova im je bila međusobno nadmetanje u veličini ukupnog vojnog potencijala, pre svega nuklearnog i stalnom proširenju zona uticaja. Iako za ovaj period preovlađuje ocena da je to period „opšte ravnoteže snaga" bilo je i nekoliko kritičnih momenata koji su služili za proveru čvrstine jednog ili drugog saveza kao i međusobno odmeravanje ukupnog uticaja vodećih sila SAD i SSSR.

Ovakvo stanje odnosa nisu poremetili ni ratovi koji su u ovo vreme vođeni kao što su: Korejski , Vijetnamski rat, Kubanska kriza, bezbroj ratova u Africi i sukobi u srednjoj Americi.

Ovakvo pojednostavljeno predstavljeno stanje međunarodnih odnosa bitno je promenjeno krajem osamdesetih i početkom devedesetih godina, a kao prelomna tačka za sve događaje u protekloj deceniji uzima se pad Berlinskog zida i raspad Varšavskog ugovora.

Pad Berlinskog zida i ujedinjenje Nemačke izazvale su niz krupnih događaja zaredom, pre svega u Evropi, koji su bitno uticali na novu političku kartu Evrope.

Raspad SSSR i nestajanje jedne supersile i vojnog saveza – Varšavskog ugovora (VU) stvorilo je sasvim nove odnose među državama u Evropi i izmenilo političku kartu sveta. Navedeni događaji su bitno uticali na ukupne odnose u Evropi i svetu u celini a posle skoro 50 godina mira na tlu Evrope se ponovo vodi ozbiljan i višegodišnji rat na prostorima bivše SFRJ, a kao kruna tog raspleta i ratovanja je intervencija NATO na SRJ u martu 1999. godine.

Osnovne karakteristike međusobnih odnosa u zadnjih 15 godina bi bile sledeće:

– Nestajanje bipolarnosti i izgradnja globalizma.

– Prerastanje SAD u jedinu supersilu sveta čiji interesi poprimaju globalni karakter.

– Transformacija NATO nakon završetka hladnog rata.

- Smanjena uloga OUN u rešavanju krupnih međunarodnih problema.
- Nova regionalna i subregionalna povezivanja.
- Pojava novih ekonomski snažnih država.
- Regionalno vojno povezivanje zemalja Jugoistočne Evrope.
- Pojava novih ekonomski snažnih država.
- Povećavanje razlika između razvijenih i nerazvijenih zemalja.
- Pojačana borba za očuvanje ili zauzimanje glavnih prirodnih resursa, pre svega energetskih.
- Sve veća komunikacijska povezanost sveta.
- Novi pokušaji prevazilaženja monopolarnosti i prelaska u multipolarnost.

Obzirom da se međunarodni odnosi odslikavaju kroz napred navedene karakteristike potrebno je svaku od napred navedenih odrednica posebno objasniti i kroz to ukazati na važnost, sadržajnost i direktni uticaj svake od njih na međunarodni položaj, bezbednost i politiku odbrane Republike Srbije.

Nestajanje bipolarnosti i izgradnja globalizma

Nestajanjem bipolarizma krajem osamdesetih godina, svet je ušao u *posthladnoratovsku eru*. U dvadesetom veku, jednom od najdramatičnijih u novijoj istoriji, Istočni blok sa osloncem na VU i jakim uporištima u čitavom svetu doživeo je slom. Raspao se svetski socijalistički sistem u čijem središtu se nalazila socijalistička zajednica, a socijalizmu kao ideji zadat je težak udarac.

Prestala je da postoji ravnoteža snaga u svetu, zasnovana na paritetu u nuklearnom oružju, koja je onemogućavala izbijanje novog globalnog rata, zbog opasnosti od nuklearnog samouništenja sveta. Istovremeno, dolazi i do pojave novih zemalja, nuklearnih sila. Velike zapadne sile na čelu sa SAD koje su izašle kao pobednice iz hladnog rata, postale su novi centar moći u svetu, preuzevši upravljanje svetskim poslovima u svoje ruke. Superiorne u ekonomskoj i vojnoj snazi, kao i političkom i ideološkom uticaju, one su svoje proklamovane ciljeve i vrednosti lansirale kao globalne ideje – vodilje na pragu trećeg milenijuma:

parlamentarna demokratija, tržišna privreda; ljudska prava i demokratske slobode.

U ovakvom prestrojavanju snaga bivša SFRJ kao „tampon" i „balans" među blokovima je izgubila svoj status i značaj što je snažno uticalo na njen novi položaj i dovelo do krvavog raspada bivše države i nastajanje više novih država na Balkanu. Ponovo su došli do punog izražaja stari, strani interesi na Balkanu za čije je ostvarenje trenutna prekompozicija sveta bila povoljna prilika da se i realizuje.

Zagovornici tvrdnje da je došlo do „globalizacije" i odnosa u svetu to objašnjavaju na sledeći način:

Sadašnji odnosi u svetu su zasnovani na postojećem rasporedu snaga s kojima se mora računati kao elementom na kraći ili duži rok. Ali u isti mah pomeraju se granice uticaja i aspiracije pojedinih faktora koji deluju u postojećem poretku predočavajući promene koje se mogu naslutiti, ali ne i do kraja definisati. Zbog toga se mora postaviti pitanje koji su činioci globalizacije i stabilnosti a koji ne?

U tom smislu činioci stabilnosti i globalizacije bili bi:

a) Raspored snaga u svetu, koncentracija vojne i ekonomske moći u rukama SAD i njihovih glavnih strateških saveznika i partnera.

b) Postojanje i funkcionisanje širokog spleta međunarodnih univerzalnih i regionalnih organizacija i institucija koje predstavljaju infrastrukturu i substrukturu postojećeg poretka.

c) Globalizacija ideja koje izvršavaju programske interese i ciljeve velikih sila u čijem sazvežđu države traže i obezbeđuju mesto u svetskom poretku.

d) Primarni značaj ekonomskog i tehnološkog razvoja u sklopu globalnih pravila igre, za ostvarivanje egzistencijalnih interesa svih zemalja.

e) Dominantnu međunarodnu opciju predstavljaju partnerski odnosi, dok je neprijateljska konfrontacija svedena na marginu međunarodnih odnosa.

Činioci koji ugrožavaju izgradnju i stabilnost postojećih odnosa:

a) Zaoštravanje i disproporcija u razvoju svetske privrede sa mogućim, socijalnim i političkim, reperkusijama na globalnom i regionalnom planu.

b) Delovanje nacionalnih, verskih, rasnih i drugih civilizacijskih faktora koji izražavaju otpor stranoj dominaciji, traže potvrdu svog identiteta ili teže promovisanju vlastite hegemonije.

c) Prirodna neizvesnost koju prati prerastanje unipolarnog sistema u tripolarni (SAD – Japan – Nemačka), pentagonalni (plus, Rusija i Kina) u multipolarizam sa mogućim ili izvesnim reperkusijama utiče na raspored snaga u svetu i odnose među vodećim silama.

d) Mogućnost izbijanja incidentnih situacija koje mogu da dovedu do obnavljanja uloge oružja, posebno nuklearnog ekološkog i drugih vrsta ratova.

Ostaje da se vidi da li će vek koji je pred nama učiniti da svet koji dobija obeležja „globalnog sela", bude pretvoren u „globalnu porodicu", sve više suočen sa tajnama života i kosmosa ili u poprište novih sukoba, u kojima će kao i uvek u prošlosti odlučivati sila i interes.

Prerastanje SAD u jedinu supersilu

Posle raspada SSSR na svetskoj sceni ostale su Sjedinjene Američke Države kao jedina supersila. Jedino SAD raspolaže sa svim atributima koji jednu silu čine velesilu, vojnom i ekonomskom moći i odgovarajućim političkim uticajem. Sve ostale sile na Zapadu i Istoku, raspolažu samo nekom od tih komponenti, ali ne svima u isti mah. Ovakav status se može potvrditi kroz posmatranje aktuelnih međunarodnih odnosa:

– U OUN, kao jedinoj međunarodnoj organizaciji koja je ovlašćena da u skladu sa Poveljom primenjuje silu, presudnu reč ima SAD.

– Položaj SAD u okviru NATO koji je prerastao od vojnog u političko-vojni savez je dominantan i ulogu SAD niko ne dovodi u pitanje.

– Svoju dominantnu ulogu Sjedinjene Države su pokazale i u krizi na prostorima bivše SFRJ. Raspad bivše države, priznanje Slovenije, Hrvatske i BiH nije mogao biti okončan bez uloge i uticaja SAD.

– Sve velike svetske sile nalaze se u savezničkom ili partnerskim odnosima sa SAD, izbegavajući bilo kakvu konfrontaciju sa njim.

– Sjedinjene Američke Države su neprikosnoveni arbitar (ovo stanje je delimično ugroženo nakon događaja u Gruziji 2008. godine)[169] u rešavanju svih važnijih situacija i problema u svetu.

Prerastanje NATO, od vojnog u političko-vojni savez sa tendencijom univerzalnosti

Na samitu u Vašingtonu (23. i 24. aprila 1999. godine) šefovi država i vlada NATO zemalja su odobrili novu strategiju NATO, sa sledećim konstatacijama i usmerenjima:

– NATO je uspešno obezbedio slobodu svojih članica i sprečio rat u Evropi za vreme 40 godina hladnog rata. Kombinujući odbranu i dijalog, odigrao je nezamenjivu ulogu miroljubivim okončanjem konfrontacije Istok – Zapad. Dramatične promene u evroatlantskoj strategijskoj panorami, koje su nastale okončanjem hladnog rata, odrazile su se na Strategiju NATO iz 1991. godine. Međutim, od tada je došlo do promena u političkom i bezbednosnom razvoju.

– Opasnosti hladnog rata utrle su put izazovnim, obećavajućim perspektivama i novim prilikama. Javlja se jedna nova Evropa sa većom integracijom i evro-atlantskom bezbednosnom strukturom u kojoj NATO igra centralnu ulogu. NATO je bio u središtu nastojanja da se formiraju novi oblici saradnje i uzajamnog razumevanja u celom evro-atlantskom regionu, zbog čega se posvetio suštinski novim aktivnostima u interesu veće stabilnosti. Pokazao je značajan doprinos u naporima da se okonča ogromna ljudska patnja, stvorena konfliktom na Balkanu, pre svega, ukazujući na značajan razvoj kontrole naoružanja u godinama nakon okončanja hladnog rata. Uloga NATO u razvoju ovih pozitivnih

---

[169] Ruska Federacija je otvoreno deklerativno i kroz vojnu intervenciju u Gruziji, direkno podržala otcepljenje Južne Osetije i Abhazije. S obzirom na izazov pred koji je postavljen SAD i zemlje Evropske unije, koje su se zalagale za teritorijalni integritet Gruzije, i neutralni stav nakon ove intervencije, pitanje „neprikosnovenog arbitra" je značajno ugroženo.

događanja je bila još više naglašena sveobuhvatnom adaptacijom njegovog pristupa bezbednosti, njegovim procedurama i strukturama. Međutim, u poslednjih petnaest godina mogao se primetiti nastanak kompleksa novih opasnosti po evro-atlantski mir i stabilnost, uključujući tlačenje, etničke konflikte, ekonomske nedaće, kolaps političkog poretka i proliferaciju oružja za masovno uništavanje.

– NATO ima nezamenljivu ulogu u suočavanju sa sadašnjim i budućim bezbednosnim izazovima, kakvu je imao i u procesu konsolidovanja i očuvanja pozitivnih promena u nedavnoj prošlosti. Zato on ima obiman plan rada. Mora da očuva zajedničke bezbednosne interese u okruženju daljih, često nepredvidivih promena. Mora da, održavanjem kolektivne odbrane i jačanjem transatlantske veze, obezbedi balans koji će omogućiti evropskim saveznicima da preuzmu veću odgovornost. Mora da produbi odnose sa svojim partnerima i da se pripremi za prihvat novih članica. Pre svega, mora da održi političku volju i neophodna vojna sredstva za izvođenje širokog spektra zadataka.

– Nova strategija usmeravaće NATO pri razmatranju obaveza. Ona izražava trajnu svrhu NATO, njegovu prirodu i fundamentalne bezbednosne zadatke, identifikuje centralne karakteristike novog bezbednosnog okruženja, specifikuje elemente širokog pristupa bezbednosti NATO i obezbeđuje smernice za dalju adaptaciju vojnih snaga NATO.

Namena i zadaci NATO

– Osnovna i trajna namena NATO, definisana Vašingtonskim sporazumom, koji političkim i vojnim sredstvima obezbeđuje zaštitu slobode i bezbednosti svih njegovih članica. NATO je, od svog osnivanja stremio pravednom i trajnom, miroljubivom poretku u Evropi, zasnovanom na zajedničkim vrednostima demokratije, ljudskim pravima i vladavini zakona. Tako će i dalje raditi. Postizanje ovog cilja može biti dovedeno u opasnost krizama i konfliktima koje pogađaju bezbednost evro-atlantskog područja. Zbog toga NATO ne samo da učvršćuje odbranu svojih članica već daje doprinos miru i stabilnosti u ovom regionu.

– NATO otelotvoruje transatlantske veze, kojima je bezbednost Severne Amerike stalno povezana sa bezbednošću Evrope. Ovo predstavlja praktičan izraz efikasnog kolektivnog napora članica u podršci zajedničkih interesa.

– Osnovni rukovodeći principi funkcionisanja NATO predstavljaju zajedničke obaveze i uzajamnu saradnju suverenih zemalja na planu realizacije nedeljivosti bezbednosti svih članica. Solidarnost i kohezija unutar NATO, putem svakodnevne saradnje u političkim i vojnim oblastima, omogućuju svakom savezniku da ne bude primoran da se oslanja na sopstvene nacionalne napore pri suočavanju sa osnovnim bezbednosnim izazovima. NATO svojim članicama, putem kolektivnih nastojanja, omogućuje realizovanje suštinskih nacionalnih bezbednosnih ciljeva, pri čemu ih ne lišava prava i dužnosti da preuzmu svoje suverene obaveze u oblasti odbrane.

– Rezultirajući osećaj podjednake bezbednosti među članicama NATO, bez obzira na razlike u okolnostima ili u njihovim nacionalnim vojnim potencijalima, doprinosi stabilnosti u evro-atlantskoj oblasti. NATO ne traži ovakve prednosti samo za svoje članice, već se zalaže i da stvori uslove za jačanje partnerstva, saradnje i dijaloga sa ostalima koji dele njegove široke političke ciljeve.

– NATO, da bi postigao svoj suštinski cilj, kao savez zemalja koje su privržene Vašingtonskom sporazumu i Povelji OUN, izvršava sledeće osnovne bezbednosne zadatke:

a) Bezbednost: stara se o nezamenjivoj osnovi stabilnog evroatlantskog bezbednosnog okruženja, zasnovanog na jačanju demokratskih institucija i obavezi da se miroljubivo rešavaju razmirice, pri čemu ni jedna zemlja neće biti u stanju da zastrašuje ili prisiljava neku drugu zemlju putem pretnji ili upotrebom sile.

b) Konsultacija: služi, na osnovu člana 4. Vašingtonskog sporazuma, kao bitan transatlantski forum za razmenu mišljenja saveznika o bilo kom pitanju koje pogađa njihove vitalne interese, uključujući moguću pojavu rizika pri bezbednosti članica i odgovarajuću koordinaciju nastojanja na planu zajedničke zabrinutosti.

c) Odvraćanje i odbrana: predviđa otklanjanje bilo koje opasnosti od agresije protiv bilo koje članice NATO, kao što je to inače predviđeno u članovima 5. i 6. Vašingtonskog sporazuma.

Radi povećanja bezbednosti i stabilnosti evro-atlantska oblast primenjuje:

– Upravljanje krizom (*Crisis Management*): biti spreman, od slučaja do slučaja i na osnovu konsenzusa u skladu sa članom 7. Vašingtonskog sporazuma, za doprinos efikasnom sprečavanju konflikata i aktivnom angažovanju u upravljanju krizom, uključujući i izvođenje operacija kao odgovora na krizu (*Crisis Response Operations*).

– Partnerstvo: promovisanje partnerstva širokog obima i saradnje i dijaloga sa drugim zemljama u evro-atlantskoj oblasti, radi povećanja otvorenosti, uzajamnog poverenja i sposobnosti za zajedničke akcije sa Alijansom.

Ispunjavanjem svrhe svoje namene i fundamentalnih bezbednosnih zadataka, NATO će, i dalje poštujući legitimne bezbednosne interese drugih, da traži da se nesporazumi rešavaju na miran način, kao što je to izraženo u Povelji OUN. NATO će da promoviše miroljubive i prijateljske institucije. NATO ne smatra sebe neprijateljem nijedne zemlje.

Smanjena uloga OUN u rešavanju krupnih međunarodnih problema

OUN je osnovana posle Drugog svetskog rata i zamišljena kao garant svetske bezbednosti i sigurnosti i kao institucija u kojoj bi se rešavali najznačajniji svetski problemi. U svojoj istoriji imala je uspone i padove u rešavanju svetskih problema. U čitavoj njenoj istoriji manje ili više dominantan uticaj na odluke u rešavanju svetskih problema imale su velike sile, pre svega preko Saveta bezbednosti OUN, a i međusobnim bilateralnim dogovaranjima. U eri bipolarne podele i hladnog rata OUN se nalazila u senci interesa Istočnog i Zapadnog bloka. Njene aktivnosti u domenu očuvanja i izgradnje mira i bezbednosti bile su reducirane značajnim uticajem ova dva bloka. Bez obzira na sve to, OUN je u očima većine čovečanstva do promena u svetskim odnosima krajem osamdesetih godina važila za instituciju koja uživa najveće poverenje u rešavanju krupnih svetskih problema.

Promenom tih odnosa i dominantnim uticajem SAD u radu OUN dolazi do značajne marginalizacije stavova OUN, kao i ukupnog uticaja na donošenje važnih odluka, jer se nijedna važna odluka ne može doneti ili obezbediti njena podrška bez saglasnosti SAD. Iako su SAD u ovom trenutku najveći dužnik OUN, većina relevantnih faktora u svetu smatra da su i OUN u ovom trenutku postale „servis" SAD. Ne uzimajući druge primere, najsnažniji primer uticaja SAD na odluke OUN je intervencija Alijanse na SRJ u martu 1999. godine, gde je OUN ne samo zaobiđen već i ostao bez ikakvog odgovora na ovaj akt.

Razlika između normativnog poretka utvrđenog Poveljom OUN i stvarnog stanja toliko je izražena da sistem OUN samo formalno-pravno postoji, ali je znatno narušen, sve više nelegitiman ili stavljen u funkciju interesa SAD, koji se prikazuju kao interesi MZ.

Nova regionalna i subregionalna povezivanja

Postojeća arhitektura regionalnih povezivanja u vremenu bipolarnosti sveta posle pada Berlinskog zida i sveobuhvatnih promena, pre svega u jugoistočnoj Evropi dobija nove dimenzije. Zanemarujući regionalne organizacije na tlu Afrike, Azije, Bliskog istoka zadržaćemo se više na regionalnom povezivanju na tlu Evrope posebno posle raspada VU.

Pored postojećih institucionalnih organizacija do pada Berlinskog zida i nestajanja VU kao što su EU, OEBS, Savet Evrope posle ovih događaja prišlo se novom regionalnom organizovanju kako u političkom tako i u ekonomskom i vojnom pogledu. Ciljevi tih regionalnih i subregionalnih povezivanja imaju za cilj na tlu Evrope pre svega približavanje zemalja istočne i jugoistočne Evrope standardima zapadnoevropskih zemalja. Ova oblast regionalnih i subregionalnih povezivanja kao oblika međusobnih odnosa ima i poseban značaj za prostor Balkana i našeg okruženja a radi objašnjenja uticaja velikih sila na integraciju ovih prostora u evroatlantske strukture. U tom smislu posle značajnih promena na tlu jugoistočne Evrope pojavile su se razne inicijative za regionalno i subregionalno povezivanje. Namere tih inicijativa mogu da se protumače kao pozitivne ili negativne u zavisnosti od konteksta kako se na njih gleda, ali u suštini čini se napor za transformaciju ovog dela kontinenta u sastavni deo Evrope.

Međutim, ocena tih inicijativa i programa može se posmatrati i sa stanovišta interesa položaja i objektivnih mogućnosti naše zemlje.

Za dalje razumevanje ovog aspekta povezivanja na prostorima jugoistočne Evrope objasnićemo najvažnije procese regionalnog i subregionalnog povezivanja na ovom prostoru.

Vodećom ulogom u realizaciji inicijativa, EU, preko svojih institucionalnih oslonaca (OEBS-a, Saveta Evrope i sl.) faktički uspostavlja „protektorat" nad čitavim regionom j/i Evrope. Na taj način EU konsoliduje svoje strukture, učvršćujući svoja „pogranična" područja i pomaže SAD da ostvare svoje strateške interese na Bliskom i Srednjem istoku, u crnomorskom i kaspijskom basenu.

U okviru politike širenja Evropske unije i regionalnog pristupa prema zemljama jugoistočne Evrope, međunarodna komisija Evropske unije je u studiji „Nedovršeni mir" definisala pet opcija varijanti i puteva izlaska iz krize, balkanske regionalne saradnje i stabilizacije regiona:

– „Preventivna inicijativa" (stvaranje regionalnog okvira za rešavanje potencijalno opasnih pitanja i sporova), koja obuhvata inicijativu balkanskih zemalja (sastanci na vrhu), Roajomonsku inicijativu i inicijativu SAD .

– Pakt za stabilnost jugoistočne Evrope (*Stability Pakt for SE Europe*), sa ciljem stvaranja uslova za stabilnost, otvorenost granica, garancije prava manjina, ljudskih prava, razvoj i slično.

– Konfederacija južnog Balkana, koja bi bila izgrađena pod pokroviteljstvom EU i SAD.

– Osnovni predlog komisije - balkanska regionalna saradnja i

– Balkanska asocijacija „Partnerstva za mir".

Regionalni pristup EU zemljama jugoistočne Evrope, u suštini, podrazumeva multivektorski prilaz, koji se sastoji od određenih planova i procedura koje definišu uslove, puteve i načine procesa integracije sa:

a) zemljama u regionu se sklapaju „ugovorni odnosi" (ugovor o saradnji – Makedonija i Albanija),

b) zemljama centralne i istočne Evrope primenjuju se „evropski sporazumi",

c) zemljama bivšeg SSSR sporazumi o „partnerstvu i saradnji" i

d) pet balkanskih zemalja (BiH, Hrvatska, Makedonija, republika Srbija i Albanija) uvedena je kategorija Sporazum o stabilizaciji i pridruživanju, poznat kao strategija „pred-pristupanja" (podrazumeva bilateralne ugovore Republike Srbije sa EU, i Srbije sa svakom od zemalja regiona).

Intenzitet saradnje i odgovarajuća institucionalizacija odnosa EU sa Republikom Srbijom, Hrvatskom i BiH su određeni stepenom ispunjavanja devet opštih uslova:

1) omogućavanje povratka izbeglica,

2) prihvatanja povratka svojih državljana koji bespravno borave u državama članicama EU,

3) poštovanje mirovnih sporazuma (Dejtonskog, Pariskog, i saradnja sa Međunarodnim sudom za ratne zločine),

4) sprovođenje demokratske reforme i poštovanje ljudskih i manjinskih prava,

5) održavanje slobodnih i poštenih izbora,

6) nediskriminacija i neproganjanje manjina,

7) početak sprovođenja ekonomskih reformi (privatizacija, liberalizacija),

8) dokazana spremnost za razvoj dobrosusedskih odnosa i

9) usklađenost sporazuma između Republike Srbije i Republike Srpske i sporazuma između Hrvatske i Federacije BiH sa Dejtonskim sporazumom.

U zavisnosti od pokazanog stepena kooperativnosti Republike Srbije, saradnja sa EU treba da prođe kroz tri etape:

1) obnova trgovinskih tokova na osnovu autonomne odluke EU o uklanjanju nekih trgovinskih barijera,

2) finansijska pomoć reformama, i

3) institucionalizacija odnosa sa EU, odnosno zaključenje sporazuma.

Regionalno vojno povezivanje zemalja jugoistočne Evrope

Na osnovu američke inicijative o regionalnom vojnom povezivanju zemalja jugoistočne, centralne i severne Evrope koja je verifikovana na samitu NATO u Madridu (jul 1997), ministri odbrane Albanije, Bugarske, Grčke, Italije, Makedonije, Rumunije i Turske, uz prisustvo ministara odbrane SAD i Slovenije kao posmatrača, potpisali su, u Skoplju, 26. septembra 1998. godine, Sporazum o multinacionalnim mirovnim snagama jugoistočne Evrope (*Multinational Peace Force South-Eastern-Europe – MPFSEE*). S tim u vezi, doneta je odluka da se formira političko-vojni komitet MPFSEE i jedinice jačine brigade, pod nazivom Multinacionalna brigada jugoistočne Evrope *(South-Eastern-Europe Brigade - SEEBRIG)*. Političko vojni komitet formiran je 02. septembra 1999. u Atini, a komanda brigade 11. septembra 1999. u Plovdivu.

Pojava novih ekonomski snažnih država

Izostavljajući u ovom delu ulogu i snagu Ruske Federacije jer se radi o bivšoj supersili, cilj je da ukažemo na nove države u usponu koje mogu bitno uticati na uspostavu multipolarnog sveta jer se radi o državama čiji ubrzan ekonomski uspon i uticaj utiče i pojačava pritisak u međunarodnim odnosima za prisustvo i uticaj u svim međunarodnim događajima. Reč je pre svega o azijskim zemljama (Japan, Indija, Kina, Južna Koreja) čiji ekonomski uspon za sobom povlači i želju za političkim uticajem. Iako u ovom trenutku Sjedinjene Američke Države uspevaju da sa ovim zemljama održavaju takve odnose koji ne izazivaju pojačan zahtev za politički uticaj to nije znak da će i u budućnosti to stanje ostati nepromenjeno. Objektivni posmatrači procenjuju da će ekonomski razvoj navedenih zemalja ubrzo dovesti i do određenih zahteva u političkom smislu uticanja na svetska događanja. Sva događanja i potezi na međunarodnoj sceni ukazuju da sa ovom konstatacijom u budućnosti treba ozbiljno računati. Globalne procene govore i o tome da će se glavna događanja u sferi političkog, ekonomskog i svakog drugog ugrožavanja u svetu u prvim decenijama narednog milenijuma odigravati na azijskom kontinentu.

Povećane razlike između razvijenih i nerazvijenih zemalja

Opšte prekomponovanje međunarodnih odnosa u svim oblastima u poslednjoj deceniji je stavilo u „zapećak" aktuelni problem „sever-jug" tj. odnos razvijenih i nerazvijenih zemalja. U dinamičnim promenama svetska politika je prestala da se bavi ozbiljno ovim problemom koji je bio dominantan za međunarodne odnose do kraja sedamdesetih godina. U međuvremenu taj jaz razlika se još više povećao i preti da preraste u širi sukob bogatih i siromašnih. Evidentno je da nosioci politike unipolarnog sveta ne obraćaju pažnju na osiromašenje većine čovečanstva. Oni nastoje da kroz formulu demokratizacije, ljudskih prava i tržišne ekonomije sve podrede svojim interesima. Iako ovakva formula objašnjenja problema trenutno još uvek uspeva i ima prođu na polju objašnjavanja međunarodnih problema realno je očekivati da će već u prvim decenijama ovog milenijuma ovo pitanje izbiti u prvi plan i neće se moći sakrivati medijskim i ostalim formama propagande. Pošto je reč o životnim pitanjima čitavih naroda i država pa čak i kontinenata (ima se u vidu pre svega Afrika i Latinska Amerika) ovakvo stanje nesrazmernog nivoa života može izazvati i ozbiljnije poremećaje u ukupnim međunarodnim odnosima.

Pojačana borba za očuvanje ili zauzimanje glavnih prirodnih resursa pre svega energetskih.

Opšte prekomponovanje međunarodnih odnosa u poslednjoj deceniji dvadesetog veka i početkom novog milenijuma, osim političkog predznaka ima značajan ekonomski predznak, ako ne i dominantan. Događaji na planu međunarodnih odnosa na svim poljima su da je jedan od glavnih, zadataka SAD pokušaj ostvarivanja svetskog uticaja i kontrole na strateškim izvorima sirovina, a pre svega energetskih izvora. Krajem dvadesetog veka jasno je postalo da su najveći prirodni resursi za dalji opstanak i razvoj čovečanstva na područjima bivšeg SSSR i Bliskog istoka, a pre svega područja Sibira, Kaspijskog basena i zemalja Arapskog zaliva. U toj situaciji svi napori svetski uticajnih zemalja, a pre svega SAD su usmereni da se na bilo koji način stekne kontrola nad ovim prostorima i eksploatacija postojećih resursa. Neki čak smatraju da je kontrola ovih prostora u ovom milenijumu jedan od strateških i odlučujućih zadataka onih koji žele i imaju mogućnosti da, na jedan od načina gospodare svetom. Ne bez razloga sve procene govore da je ukupna politika SAD prema Balkanu, zemljama Bliskog istoka i južnim državama bivšeg SSSR usmerene na to da se uspostavi potpuna kontrola nad prirodnim resursima ovih regiona.

U narednom periodu ovo pitanje će biti izvor, kako novih dogovaranja i savezništava tako i poprište svake vrste sukoba.

Povećanje komunikacijske povezanosti zemalja sveta

Tehnološki razvoj na planu svih vidova komunikacija je doprineo da se većina žitelja planete oseća kao da živi u „globalnom selu". Satelitske, informacione, telefonske kao i drugi vidovi brzog prenosa poruka su doprineli da se posedovanjem i upravljanjem tim sredstvima može značajno uticati na javno mnjenje, na odnose čitavih naroda i država prema drugim narodima i državama. Iako bi ovakva dostignuća trebalo da budu upotrebljena za opštu dobrobit čovečanstva u ovoj fazi međunarodnih odnosa ovakve mogućnosti se koriste za nametanje sopstvenog mišljenja i stavova u cilju ostvarenja sopstvene politike. Po prirodi stvari ove mogućnosti koriste najmoćniji koji i raspolažu ovim mogućnostima. Značaj korišćenja komunikacijskih sredstava raste iz dana u dan, a sa vojne tačke gledišta značajno je zapaziti da u poslednjih desetak godina nijedan rat u svetu od strane moćnih, a pre svega SAD, nije vođen bez obilatog korišćenja svih vrsta javnih i specijalizovanih komunikacijskih sredstava. Ovo je posebno došlo do izražaja u Zalivskom ratu 1991. godine, kao i u svim događanjima u procesu raspada SFRJ i agresiji Alijanse na SRJ.

Novi pokušaji prevazilaženja unipolarnosti i prelazak u multipolarnost

I pored napora SAD, uz podršku svojih saveznika i partnera u zadnjoj deceniji ovog veka da postane jedina globalna sila u zadnjih nekoliko godina, sve su prisutniji pokušaji u međunarodnim odnosima da se ovakva dominacija osujeti i razbije. Većina analitičara pribojavajući se opšte hegemonije SAD najviše očekuje od budućih poteza Ruske Federacije koja je na putu povratka svoje moći, Kine čija je moć u usponu, Japana čija se moć više ne iscrpljuje u ekonomskoj snazi kao i daljim procesima koji će se odvijati u Evropi na čelu sa Nemačkom. Ovde treba imati u vidu šta će se dešavati sa mnogoljudnim zemljama, ali za sada nerazvijenim, kao što su: Indija, Nigerija i Brazil. U svakom slučaju reč je o procesima u međunarodnim odnosima koji će početkom ovog milenijuma, manje ili više, značajno uticati na buduće odnose u svetu.

Nezavisno od svog geostrategijskog i geopolitičkog položaja, procesi u navedenim zemljama i regionima će neminovno uticati na položaj i bezbednost, spoljnu i politiku odbrane u međunarodnoj zajednici. S tim u vezi, i obaveza svih relevantnih faktora, da ove činjenice imaju u vidu, permanentno ih prate i procenjuju kako bi na vreme donosili adekvatne zaključke o pravcima našeg delovanja na planu spoljne i politike zaštite državnih interesa.

Vojno-diplomatska predstavništva stranih zemalja u Republici Srbiji i njihov uticaj na njenu politiku nacionalne bezbednosti i odbrane

Koliko je važno imati sopstvene vojno-diplomatske predstavnike u zemljama od interesa za bezbednost zemlje, toliko je korisno imati predstavnike drugih zemalja u sopstvenoj zemlji. Predstava o tome kakav je značaj inostranih vojno-diplomatskih predstavnika u našoj zemlji je vrlo često pogrešno i nedovoljno shvaćena.

Već je pomenuto, da je naša zemlja u proteklom i u sadašnjem periodu, a s obzirom na važnost geostrategijskog položaja, bila veoma interesantna za prisustvo inostranih VD predstavnika. Iako spadamo u red malih zemalja, mi smo se u bivšoj SFRJ mogli pohvaliti brojem inostranih vojno-diplomatskih predstavništava, poredeći se sa jednom Francuskom i Austrijom, što samo govori o značaju našeg prostora i naše države.

Nesporno je jedno da su svi ti VD predstavnici u prošlosti, sada, a i ubuduće izvršavali i izvršavaće zadatke svoje centrale što nije ništa neuobičajeno. Međutim gledano u celini, mi smo svojim ponašanjem obezbedili da, izgradimo imidž „zatvorena zemlja", što nam ni u kom slučaju nije doprinelo boljem tretmanu u međunarodnoj zajednici. Kao država u celini ispoljili smo nesposobnost da u pravom svetlu predstavimo sebe i našu politiku odbrane pred stranim VDP.

Prisustvo stranih VDP može se posmatrati dvojako to jest u funkciji jačanja sopstvene bezbednosti ili njenog slabljenja.

Samo prisustvo VDP, ne može automatski da ima negativnu konotaciju po bezbednost zemlje i da se njihova aktivnost posmatra u funkciji slabljenja bezbednosti zemlje. Nesporno je da će u okviru vojno-diplomatskog kora, uvek biti i predstavnika onih država čiji interesi nisu stabilna i prosperitetna Srbija, ali treba poći od toga da su oni u manjini i da se njihova delatnost uvek može na adekvatan način kontrolisati i pratiti ili onemogućavati adekvatnim radom naših službi bezbednosti. U razmatranju ovog pitanja treba poći od drugog dela ove primese, to jest da prisustvo stranih VDP u našoj zemlji predstavlja mogućnost, da preko njih promovišemo naše stavove, poglede i opredeljenja po pitanju politike odbrane, opšte bezbednosti i učlanjivanje u kolektivne sisteme iste, kao i razvoju i aktivnostima Vojske Srbije.

Po ovom pitanju treba biti veoma pragmatičan i poći od toga da je vreme sveopšte tajnovitosti prošlo i da slobodne stvari ne treba proglašavati tajnom i jasno povući granicu između onoga šta stvarno predstavlja tajnu i onoga što nije tajna u eri masovnih komunikacija i mnogobrojnih mogućnosti doslaženja do potrebnih podataka. Najbolji primer za to je davanje podataka o brojnosti i lokaciji oružanih snaga u okviru sporazuma CFI i regionalnog sporazuma o razoružanju.

Do pre petnaestak godina to je u većini armija bila strogo čuvana tajna. Dok u sadašnjem trenutku u okviru sporazuma o kontroli naoružanja u Centralnoj Evropi i drugim međudržavnim sporazumima u koje je uključena i naša zemlja ovi podaci se objavljuju jednom godišnje kao službeni materijali. Ovo je samo znak da su pravci međusobnih odnosa i kontakata između OS drugih država poprimili sasvim drugačiji karakter i sadržaj u odnosu na desetak ili dvadeset godina unazad.

Međusobna komunikacija izražena kroz razne forme susreta zajedničke obuke i zajedničkih misija, posebno je prihvaćena u proteklom periodu, posle ere *hladnog rata* i nestanka VU, a promovisanjem projekta „Partnerstvo za mir". Bez obzira što broj onih koji u ovom projektu vide više negativnosti nego pozitivnih stvari za bezbednost jedne zemlje, za njenu politiku odbrane, nesporno je to da je to proces koji je poprimio opšte razmere u okviru Evrope.

Nepraćenje savremenih događanja na ovom planu, dovodi do zaostajanja i ispadanja iz globalnih procesa, što može biti samo na sopstvenu štetu. Najbolji primer za ovakvu konstataciju je naš primer. Nisu malobrojni oni vojni analitičari koji tvrde da je SRJ blagovremeno pristupila, „Partnerstvu za mir", a to je bio period posle potpisivanja „Dejtonskog sporazuma" do kraja 1998. godine, koji nije pravilno iskorišćen, da bi događaji u samoj SRJ poprimili drugačiji tok i verovatno bi bila izbegnuta intervencija NATO 1999. godine. Ovakva konstatacija zaslužuje kompleksnije obrazloženje pa čak i studiju o tome, ali nesporno je jedno, da nije pažljivo praćen i uvažavan tok i razvoj događaja na međunarodnom planu i neposrednom okruženju, što je imalo katastrofalne posledice po bezbednost zemlje, a i njenu dalju politiku odbrane i udruživanja.

Biće potrebno dosta napora i vremena da se sve propušteno na ovom planu nadoknadi, a posebno povratak državnih organa na teritoriju KiM.

Uticaj promena u okruženju na politiku odbrane i vojno-diplomatske odnose

Bezbednost Republike Srbije je uslovljena spoljnim okruženjem i unutrašnjom stabilnošću. Ovako uopštena formulacija iza sebe krije niz faktora koji samostalno ili zavisno delujući jedan na drugi utiču na ukupnu bezbednost zemlje, a time i na njenu odbranu i stabilnost. Izvori iz navedenog, mogu biti političke, ekonomske, etničke, vojne ili neke druge prirode, a njihov uticaj na stabilnost zemlje može imati negativan ili pozitivan karakter u zavisnosti od njihovog predznaka.

Svim državama je svojstveno da preduzimaju mere u cilju jačanja svog međunarodnog položaja. Takođe, sve one teže da jačanjem svog međunarodnog položaja, u osnovi, postignu dva cilja: pojačaju bezbednost zemlje i ostvare pogodnije uslove za njen ekonomski razvoj i prosperitet. Ova dva cilja u spoljno-političkoj strategiji svake države su uvek bila međusobno povezana, jer je bezbednost zemlje davala veće mogućnosti za njen ekonomski razvoj, kao što je i nivo ekonomskog razvoja u velikoj meri uslovljavao stepen njene bezbednosti.

U sadašnjim međunarodnim okolnostima, na početku novog milenijuma, jačanje međunarodnog položaja svake države zavisi od interakcije između njenih unutrašnjih okolnosti i njenih spoljnih interesa. U tom dvojstvu, teško bi bilo dati primat jednom ili drugom. Unutrašnji poredak može biti prividno ili stvarno čvrst i stabilan, ali to ne podrazumeva, bar ne po automatizmu, i jaku međunarodnu poziciju. Postoje zemlje koje imaju stvarno ili prividno čvrst i stabilan unutrašnji poredak, ali se nalaze u međunarodnoj izolaciji. Istina, postoje zemlje sa veoma razvijenim međunarodnim vezama, ali njihov unutrašnji poredak nije ni čvrst ni stabilan, ali, sve to ne bi trebalo da umanji značaj pravila da stabilna unutrašnja situacija predstavlja važnu pretpostavku za razvoj međunarodnih odnosa, kao što i razvoj međunarodnih odnosa nesumnjivo doprinosi unutrašnjoj stabilnosti u svakoj zemlji. To je naročito slučaj danas, kada u uslovima sve veće međuzavisnosti sveta ni jedna zemlja ne može da živi u potpunoj izolaciji i kada se egzistencijalni interesi svake zemlje ostvaruju u sve razgranatijoj mreži različitih međunarodnih organizacija i institucija.

9.8. Doprinos vojne diplomatije i obaveštajno-bezbednosnog sistema u stvaranju uslova za priključenje Republike Srbije savremenim sistemima kolektivne bezbednosti.

Bez obzira na do sada saopšteno o aktivnostima vojne diplomatije i vojno-obaveštajne delatnosti kroz istoriju i uopšte, neophodno je u cilju iznošenja kompletnijeg stava po navedenom pitanju, još jednom razmotriti: stanje vojno-diplomatskih odnosa SRJ do početka intervencije NATO pakta, za vreme trajanja intervencije, te prioritete u spoljnoj politici sa težištem na vojno-diplomatskim odnosima Republike Srbije, u svetlu najnovijih promena u zemlji i pravcima daljeg doprinosa konačnoj stabilizaciji i miru, kao i stvaranju uslova za priključenje kolektivnim sistemima bezbednosti.

Vojno-diplomatski odnosi SRJ do početka intervencije NATO

Raspad SFRJ i nastanak SRJ – danas Republike Srbije, neodvojivo su ispunjeni burnim procesima na ovim prostorima čiji se intenzitet, slobodno možemo reći, nije smanjivao sve do početka intervencije NATO na SRJ, što je bila kulminacija svih događaja u proteklom periodu, kako na Balkanu, tako i šire.

Položaj i status neke zemlje najbolje oslikavaju odnosi sa spoljnim svetom, a u tim odnosima vojno-diplomatski imaju svoje mesto.

Nastankom nove države (SRJ) odnos okruženja, kako bližeg tako i daljeg prema našim VDP, kao i najuticajnijih faktora u međunarodnoj zajednici znatno se izmenio. Vojno-diplomatski odnosi su u skladu sa opštim položajem države spali na izuzetno nizak nivo. Opšte anatemisanje nove države od strane međunarodne zajednice, prevashodno SAD dovelo je do toga da su od zemlje čiji su vojno-diplomatski predstavnici bili rado viđeni sagovornici u svakoj sredini, do toga da su isti, sprovodeći želju većine u međunarodnoj zajednici, tretirani na najniži mogući način. Sve se ovo dešavalo u vreme kada su se u jugoistočnom delu Evrope ostvarivala intenzivna vojna povezivanja na ostacima raspalog VU u licu nove inicijative „Partnerstvo za Mir". Može se tvrditi da su to bile najteže godine naše vojne diplomatije, ispunjene željom za punu afirmaciju sopstvene zemlje i objašnjavanja njene pravedne borbe za samostalnošću i teritorijalnim integritetom.

Retke su zemlje koje su omogućile normalan rad VDP SRJ, ili ispoljile želju za razvojem VD odnosa. Od suseda tu se mogu izdvojiti Rumunija i Mađarska, a od drugih zemalja Rusija, Grčka i Kina. Sve ostale zemlje su dosledno provodile bojkot nove države okrivljujući je pre svega za rat i raspad bivše SFRJ i proglašavajući je poslednjim bastionom komunizma.

U takvoj situaciji trebalo je pre svega odbraniti dostojanstvo sopstvene zemlje i njene politike, a istovremeno stvarati uslove i doći do najvažnijih saznanja o budućim događajima na Balkanu.

Karakteristika ovog perioda je da su svi sagovornici, bez obzira iz kog dela sveta dolazili i sa kojih pozicija nastupali, kao jedno od prioritetnih pitanja za buduću stabilnost na Balkanu, a posebno SRJ pominjali rešavanje „pitanja KiM", iako u to vreme nije bilo bitnih naznaka da na tom delu SRJ može doći do burnih događaja. To je bio jasan znak da će u narednom periodu pitanje KiM dobiti na značaju u MZ, što se u stvarnosti i dogodilo. Ovo pitanje posebno ističemo zato što je ono najblaži i najočitiji primer kada je naša vojna diplomatija pravovremeno upozoravala šta je „sledeće u redu događaja" na ovim prostorima, a da ta upozorenja nisu naišla na dovoljan odjek i uvažavanje kako bi se neželjeni tok događaja predupredio ili usmerio u željenom pravcu. U ovom periodu dolazi i do pune ekspanzije programa „ Partnerstvo za Mir". VDP SRJ iz raznih uglova prate razvoj programa i uključivanje naših suseda u njega, u skladu sa svojim mogućnostima redovno izveštavaju o prednostima i nedostacima mogućeg pristupanja tom programu.

Ovi signali ne nailaze na adekvatan odjek u našoj političkoj javnosti i po tom pitanju se ne preduzimaju nikakve mere. To je istovremeno i vreme najave prvog proširivanja NATO na istok, tj. pristupanja Poljske, Češke i Mađarske Alijansi, takođe u to vreme dolazi do prekida rata u BiH i potpunog instalisanja snaga IFOR (SFOR), praktično je NATO došao u susedstvo na granice sa severa i zapada, a to je bio jasan znak izmenjenog geopolitičkog položaja.

Vojno-obaveštajna služba, odgovorno pristupajući oceni novonastale situacije pravovremeno daje procenu mogućeg sleda događaja, kako u našem okruženju tako i u samoj SRJ. Te procene i ocene takođe ne nailaze na puno uvažavanje u političkom vrhu zemlje.

Ovo bi bili najkarakterističniji događaji koji su obeležili vojno-diplomatske odnose u navedenom periodu sa aspekta vojno-obaveštajne službe VJ.

Vojnodiplomatski odnosi SRJ u vreme intervencije NATO

Ako se složimo u tome da je rat najgore moguće stanje u kom se može naći jedna zemlja i da je to na neki način neuspeh njene spoljne politike i njene diplomatije, opšte i vojne, onda možemo slobodno konstatovati da se to dogodilo 24. marta 1999. početkom intervencije NATO pakta na SRJ.

Nivo vojno-diplomatskih odnosa, kako je već rečeno je bio na dosta niskom nivou, gledano uopšte, kako zbog dugogodišnje opšte izolacije zemlje, tako i zbog raspada bivše države. Pomenute skromne vojno-diplomatske mogućnosti uoči agresije, početkom agresije su se još više umanjile, jer je došlo do prekida diplomatskih odnosa sa pet vodećih zemalja sveta, ujedno članica NATO u čijim centrima je postojanje vojno-diplomatskih predstavnika i u najtežim uslovima rada korisnije i bolje od nepostojanja bilo kakve komunikacije i mogućnosti za rad.

Osnovna karakteristika vojno-diplomatskih odnosa sa zemljama u kojima su preostali naši VD predstavnici bila je da su domaćini postali „zainteresovani" za ratna dogabanja, a samim tim i povećali i broj kontakata sa našim predstavnicima. Ovo je bila prilika našim predstavnicima da objasne stavove i poglede državnog rukovodstva na intervenciju NATO kao i da postavljaju određena pitanja i da u skladu sa informisanošću i umešnošću sagovornika dođu do preko potrebnih saznanja o daljim namerama i planovima, kako NATO alijanse, tako i ostalog dela MZ. Osim nastavaka kontakata sa prijateljskim zemljama i obaveštajnim službama, sa kojima smo imali korektne odnose u vreme intervencije naši VD predstavnici su postali interesantni sagovornici i za one koji su ih do tada izbegavali.

U to vreme pojavljivao se ne mali broj sagovornika iz zemalja NATO, koji se nisu slagali sa intervencijom i koji su želeli da pomognu SRJ u prevazilaženju postojećeg stanja. Ovo je našim VD predstavnicima dalo mogućnost da pravovremeno dođu do podataka o daljim namerama NATO. Tada je bila velika umešnost da se odvoje pravi i dobronamerni sagovornici od onih koji su težili ličnoj promociji. Važno je napomenuti da se čitav period intervencije, kao i priprema za nju odvijao pod snažnim informativno-psihološko-propagandnim delovanjem svetskih razmera, koje je u vojno-diplomatskim odnosima trebalo suzbijati. Ovaj deo posla je bio posebno težak zbog neiskustva i slabe materijalno-tehničke podrške.

Intervencija NATO na SRJ je pokazala neophodnost obezbeđenja bliskih i pouzdanih sagovornika i saveznika, kako radi dobijanja važnih informacija, tako i zbog materijalne pomoći za vođenje rata.

Neka nadanja u podršku od strane Rusije (RF) su takođe izostala u obimu, neophodnom za takvu situaciju. Iako je RF u načelu osudila intervenciju, trenutno istupila iz saradnje sa NATO i povukla svoje predstavnike, njeni interesi joj nisu dozvoljavali da ide na dalje pogoršanje odnosa sa NATO i SAD radi otvorenije podrške SRJ. Interesi za partnerstvo sa SAD i unutrašnji interesi su nadjačali želju za „bratsku" pomoć i podršku.

Prioriteti u spoljnoj politici Republike Srbije

Imajući u vidu navedene okolnosti, svaka zemlja, bez obzira na određene razlike u akcentima koje proističu iz njenog geopolitičkog položaja i drugih specifičnih uslova, ustanovljava red prioriteta u svojoj spoljnopolitičkoj strategiji, u kome su nezaobilazni sledeći:

– unapređivanje odnosa sa susednim zemljama, koje podrazumeva rešavanje otvorenih i spornih pitanja, kao i jačanje subregionalnih i regionalnih veza i različitih oblika integracije;

– razvijanje što boljih odnosa sa velikim svetskim i regionalnim silama koje u postojećem sistemu odnosa imaju značajnu ulogu u sferi bezbednosti i ekonomskog razvoja;

– korišćenje mesta i pozicije u međunarodnim organizacijama i institucijama za ostvarivanje važnih nacionalnih interesa i ciljeva;

– uključivanje u tokove ekonomskog i tehnološkog razvoja čiji su organizovani nosilac i činilac različite integracione grupacije;

– jačanje bezbednosti stupanjem u članstvo posebnih regionalnih i sličnih vojnih i vojno-političkih sistema i organizacija.

Ovaj zbir prioriteta u spoljnopolitičkoj strategiji svake zemlje više ili manje je povezan zakonom spojenih sudova. Svi oni su ne samo međusobno povezani, već u velikoj meri i međusobno uslovljeni. U njima se ostvaruje susret lokalne i globalne geopolitike. Kao što sleđenje imperativa lokalne geopolitike može da povoljno deluje na ostvarivanje imperativa globalne geopolitike, tako i sinhronizovanje nacionalnih interesa i ciljeva sa globalnom geopolitikom može da ima pozitivno povratno dejstvo na poziciju u lokalnom geopolitičkom okruženju. U svakom slučaju, ne bi bilo dobro, niti moguće, apsolutizovati interese sagledane kroz prizmu lokalne geopolitike u odnosu na globalnu geopolitiku, jer bi mogli biti s njom u raskoraku, kao što ni isključivo igranje na kartu globalne geopolitike nije produktivno, budući da vodi potcenjivanju stanja stvari u neposrednom okruženju.

Vojno-diplomatski odnosi R Srbije, u svetlu najnovijih promena u zemlji i pravci daljeg razvoja

Odlučivanje u sferi spoljne politike oduvek je bilo veoma značajan i složen proces, povezan sa svim delatnostima države, pa i onim na planu odbrane, u kojim su donosioci odluka (državno-politički i vojni vrh) imali veliku odgovornost, posebno kada je u pitanju bezbednost zemlje i njena politika odbrane. Poznato je da pogrešno doneta odluka, pored direktnog uticaja na ugled države i njen interes u MZ, slabi ukupne odbrambene sposobnosti zemlje.

Radi donošenja kvalitetnih odluka državno-politički i vojni vrh zahtevaju sve veći broj informacija i podataka o pitanjima i problemima o kojima se odlučuje, naročito ako se odluka donosi brzo i u realnom vremenu. Do sada je uglavnom te potrebe pokrivala opšta diplomatija svojim aktivnostima, a samo delimično vojna diplomatija. Naime, svaka država u zaštiti svojih interesa deluje na dva koloseka putem političko-ekonomskih i diplomatskih predstavništava (ambasade, VDP) i tajno putem obaveštajnih službi i njihovih aktivnosti.

Sve su češće konstatacije da su među raznim izveštajima koje šalju ambasade, posebno zapaženi izveštaji vojnih izaslanstava, jer isti služe kao osnov za procenu na državnom nivou.

Ovo nameće potrebu korenite promene postojećih odnosa snaga na diplomatskom planu, barem kada je reč o objedinjavanju diplomatskog i vojno-diplomatskog nastupa na poslovima odbrane i bezbednosti zemlje.

Svedoci smo izuzetno velikih promena koje su se desile na Balkanu u zadnjih deset-petnaest godina. Za potrebe potpunijeg razumevanja ovog pitanja nabrojaćemo, po našoj proceni, samo najvažnije:

– brutalan raspad SFRJ sa ratnim posledicama,

– priznavanje pojedinih bivših republika SFRJ od strane MZ i OUN uz istovremeno nepriznavanje novostvorene države SRJ, kao pravne naslednice SFRJ, uz veliki pritisak zemalja zapada na čelu sa SAD,

– potpuna blokada i izolacija SRJ,

– pobuna albanskih terorističkih snaga na KiM i intervencija NATO na SRJ,

– promena vlasti u SRJ, a potom i niz drugih promena počev od naziva države (SRJ – Republike Srbije) do otvorenih sukoba na političkom planu između republika (država) članica i nejedinstvenog pristupa rešavanju državnih problema od strane lidera političkih partija,

– opredeljenje državno-političkog rukovodstva ka političkim, ekonomskim i vojnim integracijama sa razvijenim zemljama zapadne Evrope i SAD.

Budućnost vojne diplomatije, odnosno pravci njenog daljeg razvoja, a time i veći značaj njene delatnosti ogledaju se u jedinstvenom nastupu sa opštom diplomatijom, na zajedničkom planu zaštite bezbednosti države i stvaranja uslova za kontakte „na vrhu" u cilju približavanja pomenutim integracijama i konačnog priključenja istim.

U tom smislu vojna diplomatija i vojno-obaveštajna delatnost pred sebe treba da postave tačno izdefinisane pravce delovanja od kojih su najvažniji:

– sagledavanje odnosa velikih sila prema našoj zemlji, dalji razvoj i unapređenje naših odnosa sa istima ,

– sagledavanje odnosa između velikih sila i odnosa tih sila i naših suseda za aspektima uticaja na bezbednost zemlje i njenu politiku odbrane,

– sagledavanje odnosa naših suseda prema nama, uz uvažavanje poznatih činjenica o pravcima daljeg razvoja istih,

– sagledavanje kriza u odnosima između velikih sila (sve su češća razmimoilaženja „velikih" u pojedinim stavovima, npr. Irak, radi sukoba interesa) i uticaj tih kriza na politiku odbrane naše zemlje,

– sagledavanje kriza u odnosima među susednim zemljama i u regionu (Albanija-Makedonija, Makedonija-Grčka, Bugarska-Makedonija, Bugarska-Grčka, Grčka-Turska), kao i njihovo manifestovanje na vojno-politički položaj naše zemlje i politiku odbrane,

– sagledavanje pojava novih procesa u međunarodnim odnosima od regionalnog do globalnog nivoa i njihov pozitivan ili negativan uticaj na našu zemlju,

– iznalaženje mogućnosti za stvaranje novih partnerskih i savezničkih odnosa u MZ, a posebno sa ekonomski i vojno razvijenim zemljama.

Određivanje težišta interesovanja države ima prvorazredni značaj za rad vojne diplomatije. Iako podložne čestim promenama, te polazne osnove se moraju znati, jer usmerenost obaveštajne delatnosti na prikupljanju informacija nije značajna samo za potrebe vojnog vrha, već može uticati i na kreiranje državno-političkih aktivnosti zemlje u međunarodnim odnosima.

Vojna diplomatija, pored navedenih poslova, u svom nastupu prema zemlji domaćinu ima i protokolarne obaveze (o čemu je već bilo reči). One se odvijaju gotovo svakodnevno, u kontinuitetu, prema važećem i ustaljenom protokolu, zavisno od zemlje domaćina i dojena VDK. Ti naizgled neznatni i rutinski zadaci (organizovanje svečanosti, večere, kokteli, prijemi povodom državnih i vojnih praznika zemlje slanja i zemlje prijema i sl.), koji se organizuju uz pomoć i saradnju zemlje prijema, veoma su obimni i oduzimaju mnogo vremena. Međutim, efekti tih aktivnosti su mnogostruko isplativi. Javni nastup pred pripadnicima armije i zemlje domaćina i akreditovanim predstavnicima drugih zemalja omogućava lični kontakt, bliže upoznavanje, uspostavljanje prijateljskih odnosa i poverenja, što je važan preduslov za kasnije uspostavljanje raznovrsnih oblika saradnje na mnogim poljima i to ne samo međuarmijske već i međudržavne.

Nijedna radnja ni poslovni poduhvat ne mogu se uspešno obaviti ukoliko se prethodno ne prikupe podaci za nameravanu aktivnost. Za razliku od drugih delatnosti države, u oblasti odbrane, pa i šire, obaveštajnom delatnošću (legalnom i nelegalnom) vojno-obaveštajne službe preko svojih centara u zemlji i inostranstvu prikupljaju podatke koji, zbog svoje prirode imaju „veću specifičnu težinu" od drugih podataka. To su nekada bili podaci značajni za bezbednost zemlje ili grupe zemalja (NATO, VU), a sada su to sve više podaci i aktivnosti usmereni ka drugim državama, bilo da je reč o iniciranju, pomaganju ili usmeravanju društvenih promena.

Opredeljenje državne politike je jasno – integracije sa savremenim i razvijenim svetom. Put ka tim integracijama je težak, trnovit i uslovljen, ali vrlo precizno definisan. Na vojnoj diplomatiji, vojno-obaveštajnoj službi i diplomatiji uopšte je velika obaveza da razobliči sliku o Srbima kao „generalnim" krivcima za sve što se u vreme 90-ih godina dešavalo na Balkanu, da vrati poverenje MZ i „starih" saveznika u ispravnost puta Republike Srbije i izbori se za istinu uz potreban nivo dostojanstva, stvarajući tako uslove državnom i vojnom vrhu za aktivnosti na planu što skorijeg uključenja u integracije u kojima Srbija ima svoje istorijsko mesto.

Organizacija, struktura, funkcija i zadaci vojne diplomatije i obaveštajnog obezbeđenja nam ukazuju na načine, metode, i pravce u ostvarivanju ciljeva spoljne i politike odbrane. Svakako da je mnogo veći značaj aktivnosti koje sprovode vojna diplomatija na vrhu, kao i diplomatija uopšte ali ne treba nikada potcenjivati ulogu VDP (VI) i vojno-obaveštajne službe jer upravo oni svojim podacima i predradnjama stvaraju uslove za te aktivnosti.

Diplomatija i vojna diplomatija su kroz istoriju imale različit uticaj na bezbednost države i razvoj međunarodnih odnosa, zavisno od značaja, forme i intenziteta međunarodnih zbivanja. Činjenica je da su oduvek bile u funkciji bezbednosti zemlje, a njihov doprinos je zavisio od mnogih faktora subjektivne i objektivne prirode. Neosporno je da se njihov značaj nikako u budućnosti neće smanjivati nego povećavati, što pokazuje i naša bliska prošlost.

Stepen važnosti vojno-diplomatskih odnosa će pre svega zavisiti od niza faktora koje pravovremeno treba uočavati i pravilno ih koristiti.

Uloga vojnog faktora u međunarodnim odnosima još uvek je značajna, mada je očigledno da klasična upotreba oružanih snaga opada, ali se ne isključuje njihova upotreba pod maskom mirovnih i drugih snaga kao krajnjeg sredstva za kažnjavanje „neposlušnih" zemalja. Vojni faktor ipak ostaje samo segment ili sredstvo u nastupanju „nove diplomatije".

U ovakvom nastupu „nove diplomatije" Zapada i izmenjenoj ulozi vojnog faktora, teško je povući jasnu granicu između opšte i vojne diplomatije. Ako i postoji, ona se, kada je u pitanju vojna diplomatija, ogleda pre svega u većoj usmerenosti njenog delovanja i organizacijskim promenama. Među svim institucijama nacionalne bezbednosti ni jedna nema dublju potrebu za prestrukturiranjem i rekonceptualizacijom, od onih koje su namenjene obaveštajnom radu u inostranstvu. Obaveštajni rad je bitna komponenta svake vojne strategije. Kako je „znanje" osnovni resurs ere novog svetskog poretka, sam obaveštajni rad ili poprima takvu formu (što znači da on odražava novu ulogu informacija, komunikacija i znanja u društvu), ili postaje preskup, sporedan, ili opasno ranjiv na obmanjivanje.

Jedinstvena strategija bezbednosti zemlje i njena težnja da se uključi u savremene svetske tokove i integracije, mora bazirati na objedinjenim procenama, kako opšte tako i vojne diplomatije. To nameće sve veća potreba za informacijama u realnom vremenu za odlučivanje državno-političkog i vojnog vrha, a kadrovska i organizaciona struktura uz primenu savremene tehnike moraju biti u funkciji ostvarenja tog jedinstvenog cilja.

Ubuduće bi trebalo da dobije veći značaj protokolarna i informativno-propagandna delatnost u odnosu na obaveštajne poslove vojne diplomatije. To je u skladu sa težnjom Republike Srbije za učlanjenje u EU i NATO, za šta je tačno definisan red koraka, uslova i obaveza. Nakon prihvatanja Studije o izvodljivosti i drugih dokumenata i prijem u program „Partnerstvo za mir" vojna diplomatija dobija na značaju u svakom pogledu, a posebno u pravcu „lobiranja" kod velikih sila i ostalih članica EU i NATO pakta, bilo da to čine vojno-diplomatska predstavništva ili vojni izaslanici (VDP – VI) ili diplomatija na vrhu.

Naravno, ova promena u nastupu diplomatije i vojne diplomatije ne bi značila zanemarivanje obaveštajne aktivnosti, već ona treba da posluži kao delatnost kojom se obezbeđuju pravovremene i dovoljno sadržajne informacije za psihološko-propagandni rad i međunarodni nastup državnih zvaničnika.

Brojni su i složeni zadaci vojne diplomatije. Teško je opredeliti se koji je od njih ključan. Njeno mesto i uloga u jednom integralnom sistemu bezbednosti države, kao i stepen angažovanja u odbrani zemlje zavisi isključivo od stepena prilagođavanja formi i metoda rada uslovima u okruženju i realnih potreba korisnika – što je upravo proporcionalno stepenu poverenja u obaveštajnu službu i shodno tome, budžetskim izdvajanjima u te svrhe.

ZAKLJUČAK

Kao što je naglašeno u uvodu, ova knjiga nema pretenziju da bude sveobuhvatno štivo i izvor iz kojeg se „preko noći" mogu naučiti tajne obaveštajnog i bezbednosnog zanata. Njena je uloga da u našoj čitalačkoj javnosti počne proces demistifikacije onoga što je u svakodnevnom govoru poznato kao tajne službe, jer je savremen pristup tom pitanju, ne samo u političkim krugovima, već i u najširoj javnosti odrednica civilizacijskog dostignuća. Nažalost, u našoj se štampi i publicistici i danas mogu pročitati tekstovi u kojima se govori o teorijama zavere i naširoko „razglaba" o ulozi tajnih službi u njima ili se, s druge strane, ispredaju bajke o natprirodnim uspesima bezbednosnih i obaveštajnih struktura. Takva percepcija ovih organizacija plod je onoga o čemu je već bilo reči, dakle nastojanja vladajućih elita da kroz mistifikaciju osnaže jednu od svojih najsnažnijih poluga vlasti. I naša zemlja mora, kao i druge tranzicione države, da prođe bolan proces suočavanja sa greškama i zabludama sopstvene prošlosti, u šta svakako spada i status tajnih službi koje se ponekad i dalje doživljavaju kao poluprivatne organizacije čija je uloga zaštita i promocija dnevnopolitičkih interesa ove ili one političke opcije. Ukoliko želimo, a u to ne treba sumnjati, da ponovo postanemo uvaženi član međunarodne zajednice, jedna od najvažnijih stepenica na tom putu upravo je reforma našeg obaveštajno-bezbednosnog aparata, koji mora da odražava stvarne potrebe i stvarne mogućnosti naše zemlje. Taj proces neće biti nimalo lagan i lišen prepreka, premda su, mora se priznati, neke strukture u zemlji već izvršile efikasne promene i modernizaciju, jer se na njegovom putu nalaze stari, „okoštali" kadrovi, koji su decenijama živeli u sopstvenoj realnosti stvorenoj u „zuječoj" atmosferi prislušnih centara, pa su na kraju poverovali da je njihova realnost jedina postojeća. Kao što je, prilikom boravka u Beogradu rekao Ričard Stolc, bivši direktor operacija CIA, „stari načini najteže umiru", potvrđujući činjenicu da stari kadrovi veoma teško prihvataju promene i modernizaciju, jer se plaše gubljenja svojih pozicija i dugo stvarane moći.

Brzi pregled različitih modela obaveštajnih i bezbednosnih zajednica u vodećim demokratijama sveta može poslužiti kao osnov za razmišljanje u kojem pravcu treba da krene i naša reforma. To je posao koji se ne sme odlagati, pogotovo ako se ima u vidu činjenica da naša zemlja prilično zaostaje za evropskim standardima, kao i da je veliki broj problema koje imamo na međunarodnom planu indukovan upravo radom, odnosno neradom bezbednosnih i obaveštajnih struktura. Bez namere da sugerišemo i favorizujemo ovaj ili onaj model, smatramo da bi nadležni upravo u ovom štivu mogli pronaći ideje koje će im ukazati u kojem pravcu mi treba da idemo. To je, kao što reče Todor Bojadžijev, uglavnom put u nepoznato, put na kojem ćemo morati odbaciti mnoga od svojih današnjih verovanja i ubeđenja, zarad bolje i bezbednije sutrašnjice. Ono što je možda najveća tekovina demokratskih društava, a što je na ovim prostorima postavljeno na potpuno obrnute osnove, jeste uspostavljanje demokratske, izvršne i zakonodavne kontrole nad radom obaveštajnih i bezbednosnih službi, dok je rukovođenje njihovim radom prepušteno profesionalcima. Dok je u zapadnim državama ta kontrola sveobuhvatna i transparentna u meri u kojoj se ne kompromituje operativna tajnost, dotle je ona ovde uglavnom formalna i neefikasna. S druge strane, ovde se rukovođenjem tajnim službama često bave i neformalni centri moći, koji niti razumeju suštinu ovog senzitivnog posla, niti su pozvani da određuju najviše nacionalne interese čiju zaštitu službe treba da obezbede.

U Srbiji je još početkom ovog veka propušten pravi momenat za takozvani „nulti pristup" reformi tajnih službi, koji je sa velikim uspehom primenjen u Češkoj. Sada je neproduktivno diskutovati o mogućnostima koje je takav pristup mogao ovde doneti da je primenjen u trenutku kada je to trebalo učiniti bez oklevanja. Umesto toga, sve nadležne strukture treba da se posvete iznalaženju optimalnih rešenja za transformaciju onoga čime Srbija raspolaže i da sve svoje obaveštajne i bezbednosne efektive uveže u jedinstven aparat, sa jedinstvenom vizijom. S obzirom na činjenicu da se Srbija danas nalazi u veoma osetljivoj političkoj i bezbednosnoj atmosferi, može se očekivati da se takvo stanje neće brzo razrešiti, teško je verovati da će bilo koja politička snaga preduzeti korak koji bi našu zemlju oslobodio balasta prošlosti i raspustio kadrove koji su kreirali obaveštajnu i bezbednosnu realnost u periodu u kojem je Srbija bila dovedena do svoje najniže stepenice. Umesto potpune demontaže, ono što se može učiniti jeste lustracija tajnih službi i odstranjivanje barem onih kadrova koji su svojim delovanjem službama oduzeli atribut nacionalnih i pretvorili ih u partijske i privatne organizacije. Veoma važan korak na tom putu je izgradnja i profilisanje novih kadrova, ljudi koji će biti obučeni i uvežbani prema najvišim svetskim standardima i koji će moći konkurentno da deluju u međunarodnom profesionalnom okruženju, jer, to je jedna od tekovina poslednjih decenija, bezbednost i obaveštajni rad nisu više pitanje jedne nacije, već pre svega pitanje regionalne saradnje. Nasuprot napred navedenim problemima, prednost koju Srbija ima jeste postojanje velikog broja profesionalaca koji obaveštajni i bezbednosni posao doživljavaju kao sopstvenuu sudbinu i čiji je profesionalizam visoko vrednovan ne samo u zemlji već i na međunarodnom planu. Ovi ljudi su izuzetno vredan kapital na kojem Srbija može početi da gradi svoju novu bezbednosnu politiku, zauzimajući mesto koje joj po prirodi stvari i pripada – mesto regionalnog lidera u oblasti bezbednosti i obaveštajnog rada. A ta liderska pozicija u ovoj situaciji najlakše se može dostići izborom takozvanog „srednjeg puta", dakle uspostavljanjem obaveštajne zajednice koja će biti zasnovana na demokratskim načelima, ne žrtvujući pri tom u njihovo ime svoju efikasnost. Druga dva rešenja bila bi pogubna po Srbiju na duže staze: jedno je ono koje zagovaraju konzervativni i tradicionalistički krugovi i koje podrazumeva očuvanje postojećeg modela obaveštajno-bezbednosnog aparata, koji je svojevrsna „država u državi", pa kao takav predstavlja najsnažniju branu modernizaciji i demokratizaciji društva. Drugo je ono koje zagovaraju izrazito liberalni krugovi i ono podrazumeva skoro potpunu demontažu obaveštajnih i bezbednosnih struktura u Srbiji, uz zadržavanje samo najminimalnijih snaga, što bi, s obzirom na političko okruženje Srbije bilo ravno samoubistvu na duge staze, premda je kao što je napred istaknuto, takav pristup pre nekoliko godina mogao biti veoma produktivan, jer bi do sada Srbija već raspolagala savremenom obaveštajno-bezbednosnom zajednicom koja bi efikasno ispunjavala svoju misiju.

Događaji u svetu i našem bližem okruženju s kraja prošlog i početka ovog veka pokazuju da je naše znanje o svetu u kojem živimo još uvek krhko i nedovoljno. Razvoj događaja može da „uhvati na spavanju" i najveće sile, a kamoli male države. Jedini način da povećamo svoju spremnost za odgovor na izazove budućnosti jeste investiranje u obaveštajni rad, jer na taj način proširujemo svoje horizonte novim, utilitarnim saznanjima bez kojih bi nacionalna politika bila poput čoveka u pustinji bez kompasa i karte. Obaveštajni rad ima i jednu dimenziju o kojoj se retko govori a koja izuzetno doprinosi napretku u međudržavnim odnosima. Kroz njega se nacije upoznaju sa drugim nacijama, njihovom politikom, kulturom, ekonomijom, tradicijom i na taj način se olakšava razumevanje čak i kad ono izgleda nemoguće.

Zbog svega napred navedenog, premda smo se u ovoj knjizi u velikoj meri bavili prošlošću, smatramo da je obaveštajni i bezbednosni rad pre svega stvar budućnosti a ne prošlosti.

LITERATURA

- Adler, E. and Barnett (eds.) Security Communities, Cambridge: Cambridge University Press, 1998.
- Aron, Raymond, Paix et Guerre entre les Nations, Paris: Caiman–Levy, 1962.
- Ashton B. Carter, William J. Perry, and John Steinbruner A New Concept of Cooperative Security, Washington DC: The Brookings Institutions Press, 1993.
- Beridž, Dž. R. Diplomatija – Teorija i praksa, Beograd: Filip Višnjić, 2008.
- Booth, Ken, Steps Towards Stable Peace in Europe: A Theory and Practice of Coexistence, International Affairs 66/1, 1990.
- Booth, K. and S. Smith (eds.) International Relations Theory Today, Oxford: Polity, 1995.
- Boulding, Keneth, Stable Peace, Austin: University of Texas Press, 1978.
- Brown, Seyom, World Interests and the Changing Dimensions of Security, u: Michael T. Klare and Yogesh Chandrani, World Security – Challenges for a NewCentury, third edition, New York: St. Martin Press, pp. 1-18.
- Brzezinski, Zbigniew, A Plan for Europe, Foreign Affairs, 1995.
- Brzezinski, Zbigniew. NATO- Expande or Die, N.Y.T., December 28th 1994.
- Brzezinski, Zbigniew. The Grand Chessboard: American Primacy and its Geostrategic Imperatives, New York: Basic Books, 1997.
- Bull, Hedley, The Control of the Arms Race, London: Weidenfeld & Nicolson, 1961.
- Bull, Hedley, The Anarchical Society: A Study of Order in World Politics,London: Macmillan, 1995.
- Buzan, Barry, People, States and Fear, 2nd ed., London: Harvester Wheatsheaf, 1991.
- Buzan, Barry, Societal Security, the State and Internationalization, in: O. Waever et al. Identity, Migration, and the New Security Agenda in Europe, London: Pinter, 1993.
- Carr, Edward Hallett, The Twenty-Years Crises, 1919-1939: An Introduction to the Study of International Relations, New York: Harper and Row, 1964.
- Carr, F. & Ifantis, K.NATO in the New European Order, New York, 1996.
- Clark, Ian, Globalization and International Theory, Oxford: Oxford University Press, 1999.

- Cohen, Richard and Mihalka, Mihael, Cooperative Security: New Horizons for International Order, European Center for Security Studies - George C. Marshall, 2001.
- Čomski, Noam, Svetski poredak – stari i novi, Beograd, 1997.
- Davis, Bobrow, Complex Insecurity: Implications of a Sobering Metaphore, International Studies Quarterly 40, No 4 December, 1996.
- Delić, Milan, V. Obaveštajna delatnost, Beograd: RDB Srbije, 1996.
- Derida, Žak, Glas i fenomen, Beograd: HC SSO Srbije, 1989.
- Deutsch, Karl, Political Community and North Atlantic Area, Princeton: Princeton University Press, 1957.
- Dimitrijević, Vojin, Pojam bezbednosti u medunarodnim odnosima, Beograd: Savez udruženja pravnika Jugoslavije, 1973.
- Dimitrijević, Vojin, Teroristički šok kao izazov, Međunarodna politika, br. 1105, Beograd, 2002.
- Đorđević, Obren, Leksikon bezbednosti, Beograd: Privredapublik, 1989.
- Đođević, Obren, Osnovi državne bezbednosti (opšti deo), Beograd: Viša škola unutrašnjih poslova, 1987.
- Dixon, James H. National Security Formulation: Institutions, Processes, and Issues, Washington DC: National Defense University, 1984.
- Elkins, David J. Beyond the Territoriality: Territory and Political Economy in the Twenty-First Century, Toronto: University of Toronto Press, 1995.
- Europe's new Security Challenges, edited by Heinz Gartner, London: Adrian Hyde–Price and Erich Reiter, Lynne Rienner Publishers, Boulder, 2001.
- Friedman, Thomas L. The Lexus and the Olive Tree, London: Farrar Straus Giroux, New York, 1999.
- Friedman, Thomas, States of Discord, Foreign Policy, March/April, 2002.
- Fuse, Mišel, Evropska republika, Beograd: Stubovi kulture, 2000.
- Gaddis, John Lewis, The Long Peace: Inljuiries into the History of the Cold War, New York: Oxford University Press, 1987.
- Galtung, Johan, On Violence in General, Goals, Processes and Indicators of Development Project, Geneva: United Nations University, University of Oslo: Chair in Conflict and Peace Research, 1978.
- Galtung, Johan, The European Community — A Superpower in the Making, Oslo: Norwegian Universities Press, London: Allen/Unwin, 1973.
- Galtung, Johan, There are Alternatives! Four Roads to Peace and Security, Nottingham: Spokesman, 1984.
- George, Jim, Discourses of Global Politics: A Critical (Reintroduction to International Relations, London: Boulder, Col.: Lynne Rienner, 1994.
- Giddens, Anthony, The Consequences of Modernity: Self and Society in the Modern Age, Cambridge: Polity Press, and Stanford, Calif.: Stanford University Press, 1990.
- Global Trends 2015: A Dialogue About the Future With Nongovernment Experts, December, 2000, www.cia.gov/publications/globaltrends.2015/index.html
- Gilpin, Robert, War and Change in World Politics, New York: Cambridge University Press, 1981.

- Goldstein, Joshua S. International Relations, New York: Harper Collins, 1994.
- Gras, Alen, Futurologija, Beograd: Institut za političke studije, 1997.
- Grizold, Anton, Međunarodna sigurnost - teorijsko-institucionalni okvir, Zagreb: FPZ, 1998.
- Haas, Peter, M. Saving the Mediterranean: The Politics of International Environmental Cooperation, New York: Columbia University Press, 1990.
- Hadžić, Miroslav, Hronični manjak bezbednosti — slučaj Jugoslavije, Beograd: Centar za civilno-vojne odnose, Institut društvenih nauka, 2001.
- Hadžić, Miroslav, (ur.) Demokratska kontrola vojske i policije, Beograd: Centar za civilno – vojne odnose, 2001.
- Herz, John H. Idealist Internationalism and the Security Dilemma, World Politics 2, 1950.
- Hewedy, Amin, Militarization and Security in the Middle East, London: Pinter Publishers, 1989.
- Hobsbawn, E. Age of Extremes: The Short Twentieth Century, 1914-1991, London: Michael Joseph, 1994.
- Holsti, K. J. The State, War, and the State of War, Cambridge: Cambridge University Press, 1996.
- Homer–Dixon, Thomas, Environmental Scarcities and Violent Conflict: Evidence from Cases, International Security 19, 1994.
- Homer–Dixon, Thomas, On the Treshold: Environmental Changes as Causes of Acute Conflict, International Security 16, 1991.
- Homer–Dixon, Thomas, The Rise of Complex Terrorism, Foreign Policy, January/February, 2002.
- Ilić, Miodrag, Quo vadis svete, Beograd: Filip Višnjić, 2000.
- Janković, Branimir, Diplomatija – savremeni sistem, Beograd: Naučna knjiga 1988.
- Janovskij, Rudolf, Globalnie izmenenija i socialnaja bezopasnost, Moskva: Akademia, 1999.
- Jervis, Robert, Perception and Misperception in International Politics, Princeton: Princeton University Press, 1976.
- Jervis, Robert, Cooperation Under the Security Dilemma, World Politics 30, January, 1978.
- Jervis, Robert, Deterrence Theory Revisited, World Politics 31, April, 1979.
- Kako pomoći Evropi, zbornik, priredio Ljubomir Kljakić, Beograd: DP Duro Salaj, 1992.
- Kaplan, Robert D. Warrior politics, New York: Random House, 2002.
- Keegan, John, A History of Warfare, London: Hutchinson, 1993.
- Kenedi, Pol, Uspon i pad velikih sila, Službeni list, CID: Beograd-Podgorica, 1999.
- Kenedi, Pol, Priprema za 21. vek, Beograd: Službeni list SRJ, 1997.
- Keohane, Robert, O. & Nye, Joseph S. Globalization: What's New? What's Not? (And So What?), Foreign Policy, Spring, 2000.

- Keohane, O. Robert and Joseph S. Nye Power and Interdependence: World Politics in Transition, Second Edition, Glenview, IL: Scott, Foresman and Company, 1989.
- Keohane, Robert O., Nye, Joseph S., Hoffmann, Stanley After the Cold War, International Institutions and State Strategies in Europe, 1989-1991, Cambridge: Harvard University Press, 1993.
- Kisindžer, Henri, Diplomatija I i II , Beograd: VERZAL press, 1999.
- Kissinger, Henry A., Diplomacy, New York: Simon & Schuster, 1994.
- Kissinger, Henry A. Does America Need a Foreign Policy, New York: Simon & Schuster, 2001.
- Klare, Michael T. and Chandrani, Yogesh World Security - Challenges for a New Century, third Edition, New York: St. Martin's Press, 1998.
- Knežević, Miloš, Evropa iza limesa, Beograd: Slobodna knjiga, 2001.
- Kolodziej, Edward A. and Roger E. Kanet (eds.), Coping with Conflict After the Cold War, Baltimore: John Hopkins University Press, 1996.
- Koplston, Frederik, Filozofija u Rusiji, Beograd: BIGZ, 1992.
- Krivokapić, Boris, Leksikon međunarodnog prava, Beograd: Radnička štampa, Institut za uporedno pravo, 1998.
- Kupchan, C. and Kupchan C. Concerts, Collective Security and the Future of Europe, International Security 16, 1991.
- Lacoste, Yves, Dictionnaire de Geopolitique, Paris: Flamarion, 1995.
- Lippman, Walter, Spoljna politika Sjedinjenih Država, Beograd: Atheaeum, 1946.
- Lipschutz, R. (ed) On Security, Columbia University Press, 1995.
- Lopušina, Marko i Petković, Milan, Enciklopedija špijunaže, Beograd: Knjiga-Komerc, 2003.
- Lukić, Dragutin, Savremena špijunaža, Beograd: Privredna štampa, 1982.
- Machiavelli, Nicolo Sabrano djelo, Zagreb: Globus, 1985.
- Mallaby, Sebastian, The Reluctant Imperialist, Foreign Affairs, March/April, 2002.
- Maynes, William Charles, The New Pesimism, Foreign Policy, 1995.
- McSweeney, Bill, Security, Identity, and Interests: A Sociology of International Relations, Cambridge: Cambridge University Press, 1999.
- Mearsheimer, John, The False Promise of International Institutions, International Security 19, 1994/95.
- Mearsheimer, John J. Back to the Future, International Security 15, no. 1, Summer, 1990, pp. 5–56.
- Mićić P. Samoubilački terorizam; Udruženje diplomaca Centra Džordž Maršal; Altera; 2006.
- Miletić, Andreja, Nacionalni interes u američkoj teoriji međunarodnih odnosa, Beograd: Savremena administracija, 1978.
- Miletić, Andreja, Osvrt na američka shvatanja odnosa između nacionalnog interesa i morala, Novi Sad: Matica srpska, 1978.
- Miloševic, Nikola, Dostojevski kao mislilac, Beograd: Beletra, 1982.

- Mitić, Miodrag, Problemi Jugoslovenske diplomatije i diplomatske službe, Prilog raspravi, Beograd: NIU, 1997.
- Morgenthau, Hans, Politics among Nations, 5 ed. rev. New York: Knopf 1975.
- Mottola, Kari, Collective and Cooperative Security Arrangements in Europe, u Martti Koskenniemi (ed.) International Law Aspects of the European Union, The Hague: Kluwer Law International, 1998, pp. 87–98.
- Nelson, Daniel, N. Great Powers and Global Insecurity, u: Europes New Security Challenges, pp. 353–379.
- Nikoliš, Dušan, SAD, autorsko izdanje, Beograd, 1998.
- Novi svetski poredak i politika odbrane SRJ, Naučni skup – Zbornik radova, Beograd 1993.
- Nye, Joseph The New Rome meets the New Barbarians, Cambridge, Massachusetts: The Economic print edition, 21st of March, 2002.
- Nye, Joseph, Soft Power, Foreign Policy, Fall, 1990.
- Nye, Joseph, Bound to Lead: The Changing Nature of American Power, Basic Books, 1990.
- Obaveštajno obezbeđenje OS, Pravilo: SSNO, 1987.
- Odom, William, Transforming the Military, Foreign Affairs, July/August, 1997.
- Odom, William E. How to create a True World Order, ORBIS, Spring, 1995.
- Perry, William J. Preparing for the Next Attack, Foreign Affairs, November/December, 2001.
- Petković, Milan V. Tajni ratnici, Beograd: TETRA GM, 1996.
- Pfaltzgraff / Dougherty, Contending Theories, New York: Harper/Row Publishers, 1981.
- Potežica, Oliver, Duže od života jedne generacije, Beograd: IngPro, 1996.
- Powel, Colin, My American Journey, New York: Ballantine, 1996.
- Prins, Gwyn, The Four-Stroke Cycle in Security Studies, International Affairs 74, no. 4, October, 1998.
- Prins, Gwyn and Robbie Stamp, Top Guns and Toxic Whales: The Environment and Global Security, London: Earthscan, 1991.
- Radica, Bogdan, Agonija Evrope, Beograd: SKC, 1994.
- Rakočević, Živojin, Geopolitičko–finansijski lavirinti, samizdat, Beograd, 2001.
- Račić, Obrad, 40 godina UN, Međunarodni problemi, IMPP, 1985.
- Ramone, Ignacio, Geopolitika haosa, Beograd: IGS, 1998.
- Reiter, Erich, Jahrbuch fur Internationale Sicherheitspolitik, 2000, Hamburg: Mittler Verlag, 2000.
- Rosenau, James N. New Dimensions of Security: The Interaction of Globalization and Localizing Dynamics, Security Dialogue 25, no. 3, September, 1994, pp. 255–281.
- Rosenau, James N. Turbulence in World Politics: A Theory of Change and Continuity, Princeton: Princeton University Press, 1990.

- Rose, Arnold M. The Power Structure, Oxford University Press, 1967.
- Rosecrance, Richard, A New Concept of Powers, Foreign Affairs, Spring, 1992.
- Rourke, John T. International Politics on the World Stage, Dushkin/McGraw-Hill, USA, 1999.
- Ruggie, John G. Constructing the World Politiy: Essays on International Institutionalization, London: Routledge, 1998.
- Rusi, Alpo M. Dangerous Peace: New Rivalry in World Politics, New York. Westview, 1997.
- Rumsfeld, Donald H. Transforming the Military, Foreign Affairs, May/June, 2002.
- Russell, Bertrand, Power–A New Social Analysis, New York, 1938.
- Russet, Bruce, The UN in a New World Order, Foreign Affairs, Spring, 1991.
- Russet, Bruce M. Grasping the Democratic Peace: Principles for the Post–Cold War World, Princeton: Princeton University Press, 1993.
- Savić, Andreja, Uvod u državnu bezbednost, Beograd: Viša škola unutrašnjih poslova, 2000.
- Savić Andrija, Delić Milan i Bajagić Mladen, Bezbednost sveta – od tajnosti do javnosti, Beograd: Institut bezbednosti, 2002.
- Schwarzenberger, Georg Power Politics, 3 ed. London: Stevens, 1964.
- Simić, Dragan, Pozitivan mir, Beograd: Akademia nova, 1993.
- Simić, Dragan, Poredak sveta, Beograd: Zavod za udžbenike i nastavna sredstva, 1999.
- Simić, Dragan, Security Issues of FR Yugoslavia within the Changes in Southeast Europe, in Information Management in the Field of Security Policy in the Southeast European Region, National Defence Academy, Vienna, 2000, pp. 69–75.
- Simić, Dragan, From Civilian-Military to Civil-Military Relations in FR Yugoslavia, in Civil-Military Relations in South-East Europe, National Defence Academy, Vienna, 2001, pp. 89–111.
- Simić, Predrag, Spoljna politika SRJ – kontinuitet i promene, Beograd, 1997.
- Sibetto, A. J. Поссuja u čelovečestvo na perevale istorii v pred–dverii tretego tisjačeletija, Sankt Peterburg: Petrovskaja akademija nauk i iskusstv, 1999.
- Smith, Steve, and Baylis, John, Globalization of World Politics, New York: Oxford Press, 2001.
- Solovjov, Vladimir, Politička filozofija, Beograd: JP Službeni list SRJ, 2001.
- Steans, Jill, Gender and International Relations, Cambridge: Polity, 1998.
- Stepić, Milomir, U vrtlogu balkanizacije, Beograd: Službeni list SRJ, 2001.
- Stišović, Milinko, Primena sile u međunarodnim odnosima, Beograd 1996.
- Stojanović, Radoslav, Sila i moć u međunarodnim odnosima, Beograd: Radnička štampa, 1982.
- Sun Cu Vu, Veština ratovanja, Beograd: Vojno delo – Mala vojna biblioteka, 1952.

- Tadić, Ljubomir, Nauka o politici, Beograd: BIGZ, 1996.
- Talbott, Strobe, Address to the Paasikivi-Society (Helsinki), January, 21st, 1998.
- Terriff, T. Security Studies Today, Cambridge: Polity, 1999.
- Thurow, Lester, Head to Head: The Coming Economic Battle Among Japan, Europe, and America, New York: Warner Books, 1993.
- Ullman, Richard, Redefining Security, International Security 8, no. 1, 1983, pp. 129–153.
- Vojni leksikon, Beograd: VIZ, 1981.
- Vojno delo Br. 1/1995.
- Vojno delo Br. 2 i 3/1997.
- Vujaklija, Milan, Leksikon stranih reči i izraza, Beograd: Prosveta, 1961.
- Vukadinović, Radovan, Postkomunistički izazovi evropskoj sigurnosti,Grude: Grafotisak, 1997.
- Vukadinović, Radovan, Poslehladnoratovske tendencije međunarodnih odnosa, Zagreb: Fakultet političkih znanosti, 2000.
- Waltz, Kenneth N. International Structure, National Force and the Balance of World Power, Journal of International Affairs, XXI (2), 1997: 220–223.
- Winkler, Theodor, Central Europe and the Post–Cold War European Security Order, u: Jacob Kipp (ed.), London: Central European Concerns, Bridge, Buffer or Barrier, Frank Cass, 1993.
- Xavier Raufer, Albanska mafija, Forum za bezbednost i u demokratiju, Beograd 2005.
- Zečević, Milan, Vojna diplomatija, Beograd: VINC, 1990.

BELEŠKA O AUTORU

Orhan Dragaš je rođen u Prizrenu. Osnovnu školu je završio u Dragašu, a srednju školu i fakultet u Beogradu. Devetesetih godina prošlog veka aktivno je bio uključen u borbu protiv režima Slobodana Miloševića, kao član i funkcioner Srpskog pokreta obnove.

Aktivno je učestvovao u nekoliko Međunarodnih projekata na temu demokratizacije društva i promocije građanskih sloboda. Kao direktor Međunarodnog instituta za bezbednost, 2004. godine je organizovao prvu međunarodnu Konferenciju na temu „Reforma sektora bezbednosti u Srbiji i Crnoj Gori", koja je održana u Beogradu. Učesnik je nekoliko međunarodnih Konferencija na temu borbe protiv terorizma i savremenih bezbednosnih pretnji koje su održane u Gruziji, Velikoj Britaniji, Izraelu, Turskoj i Nemačkoj.

Početkom 2005. godine osniva fakultet „Akademija za diplomatiju i bezbednost" koji je prvi takvog profila u istočnoj Evropi.

Magistrirao je iz oblasti ljudskih prava u sistemu bezbednosti.

2008. godine izabran je za predsednika nacionalne i političke organizacije „Građanska inicijativa Goranaca"

Oženjen je suprugom Nenom, ima troje dece: ćerku Anđelu i sinove Luku i Andreja. Živi i radi u Beogradu.

Kontakt: orhandragas@gmail.com

CIP Каталогизација у публикацији
Народна библиотека Србије, Београд

327.84

ДРАГАШ Орхан,
    Savremena obaveštajno-bezbednosna zajednica : utopija ili realnost / Orhan Dragaš. - 1. izd. - Beograd : Rad, 2009 (Beograd : Rad). - 470 str. : autorova slika : 21 cm - (Biblioteka Posebna izdanja / [Rad, Beograd])

Tiraž 1.000. – Beleška o autoru: str. [471]. - Napomene i bibliografske reference uz tekst. - Bibliografija: str. 456-470.

ISBN 978-86-09-01001-9

а) Обавештајне службе

COBISS.SR-ID 154768652

www.ingramcontent.com/pod-product-compliance
Lightning Source LLC
Chambersburg PA
CBHW080356170426
43193CB00016B/2739